関東条里の研究

関東条里研究会【編】

東京堂出版

はじめに

　古来、日本は山国といわれるいっぽうで、「記紀」の編者までもが豊葦原瑞穂国と美称する、豊かな水田に覆われたクニでした。河川の流域や湖沼・海岸沿いの低地帯には、芸術品のような水田が、実にみごとに造成されています。こうした日本の水田景観のおおもとが、本書でとりあげる条里制です。碁盤目状の地割を基本とする条里制は、世界各地の地域景観・土地制度と比べても、きわめて均整のとれた特殊な展開事例と認識されてきましたが、その開始の時期をはじめ、全体像や実態については未解明の部分がまだまだ多いのが実情です。

　条里制が提起する諸問題は、よく誤解されるように、単に古代の土地制度だけにとどまるものではありません。それに基づく開発や土地支配は、中世以降にも新たな展開をとげ、そうした長期にわたる営々とした国土造りが、結果的に畿内を中心とする全国諸所に条里の片鱗—耕地の地割、水利施設、塊村状の集落景観など—を形づくることになったのです。そればかりか、首都東京の地割区画の中にもその命脈が保たれていることが、明らかにされています。条里制は、まさに米作りのクニ・日本の土台を歴史的に把握する上で、不可欠のテーマといえるでしょう。

　現在、このような条里制の重要性に着目して、条里制・古代都市研究会が設立され、全国的な研究活動が進められています。そして2005年、私たち関東在住の考古学、文献史学、地理学等の研究者も相集い、まずは地域ごとに条里の所在を探索・記録して、それらの情報を共有することから始めようと、「関東条里研究の現段階」と題したシンポジウムを東京で開催する運びとなりました。

　本書の企画は、その際、関東各都県の各地から集まった資料をもとに、参加者から寄せられた熱い期待に応えるべく始まったものです。しかし、諸般の事情により、遅延のやむなきに至りました。シンポジウムの報告、また執筆に携わられた先生方には、刊行が遅れご迷惑をおかけしてしまい、誠に申し訳なく思っております。

　本書は、先学諸氏の歴史地理学的研究をベースに、最近の考古学的な成果を加え、関東地方の条里研究の到達点を集録しています。幸いこのテーマでの先達、埼玉大学名誉教授三友国五郎先生のご労作「関東地方の条里」があり、このたびご子息三友建一氏に再録のご快諾をいただきました。また本書刊行のきっかけを作ったシンポジウムに際しては、条坊制・条里制に造詣の深い山中章先生にご指導・ご助言をいただきました。重ねて感謝いたします。

　さらに（財）宮本記念財団から多大なご支援をいただきました。理事長・宮本瑞夫先生および財団関係各位に謝意を表します。ならびに昨今の厳しい出版事情にもかかわらず、本書刊行の意義をご理解いただいた東京堂出版に厚く御礼申し上げます。

　本書が歴史学、考古学研究だけでなく、農業、土地利用、そして教育の場で幅広く活用されることを願います。

2015年2月

関東条里研究会

吉川　國男

● 関東条里の研究―――――目次

はじめに
目　次

I　関東の条里・総説
関東地方の条里……………………………………………………三友国五郎　2
関東の条里研究史…………………………………………………吉川國男　24

II　条里研究の方法
条里型地割の実像を探る―農業戦略・環境思考の変遷と調査法―………岩田明広　30
平安時代の浅間山起源火山灰と遺跡………………………………早田　勉　44
新荒川扇状地・妻沼低地周辺の地形・表層地質および浅層地下水位の実態とその変化
　　………………………………………小玉浩・石田武・早乙女尊宣・井上素子　50

III　各県の状況
神奈川県の条里……………………………………………………依田亮一　68
東京都の条里………………………………………………………田中禎昭　74
埼玉県の条里………………………………………………鳥羽政之・吉川國男　80
千葉県の条里………………………………………………………大谷弘幸　86
群馬県の条里………………………………………………………小島敦子　94
栃木県の条里………………………………………………………武川夏樹　102
茨城県北部・西部の条里…………………………………………立川明子　108
茨城県南部・東部の条里…………………………………………関口慶久　114
文献案内……………………………………………………………………120

IV　地域の条里
『相模国封戸租交易帳』と条里制…………………………………荒井秀規　132
多摩川下流域の条里―武蔵国荏原郡・橘樹郡域を中心に―………依田亮一・黒尾和久　146
武蔵国府と近傍の条里……………………………………渋江芳浩・深澤靖幸　158
武蔵国豊島郡統一条里の復原……………………………………田中禎昭　170
上総国市原郡の条里………………………………………………大谷弘幸　182
阡陌と方格地割―群馬県下の事例から―………………………関口功一　194
日高圃場整備関連水田遺跡と群馬郡条里の復元…………………横倉興一　206

ii

栃木県足利市の条里………………………………………………………………大澤伸啓 218
　埼玉県の個別条里4例……………………………………………………………吉川國男 230
　榛澤郡家と岡部条里………………………………………………………………鳥羽政之 234
　大里郡条里の史料と現地…………………………………………………………宮瀧交二 238

V　総括
　土地領有をめぐる条里と四至―中世成立期を中心に―……………………………木村茂光 246

おわりに
執筆者一覧

※断りのない限り、本書第Ⅲ章の都県別条里分布図の官道・国境・郡境・国郡名・国府・郡衙・駅家については、古代交通研究会編『日本古代道路事典』（八木書店、2004年）掲載の各国別全体図を基図として参照した。

I 関東の条里・総説

関東地方の条里

三友　国五郎

埼玉県の条里
東京横浜市附近の条里
群馬県の条里
栃木県の条里
茨城県の条里
千葉県安房郡の条里
関東地方条里の起源
関東地方条里の問題点

　関東地方における条里についての研究はすすんでいない。どうゆうわけか、条里遺構の保存状態がわるく、地名も条里関係と思われるものはあるが、数詞の入った坪名が残っていないので、坪並も不明の場合が多い。関東地方には条里は行われないのであろう。又行われたとして小規模で且不完全なものであろうと考えられていたことから、条里の研究はやや立ちおくれていた観があった。尤も、蘆田伊人氏(1)や深谷正秋氏(2)の研究があることはあるが、予察的なものであつた。ここ三年ばかり、関東地方の条里遺構の分布を調べてきたので、一応まとめておく方が今後の調査の基礎ともなるので、大小をとはず、列挙することとしよう。調査にあたっては、文献調査、地形図で条里らしきところを推定し、現地調査して、六百分の一地引図又は三千分の一地図を二、五万又は五万分の一地形図に記入した。記入した結果は航空写真によって検討し、条里として認められるものを記載することにした。調査にあたっては現地の市町村役場、県庁の都市計画課、農地課等に大変御厄介になったので記して謝意を表わす次第である。

1　埼玉県の条里

（1）熊谷市行田市附近の条里

　熊谷市の東方、中西から行田市の池守にかけて、埼玉県内で最も広い面積に亘って、明瞭な条里遺構が残っている。戸出、平戸、池上、下川上、南河原村犬塚、馬見塚等は特によく保存されている。南限は行田市油免、中持田、熊谷市佐谷田である。この南は元荒川の流路と推定される。西限は熊谷市上中条、上川上、中西を結ぶ南北線で、その西は荒川の旧河道に当る地域である。東限は行田市斎条、谷郷を連ねた線で、大体見沼代用水路が境、それ以東は低湿地帯で条里はみとめられない。

　行田市の東南方のローム台地には、東日本有数の埼玉古墳群があるが、その周辺の低地には条里遺構はない。この条里地区内には星河（忍川）上星河の二つの川が、ほぼ東西に流れている。上星河が嘗っての時代星河に流れた時があったので、洪水の度に氾濫した水

図1

が、これら旧河道に流れこんだとみえて、(7)条里が菱形にゆがんだ所が中里と持田、小敷田の二つにみとめられる。そしてそれらの終りは沼沢池（忍沼）となったのであろう。こうした沼沢池には全然条里はみとめられない。忍城が水城として知られたのは、こうした沼沢池にかこまれていたからで、当時の沼沢池がどんな形をしていたかは、条里の復原の結果推定できる。

籠瀬氏が指適した如く、(4)この地方は荒川扇状地の末端で地下水位が高く、各所に湧泉地区があるので、これら水田の用水には事欠かなかったであろうと述べられている。

この条里の広さは東西六粁南北五―六粁で、方向はほぼ南北である。

(2) 大里村の条里

熊谷市の南、荒川の南岸に大里村がある。この村は大里郡市田村と吉見村が合併してできた村である。この市田区に、一町区劃の耕地が多く、小面積であるが条里を設定した事が推定される。ほぼ南北をさしているが、幾分西に偏して、前述の条里と方向がちがう。この条里区域は徳川時代初期に現在の荒川の新河道がひらかれて、その北半を失ったものと推定される。もっと西方（熊谷市吉岡、江南村）にものびたと思われるが、不明である。

北足立郡吹上町の一部（大芦―小谷の間）に条里の残片がみとめられるが、この条里の東端ではなかろうか。

さて九条家延喜式裏文書ででてくる大里郡の条里坪付(5)の大里郡条里は恐らく、ここの条里をさすものと思われる。六条二里のところにある揚井里は郷名に揚井郷が残っているし、五条二里のところの郡家里は郡家郷、久下村として残っているし、牧津里は万吉に残っている、高田里は旧市田村の小泉附近の小字名に残っているし、麹里は小泉に通じるものがある。尚ほ坪付によって、当時の地形を復原してみて、これを五万分の一地形図にあてはめてみると無理なくはめこむことができる。但し以上の地名と現在の地名が一致しないので疑問の所も多い。けれどもこの条里

の北半は、徳川時代に荒川が新しくきりひらかれたために、集落の位置が大部移動したことも考えねばならないから、符節を合するように復原することはできないとすれば、以上の程度で満足する他はないのであろう。

四条	二	粟生里	六条	八	楊師里
	三	田作所里		九	川俣里
	四	速津里	七条	一	牧津里
	五	箭井里		二	勾田里
	六	牧川里		三	桑田里
	七	石井里		四	麹里
五条	一	富久良里		五	榎田里
	二	郡家里		六	栗籠里
	三	中嶋里		七	下榎里
	四	高田里		八	宥田里
	五	○○里		九	新野里
	六	鷲田里		十	川辺里
	七	幡田里	八条	一	勾田里
	八	楊田里		二	桑田里
六条	一	○○麻里		三	槽屋
	二	楊井里		四	片崩里
	三	新生里		五	柴田里
	四	新○里		六	物部里
	五	青山里		七	柱田里
	六	三鷲里		八	幢田里
	七	瀧里		九	宥里

残念ながら、ここの条里区域内には数詞の入った坪が残っていないから、坪の配列方向も条里配列方向も不明である。どちらからどうよんでいったものであるか全ったくわからない。

これは今まで調べた関東地方の他の条里でも明らかにする事はできないのが残念である。

坪付にあらわれた土地利用を見ると、公、菱と記されている。公というのは公用を意味しているが、菱は何を意味しているか、菱田を湿地沼地を意味しているとすれば、沼沢地が西北部から、東南部にかけて多く、いまの荒川の川敷にあたっているところを示しているし、坪の配列も、平行式にすると公と菱とが集って、当時の地形を復原できる面もあ

る。一応ここでは条は北から南に、里は西から東へと進んだとすることができるが、これは、あくまでも推定であって、確定でないことである。

（3）熊谷市別府

この条里は熊谷市別府を中心として、東方は奈良新田、妻沼町太田長井、西方は深谷市明戸、増田にも及んでいることが推定される。

堀米・上増田・蓮沼・上増田新田等は比較的よく残っている。妻沼町から永井・太田・飯塚・八木田新田・八ツ口等福川の北岸にも残片的に残っている。恐らく福川（備前堀）に沿うた沖積地は氾濫をうけたために、他の部分は変形してしまったのであろうか。

別府に市の町という小字がある。又、福川北岸に市の坪という村名はあるが、坪名は見あたらない。市の町を基準として、村界小字界を辿ってみると条里の区劃を復原できるが、しかし若干の誤差は止む得ない。数詞のある坪名がないから、その坪並はわからない。

さてこの地区南方の扇状地台地には幡羅郡の郡家に擬せられている深谷市幡羅がある。おそらく幡羅郡の条里であろう。

さて熊谷市を中心にした、三つの条里は、連続したものであろうか。埼玉県史では連続したものであろうと説いているが、積極的な根拠はみとめられない。熊谷市を中心として、旧荒川は当時、市の北方を通り、行田方面に流れ、幾度か河道が変じている。条里の復原によってその一部を追跡することもできる。条里は郡毎にたてられるのが原則であるし、荒川がその境介をなしたとすれば夫々独立した条里とするのが妥当であろう。

1. 埼玉郡条里
2. 大里郡条里
3. 幡羅郡条里

九条家文書に大里郡条里と記載してあるところからみても郡毎に設けられたのであろう。

埼玉郡条里、幡羅郡条里という文献はないが大里郡条里から推して、かく、考えてもよいと思う。

（4）大宮市、浦和市の条里

埼玉県史にものべられている。地籍図で調査した結果では、大宮市三条町から島根、浦和市大久保に及んだ沖積地で、一部は荒川の堤外にも及んでいる。その面積は四里分しかない小規模なものである。坪の面積は若干大きい。荒川沿岸にあり、バックマーシをなしている低湿地で、現在は水田である。

（5）南埼玉郡越谷

古利根川の沿岸にある越谷市大相模字四条の地で、条里は新田・千疋・別府・百南・見田方の小字にまたがっている。しかし後世氾濫の影響を受けて坪の区劃は乱れ、大きくなっている。

ここから南方に沿うて草加市八条がある。これが条里であるかどうか疑問である、東西の線は条里と推定できるが、南北ははっきりしない。利根川の沿岸にあって氾濫をうけて変形したのであると断定してしまえば、それでよいかも知れないが、それにしても坪の区劃が非常に大きく約4/3倍になっている。これを条里とすれば四条・八条があって、北から南に数えた事がわかる。しかしこの条里は、その後の開拓で、著しく変形したものである。

古利根の東岸吉川町にも東西に走る路線が多く、各字の村界もこれに平行している。南北線がはっきりしていないし、坪の地割にも

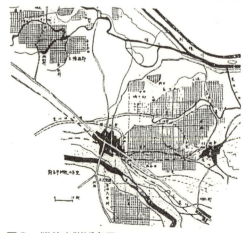

図2　熊谷市附近条里

条里の特色がみられない。

（6）川越市附近の条里

川越市附近の条里については蘆田伊人氏によって指適されているが、村本達郎氏の調査によれば川越市の小谷にあるが、現在殆んど耕地整理されて遺構は残っていない。

この地に名細地区の平塚新田から鯨井にかけて、条里が認められるが、ここは氾濫してかなりくずれている。尚おこの条里に沿うた台地には約三十基の古墳群がある。

川越市の南方の豊田本にも小規模な条里が認められる。

（7）坂戸町の条里

坂戸町の西方旧入西村、高麗川と越辺川の合流する氾濫原に条里が認められる。南北をさし、面積は東西二五粁南北一粁の小規模なものである。

（8）東松山市正代から早俣にかけた条里、及び野本の条里

これらは極めて小規模なもので、果たして条里といってよいかどうか疑問である。

川越市附近の入間川流域は埼玉県でも有数な水田地帯で、古代においても相当開発されたと推定されているが、実際調査の結果、条里遺構が認められないところから、まだ低湿で開発の対象とはならないで、僅か水かかりのよい台地周辺がひらかれただけである。

（9）児玉郡の条里 (6)(7)

児玉郡の条里は身馴川、志戸川流域にあたる美里村、九郷用水流域、五明用水流域に集中している。何れも南北の線は真北より東一度よっている。全地域ほぼ共通した条里の中に包含される。

身馴川流域の条里は南部は松久駅から西方へ木部、広木の山麓地帯を限界として、中央部の沼上、十条、根木の周辺はすべてが遺構である。北部は榛沢、小茂田、下児玉、川原崎より入浅見に接している。九郷用水地域は神流川扇状地右端、南部山地、生野山丘陵西南部に近接する地域で児玉町周辺から西富田、東富田、今井、九城田、蛭川の坪は見事である。

五明用水流域は児玉郡の北西部に当り、新里地区を除くと小規模である。藤木戸は坪の中に整然と人家が並ぶ。七本木には畑地の坪がある。児玉郡には賀美、那珂、児玉の三郡があったが、その郡と条里との関係は明白でないが、地割は長地型が多い。地番についてはここでもはっきりしたものがない。数詞のついた坪名は吉田林に一つあるだけである。

全地域を通じて条里遺構は各河川流域に発達し、五明及び新里地区を除いて、何れも地下水位一～二米の深さの等深線内に殆ど包含される。

2　東京横浜附近の条里

この地帯は都市化がはげしく、条里地帯が工業地帯になり、住宅街になったために往時の面影もなくなったが、町の道路や街並に条里の遺構を利用したと思われる所もあるし、地名に条里の面影を残しているものもある。地籍図は廃棄され、次々にかきかえられてゆくので、地籍図による調査は困難をきわめるが一応条里地帯を文献その他によって整理してみることにする。

蘆田伊人氏によれば荒川沿岸では東京府北豊島郡王子町・豊島・堀の内・十条・尾久村上尾久・下尾久・三河島村町屋があげられている。赤羽町岩渕に一の坪三河島に二の坪の地名が残っている。(1)

多摩川下流では荏原郡羽田村桴谷・荻中・六郷村町屋があげられている。(1)

神奈川県橘樹郡橘村末長新作、高津村久本、坂戸・中原村上小田中・新城・小杉・上丸子・住吉村木月・市の坪・今井・苅宿・町田村矢向・江ケ崎菅沢・潮田村・旭村獅子ケ谷・師岡・駒岡、都筑郡都田村川向・大熊があげられている。このうち川崎市久本・中原町・市の坪・矢向・潮田にかけてはよくその遺構を残している。とくに上丸子・小杉・井田・下小田中の部分は、よく残っている。今後個人所有の地割図によって補ってゆけば復原の可能の地域である。(1)(2)

府中市是政、現在東京競馬場になっている所に部分的に小さい条里が残っている。国府あとは、この条里の西側にある御殿地といわれる。府中の惣社として六所神社（大国魂神社）が府中の中央にある。府中市街及びその北方の台地上にも条里と推定される地割坪があるが、変形が著しいために復原することは困難である。府中市の市街の道路割はこの条里を利用したと思われる。

横浜市の条里(8)は横浜市史にのべられている。市史にでている南区蒔田一の坪の地割図を見ると、南北の方向の条里と東北―南西に走るものと二つの方向の条里が認められる。

この場合は東北―南西の方向の条里は、南北の条里によってきられているので、前者が古く、後者南北のものが新しいことになる。この他に港区太尾町市の坪、南区大久保町にも市の坪があつたので、条里の施行されたことが推定されるが、現在は市街地となってしまった。

東京都内では品川区五反田附近、大田区安方町にも遺構が認められる。(2)

3　群馬県の条里

群馬県・栃木県（上野下野）の条里遺構としては（一）高崎市西方　（二）大田市附近（三）栃木県芳賀郡中村のものが深谷正秋氏によって指適されているが、実地調査の結果、高崎市前橋市伊勢崎市を結ぶ三角地帯と栃木市と小山市の間にある思川氾濫原に広大な条里地域のあることが判った。特に前橋市高崎市附近のものは関東以北随一のものと思われる。

（1）前橋高崎附近の条里

由来上毛地方は古代において、関東地方の先進であることは、古墳の分布からも推定せられる。その古墳は後期以後が圧倒的に多く、前橋市宝塔山蛇穴等の古墳は七・八世紀頃と推定され、奈良朝末期平安初期に及ぶものも多い。高崎線倉賀野附近、上越線沿線、広瀬川の山王古墳等何れも条里地域をとりいて立地している。この条里地域は前橋～高崎まで約十二粁、東西は高崎より沼上まで十数粁に及ぶ広さである。

利根本流と広瀬川に挾まれた地域、佐波児玉村町矢山・西善・宮地・中内・横掘・田中、力丸・樋越・福島・前橋市房丸、徳丸・後閑・朝倉・上佐島・鶴光路・下阿内・亀里、六供・上公田、下公田に及んで見事な条里を保存している。

広瀬川流域の自然堤防上には古墳がある。条里はそこで終っている。公田町は根利の氾濫をうけたために原形がくずれている所が多い。上福島・上樋越の様に利根本流の近くまで明瞭に条里が残っていることは、利根本流が、条里を切断したことを示しているのであろう。

利根川と烏川にはさまれた佐波郡玉村町を中心としたところも条里の保存がよい。利根川と烏川の合流する沼之上部落まで連続して認められる、飯倉、川井、下茂木、上茂木、斉田、玉村新田等である。利根本流に接する宮之下、箱石、小泉等には認められない。

この二地域の条里は条里設定当時は利根本流は広瀬川筋を流れていたから、当然同一規画の下に行われた条里であることは、ほぼ方位一致していることから推定される。現利根本流は中世以来のことである。

高崎市の東方烏川と井野川にはさまれた地域では倉賀野町、矢中、高崎市下之城、下佐野、三軒屋、上中居、高崎競馬場、高崎駅東側等は特に整然としている。井野川流域は氾濫のため、形がくずれたところが多いけれど、下大類、中大類、南大類、宿大類、上大類、山王、京ケ島村元島名、内出等にも坪がよく保存されている。高崎市の北方では飯塚、下小島、筑縄まで続いている。烏川をこえて、高崎線群馬八幡駅附近にも認められる。

前橋市と高崎市に挾まれたところは上毛野の中心地であっただけに、ここも見事な条里地帯である。新前橋駅附近の元総社町は国府の所在地と推定される場所であるが、その遺構がないために確認されていない。

古市、箱田、江田、上新田、萩原、島野、

大沢、上京目、川曲、上日高、新保田中、上新保原、井野、下日高等にも連続している。

前橋市内には市之坪町があるが、小字名はない。塩川町、天川町あたりは広瀬川の自然堤防で、ここが条里の北限である。

高崎市の南を流れる烏川にそう段丘がその南限で、その段丘の終り近くに倉賀野古墳群があるが、条里はこの古墳までは及んでいない。西方は榛名山麓地帯で桑園が多くなっているので西の限界ははっきり打ち出すことは困難である。

これら扇状地の地形を見ると、前橋市は百米の等高線上にあり、利根本流を軸として左右ほぼ同じ様に等高線がはり出していて、六〇米等高線で終っている。

高崎市は九十米で、そこから東に向って低くなっている。これも六十米で終っている。利根川右岸と左岸・烏川、井野川に挾まれた三つの扇状地にわけられる。これら扇状地内に端気川、藤川、井野川、滝川が流れているが、これらの諸川は同時に利根川から用水を取り入れて、用水として利用され生産を高めている。

次に利根川本流は中世から近世にかけ、その河道がうつりかわった。即ち利根川の本流は橘山の麓から今の桃ノ木川筋を流れたが、後広瀬川筋にうつり、今の前橋市内を貫流して下流は駒形・伊勢崎の西方をへて、世良田村平塚にいたって烏川と合流した。これを比刀禰川といった。ところが天文十二年の大洪水で西方に流路をかえ沼之上地先で烏川と合流するようになった。さて問題は利根川が現河道を流れる以前の状態はどうなのであろうか。おそらく、現利根川の前身ともいうべき小河流があって、その河流を基礎にして現在の如き大河に変化していったのであろう。

この広大な条里地域には井野川をはじめとして、天狗岩用水下流は、滝川となって烏川に合流、端気川、藤川が夫々この平野をうるほす役目をなしていた。これらの諸支流は条里時代においても、重要な用水路をなしていたのであろう。こうした水利の便があったことがこの大規模な条里を出現せしめた理由である。籠瀬氏は熊谷、行田市附近の条里は湧水を利用したと推定していられるが、本地域も当然榛名山麓方面において湧水を利用したと推定されるけれども、それだけでは到底この広い地域をうるほすことができたか、どうか、利根川、烏川にしろ現在相当深い河谷をきざんで流れているのと、地下水の利用のみを考えることが困難であるとすれば、用水路の開さく治水策も考えるべきであろう。これだけ全面的に、地域により多少の差はあるが、条里が計画された以上は用水のことも考えられた。古墳造営の社会組織を利用すれば、用水路の開さくの如くはさしたる難事なことではなかろう。バックマーシ的な沼沢地の水田化は各地にみる。この如き小規模な条里は自然灌漑で事足りるが、本地域の如く大規模なものはどうしても自然灌漑だけでは不安定である。

上野国の国府

前橋市の西方にある元総社町附近は国府所在地として推定されている。総社神社、石倉、古市、すさか等の地名のあることから、尾崎教授は国府所在地を大友附近に求めている。

条里と国府が密接な関係があって、条里を復原することによってある程度までの推定ができる。そこでまづ条里の復原を試みた。

大体前橋高崎間の条里の方向はほぼ南北で、連続したものであることがわかった。東西の場合は利根川があるので、多少疑問もあるが、現在の利根は後世のもので、古代においてはあったとしても小流であったであろうから、条里の設定をさまたげることはなかったと考え、一応連続したとみられる。

復原にあたっては、これだけ広く立派な条里でありながら数詞のある坪がないために正確は期しがたいが、止む得ず六坪分の村界乃至部落界をてがかりとして試みた。その結果、二坪内外のづれは認めざるを得ない。途中の作業はここではぶくとして、その結果だけをのべれば前橋市箱田、川曲町、京ケ島村と高崎市新保田中町新保町の境界はほぼ南北に走りそれに沿うて坪の連続がみられるので、一つの起点と考える。こんどは東西の線を六町毎に区切るのである。これも町村界を

I 関東の条理・総説

利用すると多少のずれはあるとしても、たいした無理もなく復原することができる。けれども数詞がないから坪並の方向、条里の呼称はわからない。

さて南北の基本線をのばすと、元総社町大友部落の西方を通る。大友部落の北方で条里は終って、条里の交点が大友部落の西方にあたる。米倉説(12)によって、ここの交点を国府庁として、二町四方をとれば、ここより東四丁で天狗岩用水があるが、これはもとからあった河流を後世用水として利用したもので、条里当時は国府をとりまく濠と考えられる。国府址西方四町にも小流がある。国府についた総社神社は真西にあたる。

上野は上国であるから、方八町の区劃を想定すれば、恰度条里の中に入ってしまう。すさかは朱雀大路の名残り、上野国府をここに推定することができる。遺構や遺物の発見がないので残念である。

今一つ材料として、和名抄に国分為東西二郡府中間とある。地名辞典にその分堺今祥ならず或は利根川を堺としたりと云えど昔は利

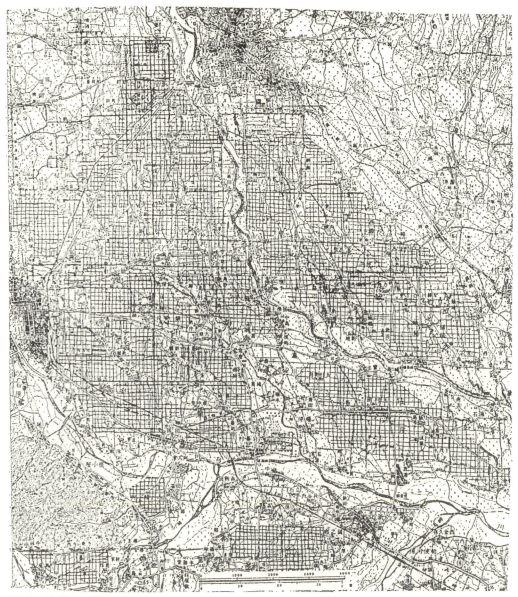

図3　前橋高崎附近の条里

根川群馬郡と勢多郡の間を流れ、応永年中今の如く変せんせりと伝えれば利根川分堺にあらず、その境界不明なりとのべている。東西両郡にわけ、その境界は府中とあるは、地形による境界をさすのでなく、人為的な境界線、即国府を南北に貫く中央線を境界としたので、これを境として左右両郡に人為的に分けた。そのために今尚お町村界字界線として利用されているのであろう。この界線を左右にしてほぼ同じような郡が構成されている。

以上条里復原から推定した国府の位置であるが現地の精確な踏査発掘は行っていない。

(2) 太田市附近の条里

群馬県太田市の南にひろがる沖積平野には条里遺構が残っている。新井寿郎氏の調査によれば、新井・飯田・飯塚から、村谷戸・本郷・牛沢に及んでいる。尾島町の北方下田島・細谷・上田島、更に太田市西方島之郷村、太田市の西方にも断片的に残っている。その広さは太田市から新ケ谷戸まで南北四粁東西は矢島より上田島まで六粁群馬県では前橋高崎附近の条里についで大きい、条里の方向は正しく南北をさしている。長地割が多い。

この条里の周辺も古墳群の多いところで、太田市内ケ島の天神山古墳は東日本最大の前方後円墳で全長二一〇米に及ぶ、古墳中期のものである。茶臼山古墳（新田郡宝泉村別所）女体山（太田市内ケ島）鶴山（太田市鳥山）朝子塚（太田市失沢）高林古墳群があっていちはやく強力な地方豪族の支配圏が確立されていた。

(3) 吉井町の条里

鏑川沿岸の河岸段丘上には小規模の条里が各地に残っている。

小暮馬庭は明治末年に耕地整理されて現在遺構はないが、地籍図で条里の復原ができる。方向は南北をさし長地型が多い。

吉井町字池の条里は南半分はよく保存されているが、北の鏑川沿岸は、河流によって弧状にゆがめられている。多胡の碑はこの条里内にある。碑は和銅年間に建設されたものであるから既に河岸近くまでが条里の対象であったのであろう。

長根・本郷・片山　ここも明治末年に耕地整理されている。片山・田中・下組の河流近くの条里は洪水のため変形しているが、山よりの長根、本郷方面はよく保存されている。

多胡郡は続日本記によると和銅四年三月の条に割上野国甘良郡織裳韓級矢田大家緑野郡武美片岡郡山奈六郷と記されて、和銅年間に新設された郡である。山奈郷は高崎市山名と推定され附近に小規模の条里の残片がある。武美郷は小串東、入野と推定されているが、小暮馬庭には条里がある。矢田郷は吉井町の矢川、池のあたりと推定されているが、ここにも小規模の条里があるし、多胡の碑は池の御門にある。郡の設置を記し六郷戸数三百戸であることを明記している。

今多胡郡の地にしかれた条里を復原すると四五〇―六百の坪を推定できる、三百戸の戸数によってこれらの条里が耕作されたとすれば一坪につき五人として二二五〇人―三千人の人口を推定できるし、一戸の平均人口は七人〜十人と推定できる。下総甲和里の平均人口一戸あたり九・五とよく似ている。受給班田は一戸平均は最大二町で、筑前国川辺里の一郷戸あたり三・二町、豊前国仲津郡丁里、

図4　太田市附近の条里

同国上三毛郡塔里同加目久也里では二・九町と比して著しく低い。

韓級は今の吉井町、織裳は吉井町の西方に折茂という地名があり、やや接近しすぎると反論されるが、ここには長根、本郷・片山にかけて本郡第一の条里地帯があるので、二つの郷があってもさしつかえないし、大家ははっきりしていないが、吉井町附近と推定される。

この様に鏑川流域は他の神流川や烏川等とちがって、この谷に限って、条里が分布していることである。ほぼ同じような自然条件であるのに、神流川、烏川流域には何故ないのであろうか。条里の分布は自然的条件にめぐまれていること、さらに社会的歴史的条件がつみ重ねられて成りたつもので、鏑川沿岸の条里はそれを実証している。即ちこの谷が早くより帰化人の入ってきた地域で、開拓の技術もすすんでいた所であるし、又中央政府の力の及んでいた所でもあった。

(4) 藤岡市の条里

藤岡と新町にはさまれた所、東西二・五粁南北一粁、広く見ても数里分である。

4　栃木県の条里

(1) 栃木市近傍の条里と国府址

思川の右岸にひろがる扇状地は古代下野の開発の中心であった。扇頂近くに国府が営まれ思川対岸には国分寺がある。

小山市と栃木市に挟まれた、この細長い扇状地は東に思川西側には巴波川、永野川が流れている。扇頂近くでは五五米の等高線が走るが、扇端では二〇米の等高線が限界である。かつ地下水の豊富なため流れが清い。

この扇状地上には全面的に条里遺構がみとめられるが、思川に近い東側は氾濫のためか、原形がくずれている。それも氾濫の方向がちがっているために、くずれ方もまちまちである。栃木市の方に近い西側は割合に保存がよい。栃木市の藤田・宮田・久保田・高屋の諸部落が最もよい。大宮村は坪が認められているが、方向が他とちがっている。

西側に比して東側では小薬・中村・立木・田島等の旧豊田村の条里はいちじるしくくずれているが条里遺構は明らかである。上立木の小字名に市之坪というのがあったが、群馬県栃木県でこれがたった一つの数詞の入った坪名であった。市之坪という坪名は横浜附近に五ケ所、赤羽に一つ、三河島二之坪というのがあるが、何れも南関東である。

大里郡坪付には一〜三六までの坪が各里毎に記載されているのに、実際には一つも残っていない。数詞がないために、北関東では広大な条里地域があるにかかわらずその復原ができない。ここでも保存のよい所にはなく、くずれた所に一之坪という小字名が残っているのも皮肉である。扇状地西南部にある旧穂積村、旧中村の沖積地は割合によい。中村小袋、上国府塚、下国府塚の附近もよい。

栃木市西方を流れる長野川と赤津川にはさまれた沖積地泉川・風野・箱森・片柳・横宿・川連にかけては、この地方に珍らしい程よく残っている。北方の風野附近は方向がやや西に偏しているが、これは赤津川によって、条里全体が東に流された結果である。栃木市から美田村にかけては条里の乱れが著しい。巴波川の氾濫によるものである。

さて、この栃木市の西方の条里と美田村の条里は連続したものであり、その面積も、栃木市府中から美田村小袋まで約十四粁、東西は美田村から栃木市西方まで十粁面積にして、一万余町歩に達するもので、関東第二の大きい条里である。

さてこの条里の成立する自然条件としてあげうるのは用水源の問題であるが、等高線五〇〜四〇米附近には湧水池が諸々にあり、それが細流の源をなしている。地下水位の高いことは灌漑作業に頗る便であった。こうした自然の条件の下に古代水田地域をなすに至った、しかしこれだけでは用水源は不足する可能性がある。その際は思川よりの用水の引き入れも可能であった。

栃木市国府町には惣社・金井・国府・田等の部落があるので国府の所在地として知られているが、その位置について、諸説があって一致しない。条里を復原して、それより国府

位置を推定する方法は最も妥当であるから、先づ条里の復原を試みるべきである。ここの条里でも数詞のある坪名は一つしかないので、坪並や条里の方向は不明である。一の坪を基準として、町村界をたよりに里の区劃だけを推定することはできる。それによって、南北を十九に東西を七に区分する。

　思川の沿岸近くに府中、府中前という字が連続して二坪あるので、この延長線を南北に走る基準線とすれば、前述の一の坪にひいた南北線と一里分だけの差があって、よく一致する。この南北線上に六所神社（惣社）がある。これは国司の参拝した神社である。田部落を走る錦小路はこの南北線上にそうている。内山謙治氏は、これを朱雀大路に比定している。条里復原した府中線と一致する。上野国で郡をわける時に府中線を基準としているところから、府中は国衙の中央を示すと同時に、国の中央線を示すものである。さて、この府中線にそうて、三明がある。これはみあけ（みやけ）に通ずとする内山説(13)は肯定できる。鋳物師、内匠屋、大神神社と国府関係の地名が多い。さて以上の南北に走る基準線を中心に古代関係の地名が、多いので、

それを群別にしてみると
1. 府中、府中前
2. 内匠屋・三明・東小路・西小路・錦小路
3. 府古屋、東小路、西小路、石小路、南小路

大体この三つにしぼることができる。

下野国正倉十四宇焼出の記録があること、国府と推定されるグループが三ケ所あって、その二つは相接しているところから、さきの焼失のこともあって、国府が移転した可能性も考えられるから、これを考慮に入れながら復原した条里に地名を入れて、その区域内にある条里の交点を国府址として(12)、それを中心として方六町～八町の区劃を求めると、大体六所神社の南側にその中心点が求められる。

（2）栃木県芳賀郡の条里

　鬼怒川右岸の沖積地にある条里で深谷正秋氏が既に指適したものであるが、(2)青田・堀込が南限である。砂原・谷中・上谷貝・稲荷新田（以上二宮町）南島・中里・北島・村田（以上真岡市中村）の部落に及んでいる。条里の方向は南北を指しているが、中里・北島・村田の条里はこれと方向を異にして東十度偏している。

　この地域の条里はしばしば鬼怒川の氾濫をうけたためと、用水路の開さくのために原形をせばめられたり、菱形に押しつぶされた形のものが多い。比較的よく原形を保っているのは南島から上谷貝の間の耕地、青田、谷中の耕地である。

　この条里区と他の堺は不明であるが、大体台地との堺には用水路が流れて、それが堺になっている。数詞のある坪名はない。ここも長地割が圧倒的に多い。条里の方向が異なるのは、条里設定の時期が異なるためか。

（3）栃木県河内郡の条里

　鬼怒川の支流田川に沿うて、雀宮、薬師寺附近の水田に、小地域であるが条里がよく保存されている。

薬師寺の条里

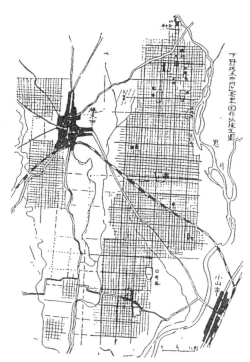

図5　栃木市附近の条里

薬師寺は道鏡ゆかりの地で、道鏡塚といわれる円墳が、水田を望む台地端にある。鑑真和尚の墓、薬師寺址がある。この条里は薬師寺村のある洪積台地に接した水田地域で、成田・町田・東田中・西田中・谷地賀等に及んでいる。条里の方向は二十度東によっている。旧吉田村の福島中坪、磯部等も、この条里と一致するものと推定される。この条里もほぼ二宮町の鬼怒川右岸の条里と同じ面積である。

宇都宮市雀宮附近の条里

雀宮駅の東方水田地帯で田川に沿っている。

小規模であるが見事な坪が連続している、上御田、羽牛田、御田、長島の部落はとくによい。条里はほぼ南北をさしている。長地割が多い。附近には双子塚、笹塚、牛塚、あやめ塚等の古墳がこの条里区域に接している。

田川流域の条里は下流に近づくにつれて遺構は乱れて扇形菱形になるものが多く、判定に困難であるが、所々に残っている、坪からほぼ南北をさすものと一五度―二〇度東に偏している方向の二つがあった。この二つの条里が入り乱れているので益々混乱している。

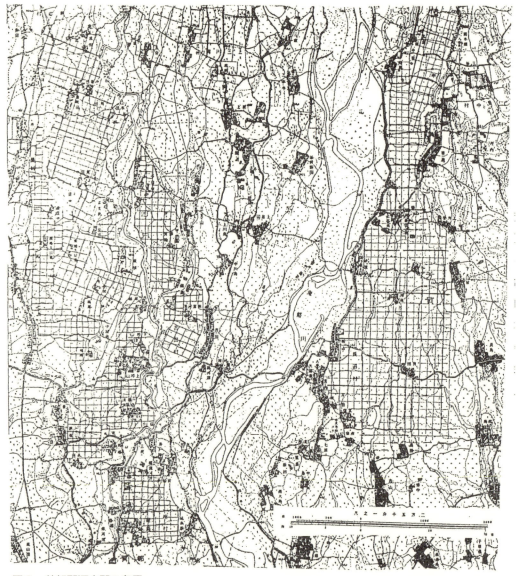

図6　芳賀郡河内郡の条里

田川の南にある絹村附近にも条里を認められるが、これから結城にかけては条里が認められない。

田川鬼怒川沿岸の条里は何れも小規模のもので何れも河川に近い、低湿地が選ばれている。これらの小規模の条里が果して、何時頃のものであるか、不明であるが、条里の分布は水田地帯の開発が如何なる条件の所が選ばれたか、古代の開発地帯開拓前線の存在を示している。何れの条里も長地割が圧倒的に多い。

5　茨城県の条里

茨城県の条里については、（一）真壁市北条町附近、（二）鹿島郡中野村、（三）久慈川流域の太田市附近があげられている。(2)

最近鬼怒川・小貝川・那珂川附近に広い条里地域があることがわかった。

さてこれら条里地域が果して古代のものであるか、どうかについては議論のあるところであるが、続日本紀に次の様な記事がある。

続日本記『神護景雲二年下総国言天平宝字二年本道問民苦使正六位下藤原朝臣浄弁等具注応掘防毛野川之状、申官聴許已訖其後已経七年得陸国移日今被官符方欲掘川尋其水道当決神社加以百姓舎宅所損不少是以具状申官宜莫掘者而此頻年洪水損決日益若不早掘防恐渠川崩埋一郡口分二千余田長為荒廃於是仰両国掘自下総国結城郡小塩郷小島村達于常陸国新治郡川曲郷受津村一千余丈其両国郡界亦以旧川為定不得随水移改』

とある。ここに記されているのは、下妻市の西方川西村附近で旧河川は迂回して流れていたので洪水がしばしば起り、そのために口分二千余田が荒廃したので千丈、（二七町余）をほって新河道となした、しかし下総・常陸の界は新河道によらず旧河道によると決めたのである。口分二千余田とあるから、班田がなされていたことが推定される。(14)

（1）下妻市附近の条里

鬼怒川流域小貝川流域には条里遺構が多い。上流の栃木県は既に述べた。下館市下妻市にかけた小貝川流域も特に多い。

前述の続日本記神護景雲二年毛野川改修の記事は下妻市上妻附近のものと推定される。

地名辞典によれば大渡戸から迂回して川尻にでる鬼怒川を改修して大渡戸から爪野に直通した所であるとのべている。この附近の条里では上妻村平方に、南北十二町東西十町の面積によく残っている。鬼怒川の西岸川西村は流れたため不明瞭であるが、大里・久下田には条里の残存が認められる。南北十二町東西十八町に及んでいる。平方の分とあわせて、三三六町に当る。一町十区劃とすれば三三六〇口になり、東国地方に多い五～六とすれば一六八〇―二〇一六口となる。川西村と上妻村の条里が同一のものであるかどうか、位置がずれているので、連続していると思われるのは一部だけで、全体としては不明である。

下妻市附近には古代三つの大きな沼が知られている。その一つは今もある砂沼である。他は開拓されて消滅したものに大宝沼、騰馬江がある。騰馬江は南北四九町、東西三十町内外の大きい沼であった。

常陸風土記に「筑波郡西十里在騰馬江長二千九百歩広千五百歩東筑波郡南毛野河西北新治郡白壁郡」とあり、筑波郡・白壁郡・新治郡・毛野河にはさまれた一大沢地で渺々たる江海をなしていた。この騰馬江と並んで、その西側の丘陵地の侵触谷の出口をふさがれてできた、大宝沼があった。この両者とも開拓されて、現在はない。

鬼怒川はもと下妻大地の南端を迂回して、小貝川と合流していた。今の糸繰川はその旧河道である。この合流で小貝川の水流は堰かれて停滞し大沼沢地をなした。後に鬼怒川と小貝川がそれぞれ分離して別の川敷を流下するようになって、騰馬江は消滅した。さてこの騰馬江は実際どれ位の面積で、どんな形式であったかは地形図で漠然と推定する他はないが、下妻市附近の条里を調査した結果、騰馬江の水底と思われる沖積低地にも、相当広範囲にわたって、条里遺構が存在している。

若し、この条里遺構が古代のものとすれば、この条里を復原することによって、騰馬

江の形状面積を知ることができるし、又騰馬江が解消してから、この条里遺構ができたものであるならば条里遺構の年代を推定することもできるわけである。その何れであるかに問題はしぼられてくる。旧鬼怒川（糸繰川）は中世に河道をかえたと伝えられる。したがって、条里が旧鬼怒川消滅後に行われたものならば当然旧河道地域にも行われるべきであるが、実は旧河道には条里は行われていないことがはっきりしているので、この条里は中世以前のものであるといえる。

小貝川の東にある高道祖村、鳥羽村には条里遺構がないのは、この地が旧騰馬江であったことになる。勿論現在は耕地整理がすすんで昔の形状知るべくもないが、したがって、条里の認められないところを一応旧騰馬江の沼敷と推定できる。横根・筑波島・中新田・宇都保谷・野原・鷺島・高津・鶴田・赤浜・小渡・高道祖を結んだ線が想定される。

騰馬江、大宝沼の中間にある坂井、横根、平川戸、上新田の沖積地は崩れたものも多いけれど条里地帯で上新田の一部には市村という小字もある。条里の方向は南北をさしている。下館附近のものと連続する可能性がある。

下妻附近で見事な条里は糸繰川（旧鬼怒川）の南側の沖積地で、もとの豊加美村である。特に新堀、加養の条里が見事である。この南側の蚕飼村玉村あたりまでつづくと思われる。豊加美村の条里でいちぢるしく、目につくことは部落内にも見事な条里がみとめられることで、新堀では南坪、北坪、加養では西坪、北坪、東坪、前坪、堀内坪、宿坪、中坪があって、条里にあわして村ができたことを示している。これは肘谷山尻でも同じで、水田地域は乱れていても集落内では坪がはっきりしている場合が多い。集落と条里の関係は、どうなっているのか文献もなく知るよしもないが、条里にしたがって村がなりたっている事が条里遺構から推定される。これは下妻下館附近の条里にみられるいちぢるしい現象である。埼玉群馬では水田地帯によく残って、集落区では乱れている傾向が強い。

（２）下館市附近の条里

下館市は小貝川、勤行川の沖積平野にあり、その等高曲線は下館市の南方で二五米、下館市附近で三十米、北方で三五～四五米、下館市はその沖積地の上に浮ぶ十米内外の小丘を中心として発達している。条里は東方勤行川と小貝川に挾まれた横島・成田・島・直井・市野辺・下中山附近は特に見事である。

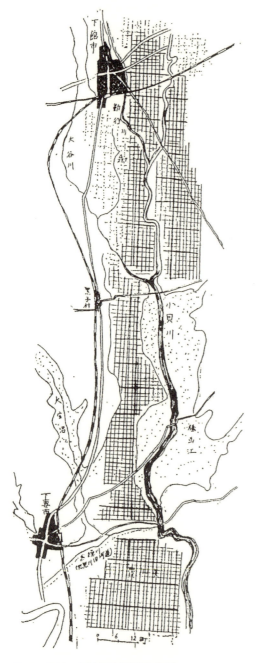

図７　下館・下妻両市附近の条里

下館市北方の国府田附近まで認められるが、河川の氾濫をうけて条里が崩れているために、疑問である。

小貝川の東岸にある本田深見・大塚・川連にかけてもよく発達して、本田深見の南方にある数坪は、図にかいた様に見事なものであった。この条里は、小貝川の西側の条里とつづくもので、条里の方向、東西の線は互に連絡している。小貝川東方の条里は細長く南方にのびて途中で断続して、大塚、村田、吉間、吉田、竹垣に及んでいる。吉間では台地の畑・集落地帯と水田地帯とはっきり境界をなしている。村田村は村田庄のあった所、その南の鳥羽村は古の騰馬江の湖沼地であろうことは、条里の地割がない事からも肯かれる。

下館市の南方の小貝川と大谷川に挾まれた沖積地、西石田から一丁目、椿宮・飯田にかけた耕地は殆ど完全に近い形で条里遺構が残っている。その西方の小釜・小島は耕地整理が進んでいるために、その調査が完全にできないが条里地帯であると推定される。

この条里が南の下妻附近の条里につづくかどうかは、はっきりしないが、大体下妻下館附近の条里は関東の他地方の場合と同じようにほぼ南北に走っている。

下館市の西方・北方の大谷川の流域は条里の方向が幾分づれているかとも思われる。崩れたものも多いのではっきりしない。耕地整理が行われて復原が困難である。

下妻・下館附近の条里の位置を見ると、騰馬江周辺の沼沢地、下妻市附近のバックマーシ的な土地が多い。下館市附近は、勤行川、小貝川の流域のやや高味の氾濫原にあり、相当大規模な条里がある。この二つの条里がなりたつ自然条件としては、前者は沼沢地の自然灌漑によるが後者は用水源を河流に求めたであろうと思われる。バックマーシ的な土地は古代水田の開発の第一歩である。小規模の条里はこうした自然灌漑地を選んだであろう。しかし各地の条里をよく調べてみると、水路網がよく発達している。勿論後世、拡張改良を加えたものが大部分であるが、起源は既に当初からあって、河水を導入したと考えなければ大規模な開田は考えられないような地形が多い。下館市附近の条里の用水源は小貝川、勤行川に求めたと考えるべきであろう。

そういうところに条里が多いことは既に古代の開田技術がそう幼稚なものでないことを示すものである。

下妻市南方は湿地帯をなし、あし原で条里が営まれなかったと推定される。

(3) 真壁市附近の条里

筑波山の西麓を桜川が流れている。小扇状地が連続している。

加波山麓にそうた小扇状地上にあるためか、保存状態がよくない。山麓に近い処や桜川支流に沿うところは崩れて消滅している。条里の方向は南北をさしている。

上小幡、下小幡白井、桜井、真壁の南方伊佐々、中村等に残っている。上小幡西方のものは地形の関係からか、東北―西南の方向をとっている。真壁市を中心として真壁・神代・大苑・伊讃郷があった。

(4) 筑波町北条附近の条里

北条町では桜川をはさんで三カ所、即ち臼井神郡大貫の沖積地、池田磯部の沖積地、北条町の南にひろがる大きい沖積地である。

和名抄の筑波郷に当る地で田井村神郡はその中心であった。鶴岡応永文書に筑波北条郡家郷とあり筑波社の神田があり、私に神郡と称したであろうし、且つ郡家の所在地であった。弘安勘文に筑波社五六町六十歩とある。[14]

筑波北条三百四十八町一反
郡 分　　　　百十町一段半
大 沢　　　　三七町一段
国 松　　　　五七町一段三百歩
酒 依　　　　三十町五段
筑波社　　　　五六町六十歩
北条栗野　　　二四町五段大

(5) 水戸の条里

水戸市外那珂川南岸の沖積地には西西北（西六〇度）〜南南東に走るものと、西北（西

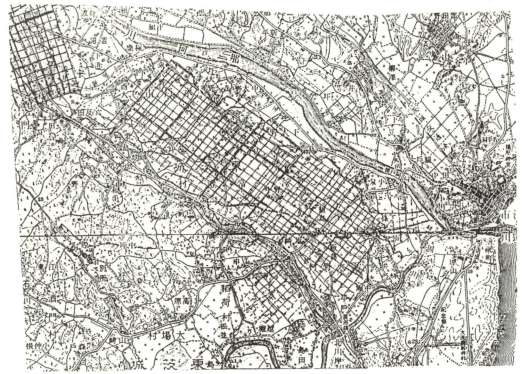

図8 水戸市附近の条里

二〇度)一東南に走る二つの系統の条里がある。

　西六〇度ふれているものは、水戸市圷大野、戸沢、栗崎、常澄村下大野、野中、飯島、涸沼川近くの中瀬に広がっている(これをA条里とす)。西二〇度にふれている条里は、水戸市の細谷頭無、渋井・谷田・上大野のものと、常澄村の塩崎・寺坪・堀越等の涸沼川の沖積地にあるものと那珂川沿いにある中大野の条里もはっきりしないが、同じ系統にある条里である(B条里)。西二〇度ふれた条里は所々に分断されているが、西六〇度ふれた条里は、ほぼ中央部にかたまって位置している。

　この両者のどちらが古いかは不明である。しかし一方では那珂川・涸沼川の氾濫によって、条里が流されて方向を変化したとも考えられるふしもあるので、今後の研究にまたなければならない。

　本地域の条里は那珂川の氾濫によって著しく乱されている。集落は那珂川沿いの自然堤防上と電鉄線にそう丘陵地にある。その中間地域が水田地域で、丘陵沿いは排水不良である。野中には一の坪の地名が残っている。一の坪が条里の南端にあるのと、村界の六町の線に沿っているので、一の坪を基準として、条里の復原することができる。六里分が二列復原できる。三六町と十二町の面積。しかしここでも坪並条里の進行方向はわからない。長地割が多い。

　水戸市周辺の条里については薬王院文書(14)によると大羽村栗崎六反田塩崎森戸細野入野等の村名があげられ、公田分田が示されている所からみて、条里が施行されたことが推定される。集落名は条里遺構の分布とほぼ一致している。恒富は中世の郷名である、恒富村公田事、公田合五十五町七反三五歩、大羽公田一七町一反十七歩、栗崎公田七町五反三百歩、六反田公田四町、塩崎公田六町四反、石河公田四町、森戸公田二町　反、遠厩公田一反、大串公田八町、矢田公田壱町壱反入野四町四反

　　右注進状如件　　　　　貞応三年十一月晦日
又安貞二年吉田社領検注には酒戸郷分田十六

丁九段、内除三丁七反定収納田十三丁二反
細谷郷分田五丁一反、吉沼郷分田十二町六反
山本郷分田十四丁二反

　これらは鎌倉室町時代における名田であるが記載された集落が何れもB条里地域に分布しているところから、この条里は中世に関係あると思われる。

　吉沼郷は条里が認められないが、これは河流の変化によって、現在は那珂川の南側になってるが、かっては那珂川の北岸にあったものである。したがって氾濫のために、条里は消滅してしまったのであろうが、道路の方向には条里の影響を認めることができる。

　大場村下入野森戸は涸沼川の流域にあるが、条里は認められない。古文書によれば、ここもB条里が行われたものと推定される。

　何れにしてもA・B条里の新旧については結論を得ることができない。B条里が、中世荘園の一部をなしていたのである。

(6) 常陸太田市の条里

　太田市附近の条里は深谷氏によって指摘されている。ここの条里は関東地方で、最も保存状態のよいものである。特に太田市の東方の沖積地はほぼ南北の方向に見事な坪の連続を見る。西宮上・中・下武田・遠下、里川と源氏川にはさまれた低地、里川の東方小沢・上内川・沢目下内田・豆飼小目は耕地整理されて遺構は認められないが、復原することはできる。方向は若干西にふれているが、これは里川の氾濫によって流れたもので、大体南北をさすものと思われる。

　久慈川の支流山田川の流域にも見事な条里遺構がみとめられる。下河合、上河合・藤田・宮下・磯部・谷河原・猪ノ手・山田川の南岸の島・竹越・本郷・高畑・越山・小島等である。ここの条里は里川沿岸のものとは、全く方向がちがって、約四五度西にふれている。同一郡内にありながら、方向を異にする条里は、関東地方では水戸市と久慈郡のものだけである。

　久慈川の南岸瓜連町を中心とする条里は門部、圷・王川、下大賀・上岩瀬等に認められる。久慈川を堺として、北は久慈郡、南は那珂郡にぞくし、この条里は那珂郡の条里であるが北の久慈郡の条里と全く方向を同じにしている。

　久慈川と浅川にはさまれた郡戸にも条里が認められるが、ここは氾濫のために崩れている。ここでも数詞のある坪は下河合村に一カ所あるだけであるから、坪並はわからない。村界と市の坪を基準にして条里の復原だけは

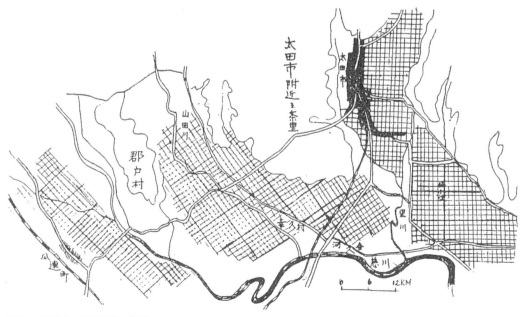

図9　常陸太田市附近の条里

できる。長地割が圧倒的に多い。

さて次にこの条里が珍らしく、南北をささず西北から東南の方向をとっているのは、この附近の地形の関係によるものであろう。南北をさすものと、どちらが古いかについては今後の研究を要すると思うが、亀田隆之氏は次の様な見解をのべている。即ち常陸風土記久慈郡の条にこの地方の記事が見え、郡家の位置は金砂郷村（旧久米村）大里附近に比定されている。

この比定が正しいとすれば郡家に近いところが上述の如きふれを示し、遠いところが却って南北線の条里をかいていることになる。早急に推論はさけるにしても、上述の推測は充分に検討の余地がある。同一郡内にこの様なちがった条里がみられるのは別にまあたらしいことではない。谷岡武雄氏が播磨条里復原に際して、いわれた如く、長倉などには大化以前すでに条里制が施行されていたのではないか、その政治的問題と関連をもつ時間的な前後関係ということも考慮に入れる必要が起ってきよう。郡家はそうした長倉或いはそれに準ずるような所におかれたという仮定にたてば、郡家を含む幸久佐竹地方の条里が太田市東方の条里よりも実施期が古かったのであろうし、又当該地方の政治権力の変遷と何等かの関係があるとも推測される。

6　千葉県安房郡の条里

房総半島の南端近くにある館山市附近と太平洋にのぞんでいる丸山町には立派な条里がある。地名にも条里時代の村落を思わせるようなものがある。

安房郡の沖積平野を流れる川は平久里川とその支流の滝川である。河岸段丘がよく発達している。条里は下段よりも上段の方によく保存されている。下段は河流の影響が強く波状に坪が崩れている。

館山市の東方にある上野原、安布里から国分附近にかけてはとくによく保存されている。

国分には市之坪がある。

山名川（滝川）流域にある江田附近から池之内、御庄、上流の本郷・堀之内まで認められる。上流部分は地形上鱗状にみだれる。鉄道沿線の腰越・稲・二子・玉水・田辺・村田・大井にも及んでいる。

稲には一の坪から十坪まで配列しているが、山麓地帯であるために、その順序が不明である。府中のある三芳村は平久里川の氾濫をうけて、坪はその形をかえているが、可なり上流まで条里が施行されている。府中、番場、亀原、川田、原、大学口、山下、千代、堀之内等の区域である。

この地は局部的には船形町の北方の小平野と青木深名にも小さい条里地区がある。この二つの条里は地形的に各々独立している。

館山市の南方に南条・大戸・西長田・東長田がある。ここの東長田には一の坪があるが河流に流れて細長い弧状に変形している。大坪、下真倉、上真倉さらに西方の岡宮城大賀にも条里が認められる。

太平洋にのぞむ丸山川、温石川の流域にも保存のよい条里がある。丸山町（豊田村）の岩糸には二の坪という地名が残っている。ついで西原地区丸山川の西側にある加茂、塚崎、丸山川の上流では丸本郷・中台・矢田・東台・石堂、温石川の上流では珠師谷に及んでいるが、地形上いちじるしく変形しているのは止むを得ない。

丸山川の南側の旧千歳村安馬谷、根方、下道にもあるし、鴨川の流域にも認められ、安房国が古代からよく開発されていたことが、条里の施行状況からも推定される。広い沖積平野があるわけでなく、零細な山間の小流まで及んでいる。条里についても、地域によって夫々施行状況がちがっている。

神戸村は、外海に面した古い村であるが、ここにも条里と推定される遺構があるが、変形が甚しいためにはっきりしない。

館山附近の条里で著しく目につくことは、数詞のある坪が多いことで、関東の他の地区では認められない。房総線九重駅の西南方には一の坪から二ノ坪三ノ坪四ノ坪五ノ坪六ノ坪七ノ坪八ノ坪九ノ坪十ノ坪と連続した坪がある。ところが残念なことには、丘陵地帯であるため著しく変形、さくそうしているの

で、その配列の順序を復原することは困難である。

能うかぎり、その順序を復原してみると一ノ坪二ノ坪三ノ坪四ノ坪までは南北に配列しているから問題はないが、五、六坪の順序が著しくちがうので、これを十五・十六坪とすると、恰度平行式の配列になる。さらに七・八坪は二七・二八坪とすると都合よい配列になるけれども、勝手に数詞を入れかえるので疑問である。今一つの疑問は、これら数詞の入った坪があまり変形している事その番号順が後世うち変えたと思われる点がある。一応この坪の配列を認めれば、坪並は西北隅から一の坪にはじまり、一列は一二三四、二列七八九と並ぶことになる。したがって、条里は北より南に進行したことになる。この条里も長地割が多く、方向は南北である。この条里を復原して、国府の位置を求めれば現在の府中部落の南端がその位置にあたる。

7　関東地方条里の起源

さてこれらの条里が果していつ頃のものであるか、果して古代のものであるかどうか。関東地方に於ける条里の保存状態の悪いところから疑問を抱くものもある。

けれども平安遺文九に収められている上野国交替実録帳によると、多数の班田図が引きつがれた事が記されている。これから推定すれば、上野国における条里の施行は奈良時代まで遡ることができる。

上野国交替実録帳は長元元年一二年のものであるが、これとほぼ同じ頃のものとして、武蔵国大里郡坪村（平安遺文九、九条家延喜式巻二十二裏文書）がある。これによって熊谷市附近の条里が平安初期には実施されていたことが判る。尤も、いつ頃から実施されたかは不明である。茨城県下妻市附近では和銅年間に鬼怒川改修が行われたが、口分田の荒廃を防ぐために行ったことが続日本記に記されている。こうした文献によって関東の条里もその内容において、多少の差異はあれ、実施期は奈良朝まで遡りうる。

今上野国交替実録帳によって、その実施期について考察をしてみる事にしよう。

田図　　無実

四諳（証）図参伯肆拾肆巻年別分拾陸巻
　　天平拾肆年　天平勝宝柒年　宝亀肆年
　　延暦伍年

班田図伍百拾陸巻
　　弘仁弐年捌拾巻　　天長伍年捌拾柒巻
　　嘉祥肆年捌拾陸巻　　斎衡弐年□□□
　　同参年弐巻　貞観柒年捌拾陸巻　仁和元年捌拾陸巻

校田図陸佰参拾□巻
　　弘仁十年捌拾陸巻　（天長十年捌拾陸巻　承和元年捌拾陸巻）同八年□□□仁寿二年捌拾陸巻　貞観二年捌拾陸巻　延長三年捌拾陸巻　　昌泰三□□□

破損
　　班田畠拾弐巻　弘仁二年壱巻　九里代、天長五年参巻二巻失口　嘉祥四年壱巻無三里　斎衡三年弐巻　貞観七年弐巻無各二里　仁和元年参巻二巻無口各四里
　　□□畠伍拾弐巻端朽損不中用
　　弘仁十年壱巻無吞　天長十年肆巻各里　承和肆年参巻一巻无奥里　一巻无四里
　　貞観弐年陸巻一巻朽損昌泰参年弐拾玖枚
　　以上件破損文薄去長□参年正月十一日焼亡无実者

戸籍伍佰伍拾巻已無実
　　庚午年玖拾巻管郷捌拾陸駅家肆　五比戸籍肆佰陸拾巻　天暦五年戸籍玖拾弐巻管家八十四駅家戸四
　　応和元年戸籍玖拾弐巻　□（康）保肆年戸籍玖拾弐巻　天延元年戸籍玖拾弐巻　天元参年戸籍　九拾弐巻

四諳図が竹内理三氏の指適している如く、四証図の誤りであることは、「天平十四年、勝宝七歳、宝亀四年、延暦五年四度図籍皆為証験」（類聚三代格巻十五弘仁十一年十二月二十六日官符）。四諳図のでた年号が四証図の年号と全く、一致していることでわかる。さて証図は土地について問題が起きた時、これを証明する正確な地図であった。これらの田畠の作成年時は何れも大体班年にあたり、当然班田施行後に作成されたと考えられる。班田は京畿内諸国ばかりでなく、かなり広範囲に及んで施行されたと推定される。上野国に

おいても四証図があったから、当然班田が行われたと推定されてよい。

今まで関東で果して班田が行われたか、どうかについては、その遺構がはっきりしなかったことや、文献の乏しかった事によって、消極的ならざるを得なかったのである。

次の班田図として記されているのは、弘仁二年からであって、その後約百年つづいている。天長伍年、嘉祥肆年、斎衡弐年同参年、貞観柴年、仁和元年校田図として記されているのは弘仁十年、天長十年、承和元年、同八年、仁寿二年、貞観二年、延長三年、昌泰三年である。

そして班田図、校田図の数は何れも八六巻になっている。八六にたらない場合は破損か紛失した場合である。この八六は、庚午年籍に記されている、八六（駅家戸四）と一致していることは、郷毎に班田図、校田図がつくられていたことを示すことになる。

次に班田図のある年はすくなくとも班田が行われたとの推定の下に、弘仁二年から天長五年まで一七年、天長五年から嘉祥四年までは二三年、嘉祥四年から斉衡二年まで四年。それから貞観六年まで十年、貞観から仁和元年まで二〇年、仁和から延長まで四〇年というように、不規則に行われて、定期的に班田は行われなかったのであろうか。次に竹内理三氏が、田図を校田図であろうと訂正しているものを、そのままここでは校田図として承認して、班田との関係を見ると、林陸郎氏の「奈良時代後期における班田施行について」のべられた如く、校田がさきだって、班田の前年に行われたとはきまっていないようである。

仁寿二年の校田は、その二年後の斉衡二年の班田のための校田と考えられるだけ、他の場合は班田年と班田年との中間的な位置にあって、むしろ校田図とするよりは班田図とした方がよいようにすら思える。しかし班田図とした項目があって、別に項をたててあるのだからやはり竹内氏の様に校田図とすべきである。すると校田が必ずしも班田にさきだって、班田のために行ったというよりは、班田年と班田年の中間的な位置にあって、土

表1　上野国条里実施年表

		交替実録帳に記されている年度	今宮氏による班田推定年度 (9)
670	庚午年籍		
742	天平十四年	四証図	班田
755	天平勝宝七年	四証図	班田
773	宝亀四年	四証図	班田
786	延暦五年	四証図	班田
811	弘仁二年	班田図（80）	
819	弘仁十年	校田図（86）	
821	弘仁十二年		班田
828	天長五年	班田図（87）	
833	天長十年	校田図（86）	
834	承和元年	校田図（86）	
841	承和八年	校田図	
849	嘉祥二・三年		伊勢、因幡班田
851	嘉祥四年	班田図（86）	
852	仁寿二年	校田図（86）	筑前・美濃
855	斉衡二年	班田図（86）	
860	貞観二年	校田図（86）	
865	〃　七年	班田図（86）	
873	〃　十五年		筑前
879—881	元慶三・四・五年		豊後筑後肥前備後班田
885	仁和元年	班田図（86）	
900	昌泰三年	校田図	
925	延長三年	班田図（86）	
951	天暦五年	戸籍九二巻	
961	応和元年	戸籍	
967	康保四年	戸籍	
973	天延元年	戸籍	
978	天元三年	戸籍	

地関係が複雑になってきたので、造籍、班田の作業の他にその中間で実地に校田する必要があったのではなかろうか。班田と班田の間が長すぎるのでその中間で再検討したのであろう。

何れにしても、班田図校田図の実物はなくても、そういうものが引きつがれたということは、どの程度に実施されたか、否は別として、上野国に条里が天平の頃から行われたことを示すもので、その後徐々に地域を拡大していったものであろう。校田図の多いのも、その間の事情を語っているように思う。

8　関東地方の条里の問題点について

（1）関東地方の条里の分布から

二つの類型が認められる。それは群馬県の前橋高崎の条里の如く、国府を中心として大

規模なものと、川越市附近の如く、ごく小規模の二つが認められる。

一、前者の例として、
1. 前橋高崎附近の条里（国府、国分寺を含む）
2. 栃木市附近の条里（国府、国分寺を含む）
3. 熊谷市附近の条里
4. 茨城県久慈郡太田市附近
5. 千葉県館山市丸山町附近（国府、国分寺）
6. 神奈川県、厚木市を中心とした条里
7. 神奈川県小田原市附近

これらは何れも大規模なもので、国府国分寺を含んだもので、古代の地方中心都市が、開発の中心となったことをよく示している。武蔵の国府は、東京都の府中市にあるといわれているが、府中の条里の遺構は、現在東京競馬場に若干残っているだけで、規模も小規模である。

これらの条里地区は恐らく、中央の規画によって行われたものであろう。したがって、その起源も、上野国交替実録帳によって、推定すれば天平年間までさかのぼりうるように思う。これに対して、小規模の遺構としてあげうるものは、

1. 川越市附近の小谷、豊田本、平塚
2. 大宮市島根、浦和市大久保
3. 埼玉県入間郡坂戸町入西
4. 埼玉県比企郡高坂町　東松山野本
5. 児玉郡の条里（これは比較的大きいもの）
6. 藤岡市外
7. 鏑川流域の条里（吉井町、富岡市）
8. 群馬県大田市附近
9. 栃木県薬師寺附近、宇都宮市雀宮附近
10. 栃木県真岡市中村
11. 茨城県下館市附近
12. 下妻市附近
13. 真壁市附近
14. 茨城県筑波郡北条町附近
15. 水戸市附近
16. 鹿島郡中野村

等は何れも小規模なものである。もっともこのうち、児玉郡、群馬大田市、茨城県下館・下妻市附近、栃木県鬼怒川流域のものは、やや大きい規画で、中規模のものであった。

ところが、川越市附近のもの、高坂・坂戸のもの、大宮浦和附近、真壁市、北条町附近のものは、小規模のものであった。さてこれらの条里が果して国家的の規定に基づいて行われたものか、どうか疑問の点も多い。或は地方土豪によって、中央の田制にならって施行したものかどうか、若しそうだとすれば、これら条里の施行はずっとおくれたものとも考えられる。これらの条里を条里といってよいものであるかどうか、中規模のものまでは、国家的統制によって行われたと考えてもよいが、ごく小規模のものは今後の研究に俟たねばならない。

（2）数詞の入った坪がきわめてすくない

関東地方の条里には数詞の入った坪名がきわめてすくない。前橋附近熊谷附近の大規模なものでも、数詞の入った一坪分が認められない。数詞の入った坪名は南関東の条里に多い。例えば千葉県安房郡の条里、横浜川崎附近の条里の如くである。これに対して、北関東の条里には数詞の入っているものが極めてすくない。栃木県美田村、茨城県久慈郡太田市川合、茨城県常澄村野中の三カ所にあるだけである。前橋附近、熊谷附近に市の坪という字名はあるけれども、坪名を指しているものはない。どういうわけであろうか。一応は条里の施行が完全に行われなかったためか、或は行われた期間が短かったためかと推定されるけれども断定はできない。そして、南関東に多いことはどんな理由によるか、条里の施行伝来に二つの方向があって北関東のものと、南関東では、夫々別個の条里がしかれたためでなかろうかと推定される。即ち一つは東山道方面より、一つは東海道方面より伝えられたために生じたのではなかろうか。

この様に関東の条里には数詞の入った坪がないために、条里の復原も、坪並の方向も復原のしようがない。

（3）条里の方向は南北をさすものが圧倒

的に多い

　小規模のものは、殆んど南北をさしている。これに対して、茨城県の久慈郡太田市の条里は、南北の方向のものと、南北と東南に走るものと二つの方向がある。これに対して亀田氏は郡家の所在地のあった西北─東南の方向に走るものの方が古く、南北の方向のものはそれより新しいのであろうと推定されている。横浜市南区蒔田一の坪の地割図をみると西北～東南の方向の条里を南北に走る条里がきっているのが認められる。これが部分図であるから断言することはできないけれど、南北の方向のものが新しいことになり、茨城太田市の条里の亀田氏の説と一致する。

　水戸市外常澄村の条里は関東地方には珍らしい条里で、北西から南東のものと、北北西から南東に走る条里が認められる。いづれが古いかわからないが、後者が水戸市近くと、涸沼川の下流にある。後者の条里が最初行われ、前者のものが、後からわりこんだかたちになる。

　鬼怒川の支流姿川の流域には、南北のものとやや東にふれたものと二つの条里が行われた。この二つの条里が重なりあったところは、複雑になっている。鬼怒川流域の中村のものは、南北のものが主であるが、北部近くのはやや東にふれているが、ここでは、重複していないためはっきりしている。

(4) 長地割が多い

　関東地方の条里は全般的に長地割が圧倒的に多い、すくなくとも、八割内外長地割と考えてよい。何故長地割が多いのかその理由については、今後の研究に俟たねばならないと思う。

　さて長地割と半折型地割については大化以前の条里は長地割を基準とする方格であって、大化改新によって半折型地割を基準とする新しい条里が計画された。しかしそれは旧来の代の田積法に由来する長地型地割に規正せられ、班田には方格の条里が行われることになった。その後班田や、開墾の進むにつれて条里も次第に整って行った。天武・持統頃略々基礎の出来あがった条里は奈良平安時代に至れば、重要な開墾地の基本的な地割となっていたものであって、新に開墾された地域の地割を規制して行った。大宝養老の田令は三百六十歩一反の半折型を基準としている。若しこの通説通りであるとすれば、関東地方の条里は長地割が圧倒的に多いため、大化改新前後にその起源を求めなければならない事になる。しかし条里制は技術の進んだ先進地帯でなければ実施できないといわれているので、果して関東地方の条里をそこまで遡りうるかどうかには疑問もあるわけである。又中央で半折型地割によった時代にあっても、関東地方では長地型が長く保たれていたと称することもできるので、古く遡ることはできないとも考えられる。(9)(10)

(5) 条里と地形

　条里の分布から大体次の様に分類できる。

一　河川中流の傾斜のゆるい大扇状地
　　高崎前橋附近、太田市附近、熊谷深谷市附近、栃木市附近、これらの地域は湧水地区が多い。

二　河川中流の氾濫原沖積地
　　茨城県太田市附近、鬼怒川中流の中村、結城市、河内郡の条里、小貝川中流の下館、下妻市附近の条里、これは中規模のものが多い。

三　河岸段丘にあるもの、群馬県鏑川の河岸段丘上にある条里、吉井町、富岡市

四　河川中流のバックマーシ
　　荒川沿岸の浦和・大宮市の条里、荒川の支流入間川にある川越市・坂戸町の条里、鏑川流域の藤岡市の条里

五　河川上流の小盆地　埼玉県児玉郡の条里

六　河川下流のデルタ地帯
　　多摩川下流の条里、鶴見川流域の条里、那珂川下流の条里、荒川下流の条里

七　海岸地帯の沖積地　千葉県安房郡の条里

　以上の様に河川中流の湧水地区低湿地が圧倒的に多い。特に利根川鬼怒川の中流は古代水田開拓前線をなしていたことがわかる。

　これに対して南関東では河川の下流のデルタや低湿地が条里の対象地となっている。

　局部的な小規模の条里は、河川沿岸の段丘

や低湿地に多い。この様な小規模な低湿地も古代の水田地帯を形成したことが推定される。

註
（1）蘆田伊人　古代武蔵における条里の制とその遺跡　歴史地理三三の一
（2）深谷正秋　条里の地理的研究　社会経済史学六の四
（3）埼玉県史第二巻　一九三一
（4）籠瀬良明　埼玉低地帯開発に関する若干の考察　横浜市大紀要　一九五八
（5）平安遺文九　竹内理三編
（6）柳進　児玉郡の条里研究　埼玉研究三
（7）柴田孝夫　条里の変形について若干の考察　人文地理一一の三
（8）和島誠一　横浜市史一　一九五八
（9）今宮　新　上代の土地制度　一九五八
（10）弥永貞三　奈良時代の貴族と農民　一九五六
（11）石田茂作　東大寺と国分寺　一九五九
（12）米倉二郎　国府と条里　広島大学紀要九　一九五六
（13）内山謙治　下野国府の研究（下野史の新研究）　一九五七
（14）吉田東伍　地名辞典

本調査は昭和三三年度科学研究費によるもので、村本達郎氏、新井寿郎師の協力をいただいた。

【編者付記】
・本論文は『埼玉大学紀要　社会科学編（歴史学、地理学）』第8巻（埼玉大学、1959年）掲載の同名論文を転載したものである。
・本文中の見出し・小見出しは本書の体裁に整えている。
・図版は、図1…のように番号を付した。
・市町村合併前の旧市町村名はそのまま記載した。
・明らかな誤字・脱字等は訂正・補筆した。
・句読点は読みにくいものについてのみ、句点と読点を入れ替えた部分がある。

関東の条里研究史

吉川　國男

1　研究史

　条里の研究は、近世の地割の研究に始まり、明治から大正にかけて歴史や建築史、農学者ら(1)によって条里研究として論考を見るようになったが、昭和期にはいると、地理学の中に条里研究が位置づけられるようになった(2)。そんな中、関東の条里について初めて研究を発表されたのは、蘆田伊人である。蘆田は「古代武蔵に於ける条里制とその遺蹟」(3)を発表し、東京、埼玉、神奈川の条里の所在地を地域的に列記された。これは東国においても、条里が全国一律に実施されたことを提唱した点で、関東の条里の先駆的研究として高く評価されなければならない。また、藤田元春が『日本民家史』の中で、関東の地割に言及されている。

　『埼玉縣史』（昭和6年版）の第2巻では、埼玉県内の5郡に条里遺構が存する旨、5枚の色刷り挿図を入れ11頁にわたって解説している。県単位の条里の調査例としては出色である。

（1）1950年代の調査

　昭和33年になると、三友国五郎は、関東地方全域を文献や地図に当たり、条里らしきところを推定し、地形図や航空写真を駆使して「関東地方の条里」(4)を発表された。三友はこの研究で、分布状況により国府を中心とした大規模なものと、川越付近のように、ごく小規模なものとに分類されること、数詞坪が少ないこと、方向が南北を指すものが圧倒的に多いこと、長地割が多いこと、立地別に河川や海岸との関係を考察したことなど、広域地方別に対象とした初めての条里研究であるとともに、歴史地理学の到達点を示し、以後の研究モデルとなった。

（2）1970年代の調査

　1971年、埼玉県遺跡調査会は、埼玉県熊谷市の別府条里が圃場整備事業の施工が予定されたため、トレンチ発掘をおこなった。その結果、東西方向の堀に接する溝と南北方向に走る幹線水路を検出した。

　これらの堀は、それぞれ地表の堀に沿って走る奈良・平安期の遺構とのことであった。この発掘は、広い範囲で実施される圃場整備事業に対して条里遺跡の調査をどのように行うかの試金石になる(5)とともに、条里遺跡の発掘調査の先駆け例として注目される。

　地理学者・籠瀬良明は、その著『低湿地』(6)において、平野部残された条里遺跡と微地形・水利環境の関係について、鋭い観察眼と精力的な踏査を重ねて、等高線が入った精細な分析図面を作成された。熊谷市東部の荒川扇状地末端では、熊谷行田条里の集落や条里水田の消長現象と扇端部の自然堤防・後背地、湧水量、農耕技術などを理論づけられた。いっぽう、茨城県の久慈川・那珂川沿岸の低湿地では、先行する豊崎　卓の果敢な条里区画の線描図を精査し、高低差が3～5mと小さい自然堤防や後背湿地の条里水田を補完された。あわせて、坪並地名を書き取り、上・中流域の谷底平野や旧川敷などの、小規模水田に対する条里の可否見極めについても論及されており、関東地方以外の地域での調査の指針を提言された。また、土壌や保水力との関係についても参考になる。

　三友国五郎、籠瀬良明の業績をさらに発展させたのが柴田孝夫である。柴田は、その著

『地割の歴史地理学的研究』(7)において、ライフワーク「時代の環境を映す地割」の研究をとおして、条里地割の存在を意識し、河道の変遷、洪水や流水の影響、火山灰、都市開発などによって、地割が消滅・埋没、変形していくことを追跡された。関東平野の条里の起源については、奈良時代初期までさかのぼりうること、その証拠に、九条家本延喜式裏文書に上野国交替実録帳や武蔵国大里郡坪付があり、施行が他地方に劣らず然りと速く行われたこと、地割は長地型で筆割は6、7個、方位は正南北であることを指摘された。そのうえで、次のように地域別に地割の変化状況を述べている。
（1）関東平野西北部の地割
　利根川本流、烏川、鏑川の扇状地および河岸段丘の扇状地
　神流川扇状地―水田の畑地化と地割の変形
　荒川扇状地―洪水と流水による地割の消滅・変形を詳説
（2）関東平野中部の地割
　利根川の氾濫原―洪水による地割の消滅
　古利根川と元荒川の合流部―氾濫による地割の変形
　大宮台地―台地上の方格地割の存在
　大宮台地西方の低地―遊水に灌漑用水を得た地割の安定
（3）関東平野南部の地割
　東京足立区―低湿地の地割の変形の諸形態
　荒川区と台東区―浅草寺の位置と条里地割
　墨田区、江東区、葛飾区と江戸川区―正倉院文書、下総国大島郷の地割
　日本橋と京橋―江戸城下町の方格地割
　多摩川下流域
このように、1970年代までの条里の調査研究は、地表の条里状の地割や地名、道路を手がかりに地域の条里の所在を探索することに主眼が置かれ、やっと都県境を越えて関東一円の条里遺跡の所在が概括的に明らかになっていった。それとともに条里と地形・水系などの地理的環境の相互関係についての研究は、深まったといえよう。

（3）1980年代以降の主な調査

昭和40年代に入るころから、開発事業の事前措置としての発掘調査が各地で、しかも広い面積を対象に行われることとなり、条里の地下構造に調査が及び条里そのものに対する考古学的な調査法も採用されはじめた。

栃木県においては、2002年から発掘調査が盛んとなり、水田跡だけでなく畑も検出され小俣川沿岸遺跡群をはじめ「奈良～平安」、「平安期」の水田が明らかにされ、県の南部の沖積平野に条里が分布する実態が図示された。そのいっぽうで、条里関連地名が数詞の12地名含む600の地名が見いだされた(8)。

群馬県においては、日高遺跡や矢中条里遺跡などが発掘調査され、条里の坪隅や南北の区画道が検出され、小区画水田の条里水田への移行が明らかとなった(9)。

埼玉県では、北部の榛沢郡家と倉庫群に連続する、7・8世紀にさかのぼり得る岡部条里において居宅跡、水運路とみられる堀跡も調査された(10)。北部でも群馬県寄りの児玉・那賀郡地方では新里・金屋・児玉・十条・女堀などの条里が調査され、真間期～浅間B軽石層の間（8世紀代）につぎつぎに条里が出現、灌漑用水として将監塚・古井戸大堀、金屋大溝、九郷用水、女堀などや田畑変換事例や水利信仰の問題も調査された(11)。

今井条里は、児玉条里群の東側に所在し、7世紀後半～平安以降の水田が検出された。調査担当者の岩田明広は条里関係の用語・概念規定や発掘調査の理論（技術、土壌・古植物・農学）などを提言するとともに、畦畔と水田面の変遷模式図を示した(12)。

秩父の太田条里においては、水田面、畦畔、溝、石組遺構を調査し、かつ用水を供給していたとみられる溜池や堰堤を検出し、条里の全体像を考古学的に提示した(13)。

千葉県においては、館山市、市原市、君津市、鴨川市、木更津市などで条里遺跡が調査されてはいるが、調査例の増加が望まれる。そんな中、市原市では、発掘された遺構から条里の坪並や古代の幹線道路が検出された(14)。

東京都内では、田中禎昭が江戸時代以来の

各地図や昭和22年米軍撮影の航空写真、発掘された遺構などを駆使し、荒川区〜北区の条里プランを見事に復原され、豊島郡衙や古代東海道の関係を明らかにされた[15]。人口や幾多の都市施設が集積した巨大都市にあっても、「被災」と「復興」が刻まれた中で、古代の地域景観が再現されることの可能性を提示した意義は計り知れない。

多摩川筋では、中流域の日野低地などに落川遺跡が所在することから、さらに条里の埋没遺構があるのではないかと、地表の方格地割網との関係について追及中である[16]。

神奈川県では、木下　良らによって県内における40か所の条里想定地の分布図が古代道調査のために作成された[17]。条里関係地名については、数詞地名15を含む100前後の地名を集成され、中小河川沿いにも分布していることも報告された[18]。個別の条里については、足柄平野において評制段階の区画や古道が抽出[19]され、海老名周辺では110m間隔の東西溝を検出[20]、川崎周辺ではボーリング調査によりテフラや植物微化石との関係においてイネ属、ソバ属の花粉が検出された[21]。

2　条里遺跡が抱える問題点と課題

① 条里遺跡や条里型地割が所在していても、埋蔵文化財包蔵地として広い面積にわたることから、発掘調査されないケースがあった。

また、調査範囲が限定され、トレンチ発掘のみで済まされる場合が多い。坪内の地割状況も調査項目に加える必要がある。

② 他の埋蔵文化財の種類よりも軽く扱われたり、他の遺構（他層）で調査を終了されるケースが多い。

③ 条里を扱える調査員が少ないので、堀、溝、畝、畦畔、水田層、溜池、堰堤、樋など条里遺構に習熟する職員の養成が必要である。

④ 中小河川流域の小規模条里の探索研究を図るべきである。

⑤ 圃場整備事業など大規模開発が実施される以前の水田、水利資料（旧来の図面、文書、伝聞記録など）について、早急に収集保存を図る必要がある。

⑥ 辛うじて保存されている遺構の保護、条里遺跡の積極的な文化財指定を促進したい。

⑦ 洪水・火山活動、地震・津波、沈下現象などで埋没、消滅した条里遺跡の探索も必要である。

⑧ 条里遺跡の地域別・水系別集成を早急に図る必要がある。

本書は、前記シンポジウムの成果を踏まえたうえで最近の情報を加え一書としたが、加えて上記諸課題に向けて前進するための研究史上の一里塚となれば幸いである。

【註】

（1）関野　貞1907『平安京及大内裏考』、喜田貞吉「山城北部の条里を調査して太秦広隆寺の旧地に及ぶ」『歴史地理』第25巻1・2号、中川修一1914「山城国綴喜郡田辺草内付近条里坪並考」『歴史地理』第23号第1号

（2）小川琢治、藤田元春らの調査研究

（3）蘆田伊人1919「古代武蔵に於ける条里制とその遺蹟」『歴史地理』第33巻第1号

（4）三友国五郎1959「関東地方の条里」『埼玉大学紀社会科学篇』第8号

（5）小沢国平1971「熊谷市別府条里遺跡発掘調査報告書」『埼玉県遺跡調査会報告』第12集

（6）籠瀬良明1972『低湿地—その開発と変容—』古今書院

（7）柴田孝夫1975『地割の歴史地理学的研究』古今書院

（8）武川夏樹2005「栃木県の条里」『関東条里研究の現段階資料集』関東条里研究会ほか

（9）横倉興一2005「群馬における条里制度—その2・群馬郡・片岡郡—」『関東条里研究の現段階資料集』関東条里研究会ほか

（10）鳥羽政之2005「埼玉の条里—榛沢郡家との関係を中心に」『関東条里研究の現段階資料集』関東条里研究会ほか

（11）鈴木徳雄2005「児玉条里と灌漑の体系—土地区画と灌漑系統に見る地域的伝統—」『関東条里研究の現段階資料集』関東条里研究

会ほか
(12) 岩田明広2005「条里型地割の具体像を探る―各戦略型農耕地の発掘方法と条里の条件」『関東条里研究の現段階資料集』関東条里研究会ほか
(13) 吉川國男1981『秩父太田条里遺跡―県道久長秩父線建設工事に伴う調査―』秩父市太田条里遺跡調査会
(14) 大谷弘幸2005「千葉県の条里―市原条里を中心として―」『関東条里研究の現段階資料集』関東条里研究会ほか
(15) 田中禎昭2001「武蔵国豊島郡の条里―東京西部低地における条里プランの復原」『古代史研究』第18号
(16) 渋江芳浩・清野利明・深澤靖幸・黒尾和久2005「多摩川中流域の条里」『関東条里研究の現段階資料集』関東条里研究会ほか
(17) 木下　良・荒井秀規1997『神奈川の古代道』藤沢市教育委員会
(18) 依田亮一2005「神奈川県の条里」『関東条里研究の現段階資料集』関東条里研究会ほか
(19) 高木勇夫1985「地盤場隆起地域の条里―足柄平野の場合」『条里地域の自然環境』古今書院
(20) 茂田　孝1984「神奈川県下の条里制―海老名耕地中心として―」『地理紀要』創刊号　神奈川県高等学校教科研究会社会科地理部会
(21) 鶴原　明ほか1995「「海老名耕地」における稲作の歴史―自然科学分析調査の成果から―」『えびなの歴史』第7号　海老名市史編集委員会

II 条里研究の方法

条里型地割の実像を探る
―農業戦略・環境思考の変遷と調査法―

岩田　明広

1　はじめに

　諸処に整然とした土地景観をみせる方格地割は、古代条里制の遺構と考えられてきた。しかし、それが古代の遺構だと実際に証明された例は限られている。
　本稿では、調査例をもとに、方格地割の景観やそこでの土地戦略の変遷を、主に考古学的に研究するための方法を検討する。

2　方格地割の研究目的と条里型地割の定義

　土地開発には、国家や地方の都市計画・地域計画に基づく開発や、住民の居住戦略・農業戦略に基づく開発がある。これらの開発や土地利用は、土地に様々な痕跡を残している。表層の景観は、その最終結果に他ならない。
　土地景観の研究は、私たちに制度史・農業史・技術史・環境史等に関わる多面的情報を示し、総合的な歴史記述の基礎となる。特に古代土地制度との関連が考えられる方格地割の研究は、営々とした国家・地域行政と住民生活を生産基盤の上に関連づける重要領域だ。
　ところで、方格地割には様々な呼称が用いられている。多くが古代条里制を前提にした条里（制）遺構・条里水田・条里（制）（土）地割等で、無批判な制度との関連づけに問題が指摘されてきた。これに対して、土地呼称を重視した条里プランの語も提唱されている（金田1985）。しかし、表層や地下に埋没した地割の呼称に、関係が証明されていない制度や土地呼称を積極的に用いるのは適当ではない。とはいえ、研究目的上、それらとの関係を追求する姿勢は保ちたい。そこで私は、条里制の規格に合った型の方格地割という意味で、研究者間でも多く使用されるようになりつつある「条里型地割」の語を用いている。
　さて、条里型地割の認定には、条里制における「坪」の形をした「坪形区画」の確認が必要だ。表層条里型地割では、その連続する坪並が視認できるため問題はないが、発掘される畦畔や溝・道などをもとにした埋没条里型地割の扱いには注意を要する。2辺以下の畦畔・溝・道等では、個々の遺構自体の存在がわかるだけで、条里型地割をなすとは限らない。直線的な径溝と条里型地割を区別すべきとする金田章裕の指摘（金田1996）のとおり、少なからぬ考古学的調査で、表層条里型地割に則った1条の径溝を埋没条里型地割と解釈しているのには問題がある。
　つまり、埋没条里型地割の認定には、共時的な坪形区画をなす3辺以上の径溝の検出と、連続した坪形区画（坪並）の存在が条件になる。

3　条里型地割と農業戦略の調査法

　総合的な土地政策や土地利用の累積的痕跡として条里型地割を調査研究するにあたり、具体的な土地利用や農業戦略の痕跡の検出方法について、概観してみよう。
　先ず前提として、条里型地割の調査研究にあたっては、次の3つの事項に留意が必要だ。
　1つ目は、地割全体や個々の要素の成立が、過去のどの時点まで遡り、どの程度の期間機能していたかを明らかにすることだ。
　当然だが、表層条里型地割の景観がどれほど条里制の地割の方法に適合していても、条里制が機能していた時期のものでない限り、

制度上の関連性はない。残念ながら、現在の条里研究の多くは、近現代の地形図や中世以後の絵図を基に積み上げられたものだ。水田経営では、一度水田と用水系統が整備されると、以後の開発はこれを整備拡大する方法がとられる（岩田2014）。用水路の付替や水田区画の変更は、土砂の大量移動をともない、短期的な農業戦略では課題が多い。この意味で、中世以後の開発も、それ以前の地割を踏襲したものになる。表層条里型地割のどの部分が条里制に基づき、どの部分が後世のものかについては、発掘調査による確認が必要で、文献記録は補助的な手段ともいえる。

2つ目は、条里型地割を形成するようにみえる個々の径溝や土地戦略の痕跡が、共時態であることを証明することだ。

考古学では出土遺物の年代観による遺構の年代推定が行われる。条里型地割は累積的な土地利用の痕跡であるため経営年代に幅があり、それ以前の遺物包含層や遺構から、覆土に多くのものが混入する。丹念に地層の観察を行えば混入遺物の弁別もある程度可能だが、常に正確であるとは限らない。こうした意味で、条里型地割の発掘調査では、層準を構成する母材の確定や変遷、火山噴出物・洪水堆積物等の存在の把握が年代認定の鍵となる。

3つ目は、考古学の技術のみに頼らず、周辺分野の理論を導入することだ。具体的には、溝・畦畔・道等、区画を印象づける遺構ではなく、農地・居住地等の形状や分布状況＝土地利用の痕跡（土壌化痕跡等）の形状を通じて、土地区画の状況を把握することだ。

土地戦略における地目から条里型地割をみると、水田・畑・休耕地・果樹地・雑種地・居住地等がある。しかし、仙台市富沢遺跡での土壌学を応用した水田調査の実施まで、火山灰等の被覆層をもたない水田跡が検出できなかったように、現在の発掘技術で様々な土地利用の形態のすべてを把握できるわけではない。そのため、近年の考古学では周辺科学の成果を取り込み、この問題に挑んできた。とはいえ、その成果が総合されることは少なく、普及率も低い。そこで、以下に周辺科学を調査に活かす方法を整理しておく（表1）(1)。

周辺分野の方法の中には、現水準でも、土地戦略や地割を明らかにする有効な道具になるものがある。しかし、畠作痕跡認定にかかる理論不足等、多くの問題が横たわっていることも忘れてはならない。

4　総合的調査法による条里型地割の景観
（1）今井条里遺跡の条里景観

次に周辺科学を利用した総合的調査を概観してみよう。事例には表層条里型地割約42haについて発掘調査した埼玉県本庄市今井条里遺跡を採り上げる。

今井条里遺跡は、旧武蔵国児玉郡内に広がる表層条里型地割の一部をなす。児玉条里等と呼ばれてきた著名な地割だ。なお、遺跡名称については、一地域に多様な計画線が認められることから、国名郡名を避け、通常の遺跡名同様、字名による呼称を採用した。

遺跡の立地は、利根川水系神流川右岸の本庄台地南辺にあたる。この周辺は、利根川水系中小河川の金鑚川・赤根川・女堀川等がもたらした沖積堆積物が台地を被覆し、低地的景観となっている（図1）。周囲には、古墳時代〜中世の集落遺跡が多数分布し、拠点的な地域の一つとして知られている。一丁田・七本木等の条里地名もあるが、呼称法を矛盾なく復元した研究例はない。

調査は先ず、基本的な堆積状況の把握、水田土壌等の断面確認、確認した水田土壌の湿性型確認、水田跡の遺存範囲の絞込み、再土壌変化の原因となる地下水の状況把握を目的に断面調査を実施した。

堆積環境の変化に着目すれば、人為的な削剥がはじまる前のⅦ層では、中小河川による水成堆積を起源とする暗色のシルトと粘土が主体を占めていた。Ⅶ層上には洪水砂Ⅵ層と暗色の粘土質シルトⅤ層が堆積し、この上にシルト主体のⅣ層がのっていた。Ⅳ層上には1108年降下の浅間山起源の火山灰As-B（Ⅲ層）が堆積し、その後はシルト質細砂のⅡ層の堆積となっていた。Ⅱ層上は、1783年の浅間山起源火山灰As-Aを挟んでシルト質細砂

Ⅱ 条里研究の方法

表1　農業戦略別遺構・痕跡検出法

(註)
1. 表面水型水田とは水田面下1m以下に地下水位のあるもの（松井・近藤 1965）とした。
2. 地下水型水田とは耕作土直下以上に地下水位のあるもの（松井 1970）とした。
3. 中間型水田とは地下水面変動層が床土層以下あるもの（松井 1970）とした。

考古学的に認定したい土地利用の遺構や痕跡	地質学的方法			土壌学的方法		
	認められる現象	検出の可否	備考	認められる現象	検出の可否	備考
埋没した水田表面・水田面	火山灰・洪水砂・噴砂等の被覆層の除去による水田表面の検出	◎	上面の削平や削剥がないとき			
	火山灰・洪水砂・噴砂等の被覆層の除去による水田表面の検出	○	上面の削平や削剥があるとき			
	畦畔跡と用水路跡の検出	◎	水田面が残存するとき			
	畦畔跡と用水路跡の検出	○	水田面が残存しないとき			
	耕作痕跡（鋤・鍬跡）や足跡・稲の根株の痕跡によるとみられる不整合面の凹凸	○	土壌学的な水田土壌の認定や植物学的な稲の遺体やプラント・オパールの検出が条件			
	稲の斜め方向の地下茎の痕跡	△	植物学的な稲地下茎の遺体やプラント・オパールなどの検出が条件			
埋没した水田耕作土	有機質の暗色の層と有機質が少ない直下の層が存在し、下層上面に上層の有機土壌を覆土とする鋤・鍬による耕作痕や、耕作・足跡などによると思われる上下両層のブロックの混在が存在（断面では鍬床層上面の不自然なブロック巻き上げや陥入として認められるのが普通）	◎	土壌学的な水田土壌の認定や植物学的なプラント・オパールなどの検出があればより好条件	鉄・マンガンが溶け出した有機質の暗色層と、有機質が少なく酸化鉄が沈着した直下の層が存在し、層界に上下層のブロックの巻き上げがあるなど、耕作や足跡によるとみられる乱れがあり、さらに下層にマンガン斑集積層があるとき（表面水型水田の想定に限る）。	△	プラントオパールの検出や畦畔跡の検出などによって、水稲耕作に起因する有機土壌であることの確認が必要。かつ地下水による再土壌化がないとき。
	有機質の暗色の層がよく確認できない場合で、特定の層上面に耕作痕やブロック土壌が混在	○	土壌学的な水田土壌の認定や植物学的なプラント・オパールなどの検出が条件	地下水による再土壌化がないことを条件に、酸化鉄斑集積層とマンガン斑集積層のセットの確認（表面水型水田の想定）。地下水による再土壌化があるときは、耕作土としてグライ土もしくは半グライ土層、酸化鉄斑管状斑集積層もしくは炭酸鉄結核集積層のセットの確認（地下水型・半地下水型水田の想定）。	△	グライ化した土壌では薬品による確認も必要
水田畦畔跡	火山灰・洪水砂・噴砂等の被覆層の除去による畦畔本体の検出	◎	上面の削平や削剥がないとき	確認面で平面的にみられる酸化鉄斑・マンガン斑集積層（表面水型水田）や酸化鉄管状斑集積層・炭酸鉄結核集積層（中間型・地下水型水田・地下水による再土壌化があるとき）の帯状・帯状分布、または断面のこれらの盛り上がり	△	グライ化した土壌では薬品による確認も必要
	火山灰・洪水砂・噴砂等の被覆層の除去による畦畔本体の一部の検出	○	上面の削平や削剥があるとき	水田跡被覆層の上層中での帯状分布。または断面での水田跡被覆層の盛り上がり	△	ただし、より下層の水田跡の存在を表す。
	水田耕作土の分布範囲に帯状の切れ目があるとき（断面で下層（床土とみられる）の盛り上がりとして検出できる）	○	ただし基部の幅のみの確認。また短期間に畦畔の位置が変わる水田経営では、この切れ目の帯は生じない。			
	水田耕作土が床土上面の帯状の（もしくは溝状の）削剥痕（畦立て時の掘削痕跡）に堆積	○	ただし基部の幅の近似値のみの確認。また短期間に畦畔の位置が変わる水田経営では、この堆積は遺存しない。			
確認している水田土壌より古い水田跡にともなう畦畔跡	水田耕作土中に床土以下の層のブロックが帯状に分布（土中の鉄・マンガンが失われたり有機土壌化しなかった層のブロックが、水田区画を示すように分布）	○	短期間に畦畔の位置が変わる水田経営では、この帯状分布は生じない。			
確認している水田土壌より新しい水田跡にともなう畦畔跡	水田耕作土上面の畦畔痕跡であり、不整合面に酸化鉄やマンガンが帯状に分布する	△	土壌学的な水田化痕跡であり、該当する畦畔痕跡の属する水田経営の時期は特定できない。			
水田経営の存在	火山灰・洪水砂・噴砂等の被覆層の除去による水田表面の検出	◎	畦畔跡の確認があるか土壌学的な水田土壌セットの確認、もしくは植物学的な遺体の確認があるとき	水田土壌のセット（表面水型水田では耕作土・酸化鉄斑集積層・マンガン斑集積層、中間型水田・地下水型水田では耕作土・酸化鉄管状斑集積層・炭酸鉄結核集積層）の確認	○	グライ化した土壌では薬品による確認も必要
	火山灰・洪水砂・噴砂等の被覆層の除去による水田表面の検出	○	畦畔跡や土壌学・植物学的確認がないとき			
畠跡の存在	火山灰・洪水砂・噴砂等の被覆層の除去による畝群の検出	◎	上面の削平や削剥がないとき			
	火山灰・洪水砂・噴砂等の被覆層の除去による畝間もしくは一部の畝間の検出	○	遺体の確認など植物学的裏付けが条件			
	火山灰・洪水砂・噴砂等の被覆層の除去による畝間もしくは一部の畝間の検出	△	植物学的確認がないとき			
	作物地下茎痕跡の配列的分布の検出	○	植物学的な地下茎形状の把握による作物の同定が条件			
	耕作痕と認定できる溝群等の検出	△	土壌学的に水田経営の痕跡がないとき			
果樹園跡の存在	樹木地下茎痕跡の規則的配列	◎	植物学的な地下茎形状の把握による作物の同定が条件			
	施肥痕跡や廃業にともなう地下茎の抜痕の形状や配列	○	植物学的な地下茎形状の把握による作物の同定か遺体の確認が条件。広範囲に検出されない場合、単独の植栽と区別できない			

条里型地割の実像を探る―農業戦略・環境思考の変遷と調査法―

(記号註)
◎：特定の農業戦略による土地利用の遺構そのもの、もしくは遺構表面の検出が可能
○：特定の農業戦略による土地利用の痕跡の検出が可能
△：特定の農業戦略による土地利用の可能性の指摘が可能

考古学的に認定したい土地利用の遺構や痕跡	植物学的方法			その他の生物学的方法		
	認められる現象	検出の可否	備考	認められる現象	検出の可否	備考
埋没した水田表面・水田面	植えた状態での稲株群の検出	◎	陸田との区別には地質学・土壌学的方法が不可欠。			
	稲地下茎のうち斜めの地下茎痕跡の確認	○	水田表面は地質学的方法でなければ確認できない。陸田との区別は土壌学的確認が必要。			
	プラント・オパールや稲花粉の存在	△	ただし、地質・土壌学的検出がなければ、周辺の水田からの混入や陸田経営と区別できない。			
埋没した水田耕作土	プラント・オパールの検出	△	地質学・土壌学的に耕作土が確認されなければ想像にとどまる。			
水田畦畔跡	プラント・オパールの検出量の差による帯状範囲の検出		現状ではこうした検出例はないが、追求は必要。			
水田経営の存在	植えた状態での稲株群の検出	◎	陸田との区別に地質学的・土壌学的確認が不可欠。	水田害虫遺体の検出	△	地質学・土壌学的痕跡が確認されなければ可能性にとどまる。
	稲や籾・稲株などの遺体の検出、プラント・オパールの検出	△	地質学・土壌学的痕跡が確認されなければ可能性にとどまる。	水田漁業対象魚遺体の検出	△	地質学・土壌学的痕跡が確認されなければ可能性にとどまる。
	水田雑草遺体の検出	△	地質学・土壌学的痕跡が確認されなければ可能性にとどまる。			
	稲花粉の検出	△	地質学・土壌学的痕跡が確認されなければ可能性にとどまる。			
畠跡の存在	作物の遺体の検出	◎	遺体が作物の栽培状態そのもので、規則的配列に則って多数出土したとき	畠作作物害虫遺体の検出	△	地質・植物学的痕跡での畠構の検出がない場合、可能性にとどまる。
	作物の遺体の検出	△	遺体が作物の一部で、少数の検出しかないとき			
	作物の痕跡の検出	○	作物の地下茎などの痕跡が植物学的に同定され、規則的配列が確認されたとき			
	作物の痕跡の検出	△	作物の地下茎などの痕跡が植物学的に同定されても、規則的配列が確認されないとき			
	作物花粉の検出	△	地質学的痕跡や作物遺体の規則的配列での検出などがなければ、可能性にとどまる。不可欠			
果樹園跡の存在	樹木の遺体の検出	◎	遺体が樹木の栽培状態そのもので、規則的配列に則って多数出土したとき	果樹害虫遺体の検出	△	地質・植物学的痕跡での果樹円遺構の検出がない場合、可能性にとどまる。
	樹木の遺体の検出	△	遺体が樹木の栽培状態でなく、少数の検出しかないとき			
	樹木の痕跡の検出	○	樹木の地下茎などの痕跡が植物学的に同定され、規則的配列が確認されたとき			
	樹木の痕跡の検出	△	樹木の地下茎などの痕跡が植物学的に同定されても、規則的配列が確認されないとき			
	樹木の花粉の検出	△	地質学的痕跡や地下茎の痕跡等の規則的配列がなければ、可能性にとどまる。			

Ⅱ 条里研究の方法

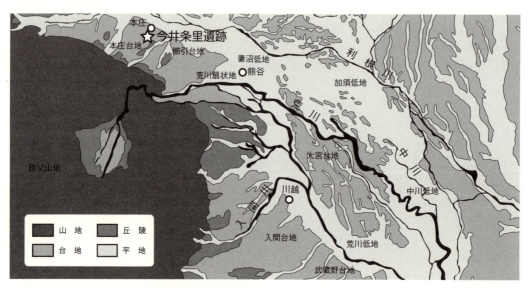

図1 今井条里遺跡の位置と埼玉県の地形区分

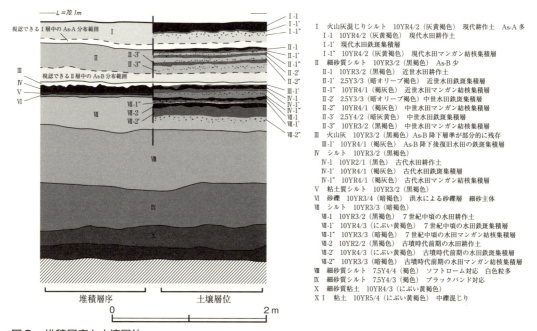

図2 堆積層序と土壌層位

の表土（Ⅰ層）となっていた（図2）。

断面調査では、遺跡全体に6層以上の埋没した水田土壌を確認したが、水田面かそれに近い部分が遺存し、遺構そのものの検出が可能と判断できたのは、As-A下のⅡ-1層上面、As-B下のⅣ-1層上面、洪水砂Ⅵ層下のⅦ-1層上面、厚い作土が遺存していたⅦ-2層上面だった。地下水位変動層は、Ⅶ層より1m程下位にあり、全てが表面水型水田と判断できた。

水田跡の認定は、①耕作土・酸化鉄集積層・マンガン集積層の表面水型水田の土壌セット、②耕作土・床土層の耕作による乱れ、③水田表面の凹凸や足跡検出、④プラントオパール検出の4条件を満たす場合とした(2)。

当初は被覆層の除去による水田跡検出を目論んだが、上層の耕作により、水田跡表面や

畔畔のほとんどが削平され、検出は進まなかった。ところが、削平されたⅣ-1層作土遺存面に、オレンジ色の土壌が幅30cm程度の帯状に分布しているのを発見した。断面では床土の盛り上がりとして確認できた。表面水型水田特有の酸化鉄集積が、長期経営によって床土層に厚く生じ、畔畔基部にまで及んでいたのだ。水田表面が削平されていても、この条件なら、酸化鉄集積層の盛り上がりとして畔畔跡が検出できることがわかった。同時に、耕作による攪乱でブロック状となった酸化鉄集積層が帯状分布する場合、旧畔畔の痕跡と認識できるようになった（図3）。

調査の結果、表層地割に合った中・近世の埋没条里型地割、8世紀後半〜9世紀前半以後の集落跡を含む埋没条里型地割、同時期の西に斜行した地割、7世紀後半の東に斜行した埋没条里型地割、7世紀中頃の水田跡と地割、古墳時代後期の溝跡による地割、同前期の水田跡、同中期の地割などを検出した（図4）。

従来の調査例では、条里型地割の主体的な施行を9世紀代とするものが多かった。早い段階の方格地割の例には、8世紀初めと報告された大阪市長坂遺跡や、7世紀後半と報告され表層坪界線下に畔畔跡を検出した八尾市美園遺跡があるが、いずれも年代と遺構の性格に広い支持は得られていない。

こうした意味で、今井条里遺跡の結果にも、精密に検討すべき問題点がある。第1は条里型地割の初現を7世紀後半とする根拠の問題、第2は正方位の地割の施行時期を8世紀後半〜9世紀前半以前としてよいかどうかという問題、第3は表層条里型地割がどの程度古代の地割を反映するかという問題だ。

最も答えを出しやすいのは第3の問題だろう。当遺跡の表層条里型地割は基本的にⅣ-1層水田跡に遡り、坪界線の位置は現在までほとんど踏襲されていた。ただし、平安時代以前の段階では、調査範囲西部に水田土壌の形成はなく、集落や畠地として条里型地割内にあったか、地割を外れていたかの可能性がある。また、中世末〜近世の頃には、北部の条里型水田と条里型集落（地神・塔頭遺跡）の地割が崩れ、地形に則した地割（基幹用水路跡SD89に沿っている）に変化していたし、Ⅳ-1層水田跡の坪界線をなす大規模用水路跡SD146は、近世には埋没して坪界線のない水田面となっていた（図4の中世・近世の地割）。結論としては、表層条里型地割は、古代の景観の周辺に中近世の土地戦略を付加した姿を呈しているといえる。

これに関連するのが第2の正方位条里型地割の施行時期の問題だ。

正方位条里型地割をなすⅣ-1層水田跡は覆土の一部にAs-Bの降灰層準があり、経営開始が1108年以前であることがわかる。この年代をより具体的にするためには、先ず溝跡や条里型集落（地神遺跡）内の住居跡出土遺物の年代観を整理しておく必要がある。

正方位の条里型地割の坪界線溝跡のうち、最大幅9mの大規模水路跡SD146からは9世紀前半頃の土器が多数出土した。条里型集落の地神遺跡では、坪界線の溝跡が8世紀末〜9世紀前半の土器群を出した住居跡を避けるように蛇行していた。また、正方位に配された住居跡の出土遺物は9世紀代以後のものが主体であった。このことから、9世紀前半までには、正方位の条里型地割が施行されていたと考えてよいだろう（図4の8世紀後半〜9世紀前半以後平安時代の地割）。

しかし、これは正方位の地割の経営期の内であり施行年代ではない。Ⅳ-1層水田跡の下層のⅦ-1層水田跡は、正方位ではなく地形に沿った地割であるので、正方位の地割施行はこの間となる。鍵はⅥ層〜Ⅳ層の堆積時期にある。地質・土壌学的見地から迫ってみよう。

Ⅵ層はⅦ-1層水田跡の基幹用水路跡でSD54の上層と周囲に厚く堆積し、Ⅶ-1層水田跡を被覆していた。Ⅵ層はSD54を通じて洪水に起因した堆積物が大量に供給されたものと考えられる。一方、SD54底面付近にはシルトが堆積しており、この中からは古墳時代後期の遺物以外検出されなかった（図4の7世紀中頃の地割）。堆積状況からみて、Ⅵ層の年代は古墳時代後期からあまり遅れない頃、出土遺物からみても7世紀中頃までのも

Ⅱ 条里研究の方法

耕作土

【調査対象水田跡の開田】
1) 土壌化によって鉄斑集積層とマンガン結核集積層が形成される。

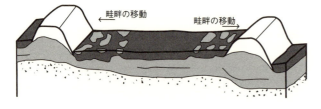

畔畔の移動　畔畔の移動

【畔畔の付け替え】
1) 土壌に新たな堆積がない場合、水田老朽化にともなう深耕や区画線の引き直し等の要因で、畔畔の付け替えが起こる。
2) 旧畔畔下の鉄斑集積層が耕作によって攪乱され、ブロック状に耕作土上面に露出する。
3) 土壌化の進行によって、鉄斑集積層とマンガン結核集積層が厚くなる。

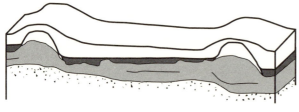

【火山灰の降下】
1) 水田面が埋没する。

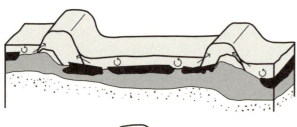

【水田の復旧】
1) 降下火山灰は保水性と養分に問題がある。深耕によって埋没した旧水田の耕作土を混耕し、水田耕作土を復旧する。
2) 混耕により旧水田面が削剥される。旧畔畔は上部の盛り土を失うため、下層に形成された鉄斑集積層が露出する。

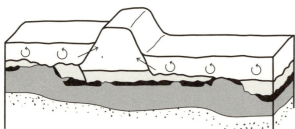

調査対象水田遺存面

【自然堆積後、中・近世の区画変更にともなう畔畔の付け替え】
1) 自然堆積によって堆積物が供給される。
2) 上層に後世（中・近世）の水田面が形成される。下層の旧水田土壌は耕作によって削剥される。

畔畔基部　畔畔痕跡　　畔畔痕跡　畔畔基部

【調査段階】
1) 調査対象となる水田跡層序に形成された耕作による攪乱土を取り除く。
2) 対象水田面に遺存する畔畔等を検出する。対象となる水田面は、火山灰降下後の耕作によって上部を削平されているため、部分的に遺る水田面、耕作土中に露出する鉄斑集積層の帯として把握できる畔畔基部、畔畔の付け替えによってブロック状の鉄斑集積層の分布となった旧畔畔の痕跡等が検出できる。
※なお、この模式図では上位層に営まれる水田によって起こる下層の土壌変化については表現していない。

図3　畔畔の残存状況と古い畔畔の痕跡—水田の形成から埋没、発掘調査まで—

のと考えられ、埋没していたⅦ-1層水田跡も同時期のものと思われる。

　Ⅴ層は粒度からみて、その起源を洪水砂Ⅵ層の級化層とする可能性が高いので、Ⅳ層の堆積開始年代は7世紀中頃以後と考えられる。

　ところで、Ⅳ-1層水田跡作土の圧密化状況や水田経営に必要な層厚を考えると、Ⅳ層はⅣ-1層水田跡開田前に、比較的短期間にまとまって堆積したものと考えられる。Ⅳ層の堆積が未熟な段階で耕作を開始したとすれば、Ⅵ層の砂が巻き上げられているはずだからだ。

　つまり、正方位の条里型地割をなす水田跡は、7世紀中頃からある程度のⅣ層堆積期間を経た後、9世紀前半までの間に経営が開始されたと解釈すべきだ。

　ここで、調査範囲東部で検出した7世紀後半の斜行条里型地割の存在と年代の問題が、正方位条里型地割施行年代の絞込みに高い重要性をもつことになる。

　斜行条里型地割は、溝跡による坪並として検出した。地形に沿って施行されており、方位をN-17°-Eとしていた（図4の7世紀後半の地割）。

　先ず、地質・土壌学的情報を整理しよう。調査範囲のうち、この坪並を検出した周辺では、Ⅴ・Ⅵ層の堆積が認められなかった。そこで、Ⅳ-1層水田跡の調査後はⅦ層上面への掘削を行った。また、Ⅶ-1・Ⅶ-2層水田跡も土壌化痕跡がみられる程度で、溝跡以外の遺構は遺存していなかった。

　斜行条里型地割はこの面で検出したもので、溝覆土上層は黒色粘土質シルトで埋没していた。この覆土には、Ⅶ-1層水田跡による土壌化はなく、7世紀中頃以後のものと判断できた。

　溝跡は整った直線で3時期のものが重複していた。古い溝跡SD181・182は下層に黒色の砂層があり、この層から7世紀第3四半期頃の年代が与えられる土師器杯が出土した。この遺物の年代観は地質・土壌学的状況と矛盾しない。斜行した条里型地割施行時期は7世紀第3四半期の内としてよいだろう。

　この結論は、現在確認されている中では最古級の条里型地割の施行例となる。また、正方位の条里型地割施行以前に地形に則した条里型地割が布かれたことにもなる。同様の検出例を待ちたいところだ。

　この結果から、正方位の条里型地割の施行時期について、7世紀後半より後、9世紀前半までの間と考えることができる。しかし時間幅は小さくない。絞り込むことは可能だろうか。

　正方位の条里型水田Ⅳ-1層水田跡の基幹用水路跡SD146は砂礫層で埋没しており、底面付近から8～9世紀の土器多数を検出した。

　砂礫の供給は、SD146に用水を供給していたと思われる基幹用水路跡SD89が源と思われる。その底面からは8世紀前半頃の土師器杯が多く出土した。SD146の出土遺物の年代観より古いが、覆土の状況や水田・用水路の経営期間の幅を考えると、大きな時間差がない可能性が高い。斜行するSD89よりSD146の開削が若干遅れるとしても、出土遺物、堆積環境の変化、用水系統の変化等が、おおよそ同様の時間的な範囲を示しており、8世紀後半～9世紀前半以前の段階で正方位の条里型地割が成立していたものと思われる。

　ところで、正方位条里型地割のⅣ-1層水田跡の一部の水田面には、西に斜行した畦畔痕跡からなる地割が検出された。これは、正方位の条里型水田であるⅣ-1層水田跡の経営期間内に、別の斜行条里型地割があった可能性を示すものといえる。これについては集落周辺の部分的なものとする指摘があったが（鈴木2000）、近年の熊谷市北島遺跡等における調査結果から、集落内やその周辺の地割が条里型地割施行後においても、部分的にそれ以前の地割や地形等に制約される場合があることが明らかになっており（富田・鈴木2005）、基幹用水路SD89の開削にともない、一時的かつ部分的な方格地割での水田経営が行われたものと考えたい（岩田2014）。基幹用水路の開削にともなう用水系統の変更と正方位条里型地割の施行という変革期にも水田経営を連続させたい事情から生じた戦術であったと思われる。8世紀後半～9世紀前半における

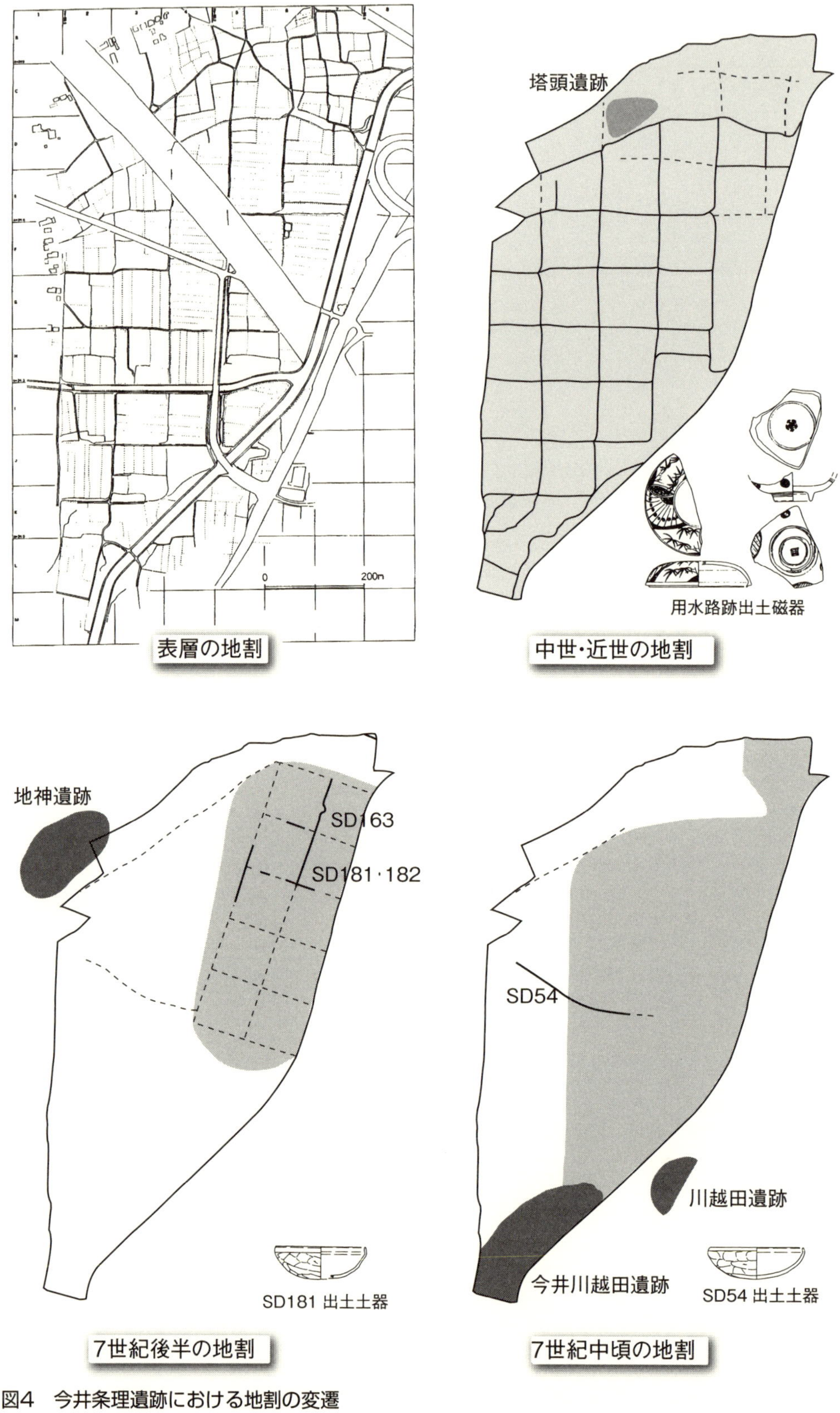

Ⅱ 条里研究の方法

図4 今井条理遺跡における地割の変遷

表層の地割

中世・近世の地割　塔頭遺跡　用水路跡出土磁器

7世紀後半の地割　地神遺跡　SD163　SD181・182　SD181出土土器

7世紀中頃の地割　SD54　川越田遺跡　今井川越田遺跡　SD54出土土器

条里型地割の実像を探る―農業戦略・環境思考の変遷と調査法―

8世紀後半～9世紀前半以後
平安時代の地割

8世紀後半～9世紀前半頃の
想定される地割

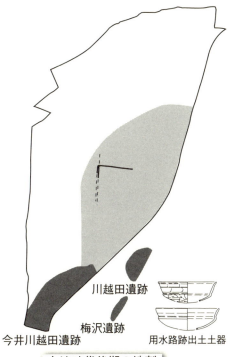

古墳時代後期の地割

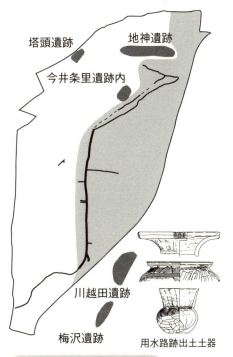

古墳時代前・中期の地割

 土壌化痕跡からみた可耕地　　 集落跡の範囲

正方位条里型地割の施工過程を表すものであろう。

（2）条里型地割の土地戦略と土壌

次に、土壌学的な見地から、今井条里遺跡内の土地戦略を検討してみたい。

先ず、平安時代の正方位条里型地割の土地戦略を考えてみよう（図4の8世紀後半〜9世紀前半以後平安時代の地割）。この地割の水田土壌Ⅳ-1〜Ⅳ-1"層は、坪並をなす地神遺跡の集落内では検出できなかった（岩瀬1998）。しかし、この集落を含む坪形区画の南坪界線となる用水路跡SD146には、この区画内からの尻水口や小規模用水の連結がみられた。集落域が微高地で堆積が薄く、上層からの攪乱で、当時集落のあった坪形区画内に存在した水田土壌が失われた可能性が高い。居住域前面近くまで水田がせまっていたと思われる。残念なことに、中世集落の塔頭遺跡では、詳細な情報が得られなかった。

ところで、1108年降下の火山灰As-Bの前後では、水田土壌の形成に顕著な違いがあった。As-B降下前までの水田土壌は、基本的に作土・酸化鉄集積層・マンガン集積層の表面水型水田の各1セットが形成されたもので、厚い作土と顕著な酸化鉄・マンガン結核の集積が認められた。一方、As-B降下後のⅡ層内には、層厚3cm程度の酸化鉄集積層のみが、顕著な土壌化のない層を挟み、ところによっては8層以上も重なっていた（遺跡全体に分布するのはⅡ-1'〜3'の3層）。

この状況は、荒川扇状地内の他遺跡（熊谷市北島遺跡、妻沼町飯塚遺跡、岡部町岡部条里遺跡等）でも認められた。As-B降下の頃、水田経営に一般的な変化が生じていたのだ。

薄い酸化鉄集積層の累積は、耕作深度を上回る厚さの堆積物があった結果を示すが、洪水等の一時的な堆積の痕跡はなく、水田経営が断続した結果と考えるのが自然だ。連続経営では、酸化鉄集積層は連続して厚さを増していくはずで、土壌化痕跡のない層との互層は説明できない。またⅡ層は土壌母材の粒度が均一で、鉄分が下層に溶脱して互層をなす現象は考えられない。

Ⅱ層以後の水田の断続経営と、Ⅳ層以前の水田の連続経営の差異は何か。その手掛りの一つが植物学的分析から得られている。

大規模用水路SD89埋没後、上部はⅡ層に覆われるが、この土壌からオオムギの籾の一部が検出された。籾が生産地に残ることは少なく、わずかなサンプリングでも得られた結果は重視すべきものだ。また、土壌の花粉分析では、Ⅰ層・Ⅱ層にアブラナ科やソバ属の花粉化石が検出された。畠作の存在は確定的だ。

考古学的痕跡では、Ⅳ層上面にAs-Bを含む攪乱土で埋没した並行する素掘りの溝状遺構群を検出した。同様の遺構は、かつて奈良盆地の事例を中心に考察されたことがある（今尾1981、中井1981等）。それによると、年代は12世紀末〜13世紀に集中するとされ、畠関連の耕作痕と解釈された。近年では、水田土壌に掘り込まれた同様の遺構群を検出し、その土壌から麦の殻遺体を、覆土から米遺体を検出した兵庫県美乃利遺跡の報告例がある（山田他1997）。美乃利遺跡の報告書ではこれを畠跡とし、水田二毛作と解釈した。しかし同報告書中には、地質学研究者から、用水対策として水田を畠地に転換したという考えも示されている。ともに解釈にすぎないが水田の畠地化は認めてよいだろう。

大和郡山市中付田遺跡の調査にあたった山川均は、工具痕のある溝状遺構群を畠作痕、ないものを悪水抜き等の土地改良跡や条里型地割の基本線と解釈した（山川2000）。

今井条里遺跡検出の溝状遺構群は畠作の直接の跡と捉える根拠はなく、馬耕による田起しの痕跡等と区別できない。しかし、こうした遺構群はⅣ層以下には存在しなかった。

ところで、半永久的に遺こるとされるプラントオパールの検出結果では、連続的な水田経営が行われたⅣ-1層水田作土とⅦ-1層水田作土で1gあたり5,000個以上の検出があったのに対して、Ⅱ-1層及びⅡ層内の8層の酸化鉄集積層では3,000個程度（Ⅱ層内9層の合計は27,000個）だった。Ⅳ-1層水田跡の経営期間の9世紀から12世紀までの400年程度と、Ⅱ層全体の経営期間の12世紀から19世紀までの

800年で単純に単年の個数を試算すると、Ⅳ層が12.5個、Ⅱ層が33.7個となる。連続経営より断続経営で集約性が高いとする結果だ。

水田経営の断続性の戦略的解釈には、水田と畠地の土壌特性も参考になる。一般に水田は連作障害が少ないとされ、畠作は多肥による土壌の酸性化や養分バランスの不均衡による有害微生物の増殖で連作障害が生じやすいとされる（西尾1989）。しかし、前近代的な水稲戦略では、連作4年目までに稲の葉が黒ずみ幅狭となったり、水田雑草の繁殖、シラハガレ病・ゴマハガレ病の頻発などで、収量が7〜8割に落ち込むという結果がある（窪吉1975）。これは、かつて秋落と呼ばれた現象で、水田土壌からのFe・Mg・石灰・カリ・アンモニア・リン酸等の溶脱や、長期の嫌気による硫酸還元菌の硫化水素生成で、稲の根が障害を受けることによるものだ。

秋落水田の改良には、客土による鉄分補給や硫酸を含まない施肥が必要だが、酸素不足や肥沃度が低下しやすい水田と施肥による肥沃度上昇のある畠地を循環させる「田畑輪換」農法の有効性も確認されている（窪吉1975）。プラントオパールの状況を考慮すると、Ⅱ層以上で水田と畠地の交互転換により優れた収量をあげていた可能性は低くないだろう。

文献史では、As-B降灰以後にあたる古代末から中世初めの農業戦略は、水田の畠地化や二毛作が出現する時期と考えられている。『鶴岡事書日記』応永三年（1396）十月十三日条には「淵木町田成畠大　号新野屋敷、今者藤内　太郎居之、堀溝付屋敷」とあり、高橋貴が二毛作を想定している（高橋1988）。

文永七年（1271）十二月三日関東下知状（『相承院文書』）には、「田畠相交わるの間」とあり、永仁三年（1295）十月一日幕府政所執事二階堂行藤等連署田畠注文（『仏日庵文書』）には「麦畠拾陸町玖段小参拾歩　加田成四町六反半　三十歩定」とある。高橋はこれらについても用水の確保次第で田畠が交代した結果と考えた。

また、上野国佐貫荘江黒郷　応永三十四年（1427）四月十一日付　大島家吉畠請状（『正木文書』）には「麦の御年貢ハ五月中、あひひへの御年貢ハ七月中、したちの御年貢ハ十月中」とある。多毛作を示す資料の可能性がある。畠作で作人の取り分確保があった荘園制下では、意図的な畠作選択があったかも知れない。田畠双方の経営を通じ、各々の土壌特性と補完的役割が理解されれば、転作戦略が生じるのは自然なことだ。

Ⅱ層の土壌痕跡が、転作による田畠適宜転換戦略を示す可能性は低くない。

ところで、古代から近世への農地や用水系統の維持管理、災害復旧の様子をみると、災害等に際して個々の村落単位で復旧整備し、農地を周辺に拡張していく古代の戦略型から、大河川からの用水の取水を基に、広範に点在する集落や農地を全体的計画的に拡大統合して管理する戦略型へ変遷していることがわかる。村落・農地維持管理の戦略変遷は、廃棄物の処理を含む生活環境思考に対応している（岩田2014）。田畠適宜転換戦略への転換も、生活環境思考の転換の一端を意味するものと考えられる。総合的な調査・研究は、生活環境思考という大きな知識構造の変遷そのものへのアプローチにも繋がるのだ。

こうした意味で、条里型地割を評価するなら、近世以後にまでわたる農業戦略に直結する生活環境思考を生み出した革新的な土地制度であったとみなせるだろう。

5　おわりに

総合的な方法による研究からは、様々な土地戦略と具体的な土地景観がみえてくる。条里型地割の理解には、多くの理論とそれに則った発掘調査技術や分析技術が必要だ。

周辺科学と協働しない発掘調査や、単純に文献・絵図を地形図に当てはめる方法によってイメージされる「条里」は、実際の埋没条里型地割の景観とは大きく異なるものだ。

総合的な方法は、多くの手間と膨大な時間、場合によっては多額の経費を要するかも知れない。しかし、それによって、歴史上もっとも基本的な生活基盤の解明という成果が得られるならば、躊躇なくその扉を開くの

Ⅱ 条里研究の方法

が研究者の姿勢であろう。

ところで、残念なことに最近の条里（制）研究は一時に比べ低調な印象を受ける。それは従来の研究法の限界と、条里（制）研究に向いていた研究者の関心の重心が、都城や官衙を含む拠点的な地域の研究に移ったことに起因しているのかも知れない。この傾向は考古学的な調査にも反映しているようにみえる。

水田跡の発掘調査技術は、一時的に全国的なスキルの向上がみられた後、昨今では、総合的な調査はおろか理論的な裏付け無しにスキルだけを使用して、安易な解釈が行われるようになっている。

土壌化痕跡から把握した理論上の区画と遺存していた畦畔等の区画について共時性・連続性の証明なく同一視しようとしたり、水田面に点在する凸部を根拠なく結んで畦畔と報告したり、調査担当者と報告者に相違があるためか、必要な断面図等を省略している例も認められる。

少なくとも、農地の調査報告書には、水田跡や畠跡を認定するために用いた理論と遺構検出に至る掘削方法、そこから把握できた水田跡の遺構としての遺存状況、水田の性質（湿性型）、土壌化痕跡、耕作方法・耕作痕跡、区画の規則性等の特徴が示されていなければならないはずだ。注目度の低下や職務としての義務的な発掘調査の増加により、基本の理論や技術が軽視される状況に陥ろうとしているのかも知れない。

本稿が、基本的な研究姿勢の重視と、先端科学との協働による総合的な調査研究の促進のきっかけになることを祈りたい。

【註】
（1） 表1に掲げた他、現在ではX線CTスキャナを利用して土壌の水分量（地下水の飽和・不飽和状態等）や土壌中の流体移動、密度、空隙率分布等の土壌構造の測定や図化、蛍光X線分析による重金属の検出等が実施されており、肉眼で確認しづらい土壌層位や土壌構造を把握するのに役立っている（池原1997）。これらについては、現在一般化される過程にあり（中島・中野2013）、今後の調査への応用が期待される。

（2） プラントオパール（植物珪酸体）分析は、通常土壌資料1gあたりに含まれる稲のプラントオパールの個数を計測するもので、分析が行われるようになって以来現在まで、5,000個以上の密度での検出が稲作が行われた目安（水田が存在した目安）とされてきた（杉山1992・2000・パリノ・サーヴェイ株式会社2013等）。しかし、従前から指摘されている根刈りか穂首刈りかの問題のほか、稲作の集約性や連作障害による生産性の問題等、本来考慮されるべき条件は多岐にわたる。実際の分析結果をみても、洪水や火山灰によってパックされ、水田跡の存在が疑う余地がなく、作土・床土と耕作痕及びそれらの土壌化痕跡が揃った申し分のない熊谷市北島遺跡の水田跡でも、弥生時代では800個程度、古墳時代初頭で3,800～4,500個、平安時代で1,500個となっている（株式会社古環境研究所2004）。同様の数値は、本稿で採り上げた今井条里遺跡の他、多くの水田遺跡で認められ、最新の分析報告でも状況は変わらない（パリノ・サーヴェイ株式会社2013）。プラントオパールの産状は、その密度と遺構の状況を詳細に対比してモデル化することにより、集約性や生産性、水田作土の埋没過程等多くの情報の傍証となる可能性がある。自然科学的な分析を実施すると、その数値が客観的であることから、発掘調査者が分析者の見解を無批判に認めようとする傾向がある。すでに全国で多くの水田跡が検出され、その環境条件と分析結果が揃っている。今後、早い時期に分析者側から、統計的な根拠に基づいた基準や目安が示されるべきだろう。私自身は、水田を一定期間で廃棄していく弥生時代から古墳時代前期は生産性をさほど重視しない水田経営を実施しており生産性が低く、古墳時代後期以後平安時代までは、作土の質や土壌構造、用水・地下水等の水環境、連作障害対策等、選択する環境と戦略により、生産性・集約性が村落毎に異なり、プラントオパールの産状も様々であったと想

像している。

【参考文献】

赤木克二1989「小阪遺跡の偽畦畔について」『条里制研究』第5号

池原　研1997「Ｘ線ＣＴ装置を用いた地質試料の非破壊観察と測定（１）―Ｘ線ＣＴ装置の原理・概要と断面観察―」『地質ニュース』516号

今尾文昭1981「『中世』素掘小溝についての一解釈」『青陵』47

岩瀬　譲1998『地神／塔頭』埼玉県埋蔵文化財調査事業団報告書第193集

岩田明広1998『今井条里遺跡』財団法人埼玉県埋蔵文化財調査事業団発掘調査報告書　第192集

岩田明広2014「妻沼低地・荒川低地の水稲の宇井億と生活環境思考の変遷」『埼玉県立史跡の博物館紀要』第7号

江浦　洋2000「水田景観中のはたけ」『はたけの考古学』日本考古学協会

株式会社古環境研究所　2004「３．第17地点の自然科学分析」『北島遺跡Ⅶ』埼玉県埋蔵文化財調査事業団報告書第291集

木村茂光1992「中世成立期における畠作の性格と領有関係」『日本古代・中世畠作史の研究』校倉書房

木村茂光1996『ハタケと日本人』中公新書

斎野裕彦1987『富沢』富沢遺跡第15次発掘調査報告書　仙台市文化財調査報告書第98集

杉山真二1992「２　プラント・オパール分析調査報告」『桑原遺跡』埼玉県埋蔵文化財調査事業団報告書第121集

杉山真二2000「植物珪酸体（プラント・オパール）」『考古学と自然科学３　考古学と植物学』辻誠一郎編　同成社

鈴木徳雄2000「第Ⅳ章　児玉条里と地域的景観の形成―条里景観の変遷と伝統―」『児玉条里遺跡―九郷地区―』児玉町文化財調査報告書第34号

積山　洋1992「水田遺構の分析」『大阪市平野区長原遺跡発掘調査報告Ｖ後編』財団法人大阪市文化協会

佐藤甲二2000「畑作の耕作痕に関する問題点と今後の課題」『はたけの考古学』日本考古学協会二〇〇〇年度鹿児島大会資料集　第一集

高橋　貴1988「一　農業」『新編　埼玉県史　通史編２中世』第三節

高橋　学1989「埋没水田の地形環境分析」『第四紀研究』27-4

富田和夫・鈴木孝之2005『北島遺跡Ⅻ』埼玉県埋蔵文化財調査事業団報告書　第304集

中井一夫1981「いわゆる中世素掘溝について」『青陵』47

長沢　洋1981「中世的地目としての『畠』の成立」『史学研究』152号

中島善人・中野　司　2013「Ｘ線ＣＴによる地質資料の分析：これから始める人のために」『GSJ地質ニュース』2

能登　健2000「関東地方のはたけ」『はたけの考古学』日本考古学協会

能登　健1991「畑作農耕」『古墳時代の研究４生産と流通・』雄山閣

八賀　晋1988「水田土壌と立地」『弥生文化の研究』２生業

パリノ・サーヴェイ株式会社　2013「１．下田遺跡の自然科学分析」『下田遺跡』埼玉県埋蔵文化財調査事業団報告書第401集

松井　健・近藤鳴男1965「静岡県の主要土壌型」『静岡県の土壌』

松井　健1970「岡山市津島遺跡における弥生時代の灌漑水利用水田の存在について」『考古学研究』第16巻4号

松井　健1987「水田土壌学の考古学への応用－ケース・スタディと提言」『土壌学と考古学』博友社

三土正則1968「排水条件の異なる表面水型水田の断面文化、埼玉県槻川流域の４断面について」『日本土壌肥料学雑誌』第28巻3号

三土正則1974「低地水田土壌の生成的特徴とその土壌分類への意義」『農業技術研究所報告B』第25号

山田清朝他1977『美乃利遺跡』兵庫県文化財調査報告　第165冊

山川　均2000「大和郡山市中付田遺跡の発掘調査」『条里制・古代都市研究』通巻16号

ND Ⅱ　条里研究の方法

平安時代の浅間山起源火山灰と遺跡

早田　勉

1　平安時代1108（天仁元）年の噴火とその経過

　考古学関係者から、よく「最初に群馬の発掘調査現場を訪れた時、A、B、C、FA、FPなどという暗号のような言葉が飛び交っていて面食った」という話を聞く。いずれも古墳時代以降のテフラ（tephra, いわゆる火山灰）の略称で、群馬や栃木では過去の時空指標として盛んに利用されている。

　このうち「B」は、浅間火山完新世最大の噴火による降下テフラ、浅間Bテフラ（As-B）のことである(1)。その直下からは、関東地方北西部一帯の多くの遺跡で水田や畠が検出されている（図1）。このAs-Bは、研究の初期段階で「B-降下スコリア・軽石」などさまざまな名称で呼ばれていた（荒牧，1968，新井，1979）。実際には、明色の軽石や暗色のスコリアなど発泡した粒子や石質岩片さらに火山灰など多様なものが含まれていること、さらに広範囲で層相や構成物が多様化することなどから、テフラ・カタログでは「浅間Bテフラ（As-B）」と記載された（町田・新井，1992）。

　分布軸は浅間火山から東方にのびているが、As-Bは関東地方一帯で確認されている。東京都板橋区高島平の低地では、その一次堆積層（層厚1.1cm）がみつけられている（早田ほか，1990）。また武蔵野台地や千葉県域でも、分析によりその特徴的な軽石質火山ガラスをよく検出できる。さらに、尾瀬ヶ原からの報告もある（新井，1980）。

　関東平野北西部でAs-Bは、数多くのフォール・ユニット（以下，ユニット）から構成されている。高崎市域北部のAs-Bには、最下部付近に灰色細粒火山灰層（厚さ数mm）、そのすぐ上位付近にもっとも粒径が大きい褐色軽石（最大径10mm弱）、その上位に橙褐色粗粒火山灰層（層厚1cm程度）、上部に桃色細粒火山灰層（厚さ数cm）、最上部に白色砂質細粒火山灰層（厚さ数mm）など特徴的なユニットがある。

　As-Bを浅間火山に向かって追跡すると、ユニットの数は増加し、その層厚も増していく。浅間山麓で認められるユニットは30以上に及ぶ。それは活動期間中に数多くの爆発的噴火が発生したことを示唆している。その体積は、等層厚線から計算すると約1.2km^{3}になる。As-C（約0.3km^3）やAs-A（約0.4km^3）と比較しても、3～4倍とはるかに大規模なもので、古墳時代に関東地方北西部から南東北地方南東部一帯に降灰して大規模な災害をもたらした榛名二ツ岳伊香保テフラ（Hr-FP, 約1.3km^3）の噴火に匹敵する。

　As-B上部に層位がある追分火砕流（0.6km^3, 荒牧，1968）も、1783（天明3）年に発生した吾妻火砕流や鎌原火砕流（0.1km^{3}および0.01～0.001km^3, 荒牧，1980）より大規模で、浅間火山の北麓や南麓に広く分布している。

2　噴火年代と季節の推定

　As-Bの噴火年代については、過去に盛んに議論されたことがある。その詳細は他の文献に譲るが、現在では1108（天仁元）年説（山本，1975，新井，1979，峰岸，1989など）が優勢となっている。この噴火の経緯については、仲御門宗忠の日記『中右記』をもとに次のように推定されている（早川・中島，1998）。まず1108（天仁元）年7月21日（8月29日，以下ユリウス暦）にBスコリア（As-Bにほぼ相当）の下部の降灰があって、現在の前橋市域

にあった国府の庭に火山灰が厚く降り積もった。これによって、上野国の田畑の多くが使用不能になった。一連の噴火の後半に追分火砕流が発生した。その後一ヶ月ほどたった8月25日（10月3日）から9月3日（10月11日）まで、As-Bの上部が噴出したようで、京都の東方の空がひどく明るい時期が続いた。なお、追分火砕流の発生直後から山頂火口より上の舞台溶岩流が流出したとも推定されている（荒牧, 1990）。

さて、関東平野北西部のAs-Bにより埋没した水田面の状況は、発掘調査の際に詳しく観察されている。そして、水田面に残された足跡や作物の痕跡などから、その埋没時期はこの地域で現在8月上旬に行われる「土用干し」以後の出稲期である初秋と推定されている（原田・能登, 1984）(2)。

しかし、高崎市神戸岩下遺跡では、As-Bで埋没した水田面からニホンジカの足跡やその「ぬた場」、鳥の足跡などが検出された。仔鹿を含む5～10頭のニホンジカの群れの足跡や交尾期の雄によってつくられる「ぬた場」の存在から、これらを直接覆ったテフラの降灰時期は現在の10月～11月下旬と言えるらしい（大江, 2000）。この推定された時期は、7月～12月を示すキジの幼鳥の足跡が検出されたこととも矛盾しないようである。

ニホンジカの足跡の詳細な観察所見では、As-Bを踏み込んだ足跡はないとされているものの、筆者は自身の観察結果をもとに、後で仔鹿と同定された丸みを帯びて土層観察がより容易であった足跡の下位に、ごく薄い土壌層を挟んで、この遺跡で認められるAs-Bの最下位のユニット（ユニットaとする）がレンズ状に存在していることを柱状図に記載している（古環境研究所, 2001）。このユニットaは、非常に薄い青灰色細粒火山灰層（最大層厚0.3cm）で、しかも踏み込まれた際に発生した濁り、その後の降雨や砂ぼこりなどに伴って堆積したと思われる土壌層に薄く覆われていることから、足跡検出後かなり時間が経過した段階での詳細な観察は難しくなっていたのではなかろうか。

筆者の観察例が特別なものであった可能性もあるが、神戸岩下遺跡の最下位のユニットaの降灰は1108（天仁元）年7月21日（8月29日）頃、その上位でニホンジカの足跡を覆う粗粒の褐色軽石層（ユニットd）の降灰は8月25日（10月3日）から9月3日（10月11日）までに起きているように思う。つまり、As-Bの堆積には少なくとも下部だけでも一ヶ月以上を要しており、Bスコリア上部は、早川・中島（1998）が考えているよりもっと後に噴出したとも考えられるのである。さらには、ユニットaなどAs-B下部の降灰が前年のもので、ユニットdなど主体部が1108（天仁元）年の7月の可能性も出てくる。

いずれにしても、As-Bに関してまだ残された課題は多い。テフラにより旧地表面がパックされていて、降灰当時のことがよくわかるだけに、遺跡でのとくに詳細な観察記載が必要なのである。

これまでのAs-Bの観察結果では、軽石の粒径をみるとユニットdがもっとも粗粒で、As-Bの噴火のうち比較的早い段階にもっとも激しい噴火が発生したようである。しかしながら、噴火はその後も断続的に発生し、軽石やスコリアなどマグマに由来する本質物質などを火山周辺の広範囲に降らせるとともに、その後半に山麓一帯を追分火砕流が襲う破局的な噴火が発生した。そして、さらに山頂火口から北麓に上の舞台溶岩流が流出したらしい。

3 新たな火山灰
　　―浅間粕川テフラの発見

関東平野北西部の土壌や堆積物が厚い場所で、地層をていねいに観察すると、As-Bの上位に厚さ1cm弱の土壌や泥炭を挟んで、青みがかった灰色の砂質細粒火山灰層をみつけることができる。このテフラに筆者が最初に気づいたのは、粕川村教育委員会により調査が行われていた西部グラウンド遺跡を1990（平成2）年8月に訪れたときのことである。

ここでは、成層したAs-B（層厚9.8cm）の上位に、下位より暗褐色土（層厚0.3cm）、As-Bの再堆積により形成された黄褐色砂層（層厚2cm）、暗褐色土（層厚0.3cm）が続き、

さらに成層した薄いテフラ層（層厚2.4cm）が認められた。このテフラ層は、下部の灰白色細粒火山灰層（層厚0.2cm）と、上部の灰色砂質細粒火山灰層（層厚2.2cm）から構成されていた。

その後も、埼玉県北部を含む関東平野北西部各地で調査を行い、安定して土壌が形成されている地点で注意して土層を観察すると、必ずと言って良いほどAs-Bの上位に薄い土壌層を挟んで細粒の灰色火山灰層を見かけた。そこでこのテフラを、最初にAs-Bと異なる噴火のテフラであることに気づいた場所の地名を用いて、とりあえず浅間粕川テフラ（As-Kk）と呼ぶことにした（早田，1991）。

この火山灰層を追跡していくと、吾妻川流域ではその直下に不規則に暗色部を含む淡褐色軽石を多く含む軽石層が現れるようになった。それらの間には、顕著な土壌は認められない。そして、この成層したテフラ層の下位には、薄い土層を挟んでAs-Bの薄層が認められる（写真1）。そこで、筆者はAs-Kkを下部がプリニー式噴火に由来する不規則な縞状軽石で特徴づけられる軽石層、上部がヴルカノ式噴火に由来すると考えられる細粒の灰色火山灰層で特徴づけられるテフラ層からなると考えている。このテフラ層の分布軸は、浅間火山から東北東に延びており（図1）、その体積は約0.7km³と見積もられる。

なお、As-Kkの命名当時にはすでに、早川・中島（1998）がその後Bスコリア上部と呼ぶことになるAs-Bの上部に不規則な縞状軽石で特徴づけられる軽石層のあることが知られていた（中村・荒牧，1966）。そして、組成傾向が下位の噴出物とわずかに異なることから、下位のAs-B下部とは別の噴火サイクルの可能性が指摘され、一部の火山学研究者によってB'-降下スコリア、B'降下軽石、浅間-B'、As-B'などと呼ばれている（荒牧，1990など）。しかしながら、もともとテフラ層の命名は、野外においてテフラ層が単独の噴火に由来することが確認された段階で行われることが一般的で、当時はAs-B'がどのテフラ層に相当しているのか不明な点が多かった。テフラの名称の混乱については、今後さらなる

写真1　浅間Bテフラ（As-B）と浅間粕川テフラ（As-Kk）の層相（群馬県長野原町北軽井沢）
ボールペン中央部付近の厚さ1cm前後の土壌を挟んで、下位の成層した比較的薄いテフラ層がAs-B、上位の厚い軽石層がAs-Kk。

研究の発展により解消されることが期待される。

4　浅間粕川テフラの噴火年代

おそらくAs-Kkに対応するであろうAs-B'については1281（弘安4）年の噴火に由来する可能性が指摘されている（荒牧，1990）。その一方で、前述のようにこのAs-B'に相当するBスコリア上部については、1108年とする説もある（早川・中島，1998）。しかしながら、各地でAs-BとAs-Kkとの間に数mm～1cm程度の土壌や泥炭が形成されていることは、約170年間では薄すぎるし、ほぼ一ヶ月間という短い時間間隙にしては厚すぎるように思える。

そこで改めて史料を検討してみよう。すでに文献史学の分野では、As-Bの噴火年代を

推定する際に、源師時の日記『長秋記』が重視されている。峰岸(1989)によれば、この長秋記の1129（大治4）年の記事には、「前年」に火山の爆発があり、「灰砂」（火山灰）が降り、これによって上野国司は朝廷に済物の免除を申請した(3)。ところが陣議は、1128（大治3）年に「灰砂」が降ったことはまぎれもない事実であるが、その被害を知りがたいとして否定的な意見を付して勅定に委ねたと書かれているらしい。

灰砂を降らせた火山については明記されていないものの、峰岸(1989)は浅間山とみなしている。また12世紀に草津白根火山の噴火が発生したとの考えもあったものの（尾崎, 1971)、その根拠とされた火山灰については、六合村熊倉遺跡の調査により9世紀中葉以降で、住居が廃絶された時期に接した頃と考えられ、12世紀までは下らないと思われている（能登, 1983, 六合村教育委員会, 1984)。その降灰にしても、分布が草津白根火山東麓の山間部に限られていることから、済物の申請を朝廷にするほどの災害が発生したとは考えにくい。

次に考古学的資料をみよう。それには足利氏一族に関係するとされる栃木県足利市にある樺崎寺跡の発掘調査の成果が好材料となる。樺崎寺は、足利氏二代足利義兼により1189年（文治5）年から1193（建久4）年の間に建立されたと考えられている（足利市教育委員会, 1995)。筆者は、足利市教育委員会により調査が行われていた園池の断面を1991（平成3）年4月に観察することができた。ここでは、埋没谷の埋積土を切って池が造られている。埋積土中には、層相に特徴のあるAs-BとAs-Kkが挟在されていた。

園池は創建時に造られたと考えられていることから（足利市教育委員会, 1995)、As-BとAs-Kkは12世紀末までには降灰していたことになる。そうすると、As-Bが1281（弘安4）年の噴火による可能性がないばかりか、As-Kkについても1193（建久4）年より古くなり、As-Bを1108（天仁元）年の噴火、そしてAs-Kkを1128（大治3）年の噴火と考えるとうまく整理できる。この年代推定は、さらに浅間山北東麓の長野原町黒豆河原のAs-B上部の赤色火山灰層の花粉分析から、赤色火山灰の堆積に最低6年、おそらく11年以上時間を要したと推定されていること（宮野ほか, 1994）とも矛盾しない。そして両者の間の土壌や泥炭の厚さも、10年オーダーの時間間隙の結果とすると理解しやすい。

以上のことから、筆者はAs-Kkを1128（大治3）年の噴火に由来すると考えている。浅間火山は、大規模な1108年の噴火を終え、わずか20年後に再び規模が大きな噴火を起こしたらしい。なお、長野県軽井沢町追分にある東京都練馬区の少年自然の家の造成工事の際に、追分火砕流堆積物の上位に、平田篤胤の『古史伝』に書かれた1281（弘安4）年の噴火により噴出した可能性のある火砕流堆積物が記載されている（樋口, 1990)。これについても、1128（大治3）年に噴出した可能性が考えられよう。

5　浅間粕川テフラ発見の考古学的意義

As-Kkの存在が明らかになったことで、従来吾妻川流域や沼田盆地周辺で単独に存在し、As-Bに同定されていたテフラについては、As-Kkである可能性が非常に高いと考えられる。重鉱物組成および火山ガラスや斜方輝石の屈折率による両者の識別は非常に難しいものの、As-Kkが良好に認められる地点では、As-Bの薄層がその下位にあることが多い。これらの地域では、これまでにましてより詳細な観察と記載が必要となっている。

またAs-Kkを利用することにより、群馬県域では、As-B降灰以降に造られ始めたとされる、全国的に有名で謎が多い赤城山南麓の女堀の層位が明らかになり、より詳細な年代推定が可能となろう。また追分火砕流に由来する土砂の堆積に起因するとも考えられる利根川の歴史時代における変流の年代やその原因、さらにプロセスなどの解明などにも役立つと考えられる。さらに、As-B降灰前にすでに建立されていたとされる山岳寺院などの継続期間など、さまざまな分野の地域史研究に情報を提供することができよう。

Ⅱ　条里研究の方法

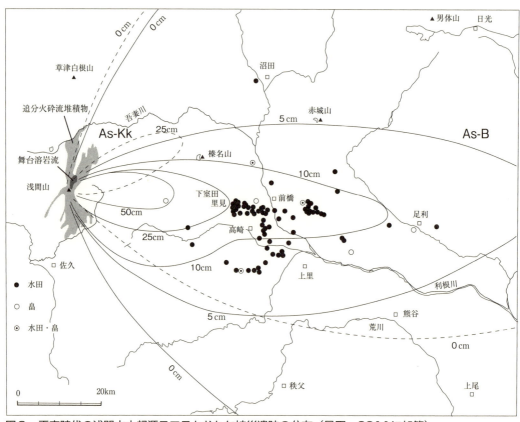

図2　平安時代の浅間火山起源テフラとおもな被災遺跡の分布（早田，2011に加筆）
等層厚線（実線）：浅間Bテフラ（As-B）。等層厚線（破線）：浅間粕川テフラ（As-Kk）。被災遺跡は1990年代半ばまでのもので、現在ではより多数の遺跡で被災跡が検出されている。

　その一方、As-BとAs-Kkの間に20年程の時間間隙を把握できることは、関東地方北西部における火山災害史研究においても重要な意味をもつ。これらのテフラの時間間隙は、同じように関東地方北西部で6世紀初頭に発生した榛名二ツ岳渋川テフラ（Hr-FA）の噴火と、6世紀中葉に発生した榛名二ツ岳伊香保テフラ（Hr-FP）の噴火との間の20〜30年と推定されている時間間隙（新井，1979，坂口，1993）にほぼ相当する。すでにこれらのテフラ間では、精密な発掘調査により、Hr-FAの噴火で発生した火山災害の復旧の様子が詳細に把握されつつある。

　過去の災害発生後のできごとを短い時間幅でとらえることができれば、災害の復旧としての行動を把握しやすい。災害が起きてずっと後の作業であれば、災害の復旧として行われたのか、別の理由で行われたのか見極めが難しいからである。こうして複数のテフラを指標に使うことで、土層や遺構の年代ばかりか、社会背景が異なる古墳時代と平安時代での火山災害への人々の対応の様子を詳細に復元して比較できる。

【註】
（1）本稿はおもに早田（2004）を簡略化したものである。内容や参考文献の詳細はそれを参照いただきたい。
（2）As-Bによって埋没した水田については、休耕田が混在していた可能性も指摘されている（高井，2001）。
（3）「前年」の解釈には文献史学の研究者により異なる解釈があるらしい（清水豊氏談）。能登（2006）は、「前年の噴火」について、1124（元治元）年や1108（天仁元）年の噴火の可能性を述べている。

【参考文献】

足利市教育委員会 1995『法界寺跡発掘調査概要』．足利市埋蔵文化財調査報告 第26集 265p.

群馬県教育委員会ほか 2000『高浜向原遺跡・神戸宮山遺跡・神戸岩下遺跡』．192p.

早田勉 2004 火山灰編年学からみた浅間火山の噴火史－とくに平安時代の噴火について－．かみつけの里博物館編『1108－浅間山噴火－中世への胎動』．p.45-56.

早田勉 2011 榛名地域の自然環境とその歴史．榛名町誌編さん委員会編『榛名町誌通史編原始古代・中世』．p.7-56.

高井佳弘 2001 As-B下水田と「かたあらし」農法．日本道路公団・群馬県埋蔵文化財調査事業団編『宿横手三波川遺跡』．p.215-217.

能登健 2006 天仁元年・浅間山噴火．北原糸子編『日本災害史』，p.61-81.

早川由紀夫・中島秀子 1998 史料に書かれた浅間山の噴火と災害．火山 第43巻．p.213-222

峰岸純夫 1989『中世の東国－地域と権力』．323p.

新荒川扇状地・妻沼低地周辺の地形・表層地質および浅層地下水位の実態とその変化

小玉　浩・石田　武・早乙女　尊宣・井上　素子

1　はじめに

　近年低地における発掘調査では、土壌学との連携により、水田経営に伴う土壌形成の理論化が進み、堆積物に不整合がない場合においても水田痕跡の把握が可能となるなど、著しい発展をとげている。一方では、地下水の影響によって土壌が変質し、遺構の存在や水田痕跡を判断しにくい状態があることもわかってきている。

　このような土壌学の手法を取り入れた発掘調査には、土壌の主要な生成因子である水および母材（表層地質）に関する時間軸に沿った情報が必要不可欠であろう。しかし、条里の分布する低地は、縄文海進以後自然環境（本稿では供給される堆積物や浅層地下水位の状況という意味で使用する）が著しく変化している場所である。また、古代から継続して行われている河川の付け替えや用水の整備、さらには近年における大規模な河川や用水の改修、地下水の汲み上げ、都市の被覆率（非透水性面積の割合）の変化など、人為的な影響によっても自然環境は大きく変化していることが予想される。

　このように、過去の自然環境が現在と全く異なる状況であったことは自明であるが、それらを直接的に把握する手段はなく、殊に浅層地下水位の変化については、地形・地質学的手法によって考察される地形発達史、特に河道の変遷にともなう広域的な環境変化から読み取る必要がある。

　しかし、今まで地形・地質学と水文学の分野が必ずしも密接に関連して研究されてきたわけではない。空間・時間スケールの違いや、そもそも地質構造と浅層地下水位が共に詳細に調査されている地域が限られていることなどから、両者は個別に捕らえられてきた。したがって、浅層地下水位が、河道変遷や地形・表層地質によって、どの程度影響を受けるのかについてでさえ、明らかになっていない。

　そこで本稿では、新荒川扇状地・妻沼低地、さらに低地と比較する意味で櫛挽台地を含む地域を対象として、微地形・表層地質、浅層地下水位についての調査結果を紹介するとともに、両者の関連性や、河川水と地下水位の関係について考察する。

2　地形および表層地質

　立正大学地球環境研究科オープンリサーチセンターでは、地表面の微細な形態の把握および、1000本以上にも及ぶボーリング調査データの集約により、新荒川扇状地を中心に対象地域の地形・地質構造を明らかにした。本章では、それぞれの地形面の地形・表層地質の特徴を述べる。

2.1　対象地域の概観

　荒川が山地を離れる寄居より下流域には、荒川が運んできた砂礫よって形成された、扇状地に起源する新旧の地形面群（「荒川扇状地」）が広がっている（図1）。更新世に形成された古い扇状地は、隆起して開析を受け、右岸の江南台地（標高120〜50m：南関東の下末吉面に相当）、左岸の櫛挽台地（標高100〜50m）に2分される。櫛挽台地はさらに櫛挽面（武蔵野面に相当）、御稜威ヶ原面（立川面に相当）に2分される。もっとも古い江南台地は、樹枝状の谷によって密に刻まれている

のに対し、櫛挽台地では広い平滑な地形面が残り、旧低水路や自然堤防などの微地形も認めることができる。

完新世に形成された地形面のうち、寄居から約10km下流の旧川本町（現深谷市）明戸までの区間は、荒川によって深く掘り込まれ、河岸段丘と化している（寄居面）。この寄居面の下流側は、明戸付近で扇状地（「新荒川扇状地」）に漸移する。

荒川扇状地の東側には完新世に利根川が形成した妻沼低地が広がる。

2.2 地形および表層地質
2.2.1 櫛挽面

櫛挽面の標高は100～50mであり、台地上は平坦で、台地を刻む谷の発達も悪い。台地を覆う関東ローム層の層序から、海洋酸素同位体ステージ5c～5e（10～7.5万年前）に対比される（久保，2000）。ローム層下部に厚さ1.5～2m程度の泥層、さらにその下部に厚さ20m以上の砂礫層が堆積している（図3-1）。

2.2.2 御稜威ヶ原面

御稜威ヶ原面は標高95～35m、旧低水路や自然堤防などの微地形を認めることができる。台地を覆う関東ローム層の層序から、海洋酸素同位体ステージ3～2（6～2.5万年前）に対比される（久保，2000）。ローム層下部に厚さ2m程度の泥層、さらにその下部に厚さ10m以上の砂礫層が堆積している（図3-1）。

2.2.3 新荒川扇状地

新荒川扇状地は、旧川本町（現熊谷市）明戸（明戸サイフォン）付近を要として扇状に展開する地形面であるが、地表面の微細な形態を、1mごとの等高線図と微地形分類図で詳細に観察すると、旧川本町明戸を扇頂とする旧期面と、熊谷市広瀬付近を扇頂とする新期面の、新旧2つの扇状地面に区分することができる（門村ほか，2004；表1）。

旧期面は、標高60m付近（旧川本町明戸）を要に扇状に展開し、その末端は左岸域では標高25m付近、また右岸域では標高30m付近で終わる。地表面に旧低水路と紡錘状旧中州とが複雑に織りなす微地形パターンが見られることに特徴がある（図2）。紡錘状旧中州は、島状、帯状など多様な形態をなしている。櫛挽台地際の旧低水路には、湧泉が点在する。地表面の高度は、扇頂－扇央では右岸域が高いが、扇央より下方では勾配のやや急な右岸域（平均勾配：右岸域3.6‰、左岸域3.3‰）の方が低くなる。

新期面は、標高約35m付近（熊谷市広瀬付近）の荒川河床に、その上流端があると考えられる（図2）。旧期面に対してラッパ状に食い込む形で展開し、旧期面に比べて扁平で、微起伏に乏しい。旧低水路は、蛇行流路を示す部分もあるが、全体として直線状のものが卓越する。旧低水路沿いには、溢流氾濫時に堆積した砂・シルトからなる自然堤防が分布する。新期面の平均縦断勾配は、2.5‰以下で、旧期面より緩い。左岸域の扇端付近（標高25～22m）には、湧泉が多数存在する。下流側に続く氾濫原には、条里制遺構が広く認められる。右岸域でも、旧低水路は直線状を示す。ここでも条里跡が広く認められ、湧泉も若干存在する。

新荒川扇状地内の荒川は、河道幅が広く、低水時には網状流をなして流下する。網状の低水流路間には、砂礫からなる中州（砂礫堆）（長さ数m～数10m、比高数10cm～3m程度のものが多く存在する）が発達している。現在の荒川河床に見られる微地形のパターンと、新荒川扇状地、特にその旧期面に見られる微地形のパターンとはよく似ている。このことは、新荒川扇状地に分布する旧低水路や旧中州などの微地形が、かつて水が流れていた河道内で形成された微地形に起源するものであることを示唆する。

新荒川扇状地を構成する砂礫層は、標準貫入試験のN値（50を境界値）と色調を指標として、上位から砂礫層I、IIに区分される（表1）。扇頂から扇央付近にかけての地域では、地表下1～2mに砂礫層I（5～10m厚）の上面がある。最表層は、ほぼ全域にわたって砂やシルト・粘土のなどの細粒の堆積物に覆われている。砂礫層IIの上面は、地表下7～15mに出現する。砂礫層IIは色調と固結度

II 条里研究の方法

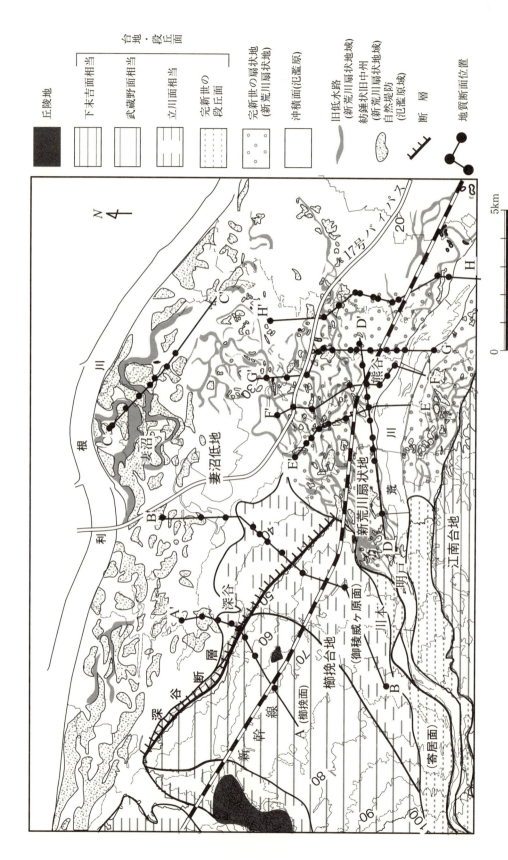

図1　地形分類図　地形面ごとの分類精度が大きく異なる。丘陵・江南台地・櫛挽台地付近は久保 (2000)、新荒川扇状地域は門村ほか (2004)、氾濫原域は埼玉県 (1995) を参照

図2 新荒川扇状地詳細地形図

Ⅱ 条里研究の方法

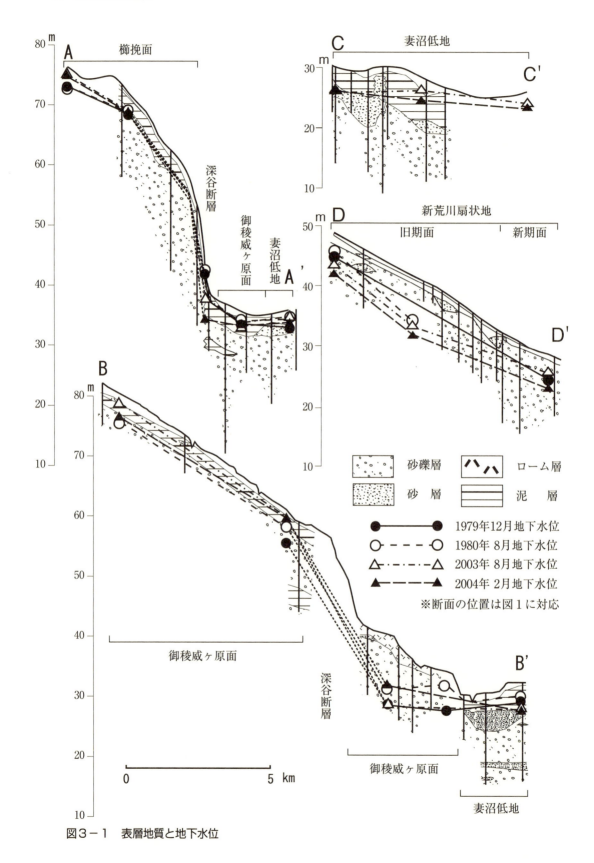

図3-1 表層地質と地下水位

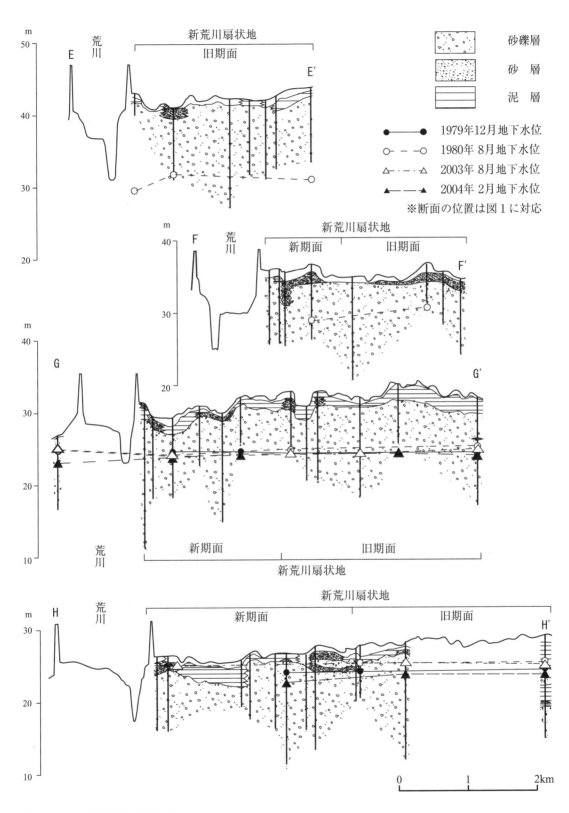

図3-2 表層地質と地下水位

Ⅱ　条里研究の方法

表1　新荒川扇状地の特徴

		旧期面		新期面	
		右岸	左岸	右岸	左岸
標高	扇頂	約60m		約35m	
	扇端	約25m	約30m	約21m	21～24m
平均勾配		3.6‰	3.3‰	1.9‰	2.3‰
微地形		旧低水路：網状		旧低水路：直線状	
		微高地：島状・帯状などの紡錘状旧中州		微高地：自然堤防状（全体として旧期面より扁平）	
現河床		岩盤床～礫床		礫床	
構成層	第1層	泥層（1～2m厚）		泥層（2～7m）	
	第2層	砂礫層Ⅰ（5～10m厚）		砂礫層Ⅰ（0～10m厚）	
	第3層	砂礫層Ⅱ（10m厚以上）		砂礫層Ⅱ（5m厚以上）	
湧泉		櫛挽台地際に湧泉点在		扇端付近旧低水路沿いに湧泉集中	
遺跡		古墳時代遺跡点在		条里制遺構広く分布	

から、更新世末期に形成されたものと考えられる。その上を覆う砂礫層Ⅰや細粒土層は、完新世に堆積した新しい堆積物である（図3-1, 2）。

　扇状地から氾濫原への移行帯では、地表面下数mまで泥層と砂礫層（砂礫層Ⅰ相当）の互層からなり、約10m以下に砂礫層Ⅱの上面が現れる。泥層に挟まれた砂礫層は、扇状地側から氾濫原側に向かってパイプ状に伸びているが、やがて泥層の中に消えていく。熊谷生協病院（熊谷市上之）地点にパイプ状に存在する砂礫層は、その上下の泥層に含まれる有機物の放射性炭素年代の測定結果から、6000年前頃の洪水によって堆積したものであると推定される。

2.2.4　妻沼低地

　荒川扇状地の北－東側には、利根川によって形成された氾濫原である妻沼低地が接する（図1）。ここの地表面には、新荒川扇状地とは異なって、規模の大きい蛇行流路跡と自然堤防が多数分布している。表層の地質は、厚さ5m程度の泥層からなるところや、砂礫・砂・泥の互層からなる部分などがあって複雑である。地表面下10m以深には、新荒川扇状地の砂礫層Ⅱに相当する砂礫層が広く分布している（図3-1）。

3　浅層地下水位

　立正大学地球環境研究科オープンリサーチセンターでは、地下水の現状を把握するために過去約25年にわたって調査したデータから同じ井戸のデータを抽出して地下水面図を作成している。本章では、都市化の進展前の比較的人為的影響の少ないと考えられる1979年12月、1980年8月と、ごく最近の2003年8月、2004年2月のデータをもとに各地形面における浅層地下水位の特徴・経年変化および表層地質との関連について述べる。

　調査した井戸は、ほとんどが家庭用の井戸で、地面から井戸底までの深さは10m程度、深いものでも15m程度の比較的浅い井戸が対象で、浅層地下水の状況を反映している。したがって、以下の文章で単に「地下水位」という記述は浅層地下水の水位を指す。

3.1　浅層地下水位の現在の状況

　図4は2004年2月時点（渇水期）、および2003年8月（豊水期）での地下水面の標高データをもとに、井戸の地盤高を基準に、地下水位がそこから何mの地下にあるのかを、2mごとに階級区分し、示したものである。

　また、表層地質と地下水位の関係を断面にしたものを図3-1, 2に示す。

3.1.1　櫛挽面

　櫛挽面の地下水位の特色を述べると、表層

地質と地下水位には特に関連性はなく、地下水位の地表面からの深さは一定である傾向が強かった。ただし深谷断層付近の地下水位は豊水期、渇水期ともに地表面からかなり深い位置に存在していた。

図4a）によると、櫛挽面では地下水位が渇水期に0.00m以上2.00m未満、図4b）より豊水期に地表面から0.00m以上4.00m未満の水位を示す井戸が多かった。また櫛挽面の台地部と低地部の境界に近い深谷断層に想定される部分で渇水期に8.00m以上10.00m未満、豊水期に6.00m以上10.00m未満と周囲の井戸に比べて地下水位が深い部分があった。

地下水位を断面で示したものが図3－1のA－A'断面である。深谷断層近くの井戸とA'地点の井戸を除いて、豊水期、渇水期ともに砂礫層より上面の泥層中に地下水位が存在していることがわかる。A－A'断面の左から3番目の井戸は、深谷断層とう曲崖の途中に位置しているが、この深谷断層を境に、地下水位が不連続であることが判明した。図では破線で結んだが、断層境界面をストンと落ちるように地下水が移動し、ある一定の深度に達すると櫛挽面の最大傾斜方向に向きを変え、深谷断層より北東側の台地部に流動しているのではないかと推定している。深谷断層より北東側の台地部と低地部の地下水はその水位からほぼ同じ地下水位と考えられる。

3.1.2 御稜威ヶ原面

図4より、御稜威ヶ原面では渇水期、豊水期を問わず地下水位が地表面下2.00m以上4.00m未満の場所が多かった。例外的に深いのは深谷断層付近で、地表面下14.00m以上16.00m未満の井戸、地表面下12.00m以上14.00m未満の井戸があった。

図3－1のB－B'断面は、御稜威ヶ原面から低地にかけて、その地層断面と地下水位の分布を示したものである。深谷断層より西側、図の左から1番目と2番目の井戸では、砂礫層または泥層中に地下水位が存在していた。2003年8月についてみると、左から1番目の井戸で地表面下2mと浅いところに地下水位が位置するが、深谷断層より東側の左から3番目の井戸では、地表面下10mと目立って深いところに存在している。2004年2月についてみると左から1番目の井戸で地表面下5m、左から2番目の井戸で地表面下3m程度と浅いところに位置するが、深谷断層より東側の井戸では、地表面下10mと目立って深いところに地下水位が存在している。つまり、地下水位の分布は、深谷断層を境に大きく状況が異なっていることがわかった。

また、図の左から3番目の井戸の地下水位は他の井戸に比べて地表面からかけ離れているが、図の左から4番目の井戸の水位とほぼ同じである。またさらに右隣りのB'地点の井戸もほぼ同程度の水位である。B'地点の井戸は地形面区分では妻沼低地である。このことから深谷断層より東側の御稜威ヶ原の地下水と妻沼低地の地下水は同じ地下水体であると考えられる。

3.1.3 新荒川扇状地

新荒川扇状地では極めて測定できた井戸の数が少ないので、図4により平面的な地下水位の特徴を述べることができない。

図3－1のD－D'断面は、新荒川扇状地の縦断面方向に断面を切って示したものである。この図を見ると、扇頂部で表面から8m程度、扇央部で地表面から10m程度、扇端部で地表面から5m程度であった。いずれも砂礫層中に地下水位が存在していた。豊水期、渇水期ともに扇央部が深い状態であった。

図3－2のE－E'、F－F'、G－G'、H－H'断面で地下水位の変化をみると地表付近の微地形にあまり影響されず、ほぼ平坦で変化がないことがわかる。また、その地下水位は大部分が砂礫層中に分布している。荒川の河床に近づくと多少地下水位が低下する傾向が、E断面付近、G断面付近に認められる。

3.1.4 妻沼低地

図4によると、妻沼低地では、2004年の2月においては、地表面から4.00m以上6.00m未満のところに地下水位が存在する場所が多かった。2003年8月においては、地表面から2.00m以上4.00m未満のところに地下水位が存在する場所が最も多かった。本庄市や旧妻沼町（現熊谷市）北部で一部4.00m以上6.00m未満の場所が見られた。

Ⅱ 条里研究の方法

a) 2004年2月（渇水期）

b) 2003年8月（豊水期）

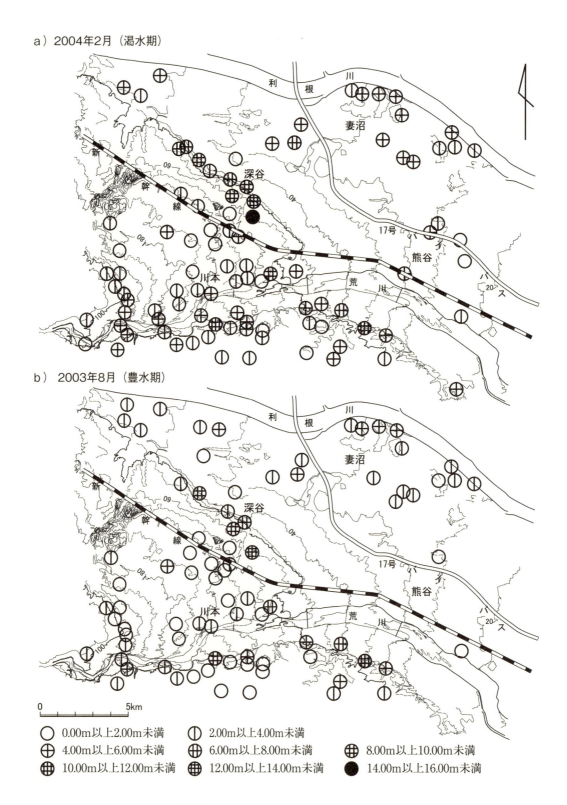

○ 0.00m以上2.00m未満　　⊖ 2.00m以上4.00m未満
⊕ 4.00m以上6.00m未満　　⊕ 6.00m以上8.00m未満　　⊕ 8.00m以上10.00m未満
⊕ 10.00m以上12.00m未満　⊕ 12.00m以上14.00m未満　● 14.00m以上16.00m未満

図4　井戸の地盤高から地下水面までの深さ

新荒川扇状地・妻沼低地周辺の地形・表層地質および浅層地下水位の実態とその変化

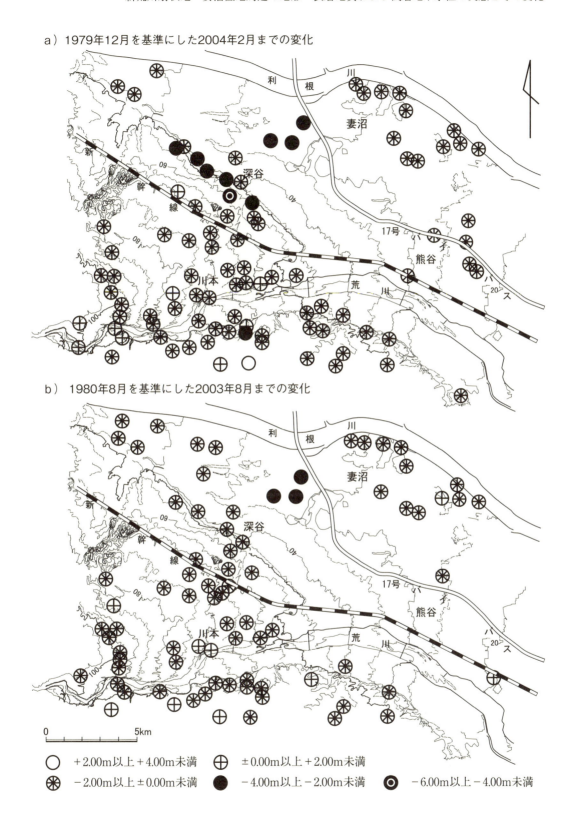

図5　井戸の地盤高から地下水面までの深さの変化

図3-1のC-C'断面は、妻沼低地部における断面で、利根川に平行して約2km程度南西側の断面を切って示した図である。上流側でほとんど季節変化がみられず、下流側で渇水期に低くなることがわかる。

3.2 浅層地下水位の経年変化の実態

図5は、井戸の地盤高から地下水面までの深さが約25年間に上昇したのか、下降したのか、その変化量はどの程度であったかを示した図である。a)は、1979年12月時点、2004年2月時点における井戸の地盤高から地下水面の深さを、1979年12月時点を基準にしてその差を求めたもの、b)は、1980年8月時点、2003年8月時点における井戸の地盤高から地下水面の深さを、1980年8月時点を基準にしてその差を求めたものである。関東地方の12月から2月は渇水期、8月は豊水期にあたる。

3.2.1 櫛挽面

図5をみると、おおむね渇水期は減少、豊水期はほとんど変化なしという状況であった。

渇水期の櫛挽面の扇頂部と扇央部では、-2.00m以上0.00m未満の低下、しかし数カ所の井戸で逆に0.00m以上2.00m未満上昇しているところがあった。扇端部では-4.00m以上-2.00m未満の低下を示していた。この扇端部には深谷断層が存在するので、この影響で変化が大きいことが考えられる。

図3-1のA-A'断面から地下水位をみると、渇水期・豊水期ともに一番左の井戸で2m程度上昇している。深谷断層とう曲崖上にある左から3番目の井戸は渇水期に7m、豊水期に5mほどの低下が見られた。その他の地点の井戸ではほとんど変化はなかった。

3.2.2 御稜威ヶ原面

図5をみると、御稜威ヶ原面では、豊水期、渇水期ともに全体として-2.00m以上0.00m未満の水位の低下傾向がみられた。御稜威ヶ原面の深谷断層付近では、1階級下の-4.00m以上-2.00m未満の低下がみられた。

図3-1のB-B'断面は、御稜威ヶ原面から低地にかけて、その地層断面と地下水位の分布を示したものである。渇水期ついて述べ

ると、1979年12月において、一番左側の井戸のデータがないが、左側から2番目の井戸では地下水位が標高55.90m、地表からの深さ4.90mの比較的浅い位置にあった。それが2004年には、2mほど上昇している。

豊水期には、図の一番左側の井戸では、2003年の方の水位が高くなっていた。左側から3番目以降の井戸では地下水位が低下している。

3.2.3 新荒川扇状地

図5より、新荒川扇状地は扇頂部で-2.00m以上0.00m未満の低下、扇央部・扇端部ではデータが少ないので傾向は不明である。

図3-1のD-D'断面でみると、1979年を基準に2004年と比べると渇水期における地下水位が全体として低下していることがわかる。

図3-1のG-G'、H-H'断面で1979年と2004年の渇水期における地下水位をみると平坦で、あまり変化がないことがわかる。豊水期においては、1980年を基準に2003年と比べると地下水位が若干低下していることがわかる。

3.2.4 妻沼低地

図5より、妻沼低地では、1979年12月と2004年2月の渇水期の比較においては本庄市付近では -2.00m以上0.00m未満の低下、深谷市付近-4.00m以上-2.00m未満の低下の場所がみられ、旧妻沼町（現熊谷市）にはいると、-2.00m以上0.00m未満の低下という状況であった。1980年8月と2003年8月の豊水期の比較においても同様な結果であった。

図3-1のB'は妻沼低地の西部に位置する井戸であるが、1979年と2004年の渇水期で比較すると約2m低下している。また、1980年と2003年の豊水期で比較すると約2m低下している。

図3-1のC-C'断面は、妻沼低地部における断面であるが、同一井戸においては地下水位データが2003年と2004年しかなく、過去20年間の比較ができなかった。

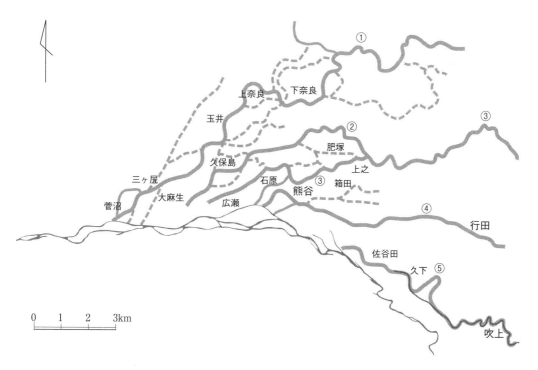

図6 新荒川扇状地における河川の変遷 澤口(2005)による

3.3 浅層地下水位の経年変化の要因

約20年間の地下水位の変化を概観すると、低下する傾向がみられる。これは複合的な要因が考えられるが、そのなかで特に都市化の影響、被覆率の上昇が原因でないかと推定している。そこで、被覆率の変化について特に熊谷市を中心に述べる。

1966年修正測量1969年発行5万分の一地形図『熊谷』と1966年測量1969年発行5万分の一地形図『深谷』の図幅を利用し、熊谷市内の市街地と建物について色分けし、方眼紙を用い1mm²の升目を数える方法で被覆した面積を求めた。その結果、熊谷市では、14%という結果を得た。

また、近年の熊谷市の被覆率をランドサットの衛星データから解析したところ、1997年2月7日の画像解析から、被覆率44.9%(小川ほか、2004)との結果を得ており、この28年間の被覆率の上昇により、雨水が地下に浸透せず、地下水位低下の主な原因となっていることが考えられる。

4 河道変動による表層堆積物および浅層地下水への影響

荒川中流域は、地形形成史的な時間スケールでみれば、荒川および利根川の(自然的な)河道変遷、歴史時代の時間スケールでみれば、人工的な河道の付け替えなど、複雑な河道変遷が繰り広げられてきた地域である。さらに19世紀末期以降は、河床での砂利採取が本格化するなど、河道の変化はますます大きくまた急速に進行している。このような河道の変動(河道変遷・固定化、河床の低下など)は、自然的・人為的作用に関わらず、流域の自然環境に少なからず影響を与えると考えられているものの、実際にどの程度の影響力があるのか明らかにされていない。本章では、このような河道の変動に注目して、それらが過去における扇状地への堆積物の供給および最近25年間の地下水位にどのように影響するかを考察する。

4.1 新荒川扇状地における河道の変遷

新荒川扇状地には、図2のように網状の河道跡が残っていることから、扇状地上を河道

Ⅱ　条里研究の方法

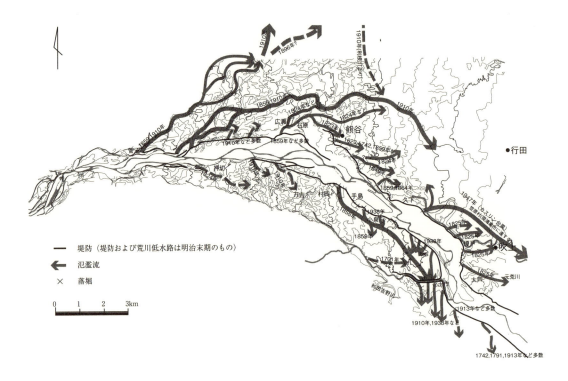

図7　荒川中流域における近世以降の洪水とその氾濫流（石田ほか（2005）による）

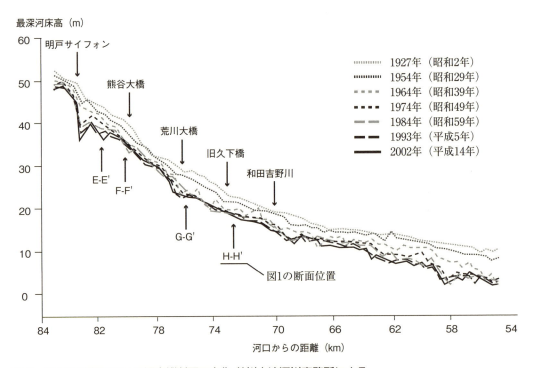

図8　荒川中流部における河床縦断面の変化　荒川上流河川事務所による

が変遷しながら流れていたのがわかる。これらの河道跡は、空中写真（例えば、米軍が1947年に撮影したもの）や古い地形図によって追跡することができる。その中で、澤口（2005）は、新荒川扇状地面に5つの主要な河道を復元した（図6）。①は菅沼付近から三ヶ尻、玉井、上奈良、下奈良を経て福川旧河道へ続く河道、②は大麻生、久保島、原島、肥塚を経て星川へ続く河道、③は大麻生、石原、箱田、上之を経て星川へ続く河道、④は石原、熊谷市街地を経て忍川へ続く河道、⑤は元荒川に流れる河道である。荒川はこれらの河道を平常時の低水路として流れていたと考えられる。

それぞれの河道の年代を示すことは難しいが、従来の研究（栗田, 1959；澤口, 2005）によれば、古代以降も、ある期間をおいて河道が繰り返し移動したといえる。

4.2 近世以降の洪水流路からみた表層堆積物の堆積環境

図7は、荒川中流域における近世以降の洪水とそれによる氾濫流の流下方向を示したもの（石田ほか, 2005）である。これによると、1858年、1859年、1910年、1947年などに大規模な洪水が発生し、氾濫流が新荒川扇状地上を流下したことがわかる。これらの氾濫流は、比較的大きくかつ連続性のある旧河道沿いの凹地を数～10kmにわたって流下している。

図6と図7を比較すると、上記した氾濫流は、荒川のいくつかの主要な河道跡を流下したことがわかる。つまり、1959年および1910年の菅沼付近からの氾濫流は①の旧河道を、1859年および1910年の大麻生付近からの氾濫流は②-③の旧河道を、1947年（カスリン台風）の久下付近からの氾濫流は⑤の河道の一部に沿って流下したと思われる。このように、扇状地の扇頂～扇央では、主要な河道跡に氾濫流が集中する傾向にある。したがって、これらの河道付近に施工された条里は、氾濫流の流入によって、たびたび擾乱を受けたと思われる。

一方、熊谷市街地-久下、榎戸-大芦、右岸の村岡-玉作では、小規模な洪水が頻発している。氾濫流の流下距離は、上記した例と比べてかなり短いが、凹凸に乏しい低平地が広がることから、広範囲に冠水したと思われる。このように、扇端から下流では、氾濫流が面的に広がる傾向にあるようである。このため、冠水域には細粒な物質が堆積すると考えられる。

4.3 荒川中流部の河床低下と浅層地下水位との関係

埼玉県内では、19世紀末頃から河川での砂利採取が本格化した。砂利採取事業は、1964年にピークを迎え、その後は急激に減少し、県営砂利採取事務所の閉鎖に伴って1970年に廃止された（荻原ほか, 1988）。この砂利採取事業により、荒川の河床からも砂利採取が盛んに行われ、1960年代を中心に河床の低下が著しく進行した。その結果、荒川中流部では、1927年から2002年までの75年の間に、数m～十m程度の河床低下が起こった（図8）。このような河床の低下は、浅層の地下水位にどのような影響を与えるのだろうか。

図3-2に示された地下水位と荒川の河床高を比べると、E-E'、F-F'、G-G'、H-H'それぞれにおいて、荒川の河床より地下水位の方が高いことがわかる。荒川中流部の河床高は、砂利採取事業が廃止された1970年代前半以降、明戸サイフォン～熊谷大橋の一部を除いて比較的安定しており（図8）、最初の地下水調査が行われた1979年頃には、おおよそ現在の河床高レベルになっていたといえる。このことから、1979年当時から現在まで、荒川の河川水は、新荒川扇状地の浅層地下水涵養に寄与するのではなく、むしろ排水経路となっていた可能性が考えられる。しかし、新荒川扇状地の横断方向に地下水位を見た場合（図3-2）、荒川河床からの距離によって地下水位が大きく変化することはなく、地下水位はむしろ水平に近い。この傾向は、年代、季節に関わらず、おおむね同じである。したがって、荒川の河川水は地下水面変動には影響していないと考えられる。

ただし、図8から読み取れる河床の低下量

Ⅱ　条里研究の方法

と、図3-2の地下水位を勘案すると、砂利採取による河床低下が顕在化する1960年代以前の荒川の河床高（水位）は、現在の地下水位を遥かに上回っている。したがって、荒川の河川水が地下水の涵養に寄与していた可能性があるが、当時の地下水位に関する詳細な記録がないため明らかにできない。

また、本稿は数百m～1km程度の空間スケールで捉えられた場合を考察したものであり、数m～数十m程度の局地的な地下水面変動に対する影響については、さらに詳細な調査が必要であると思われる。

5　まとめ

本稿では、新荒川扇状地・妻沼低地・櫛挽台地を含む地域を対象として、微地形・表層地質と地下水位の関連性や、河川水と地下水位の関連性について考察した。

その結果、地形面を数百m～1km程度の空間スケールでとらえた場合、地下水位は表層地質や河川水等によって大きく変化することはなく、1つの地形面においては地表面からほぼ一定の深さに存在する同一の地下水体であることがわかった。

ただし、地下水位は深谷断層の影響を大きく受ける。櫛挽面・御稜威ヶ原面いずれにおいても、深谷断層を境に地下水位が急激に深くなる現象が認められ、深谷断層より北東側で妻沼低地と同じ地下水体となる。

経年変化をみると、渇水期・豊水期共に1980年頃から約25年間で、地下水位は基本的には-2.00mから0.00mの範囲で低下している。ただし、深谷断層付近では水位の低下が著しく、櫛挽面・御稜威ヶ原面において渇水期に6.00m以上から、最大14mも低下した地点がみられた。また妻沼低地の深谷市付近一帯においては、渇水期、豊水期とも-4.00mから-2.00mの範囲で低下している。地下水位低下の要因は都市被覆率の増加が大きな要因と考えられる。ただし、深谷断層付近や、妻沼低地の深谷付近において、特に顕著な地下水位の低下がみられる要因については不明である。

近世以降の洪水流路をみると、新荒川扇状地の扇頂～扇央では主要な河川跡に氾濫流が集中する傾向が、扇端では小規模な洪水により冠水が広範囲に及ぶ傾向がある。前者は堆積物の擾乱を、後者は細粒物質の堆積をもたらすと考えられる。

荒川と地下水位の関連性について考察した結果、少なくとも1979年頃から現在まで荒川の水位は新荒川扇状地の地下水位よりも低く、荒川の河川水が直接的に地下水位には影響していないことがわかった。しかし、1970年代以前の河川水が地下水位より高い状況において、荒川が地下水位に与えた影響についてはデータがなく不明である。また、数m～数十m程度の空間スケールにおいて、河川水（用水も含む）や微地形等が局所的に地下水位に影響を与えるのかについては不明であり今後の課題である。

6　おわりに

古代から現代に至る自然環境の変化をとらえることは非常に困難であるが、新荒川扇状地・妻沼低地は非常に条件に恵まれた地域であるといえるだろう。なによりも立正大学地球環境科学部が継続的に地下水位を観測し、微地形や表層地質を明らかにしており、さらには河道変遷やその時期について古くから研究が進み、かつすでに土壌学的な手法を取り入れて発掘調査が行われているからである。従って今後考古学、地形学・地質学、水文学の分野が相互補完的に研究を進めるケーススタディとなる可能性を秘めた地域であるといえるだろう。

しかし、地形・地質学および水文学サイドから得られる情報は、発掘調査で必要とされる遺跡単位のミクロなスケールにそのまま対応するものではない。地質構造は公共施設建設などに伴う既存のボーリング資料を、地下水位は井戸の水位の観測によってデータを蓄積して面的な構造を明らかにしていくが、そのスケールは数100m～数km間隔である。また対象とする時間スケールは、地形発達史を考察する場合数100年～数万年オーダーであ

り、水文学では一般的には地下水位の観測が日本において本格的に始まった昭和30年代以降しか研究対象にしない。

このように、対象とする空間・時代スケールの異なる分野が相互補完的に研究を進め、過去の自然環境を解明するためには、下記のように非常に多くの情報の集積が求められる。
①表層地質や微地形を明らかにし河道変遷、堆積物の性質や供給量の変化を考察する（地形・地質学）。②地下水位の実態を明らかにする（水文学）。③マクロスケール（数百m～数km単位）での表層地質や微地形と地下水位の関連性を明らかにする。（地形・地質学，水文学）。④ミクロスケール（数m～数10m単位）での表層地質や微地形・河川水と地下水位の関連性を明らかにする。⑤個々の発掘現場において、微地形・堆積物・土壌学的な情報・地下水位・遺構面の年代などの情報を総合的に判断し、当時の自然環境を考察する（考古学，土壌学，地形・地質学，水文学）。⑥⑤で得られた情報をフィードバックする。

本稿は①～③の段階までの解明を試みたものである。今後、さらに考古学と情報交換がさかんになり、新荒川扇状地・妻沼低地の自然環境が解明されていくことを期待する。

【付言】

本稿は「立正大学文部科学省学術研究高度化推進事業オープンリサーチセンター（ORC）整備事業」の研究成果を利用したものである。

また本稿は、2005年に筆者らが議論を重ね執筆したものである。その後、筆者の一人である石田武は、2007年に他界した。本稿は故人の遺稿となるためあえて手を加えず、当時の原稿のまま掲載するものである。

【参考文献】

久保純子2000「荒川扇状地とその周辺の丘陵・台地」『日本の地形4 関東・伊豆小笠原』東京大学出版会 p198-200.

門村 浩・早乙女尊宣・栗下勝臣・石田 武・高村弘毅2004「荒川扇状地の微地形と地盤構造―地形・地盤情報の解析・図化とデータベース作成―」立正大学 文部科学省学術研究高度化推進事業 オープンリサーチセンター（ORC）整備事業 平成15年度事業報告書 p105-113.

埼玉県1995『埼玉県表層地質図』埼玉県県政情報センター.

小川進・齋藤恵介・高村弘毅2004「熊谷市内の雨水浸透ますの浸透能推定」立正大学オープンリサーチセンター平成15年度報告書p114-119.

澤口 宏2005「自然からみた埼玉平野の形成…荒川の河道変遷を中心に」荒川下流誌編纂委員会（編）『荒川下流誌（本編）』p191-205.

栗田竹雄1959「荒川中流の洪水について」秩父自然科学博物館研究報告9 p15-32.

石田 武・長田真宏・吉崎秀隆・田村俊和・菊地隆男・門村 浩・高村弘毅2005「荒川中流域の洪水と河床変動」立正大学文部科学省学術研究高度化推進事業オープンリサーチセンター（ORC）整備事業 平成16年度事業報告書 p114-117.

萩原義徳・毛須征弘・浅見好夫1988「砂利採取」『荒川 人文Ⅱ（荒川総合調査報告書3）』p625-641.

Ⅲ 各県の状況

神奈川県の条里

依田 亮一

1 研究抄史

　神奈川県における条里研究は、近隣都県に比べて遅れている印象が強い。その理由は、表層条里が広がる地域では早くから市街地化が進み、水田自体が急速に消失してきたことに加えて、沖積低地における埋蔵文化財包蔵地が少なく、古代の水田跡を広域に検出した発掘事例が殆ど無いことに起因している。

　しかし、条里遺構が存在したことは意外にも古くから指摘され、断片的ではあるが数詞を伴う関連地名も県内各所で確認出来る。このようななかで初期の研究としては、蘆田伊人が武蔵国内の条里制遺蹟で「九郡、廿八ヶ村、八十一大字」を挙げ、県内では橘樹郡高津村（川崎市高津区久本・坂戸）、橘村（同末長・新作）、中原村（中原区上小田中・新城・小杉・上丸子）、都筑郡都田村（横浜市緑区川向・大熊）の、主に多摩川・鶴見川流域の地域を列挙したのが嚆矢で、それらの区画は「正しく東西、南北に施工せられしものなることは、残存する遺蹟によりて明らかに之を証すべし」と、正方位を示す条里区画であることを言及している（蘆田1919）。

　続いて中山毎吉・深谷正秋らは、現在の海老名市域（相模川中流左岸）、小田原市国府津周辺（酒匂川下流域）の足柄平野にも条里区画が分布することを指摘した（中山1933・深谷1936）。その後、三友国五郎は関東地方の条里の特徴として、数詞の入った坪名称が極めて少ないとしながらも、南関東では比較的多く残る傾向があるといい、その例として千葉県安房郡、神奈川県横浜・川崎付近の条里に「市ノ坪」の地名が存在することを掲げている（三友1959）。

　このように、主に歴史地理学の立場から紹介されてきた県内の条里分布は、①川崎市域の多摩川下流域右岸、②海老名市一帯を中心とする相模川中流域左岸、③小田原市国府津周辺の酒匂川下流域左岸、の大きく3つの地域に亘っている。この他、自治体史の中には律令制下の農民支配の様子を班田収授法と絡めて、当該区域にある条里関連地名を紹介し、断片的ながら条里について触れている記述が散見される（例えば、横浜市港北・港南・南・磯子・戸塚区、横須賀市、伊勢原市、平塚市など）。その後、木下良・荒井秀規らは、相模国と武蔵国南部（現在の神奈川県域）における古代交通網の復原的研究を行い、駅路・伝路の変遷をはじめ、両国郡境や郷域の比定、官衙・式内社・寺院跡・津等の関連遺跡の位置関係を整理して「神奈川古代交通網復原図」としてまとめ、この復原図中には「条里制想定地域」を明示している（木下・荒井他1997）。本研究は古代道路の復原を主眼とし、条里に関する個別具体的な記述は無いが、県内全域で網羅的に条里の分布を呈示している点で高く評価出来る。本稿では木下らの分布図をもとに上記①～③地域のうち、特に②と③地域の研究状況を中心に取り上げる(1)。

2 条里型地割の分布・解説

　木下らの復原図によれば、神奈川県内の条里は地割方位の不明確な地域を含んで約40箇所に亘る（図2）。その分布状況は、先に指摘した3地域及び周辺一帯で、多摩川・相模川・酒匂川の流域沿いに開けた沖積低地が中心である。この他に県内では広大な水田可耕

地は見当たらず、横浜市北部の鶴見川流域や、同市南部の大岡川及び柏尾川流域、三浦半島では最大河川である平作川流域の横須賀市久里浜周辺、金目川・鈴川流域の平塚市北西部〜伊勢原市南東部一帯、道志川沿いの相模原市緑区青根・青野原付近で、いずれも小規模な条里分布が指摘されている。

（1）酒匂川流域の条里

　足柄平野が広がる小田原市東部の酒匂川流域は、相模国足上・足下両郡に含まれる。このうち、下流域左岸は東方に聳える大磯丘陵際の台地上を中心に、足下郡衙想定地の永塚・下曽我遺跡、8世紀初頭の創建で法隆寺式伽藍配置の可能性がある千代廃寺、さらには海上交易施設（港）が置かれた三ツ俣遺跡等があり、政治や経済の拠点を形成していた地域とされている。

　当該地域の条里は、深谷がその存在を指摘して以降、具体的な研究としては高木勇夫が空中写真・大縮尺図・地籍図等から条里型地割と認定し得るものを抽出している（高木1985）。その分布範囲は、右岸に小規模条里が点在する一方で、左岸に卓越して広がるが、その根拠とした写真や地図類の呈示は無く、地割を復原した詳細な過程は不明である。しかし、表層条里は国府津駅〜飯泉観音に至る「巡礼街道」と周囲の道路網がほぼ109ｍ四方の東西・南北を示すのに対して（図2 37）、大井〜大友附近の区画は方位や基盤の地質を異にすることから（同図34）、各々の条里は開発時期に差異があることを示唆している。この高木が示した二つの条里は前者を足下郡、後者を足上郡に帰属させて、区画の方位が変わる付近を足上・足下両郡境とする見解がある（杉山1998）。この点について荒井秀規は、足柄上・下郡の分割は評制段階に王権側から行政施策的理由によって行われ、足柄平野には南北に郡を分割する山野や河川等の自然要素が存在しないことから、条里区画線または東西に横切る官道（東海道）等の人為的要素が分割ラインの基準であったことを想定する（荒井1993等）。その場合、条里の開発時期も自ずと評制時まで遡り得るのか、また足上郡大友郷と足下郡高田郷はともに同図中37の条里範囲に含まれる位置関係にあるため、郡制以降に郡域を超えた広域開発が行われた所産であるのか、今後検討を要する課題といえる(2)。

　なお、酒匂川流域で考古学的に水田跡を検出した発掘事例としては、小田原市矢代遺跡で周囲の表層条里と方位が近似する溝数条を確認しているが、古代〜中世の遺物が僅かに混在し、古代に遡る確実な根拠は押さえられていない（柏木他2000）。また、下堀広坪遺跡第Ⅰ地点の調査では、表層条里の一角に東西103ｍ×南北129ｍ規模の中世の方形居館が確認され、敷地を二重に囲繞する堀跡からは12〜14世紀代と15〜17世紀代の遺物が出土している（天野他2010）。中世のある段階で、周囲の土地区画に合わせて方形館を構えた可能性が考えられよう。なお、同遺跡の発掘調査報告書には、明治9年の「下堀地区地籍図」が収載されていて、その地籍図によると近代初頭の調査地周辺は、南北の軸線に沿った1町四方に整然と区画された田畑が広がり、方格地割の内側は半折型地割を想起させる土地の分筆状況が認められる。さらに、その西方約700ｍ離れた成田上耕地遺跡では、沖積微高地上に7〜8世紀代の集落跡が確認され（天野他2011）、古代の水田跡は未検出ながらも、周辺域における今後の発掘調査の進展が期待される。

（2）相模川中流域の条里（図1）

　現在の座間・海老名市にあたる相模川中流左岸は古代の高座郡、右岸の厚木・平塚市は愛甲郡・大住郡に相当する地域である。相模国内の古代東海道駅路は、当時の史料から幾度かの変遷過程が辿れるが、その当初は足柄峠から酒匂川の河口へ出て、相模湾岸を東西に横断し、三浦半島で東京湾を渡海して上総国に抜けるルートであった。その後、宝亀二（771）年に武蔵国が東海道諸国へ編入されたことにより、相模国府（平塚市）から相模川を北上して夷参駅（座間市）を経由し、武蔵・下総両国府へ向かうルートが駅路とされたが、さらに『延喜式』兵部省諸国駅伝馬条

Ⅲ　各県の状況

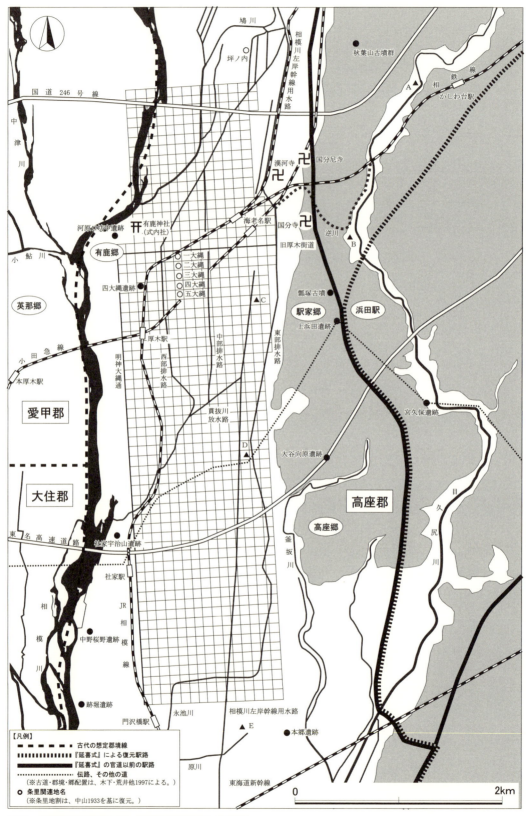

図1　相模川中流域左岸（相模国高座郡）の条里

には、夷参駅に代わる浜田駅（海老名市）が新たに見え、後の矢倉沢往還に相当する路線で武蔵国府を介さずに店屋駅（町田市）・小高駅（川崎市）・大井駅（品川区）を通過するルートに変更された。いずれも、相模国分寺が所在する現在の海老名市周辺にその分岐点があったことになる。

さて、当該地域の条里は中山毎吉・茂田孝による研究成果がある。中山は明治時代の陸地測量部作成1/20,000迅速図を手がかりとして、東西線は一大縄通（旧厚木街道）を基準に南へ約5.1km、北へ約1.8km、南北線は明神大縄道（字河原口～中新田間）から東へ約1.4kmの範囲に方格地割を想定した。坪呼称を伴う地名こそ無いが(3)、小字名の「一～五大縄」は条里関連地名であるとし、水田の灌漑は目久尻川から人工的に開削した運河「逆川」と、現在の鳩川用水の２系統の水路を主水源とした（中山1933）。一方、茂田は相模川中流の両岸に展開する条里区画の比較を行い、左岸の高座郡では方格地割の南北軸が北北西に３度振れるのに対し、右岸の上流側（愛甲郡域）では高座郡域の条里区画と方位の軸線が一致し、下流側（大住郡域）は北北東に１度の傾きを持つことを示した（茂田1984）。また最近では菅野雪雄が厚木市内の条里に着目し、同市教育委員会で縮写保存されている厚木町大絵図（年号不明）、明治16年測量1/20,000迅速図を基に方角地割の抽出作業を行っている（菅野2009・2011）。それによると、市内には大きく北部の睦合、東部の本厚木、南部の相川の３地区に分布を視認し、睦合地区に南北約2km、東西約0.6kmの正方位区画、小田急線本厚木駅周辺では西北から東南方向に長さ1.2km、幅0.5kmの範囲で約５～14°東に振れる斜行方形区画、相川地区には南側の平塚市側にも延びるほぼ正方位を示す土地区画の存在を指摘している。茂田が復原した方形区画とは微妙に方位を異にしている点が留意される。

一方、考古学的調査では、左岸の海老名市域側で注目すべき成果が得られている。まず市内５地点（図１A～E）で植物微化石やテフラ分析の検討を目的としてボーリング調査が行われ、目久尻川流域で弥生時代中期から、相模川流域では古墳時代から稲作開始の可能性が示唆された（鶴原他1995）。そして、実際に水田跡を検出した四大縄遺跡では、出土遺物は僅少ながらも稲作の開始が弥生時代中期～古代の範疇の中で捉えられている（斉木他1997）。特に、同遺跡の第４B面で確認された水田跡では、約110mの距離を隔てて並走する東西溝を検出し、条里水田の可能性が想定されるが、時期の手がかりとなる遺物が殆ど無く、古代～中世の年代幅に収まる水田跡とされている。この他、近年では郡域南部の茅ヶ崎市域でも、居村B遺跡で貞観年間の木簡を伴う平安時代の水田跡が発見されている（押木2013）。

3　今後の課題

以上の研究状況を踏まえると、県下の条里研究の進展には、次の点が課題といえよう。
１．先学の研究で提示された条里復元図案について、その当否や施工年代を確認する意味から、当該地域の発掘調査成果のうち、特に古代～中世の溝跡や道路跡等との位置関係を照合する作業が必要である。
２．空中写真や明治期の地籍図等を手掛かりとした旧耕地景観や表層条里地割分布の把握とともに、検地帳等の近世史料に見られる条里関連地名・水田地名の悉皆調査と現在地比定が必要である。
３．耕作地関連の遺跡は出土遺物が総じて少ないが、特に低地部における遺跡の存在を把握するための考古学的調査が必要である。

【注】
（１）川崎市域の条里については、第Ⅳ章「多摩川下流域の条里」で触れる。
（２）本書荒井論考参照。
（３）中山の条里復原図の範囲外だが、市内上今泉地区に「坪ノ内」地名が見られる（海老名市1998）。

III 各県の状況

No.	現在地	河川
1	川崎市高津区溝口付近～幸区矢向	多摩川
		矢上川
2	横浜市港北区綱島	早淵川
3	横浜市青葉区鉄町(桐蔭学園)	鶴見川
4	横浜市青葉区下谷本町(東急藤が丘駅)	鶴見川
5	横浜市都筑区佐江戸町	鶴見川
6	横浜市港北区新吉田町～新羽町	鶴見川
7	横浜市港北区樽町	鶴見川
8	横浜市鶴見区下末吉町	鶴見川
9	横浜市南区弘明寺町	大岡川
10	横浜市中区本牧町1丁目	
11	横須賀市公郷町・根岸町・森崎	平作川
12	三浦市初声町入江	一番川
13	横浜市戸塚区吉田町・戸塚町	柏尾川
14	横浜市戸塚区戸塚町南部・上倉田町・下倉田町	柏尾川
15	横浜市栄区金井町・田谷町	柏尾川
16	横浜市栄区笠間町、鎌倉市岩瀬1・大船6	柏尾川
17	鎌倉市岡本	柏尾川
18	鎌倉市寺分・梶原・笛田・手広	柏尾川
19	海老名市上郷・河原口・中新田	相模川
20	海老名市社家・中野・門沢橋	相模川
21	茅ヶ崎市本村・高田	千ノ川
22	相模原市緑区青野原	道志川
23	厚木市妻田北・妻田西・妻田東	中津川
24	厚木市水引・恩名・寿町・栄町	相模川
25		相模川
26	伊勢原市小稲葉・下谷・石田・上谷	渋田川
27	平塚市小鍋島	渋田川
28	平塚市豊田本郷	鈴川
29	伊勢原市串橋・鶴巻	善波川
30	平塚市北金目・南金目・片岡	金目川
31	平塚市徳延・纏・広川	金目川
32	平塚市山下・河内	金目川
33	大磯町生沢	小動川
34	開成町吉田島・牛島・宮代	酒匂川
35	小田原市栢山	狩川
36	大井町金子・上大井	酒匂川
37	小田原市永塚・千代・高田・鴨宮	酒匂川
38	小田原市久野・扇町3付近	酒匂川
39	小田原市南町・早川	早川
40	湯河原町中央	千歳川

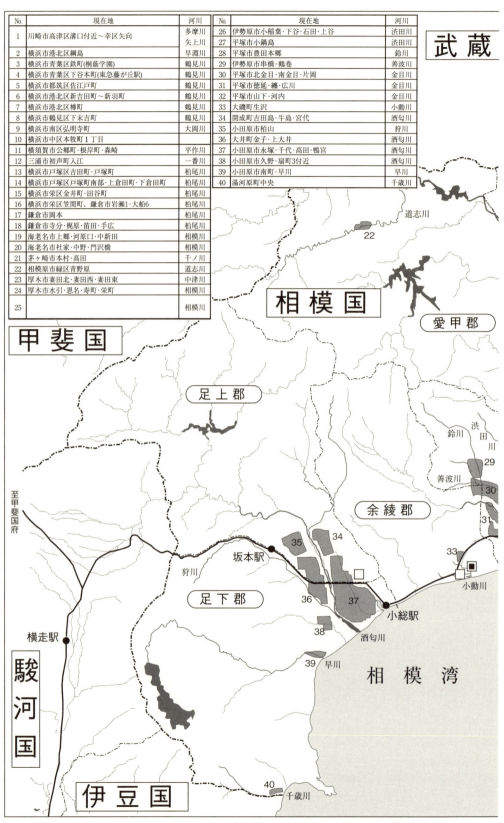

図2　神奈川県の条里（木下・荒井他1997をベースマップとして一部修正・加筆）

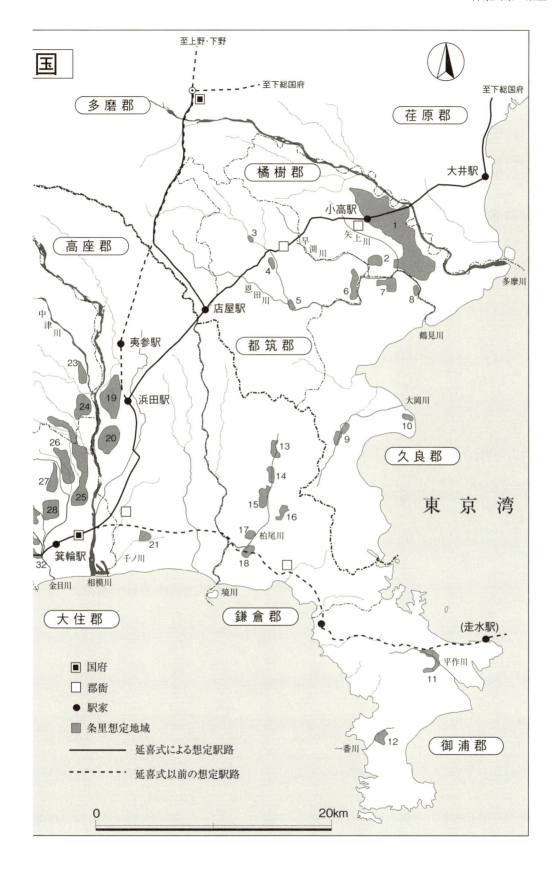

東京都の条里

田中 禎昭

1 研究抄史

　東京都における条里研究は、明治20年頃に実施された人文地理学者・小田内通敏による荒川区内の条里分布調査が先駆的なものであるが（荒川区1955）、本格的には大正年間の蘆田伊人による条里分布調査（蘆田1919）に始まる。蘆田は明治13〜14年の二万分の一陸軍迅速測図に基づいて武蔵国内の条里分布の概観を試み、①北豊島郡王子町・尾久村・三河島付近、②荏原郡羽田村・六郷村付近の条里遺構の遺存を確認した。昭和に入ってからは、戦前は深谷正秋（深谷1936）、戦後は三友国五郎（三友1959）、柴田孝夫（柴田1975）が都下・表層条里の分布域を提示している。深谷は、蘆田の指摘した②地域について、蒲田区安方町字宮下・耕田島（現大田区の多摩川三角州）、品川区下大崎・五反田付近の目黒川低地における条里遺構の分布を明らかにする一方、新たに府中市是政における条里（「是政条里」）分布をはじめて指摘し、③武蔵国府周辺条里に関わる復原研究の嚆矢となった。三友の研究は、関東全域の条里分布について詳細な概観を試みたもので、東京都の条里もその中で把握された。

　深谷・三友が条里の分布確認を目的としていたのに対し、柴田は地理学的古環境復原のために沖積低地における「変形条里」に注目した。沖積低地は、土砂の堆積、地形面の陥没など河川の作用を受けやすいため地割の変形が著しく、柴田はその典型例として東京低地に属する④足立区、⑤荒川区・台東区、⑥墨田区・葛飾区、⑦港区における「変形条里」の分布を指摘したのである。柴田の研究は方法的に興味深いが、たとえば古代・中世には海域であった⑥墨田区南部・本所地区の方格地割を条里とみなすなど、歴史的検証なしに109mモード以外の方格地割を「条里変形」と解釈している箇所が見られ、問題が多い。

　以上の研究は、おもに旧版地形図・航空写真の観察にもとづく表層条里の所在を把握したものであるが、いずれも復原結果が図上公開されなかったため、条里分布の図上比定という初期的な課題までもその後の研究に委ねられることとなった。一方、市街地開発の進展に伴う古代・中世の溝・畦畔・道路遺構の出土は、一部地域で埋没条里と表層条里との関係の把握という問題意識を醸成し、近年の新たな条里研究の発展に結びついている。

　本論では、都下における個別条里の詳細は本書に収載する各論に委ね、古代的土地支配の基礎をなした郡単位に近年の条里研究の成果を整理・概観しておきたい。

2 条里型地割の分布・解説

　現在の東京都は、古代の国郡でいえば武蔵国多摩郡・荏原郡・足立郡・豊島郡の全域と下総国葛飾郡の西南部（大嶋郷）に相当する地域を含んでいる。上述①〜⑦の条里分布推定域を当てはめると、①⑤⑦は豊島郡東北部、②は荏原郡東南部、③は多摩郡東部、④は足立郡西南部、⑥は下総国葛飾郡西南部（大嶋郷）に位置し、河川でいえば①⑤が荒川・隅田川流域、②が多摩川下流域・目黒川流域、③が多摩川中流域、④が毛長川・荒川流域、⑥が隅田川・中川・江戸川流域、⑦が古川流域に該当する。以下、各郡における条里の様相を見てみよう。

(1) 多摩郡

多摩郡の条里分布は、多摩川北岸・府中市の「是政条里」(A地区)とその隣接地(B・C地区)、多摩川南岸・日野市万願寺のD地区、稲城市長沼・矢野口のE地区の五群で確認されている。その図上復原は、平田美枝子・池田文子(平田・池田1963)、遠藤吉次(遠藤1977)・菅野雪雄(菅野1999)の成果があるが、近年、A〜C地区について深澤靖幸が、D・E地区については渋江芳浩が遠藤・菅野の研究を批判的に検討し、精密な表層条里の復原と埋没条里関連遺構との関係を検討した(深澤2008、渋江1998・2001)。

まずA地区では、府中市競馬場構内遺跡で正方位の表層条里ラインに乗る2本の水路と適合する中世の溝跡が検出され、その一方、古代の溝跡の多くが斜行し条里地割と適合していない状況が判明した。次にB地区では9世紀の国司館跡や古代の運河跡が条里方格線に乗らず、一方で条里南北線と主軸を共有する中世の大溝跡が出土している。これらの事実から深澤は、A・B地区の条里地割は古代には存在していなかったと推定する。また台地(立川段丘面)上の古代国府のマチを構成する遺構は方格地割に規制されておらず、条里と古代国府に有機的関連は見出されないという。ただし台地上の中世・六所宮(大国魂神社)の境内域は条里地割に適合しており、六所宮が低地部の条里地割を規制した中枢施設であった可能性を指摘する。以上の所見から、A〜C地区に見られる表層条里の起源は、古代にさかのぼらず、六所宮が成立した11世紀後半ではないかと推定されている。

国府対岸・多摩川南岸に当たるD地区にも、正方位の表層条里地割が分布する。D地区内の日野市落川・一の宮遺跡では、条里方格線上に乗る11〜12世紀の直角溝や畔畦遺構が出土し、日野No.16遺跡からは、表層条里プランに適合的な中世の溝跡や水田畔畦遺構、近世の溝跡が検出されている。渋江は、日野市落川区画整理地区における埋没水田断面の調査結果を踏まえ、多摩川急流部における8世紀半ば以前の水田開発には制約があり、条里水田は少なくともそれ以後の開発の所産とみる。ただし落川・一の宮遺跡では、条里方格線上に乗る9世紀代の水田畔畦遺構が出土しており、渋江は低地部条里の起源を平安初期代にみる可能性も留保している。いずれにせよ明治以後の表層条里の直接の起源は、考古学的にみれば古代とは直接につながらず、戦国末期と把握するのが妥当で、したがって表層条里は古代・中世水田とは別個の構築物であるととらえられている。

以上、深澤と渋江の研究により、多摩川北岸・府中と多摩川南岸・日野にみられる正方位条里の展開がいずれも11〜12世紀頃に推定される可能性が高まってきた。しかし渋江が指摘するように、表層条里プランと埋没条里がいかに適合していたとしても、根拠を示すことなく直接両者をつなげてとらえることは戒められるべきであろう。また、正方位条里の起源が、多摩川南岸では9世紀代にさかのぼる可能性が示された事実にも留意が必要である。この点の意味については最後に述べることとしたい。

(2) 荏原郡

荏原郡のうち表層条里の分布が確認される地域は、大田区域に属する多摩川下流三角州内と品川区に位置する目黒川下流低地部である。しかし昭和10年代以前の耕地区画整理により、そのほとんどが消滅し、また低地部における発掘調査の成果は乏しく明確に条里と関連する遺構の出土はなく、条里復原は表層条里の図上比定にとどまっている。両区内の表層条里の復原は、深谷・柴田の研究を受けた菅野雪雄が文献史料・旧公図類を用いた総括的な成果を発表している。

まず菅野は、大田区・多摩川三角州内の安方・御園・道塚・町屋・古川・高畑方面に断続的な条里地割の遺存を確かめ、それぞれ統一条里の部分的痕跡である可能性を指摘した。しかし黒尾和久・依田亮一が耕地整理前の水路網の位置と菅野の復原プランを照らし合わせたところ、両者の適合度は低いとされている(各論参照)。一方、品川区の目黒川下流域では、左岸の下大崎村と北品川宿の境界付近に1町方格の小規模な方格地割列が確認

されているが、南品川宿側の方格は菱状に形が崩れた状態である。荏原郡の条里は、菅野の復原プランのうち、目黒川流域左岸の方格網は表層条里の可能性が高いものの、その精密な検証は今後の課題として残されている。

（3）豊島郡

豊島郡の表層条里は、武蔵野台地と荒川に挟まれた東京低地西部一帯で、荒川区・北区を中心に台東区の一部にその分布が確認されている。該当地域の条里分布は明治期から知られていたが、条里全体の図上復原は田中禎昭（田中2001）によりなされた。その後の知見をふまえ、その概要を提示する。

豊島郡低地部条里はA～Hの8地区に認められ、A～D地区までは荒川区内で、A地区・南千住附近、B地区・町屋東部、C地区・荒川、D地区・東日暮里周辺、E地区・町屋西部・東尾久で、F地区は荒川区西尾久と北区田端付近にまたがっている。G・H地区は北区内で、G地区・上中里・昭和町付近、H地区・豊島・王子に該当する。

各条里地区には主軸や方格線に大小規模のずれがみられるが、発掘調査で確認された豊島郡衙の平面プランや古代東海道との関係、「一の坪」「二の坪」など条里地名との関係から、各地区が同一基準に基づく統一条里として接合する可能性が指摘できる。中島広顕は、北区西ヶ原の武蔵野台地上に所在する豊島郡衙（御殿前遺跡）内を貫通する8世紀の古代官道（東海道）を復原したが(1)、田中は中島の復原案に依拠し、郡衙内南北官道を南北里界線、官道が低地に降りて最初にたどり着く東西界線を東西里界線に比定し、8地区全域に想定里界線を延伸した上で、各地の「一ノ坪」「二ノ坪」という条里数詞地名の所在地を確認したところ、里の東南隅を一坪として順次西に数詞を数えて行く坪並パターンをもつ統一条里であることが推定された。また『延喜式』東海道についていえば、A地区の隅田川対岸に位置する隅田川神社（墨田区堤通）付近から下総国府（千葉県市川市）に至るルートが佐々木慶一・谷口榮により復原されている（佐々木1990・谷口1990）が、この官道をA地区まで西にまっすぐ延伸すると推定里界線に完全に一致し、『延喜式』東海道も部分的に統一条里プランの里界線上に施工されていた可能性が指摘できる。

埋没条里は、E・荒川区実揚遺跡の9～10世紀の区画溝、F・北区中里の奈良・平安時代の畦畔遺構が条里的区画として推定され（大成エンジニアリング埋蔵文化財調査部2006・北区1993）、それぞれ復原条里プランと適合している。またH北端の北区豊島馬場遺跡では古代・中世期の道路跡が東西に検出されている(2)が、その位置は推定東西里界線上に乗っている。これらの所見から、8地区の表層条里地区は、豊島郡衙と古代東海道を基準に施工された統一条里の各部を構成するものと推定できる。したがって統一条里の施工時期は、里界線と照応する正方位に主軸を整えた豊島郡衙の存在期間（8世紀初～9世紀末）、実揚遺跡の区画溝（9～10世紀）・中里遺跡の畦畔遺構（奈良・平安期）の時期などを勘案すると、8世紀第Ⅰ四半期後半～9世紀の間の可能性が高いといえよう。

（4）足立郡

足立郡東南の一角を占める足立区は、毛長川、中川、荒川に区切られた東京低地の一部である。足立区内の条里研究の成果は少なく、わずかに上述した柴田と吉川国男の研究があるのみである。吉川は区内に遺存する「六町」、「五反田」、「五反野」を条里地名とみて、10000分の1地形図上に道路・水路が構成する方格プランを復原し、真北から西に3.5度ぶれた断片的な表層条里の痕跡を区内の道路・水路・字界から認識した（吉川2006）。吉川の復原案は、明治42年、昭和12年の実測地図により足立区内の表層条里分布の可能性を指摘したもので、今後、明治期の大縮尺地図・地籍図類との照合や近世期の村絵図などとの対比により、そのプランの詳細な検証が課題として残されている。

（5）下総国葛飾郡（大嶋郷）

東京湾に面した下総国葛飾郡の西南端は武蔵野台地と下総台地に挟まれた東京低地東部

に位置し、現在の墨田区・江東区・葛飾区・江戸川区に該当する。その範囲は養老五年（721）戸籍（「正倉院文書」）が残る大嶋郷、および中世・葛西御厨の範囲にほぼ相当し(3)、それらと条里との関係は地域史的に興味深いテーマになると思われる。

まず墨田区内の条里分布は柴田の断片的な指摘があるが、上述のとおり問題が多いので、明治43年測図の10000分の１地形図上で条里地割が確認できるか改めて検証してみた。方格地割は墨田区北部一帯に存在するが、ほとんどが109m方格の条里地割に該当しない。しかし墨田二丁目から墨田三丁目西端部に48町におよぶ条里の遺存箇所と推定される道路痕跡が確認できた（図１）。注目される点は、すでに復原されている『延喜式』東海道ルートを北端として、その南側に109mモードとその倍数の正方位地割が展開する事実である。豊島郡同様、下総国葛飾郡内においても古代官道が条里施工と関わっているのか、さらなる検討が必要になると思われる。

葛飾区・江戸川区の条里については、上述した吉川の復原研究がある。吉川は両区合わせて10ブロックで条里の痕跡を地形図上に見出し、その主軸は足立区条里と葛飾区条里、江戸川区条里の小岩付近では大体2.5度から7.5度西にぶれ、小岩を除く江戸川区条里は東へ3.5度から６度ぶれると指摘している。

ただし墨田・葛飾・江戸川３区の条里復原は明治後期〜昭和初期の10000分の１地形図による概観にとどまっており、今後、明治期の大縮尺地図や近世期の村絵図との照合により条里分布のさらなる検証と発掘調査による埋没条里遺構の検出が課題となっている。

３　今後の課題

東京都の条里復原は、都市化による街区の改変、震災・戦災による明治期の公図類の散逸により、他府県に比べて研究上の制約が大きい。都下の条里復原を進めるためには、明治期の公図・大縮尺地図、近世期の絵図の収集・探索による表層条里の精密な比定とともに、発掘調査において、方格地割はもとより、断片的な溝・畦畔・道路遺構を含め埋没条里遺構の検出に留意し、表層条里との関係を検討する問題意識の共有が課題となるだろう。

現在、都下で表層条里と埋没条里との関係が検討されているのは、武蔵国府近傍の条里と豊島郡衙近傍の条里に限られている。武蔵国府近傍では、表層条里は直接的には戦国末期以後の地割に由来するが、条里の展開自体は11〜12世紀に想定されている。一方、豊島郡衙近傍では、郡衙プランと古代東海道を施工基準として８・９世紀における条里の施工が推定されている。11〜12世紀という時期に条里施工の画期をみる指摘は妥当性の高いものであるが、一方で、多摩川中流南岸において９世紀の水田遺構が表層条里と適合する事実も指摘されている。都下における平安初期の条里開発の評価が問われていると考えられる。

図１　墨田区墨田２丁目付近の条里

註
（１）中島広顕1997「武蔵国豊島郡衙と豊島駅」『古代交通研究』７
（２）北区教育委員会1995『豊島馬場遺跡』
（３）葛飾区郷土と天文の博物館2012『東京低地と古代大嶋郷—古代戸籍・考古学の成果から—』名著出版

III 各県の状況

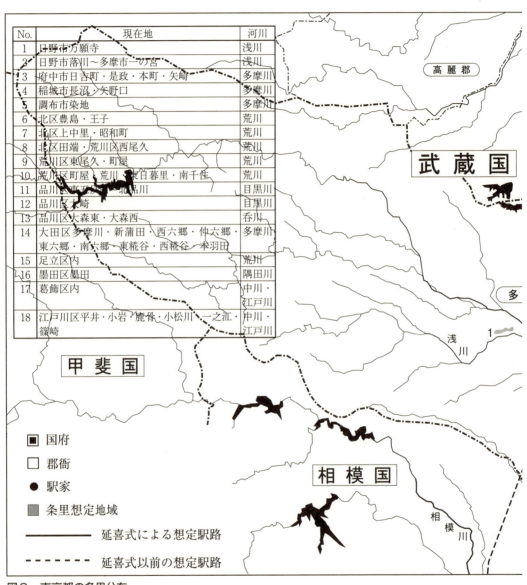

No.	現在地	河川
1	日野市万願寺	浅川
2	日野市落川～多摩市一の宮	浅川
3	府中市日吉町・是政・本町・矢崎	多摩川
4	稲城市長沼・矢野口	多摩川
5	調布市染地	多摩川
6	北区豊島・王子	荒川
7	北区上中里・昭和町	荒川
8	北区田端・荒川区西尾久	荒川
9	荒川区東尾久・町屋	荒川
10	荒川区町屋・荒川・東日暮里・南千住	荒川
11	品川区東大井・北品川	目黒川
12	品川区勝崎	目黒川
13	品川区大森東・大森西	呑川
14	大田区多摩川・新蒲田・西六郷・仲六郷・東六郷・南六郷・東糀谷・西糀谷・本羽田	多摩川
15	足立区内	荒川
16	墨田区墨田	隅田川
17	葛飾区内	中川・江戸川
18	江戸川区平井・小岩・鹿骨・小松川・一之江・篠崎	中川・江戸川

■ 国府
□ 郡衙
● 駅家
▨ 条里想定地域
―――― 延喜式による想定駅路
------ 延喜式以前の想定駅路

図2　東京都の条里分布

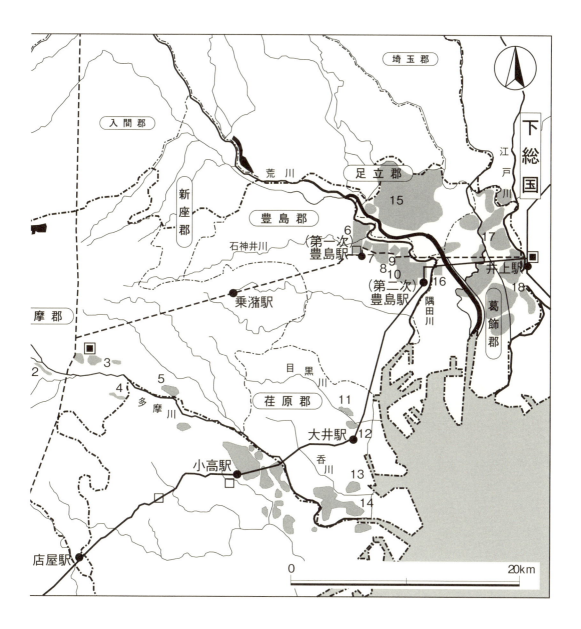

埼玉県の条里

鳥羽　政之・吉川　國男

1　研究抄史

　埼玉県内の条里研究において、大きな画期となったのは三友国五郎の「関東地方の条里」である（三友1959）。三友は、関東地方の条里地割を検討・集成し、その特徴について触れた。また、同紀要では村本達郎により、埼玉県西部における条里地割の抽出が行われている（村本1959）。
　原島礼二は、横見郡、比企郡、男衾郡、入間郡における条里地割を検討し、各郡と郷と古代集落の関係や歴史的背景について論じた（原島1978）。以上の研究は、主に歴史地理学、文献史学的手法によるものであったが、県内の条里研究への関心は、遺跡の発掘調査へも向けられていった。この点は条里遺跡の発掘調査が、関東地方では比較的早い時期に行われたことにも表れている。
　吉川國男は、研究史、調査例を踏まえ、埼玉県内の条里地割をあらためて集成した（吉川1987）。一方、井上尚明は、埼玉県北部の遺跡群の動向、特に7世紀代の集落立地の変化から条里地割の施工時期を検討した（井上1988）。近年では、鈴木徳雄の児玉・那珂郡域をフィールドとした一連の研究（鈴木1996他）や岩田明広の今井条里遺跡の分析（岩田1998）が注目される。
　また、平安遺文（竹内編1964）所収「武蔵国大里郡坪付」は、大里郡内の条里の詳細がわかる重要史料であるが、この分析では、坪付にみられる地割の現地比定、坪の配列方向の2点について研究者間の見解の相違が見られる（図1）。

2　条里型地割の分布・解説

　埼玉県の地形は、北の利根川流域と南の荒川流域に二分される。県の北部は、利根川本流とその支流・神流川や福川、小山川などの流域である。県域全体で現在までに確認した29ヶ所のうち、9ヶ所が利根川水系流域に所在するものである。

（1）利根川水系流域の条里
榛沢郡家
　榛澤郡内でも、墳墓群と生産基盤（水田地帯）との対応関係から、榛澤郡家の北方に広がる低地帯が7世紀になると、石斛的に開発された状況をみることができる。また、隣接する幡羅郡の幡羅郡家と別府条里の関係も同様な状況とみる。榛澤、幡羅郡家では7世紀第3四半期〜第4四半期にかけて、確実に評家が形成されており、評家の立地選定は、後の広大な条里施工を視野に入れたものであった可能性がある。
　古墳時代の様相が大きく変化するのは、台地上に初期榛澤評家の熊野遺跡が成立する頃である。その成立は、畿内産土師器、豊富な在地出土須恵器の出土から7世紀第3四半期と考えて良いであろう（鳥羽2001）。この時期大規模な遺構群や特殊な遺物群が検出されており、典型的郡（評）庁院成立以前の初期榛澤評家の施設群と把握した（鳥羽2004）。
　この時期の遺構群は正方位をとるものはない。方位に若干のブレはあるが、おおむね真北から30度〜40度前後西へ傾くものが多く、遺跡内の建物方位には、規制が働いていた。道路遺構（富田2002）の走行方位は、これを象徴するものである。

いっぽう熊野遺跡に隣接する岡廃寺は、8世紀前半代の創建と把握されているが（高橋他1982）、ほぼ正方位をとる施設としては早い段階のものである。低地部の条里地割の施工もこの頃の可能性が高い。これに対し、中宿遺跡倉庫群は、正方位をとることなく、終末を迎える（鳥羽1995他）。

榛澤郡内の諸施設として岡廃寺と中宿遺跡は対照的であり、郡家の諸施設が、必ずしも条里地割の影響を受けるものではないことを示している。

正倉と岡部条里

榛澤郡正倉と考えられる中宿遺跡直下では、幅30mほどの滝下河川跡が調査されている（鳥羽1995、宮本1997）。この滝下河川跡の整備は、7世紀末～8世紀初頭頃になされたと推定される。河川跡から出土する遺物は、古墳時代のものを含むが、主体とするものは該期のものであり、また河川の流路が中宿遺跡付近で大きく屈曲し、川幅を増す点は、倉庫群の整備と深く関係するものと推定される。

滝下河川跡の調査は、ごく限定された範囲であったが、中宿遺跡倉庫群より東南へ1.6kmに位置する菅原遺跡（大屋1996）内で滝下河川跡の延長部分が検出されている。

また、岡部条里遺跡1次調査区では、正方位をとらない斜行溝が形成される。この溝跡については、古墳時代後期の竪穴住居跡を壊して掘削されており、出土遺物からも7世紀後半代に機能していた可能性が高く、滝下河川跡に先行するものであろう。岡部条里遺跡の発掘調査は、この1次調査を嚆矢とし、その後、2次調査（宮本1998）、埼玉県埋蔵文化財調査事業団等の発掘調査（中村1999）が実施された。

これらの調査では、坪界に位置する溝、畦畔等が検出された。この結果、ある程度の範囲での条里地割の復元が可能となった。その施工時期については岡部条里1次調査区の溝跡から検出された土師器暗文坏により8世紀中頃と考えられる。先述したように、岡廃寺の創建と条里地割が関係するとすれば、その施工時期は8世紀前半に遡る可能性は高い。

岡部条里遺跡では、条里地割の東端に近い位置に8世紀後半から9世紀後半まで継続的に営まれた居宅跡が検出されている（中村1999）。この居宅跡については条里の坪界と合致しない部分があるが、低地内に発見された居宅跡として注目に値する。出土遺物としては木製品や木簡の一部、灰釉陶器等が検出されている。その性格については、郡司層の経営拠点的な施設（宇野2001）を想定する必要がある。地割内部には、このような拠点的施設が条里施工と同時か、やや遅れた時期に形成されていたのであろう。

「榛沢条里」　このほか榛澤郡域では、西端部に条里地割が確認されている。この点については、六反田遺跡の発掘調査報告書で、既に指摘されている（梅沢他1981）。この条里地割は、現在の深谷市榛沢、後榛沢地区で認められていたもので、昭和50年代の圃場整備により、その遺構は消失したが、陸軍迅速図や昭和22年撮影の米軍による航空写真などから確認できる。また、その後、平成8～10年に実施された工業団地の発掘調査でも条里地割に関係する遺構は明確ではなかった。この消失した条里地割を「榛沢条里」と仮称したい。「榛沢条里」の成立時期や灌漑系統について現在明確に言及できないが、古代に遡るものであったと思われる。その水利系統は那珂郡との連続性を認めることができるので、郡境と条里の問題について重要な問題を提起するものと考えている。

今後、既に発掘調査されている大寄、西浦北、宮西、沖田などの遺跡群のうち条里地割と関係する遺構を、再検討することが大きな課題となる。

(鳥羽政之)

(2) 荒川水系流域の条里

この流域は、埼玉県土の3分の2を占めるほどの広さがあり、西に秩父山地、東に関東平野、中央部は丘陵・台地地帯からなっている。条里遺跡は、本流の流域には立地は少なく、旧川の流域や、支流の流域に20ヶ所が確認されつつある。それらは埼玉県の荒川総合調査などにより、調査・編集・図化されてい

る（吉川1987）。

秩父郡　秩父盆地では、北部の赤平川流域で小鹿野、吉田、太田の3ヶ所が、また南部の横瀬川で1ヶ所確認されている。こんな山地に条里遺跡は無理との常識をくつがえし、昭和48年、吉川國男は太田条里を発見（吉川1980）、それ以降、小鹿野条里、吉田条里と相次いで発見され、さらに最近、横瀬川筋にも所在が明らかになりつつある。

小鹿野条里は、荒川水系としては最奥部に当たり、小鹿野町の街並みの北側にひろがる水田地帯にあり、水源は湧水溜池や沢水を利用していた。条里にちなんだ地名として、深町がある。

安中・芦田条里は、旧吉田町久長・芦田地内の河岸段丘上にあり、北側の山頂から俯瞰すると、赤平川側に伸びる南北道がよく見える。付近には古墳もあり、関連性も指摘されている（小林1987）。

太田条里は、「太田千畳敷」といわれる秩父地方最大の水田地帯で、圃場整備事業前は方格地割が40坪数えられた。圃場事業も過去の地割、道路網などは旧規をできるだけ生かした形で実施された。この水田地帯の南100mに堤伝説があり、発掘したところ、溜池と石張りの堰堤が検出された。水田・池とも7世紀末から8世紀初頭と考えられる。棒田、反町などの関連地名もある（吉川1981）。

横瀬条里は、横瀬川の左岸側の段丘上、通称「姿ッ原」に広がる。南北300×東西500m、水源は現在「姿の池」である。当時この池があったか否か不明であるが、古代を匂わせる伝説がある。詳細調査は、これからである。以上4条里とも用水は、小河川、沢水利用である。

幡羅・大里・埼玉郡

熊谷周辺の大里郡地方は、埼玉県最大の条里地帯で、旧郡で幡羅・大里・埼玉の各郡と横見郡の一部にまたがり、坪付文書に記載された現地と考えられている。地形的には熊谷扇状地の末端から自然堤防・氾濫原地帯に広がる。流路を替える荒川の旧川である星川・忍川や湧泉流を利用して立地したとみられる。

この地域は、洪水、地震の噴砂、地盤の沈下などにより深く埋没しているので、注意を要する。

別府・中条条里は、熊谷市の別府、旧妻沼町の市ノ坪、深谷市の上埋田に、東部は中奈良、中条にまたがる地域である。

熊谷・行田条里は、熊谷市東部の佐谷田・上川上から行田市の西北部・持田を南限とし、北の境界は池守、池上に及び、行田市中里を中心とする東西7km、南北5.5kmの範囲に広がる（籠瀬1972、斎藤1980）。昭和22年の米軍撮影の航空写真にも地割が鮮明に映っている。小敷田遺跡からは出挙などの木簡が出土している（吉田1991）。地表の地割は耕地整理等で消滅したが、地下の溝渠遺構などは残存し、条里集落の景観も良好に残存している。

南河原条里は、この北側・利根川沿いに広がる氾濫原、自然堤防に営まれたものである。

右岸側の大里条里は、荒川と和田・吉野川に挟まれた地帯、旧大里村恩田～屈戸～津田に広がる。

「武蔵国大里郡坪付」（竹内1964）は、大里条里から熊谷市・旧吹上町に至る地域と考えられるが、現在の地名と照合できるのは3・4ヶ所である（三友1959、原島1978、森田2011）。

比企郡

都幾川流域の比企郡では、東松山市の南西部に神戸、高坂、野本の各地域に条里型に区画された地割が航空写真や地図で見ることができる。神戸条里については、村本達郎は唐子条里として発表、9坪の区画地割を明らかにされた（村本1959）。

高坂条里は、早俣地区と正代地区において方格地割と関連地名「反り町、壱町田、柳町、五反田」などがある。野本条里は、将軍山古墳の南側の水田地帯で、6町×6町くらいの坪が地籍図や航空写真から指摘できる。

安戸条里は、東秩父村の水田地帯を比定しているが、未詳の部分もある。そのほか、吉

10里	9里	8里	7里	6里	5里	4里	3里	2里	1里	里・面積／条・面積計
			石井 0.1.200	牧川 3.4.220	箭田 9.8.162	速津 1□.4.146	田作所 19.9.88	粟生 26.7.220		4条
		楊田 2.6.0	幡田 4.6.0	鷲田 12.4.240	□□ 15.7.350	高田 17.1.251	中嶋 16.6.34	郡家 16.0.184	富久良 11.4.0	5条 101.4.55
	川俣 2.8.50	楊師 28.5.280	隴 25.0.210	三鷲 8.4.356	青山 28.5.207	新□ 33.8.□	新生 16.2.236	楊井 11.0.334	□□麻 3.4.10	6条 155.3.3
川邊 4.4.333	新野 19.5.150	宥田 24.4.130	下榎 18.3.320	粟籠 33.5.90	榎田 18.2.30	麹 13.0.20	桑田 33.8.280	勾田 25.9.120	牧津 1.9.310	7条 197.8.343
川邊 5.6.35□	直 19.4.72	幢田 35.2.209	柱田 35.□	物部 31.9.64	柴田 21.0.290	片崩 27.0.46	槽田 8.5.263	桑田 25.3.330	勾田 1.4.300	8条 211.7.277
								麹日(田ヵ) 11.4.□	川邊 5.□	9条 146.1.□

図1 「武蔵国大里郡坪付」復原試図（吉川國男試案、数字は面積を示す（単位：町.反.歩））

見町内には条里の可能性のある箇所も指摘されているので（原島1978）、今後の調査が待たれる。

入西条里は、昭和29年、越辺川と高麗川に挟まれた、およそ1.8×1kmの範囲に条里遺構があることを、村本達郎により明らかにされた。田町、町田、北大町など条里関連地名も存在している。

入間郡

入間川流域の川越市内には、大田、田面澤、山田・福田・古谷の4ヶ所に条里が見られる。この地域は、三角状に突出した武蔵野台地の北辺にあり、入間川が形成した氾濫原である。大田条里が豊田本に、田面沢条里が小ケ谷～上寺山に、山田・福田条里が寺山・上寺山・福田地区にそれぞれ分布している。古谷を除く3条里は、芦田伊人が大正年間、2万分の1地図により取り上げた（芦田1919）。その後、村本達郎も調査された（村本1959）。それぞれ道路・区画が2・3辺、東西南北に走行しており、それらをつないで方格地割を想定できること、そして条里関連地名があることにより、条里と認定した。地名として田面沢条里では広町が、山田・福田条里では反町、深町、壱町田、柳町、宮町、六反田が、そして古谷条里では柳坪などがある。

荒川下流域

この地域は、現在の荒川および和田・吉野川、入間川、それに元荒川、古利根川、中川の流域である。埼玉平野内の加須・羽生・久喜市などに、条里遺跡が確認できないのは、関東造盆地運動による沈下・埋没のためかもしれない。

植田谷・大久保条里は、旧入間川水系最大の条里で、旧大宮市と旧浦和市の西側に広がる、いわゆる荒川低地に営まれたものである。面積は33里分、すなわち1437haに及んでいる。主な地名としては、大宮分が西遊馬、土屋、二ツ宮、三条町、飯田、植田谷本、浦和分が在家、塚本、五関、大久保、白鍬、神田がある。明治18年の迅速図や航空写真により、復原観察できる（柳田・清水1965、籠瀬1978）。

田島条里は、昭和22年の米軍撮影の航空写真に、東西南北の道が断続的に見えることから条里と推断したものである。所在する西堀地区には、里、十町目、町屋、桜田など条里関連地名もある。

越谷・八潮条里は、越谷市上間久里から八潮市潮止にまたがる元荒川から中川沿いが想定される。四条、八条、大里、二丁目、三丁野、四丁野など条里関連地名もある（埼玉県1931、野村1971）。ここの条里様地割の特色は、荒川旧流路の下流域に分布し、範囲も広

Ⅲ 各県の状況

表1 埼玉県内の条里一覧（吉川國男作成）

No.	条里名	所在地	水系	立地	確認面積(ha)	方位	備考（旧郡等）
1	新里条里	児玉郡神川町	神流川	扇状地	200	真北	児玉郡
2	金屋条里	本庄市	神流川	扇状地	150	真北	児玉郡
3	児玉条里	本庄市	神流川	扇状地	600	真北	児玉郡
4	女堀条里	本庄市	神流川	扇状地	150	真北	児玉郡
5	今井条里	本庄市	神流川	扇状地	40	N 20° E ほか	児玉郡
6	十条条里	児玉郡美里町	小山川	扇状地	1,200	真北	那珂郡、県史跡
7	岡部・榛沢条里	深谷市	志戸川・小山川	扇状地・氾濫原	200	真北	榛沢郡
8	別府・中条条里	熊谷市	荒川（旧川）	扇状地	1,500	N 9～12°W	幡羅郡
9	熊谷・行田条里	熊谷市・行田市	荒川（旧川）	扇状地・自然堤防・氾濫原	2,500	N 2～10°W	幡羅郡・大里郡・埼玉郡
10	南河原条里	行田市	荒川・福川	自然堤防・氾濫原	500	N 2° E	埼玉郡
11	小鹿野条里	秩父郡小鹿野町	赤平川	河岸段丘	25	N 10° E	秩父郡
12	安中条里	秩父市	赤平川	河岸段丘	8	真北か	秩父郡
13	芦田条里	秩父市	赤平川	河岸段丘	5	不詳	秩父郡
14	太田条里	秩父市	赤平川＋支流	河岸段丘	40	真北	秩父郡、溜池・堰堤
15	横瀬条里	秩父郡横瀬町	横瀬川	河岸段丘	10	不詳	秩父郡
16	大里条里	熊谷市	和田・吉野川	自然堤防・氾濫原	720	N 2°W	大里郡・横見郡
17	明用条里	鴻巣市	和田・吉野川	氾濫原	32	真北	足立郡
18	小谷条里	鴻巣市	和田・吉野川	氾濫原	16	真北	足立郡
19	安戸条里	秩父郡東秩父村	都幾川＋支流	河岸段丘	15	不詳	秩父郡
20	神戸条里	東松山市	都幾川＋支流	河岸段丘	65	真北	比企郡
21	高坂条里	東松山市	都幾川＋支流	河岸段丘	135	N 0°～2°W	比企郡
22	野本条里	東松山市	都幾川＋支流	河岸段丘	36	N 5°E	比企郡
23	入西条里	坂戸市	越辺川・高麗川	河岸段丘	140	N 8°W	入間郡
24	大田条里	川越市	入間川＋支流	河岸段丘	30	真北	入間郡
25	田面沢条里	川越市	入間川＋支流	氾濫原	50	真北	入間郡
26	山田・福田条里	川越市	入間川＋支流	氾濫原	30	真北	入間郡
27	古谷条里	川越市	入間川＋支流	氾濫原	1,400	真北	入間郡
28	植田谷・大久保条里	さいたま市西区～桜区	入間川＋支流	氾濫原～自然堤防	1,200	真北	足立郡
29	田島条里	さいたま市桜区	鴨川＋支流	氾濫原	110	真北	足立郡
30	越谷・八条条里	越谷市・八潮市・吉川市	元荒川・中川（旧川）・古利根川	氾濫原～自然堤防	2,000	N 5°W	埼玉郡、埋没著しい

域と推定されながらも、著しく残存状態が悪い点である。これは河道変遷や氾濫土の運積によって、条里区画が深く埋没したためとみられる。

3 今後の課題

以上のように埼玉県内は、条里遺跡が直面する諸課題を内包する象徴的な地域である。たとえば条里の起源・経営、坪付け、条里遺構の把握方法、関連遺構を含めた全体像、官衙・倉庫群との関係、収穫物の貢租史料、および洪水や地盤沈下・液状化による埋没・消滅現象などにもわたる、さまざまな問題を抱えているからである。それだけに今後の調査研究、保存策の重要性を痛感するものである。

（吉川國男）

埼玉県の条里

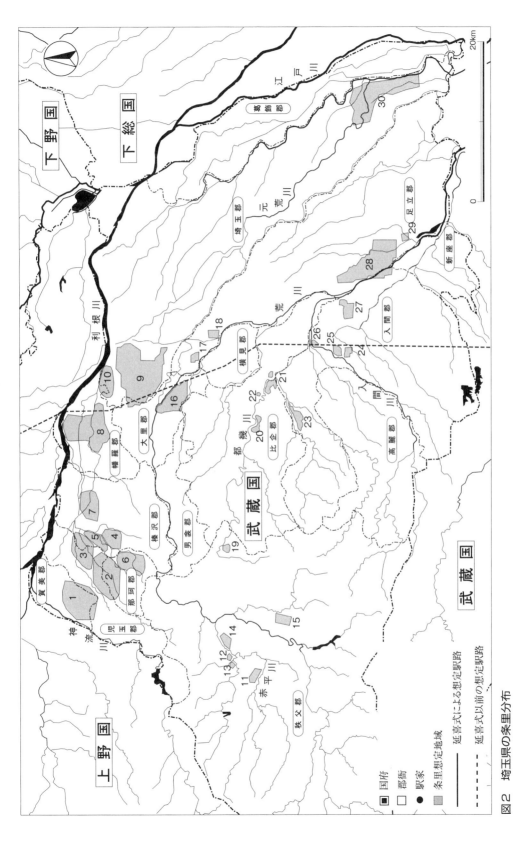

図2　埼玉県の条里分布

千葉県の条里

大谷　弘幸

1　研究抄史

　三方を海に囲まれた千葉県は、中小河川によって形成された沖積平野が展開し、現在でも全国有数のコメ生産県として知られている。しかし、今日我々の目にする水田景観は、大規模ほ場整備が終了した近代的な景観であり、古代以来継承されてきた条里型の水田を見ることはほとんどできない。

　千葉県内に残された条里型水田に着目し本格的に論考したのは平野元三郎の研究が始まりと言える。1956年に発表された「上総国分寺附近の條理制遺構について」の中で、平野は市原市市原周辺に残る「一ノ坪」「二ノ坪」などの数詞名を伴う字名と一町方格に区画され、整然と並ぶ水田区画から条里の存在を指摘している（平野1956）。

　1950年代後半から1970年代前半にかけて、条里研究は専ら歴史地理学的分野からなされた。関東地方を対象に各都県における条里を網羅的に記した三友国五郎の「関東地方の条里」には、「千葉県安房郡の条里」という一項が設けられ、条里の所在地と関連する字名を列挙しているが、具体的な分布図を示すには至っていない（三友1959）。

　これに続いて神尾明正・森谷ひろみが、先の安房郡条里について、始めて一町方格に復元できる水田区画を1/25,000地形図に示し、同時に条里関連の字名も記入した（神尾・森谷1963）。この「安房郡条里制遺構分布図」の作成は、安房郡内という比較的広い地域を対象として条里の分布やその主軸方向、一町方格水田のブロック単位などを示した先駆的な研究成果といえる。

　このような歴史地理学的な調査・研究に対して考古学的なメスが入れられたのは、館山市江田条里の発掘調査であった。これまで述べてきたように、安房地区の条里については先学の研究により、その存在が広く周知されてきたことから、発掘調査の実施に至ったものと考えられる。江田条里の発掘調査は、ほ場整備に伴って行われたもので、調査方法もトレンチによるごく限られたものであったが、表層に残る方格地割の始源を探る最初の試みとして注目されよう（玉口1975）。

　1980年代には、低地遺跡への関心も高まるようになり、表層条里も遺跡として埋蔵文化財の範疇で積極的に調査しようとする動きが見られるようになる。1986年の『千葉県生産遺跡詳細分布調査報告書』では条里もその対象として取り上げられ、8旧市町村20か所が掲載されている。このような取り組みはその後『千葉県埋蔵文化財分布地図』（以下『分布地図』）へと引き継がれ、現在6市町村、38か所の条里が遺跡として報告されている。

　またこの頃には、低地遺跡を対象とした大規模発掘調査が行われ、君津市郡条里、市原市市原条里、館山市長須賀条里などの調査によって、条里開田時期の推定やその後の水田区画の変遷、水田環境の復元など示唆に富んだ成果が得られている。新たな調査成果の提供によって条里に関する研究も徐々にではあるが進められるようになり、1992年には笹生衛がこれまでに発掘調査された条里遺構についてまとめている（笹生1992）。

　このように徐々にではあるが、条里研究に対する関心が向けられるようになったとは言え、研究の基礎となる全県下を網羅した条里分布地図と条里復元図の作成には至っていない。

2 条里型地割の分布・解説

前項で述べたように条里に関する分布調査資料は、1963年の「安房郡条里制遺構分布図」、1986年の『千葉県生産遺跡詳細分布調査報告書』、1997年～の『分布地図』、さらに市町村史、近年の調査研究成果による。しかし、これらはいずれも県内の条里に関する情報を集約したものとはなっておらず、必ずしもそれら相互で条里名称、範囲、主軸方向などの整合性が取れているものではない。

このうち最も網羅的に県内の条里を収集している『分布地図』によると、条里の数は安房地域で33か所、上総地域で5か所、下総地域では0か所となっている。県北部ではいち早くほ場整備が実施されたこともあって、条里の存在・分布の実態に不明なところが多く、逆に安房地域では、神尾・森谷の研究が反映されているといえる。

以下、地域にそって条里および条里と関連性が高いと考えられる国府・国分寺・国分尼寺・駅家などを織り交ぜながら、概要を述べることとしたい。

（1）安房地域の条里

安房国は上総国の南端に位置する平群・安房・朝夷・長狭の4郡を分割して、718（養老2）年に成立したとされる。その後、741（天平13）年に上総国に編入され、さらに、757（天平宝字1）年に再度設置されるという経過をたどる。

10世紀中頃に編纂された『和名類聚抄』によると国府は平群郡に置かれ、旧三芳村府中周辺が推定地となっているが、発掘調査による検証にも係わらず、その場所を確定するには至っていない。

安房国分寺は館山市国分に所在し、金堂跡と推定される掘込基壇と文様面に布痕跡を残す素弁七葉蓮華文軒丸瓦が出土している。また、『延喜式』巻二十八兵部省によると、平群郡に川上駅と白浜駅があったとされ、それぞれ旧富山町と館山市に比定する説がとられている。

安房4郡のうち南の平群・安房・朝夷の3郡と北の長狭郡とは、東西に連なる嶺岡山系によって隔てられている。南の3郡の範囲は現在の館山市・南房総市・鋸南町に相当し、東京湾に注ぐ平久里川によって形成された館山平野と岩井川・岡本川の小河川による小規模な平野部、太平洋に注ぐ三原川・丸山川によって形成された平野部に分けることができる。北の長狭郡は、ほぼ現在の鴨川市域と重なり、加茂川・待崎川による平野が広がっている。

先の『和名類聚抄』によると安房国の田積は4,335町8段となっているが、これら小規模な平野部が当時の水田可耕地となっていたと想定できる。

さて、長狭郡を除く安房地域について、『分布地図』では31か所の条里をあげているほか、神尾・森谷によると岩井川流域や館山市北部の船形周辺にも条里が存在したと指摘している。

これらの多くは正方位を示しており、31か所もの条里がほぼ同一の方向性を示していることからも、本来的には郡程度を一つの単位とした一連の条里であった可能性もあり、一町方格の水田区画のまとまりごとに条里遺跡名称を付けたため、遺跡数が多くなったとも考えられる。館山市周辺地域は地震による地殻変動をたびたび受けている地域であり、河川の流路変更も多かったと思われ、このような自然状況も考慮しながら条里の復元を計る必要があろう。

また、条里に関連すると思われる小字名には「一丁田」、「町ノ坪」、「二ノ坪」、「大坪」、「上ノ坪」、「中ノ坪」、「下ノ坪」などの名称が認められるが、三友が安房地域の条里の特徴としてあげている、館山市稲周辺での「一ノ坪」から「十ノ坪」に及ぶ連続した数詞付き小字名について、再確認することはできなかった。

さて、このような条里に対して発掘調査が実施されたのは、江田条里を対象としたものが最初であり、かつ県内の条里遺跡に対する考古学的調査の嚆矢となるものである。江田条里は館山市と旧三芳村の境界に位置し、古代の平群郡と安房郡との郡境周辺にもあた

る。笹生の復元によれば、南北10町前後、東西6町の範囲で条里型の方格地割りが確認されるとしている。調査地点は「上細沼」、「下細沼」、「平沼」、「佐沼」などの沼に関係する小字名が残る部分について、トレンチを設定して行われ、南北2条、東西5条の畦畔と畦畔に伴う杭列や畦畔補強のための木材などが検出されている。表層条里との関連については、両者ともほぼ正方位を示しているものの、畦畔位置はずれており、水田区画が新旧2時期に分かれる可能性が考えられる。なお、開田の時期については、少量の土器片から9～10世紀頃と想定している。

　館山市周辺では、東京湾に近い海岸砂丘列に挟まれた長須賀条里においても、数次におよぶ調査が行われている。このうち国道410号線建設に伴う調査では、A区において東西20m、南北50mの表層条里と同じ方向性を示す畦畔が検出され、館山大貫千倉線調査においても、同方向の溝が検出されたことから、条里的な水田区画が遺構として残されていることが明らかとなった。しかし、残念ながら共伴する遺物が少なく開田時期を推定するまでには至っていない。

　嶺岡山系を隔てた北側に位置する旧長狭郡、現在の鴨川市内にも、中原条里と根方上ノ芝条里の2条里を確認することができる。条里はほぼ正方位に施工されており、周辺には「栗坪」、「柳坪」などの小字名のほか、「東条」、「西条」といった地区名も存在している。これら鴨川市内の条里については、ほ場整備に伴い東条地区遺跡群として発掘調査が実施されている。

　中原条里A地点からは、条里区画と関連した9世紀後半～10世紀にかけて埋没した溝が検出され、表層条里が展開する地域においても、一部9世紀段階まで集落が存在していることから、鴨川市域の条里開田時期は、集落が消滅する9～10世紀前後であると考えられている。

(2) 上総地域の条里

　上総国は安房国に分割された4郡を除く11郡で構成されている。国府は市原郡に置かれている。現在まで国府の所在地は明らかとなっていないが、大きく分けて平野部の村上周辺と市原台地上に推定する考えが並立している。これまで数多くの発掘調査が両地域の周辺で実施されており、その結果、市原台地上に国府の所在を想定する説が次第に有力となってきている。

　上総国分寺・国分尼寺は、現在市原市役所のある国分寺台に所在し、各伽藍配置や寺域などの状況がほぼ明らかとなっている。中でも政院、修理院などと考えられる施設が発見され、寺院の運営実態を明らかにできる、数少ない例として全国的にも注目されている。

　また、上総国は771 (宝亀2) 年まで三浦半島から海を渡って上総国に入り、常陸国にぬける東海道駅路が通っていた。『延喜式』によると上総国の駅家として大前・藤潴・嶋穴・天羽の4駅が記載されているほか、『寧楽遺文』には市原郡に大倉駅があったとの記述も見られる。各駅家の所在地については、大前駅が富津市、藤潴駅が袖ケ浦市、天羽駅が富津市、嶋穴駅と大倉駅が市原市にあったとする説が有力である。

　上総国を地理的に見ると、中央部の清澄山系とそれに連なる台地を境に、東西2地域に分けられる。すなわち東京湾に面する市原・海上・望陀・畔蒜・周准・天羽の6郡と、太平洋に面する武射・山辺・長柄・埴生・夷隅の5郡である。東京湾側では、養老川・小櫃川・小糸川によって開析された平野部が広がり、太平洋側では夷隅川による小平野と栗山川から一宮川にわたる小河川を伴った九十九里平野が広がっている。『和名類聚抄』による田積は22,846町9段となっている。

　次に条里が確認されている周准郡、畔蒜郡・望陀郡、市原郡、夷隅郡について、若干触れたいと思う。

周准郡の条里

　周准郡は現在の君津市と富津市の一部からなり、中央部分には小糸川が東京湾に向けて流下している。

　周准郡の郡家推定地は、小糸川中流域の君津市郡周辺に想定されている。また、小糸川を隔てた北岸には7世紀末～8世紀初頭の創

建とされる九十九坊廃寺があり、小糸川中流域が周淮郡の中心地であったことがわかる。

この周淮郡家推定地に隣接する小糸川南岸の河岸段丘上に条里が広がっている（郡条里）。条里の範囲は東西10町、南北6町にわたっており、その方位は東に約40°振れている。小字名には「一丁目」、「二丁目」といった数詞を伴うものや「獅子ヶ坪」といった地名も見られる。また、「地頭名」、「御供面」、「御領下」など、中世的なものも見られる。なお、坪内地割りは半折型が多い。この郡条里については、数次にわたって発掘調査が実施されており、表層条里に先行すると考えられる東に10°ないし20°振れる畦畔が検出されているが、詳細な区画や遺構時期などは不明な点が多い。現代まで明瞭な表層条里が広がっていた常代周辺では、8世紀末葉まで集落が展開していたことが明らかとなっているほか、同地域に所在する常代遺跡から表層条里と方向を同じくする8世紀代の溝が検出されていることから、概ね8世紀段階に条里的区画が形成したものと理解されている。なお、常代周辺の水田化が遅れ、溝の年代観と若干の齟齬を生じているのは、遺跡周辺の小字名に「島畠」があるように、水掛かりが悪い地形的要因が関係している可能性がある。

『分布地図』等への記載はないが、小糸川の対岸に当たる外箕輪から三直周辺にも条里が確認されている。この条里は、東に25°前後振れており、南岸の郡条里とは施工基準が異なることを示している。条里区画の施工時期については、外箕輪遺跡で検出された8世紀後半代の掘立柱建物群の方位と条里方向が一致することから、8世紀後半代に施工されたと考えられている。

なお、外箕輪遺跡より東（上流部）1.5km程にある三直中郷遺跡では、南北方向と東に15°と20°に振れる3種類の畦畔を検出し、それぞれ8世紀後半〜末葉、9世紀、9世紀以降の年代を与えているが、面的に水田区画が検出されていないことから、不確定な要素も多い。

畔蒜郡・望陀郡の条里

畔蒜郡と望陀郡が境を接する小櫃川中流域においても条里的水田の復元と発掘調査が行われている。この小櫃川中流域には望陀郡家推定地である木更津市望陀、7世紀後半創建の上総大寺廃寺、式内社である飽富神社などがある。

袖ケ浦市横田周辺では、1895（明治28）年の「横田地区現況図」に基づき、自然堤防に沿った後背湿地に最大東西27町、南北4町の範囲で正方位の表層条里を復元している。また、小字名でも「上・中・下大坪」、「上・中・下榎木坪」といった条里に伴う地名の存在も指摘されている。施工の時期については、10〜11世紀前後には成立したと考えられている。

このほか、陸軍迅速図により望陀郡家推定地周辺にも東に20°振れた条里が想定されている。木更津市下望陀に所在する芝野遺跡では8〜9世紀代の掘立柱建物と区画溝が検出され、条里地割りとの関連が指摘されている。

さらに小櫃川を下った木更津市菅生周辺においても昭和40年代の航空写真から東に10°振れた条里の存在が想定され、菅生遺跡の発掘調査においても、年代的にはっきりしないものの、古墳時代後期〜奈良・平安時代とされる水田跡が検出されている。

このように小櫃川中流域には、条里の痕跡が点在している。しかし、この中流域全体を対象としたほ場整備以前の水田を復元したものがなく、これら点在している情報の関連性は、はっきりしていない。

市原郡の条里

『和名類聚抄』によると上総国府は市原郡に所在したとされる。有力な国府推定地となっている市原台地上には国分寺、国分尼寺のほか、7世紀末〜8世紀初頭に創建された光善寺廃寺や官衙的な施設が想定される稲荷台遺跡などが所在しており、上総国の中心をなしている。

この市原台地の西側沖積平野部に条里が広がっていた。現在はほ場整備により、表層条里を確認することはできないが、1960年代までは、きれいな方格地割りが残っていた（市原条里）。

条里方向は市原台地の海蝕崖と海岸線に並行するように東に42°振れている。坪内地割は長地型が多い。市原条里の特徴としては、数詞名を伴う小字名が多く残されている点である。大字市原には「一ノ坪」、「二ノ坪」、「三條町」、「四ノ瀬」が、台地側から海岸方向に連続して存在し、6町離れた大字郡本には「一ノ町」、「二ノ町」、「三ノ町」の字名が残されている。また、「番匠給」、「梶給」、「於局給」、「加茂給」、「時シ免」といった給免田に由来すると考えられる小字名や、「日吉田」、「神田々」、「圓福寺」、「善久寺」、「明光院」などの字名も見られる。

市原条里に対しては、広範囲にわたり発掘調査が実施され、最低でも3面におよぶ水田面が検出されており、条里の施工時期が9世紀中頃から後半であること、条里施工の基準線となっているのが、上総国と下総国との境をなしている茂原街道であることなど、県内の条里研究を行う上で貴重な情報が得られている（別稿参照）。

夷隅郡の条里

夷隅郡は夷隅川流域の大多喜町・旧夷隅町周辺の盆地と河口近くの平野部からなっている。郡家推定地は、夷隅川中流域の旧夷隅町国府台周辺が有力視されているが、郡家に伴うような遺構の発見には至っていない。

『分布地図』には、夷隅川中・下流域の旧岬町の河岸段丘上に桑田条里、中滝条里、押日条里の3条里を記載している。しかしながら、条里の方向性や復元図等が示されておらず、また、航空写真を見ても条里の痕跡を確認することはできない。

このほか、旧夷隅町、旧岬町、御宿町の各町史には、旧夷隅町国吉周辺に明確な条里が存在するとしているが、詳細は不明である。

（3）下総地域の条里

下総国は11郡（のち12郡）で構成されているが、そのうち葛飾郡と相馬郡の一部を含む8郡が現在の千葉県の範囲となっている。

国府は葛飾郡に所在したとされ、市川市国府台付近が比定されている。この国府台周辺では、8～10世紀にいたる竪穴住居跡や掘立柱建物跡などが発掘されているほか、「博士館」、「右京」などと記された墨書土器が出土し、国府に伴う明確な遺構は発見されていないものの、当該地に国府が所在した可能性が高まりつつある。

また、国府台の谷を隔てた北側台地上には、国分寺、国分尼寺があり、主要伽藍が発見されている。

下総国の駅路は、大きく3段階の変遷をたどる。第1段階は駅路が上総国から下総国の鳥取・山方・荒海駅を通り常陸国へと続くルートを採る段階（この段階では上総国から下総国・武蔵国を通るルートは支路となり、河曲・浮嶋・井上駅が置かれる）。第2段階は771（宝亀2）年に武蔵国が東海道に編入され、駅路が武蔵国から下総国を抜けて常陸国に至るルートに変更された段階。すなわち井上・浮嶋・河曲・鳥取・山方・荒海駅を通るルート。第3段階は下総国から常陸国へと続く従来の駅路が迂回ルートとなることから、井上から北上するルートに駅路を変更して茜津・於賦駅を設置し、替わってそれまで使われていた鳥取・山方・荒海の3駅と香取へと続く支路の真敷駅を廃止した段階となる（廃止は805（延暦25）年）。各駅の所在地は井上駅が市川市、浮嶋駅が習志野市、河曲駅が千葉市、鳥取駅が佐倉市、山方駅・荒海駅が成田市、真敷駅が旧大栄町、茜津駅が柏市、於賦駅が我孫子市にあったとされる。

地理的には東京湾、利根川、太平洋に隔てられ、中央に下総台地が展開する様相を呈している。また、印旛沼、手賀沼、椿海などの沼沢地が古代には広い面積を占めていた。水田可耕地となる平野部は少なく、千葉市都川下流や九十九里平野の一部などに限られ、下総台地が小河川によって開析された、いわゆる「谷津」と呼ばれる谷地形が発達している。

なお、『和名類聚抄』によると、下総国全体の田積は26,432町6段となっている。

『分布地図』には、当該地の条里に関する記載はない。また、『市川市史』で、市川市の海岸砂丘帯近くにある「市坪」地名を根拠に、国府台台地南側と東辺部に条里の存在を

推定しているものの、実態は不明と言わざるを得ない。旧佐原市の香取神宮社領についても、文献から条里の復元を行っているが、現地の地割りから条里的な水田区画を復元することは出来ていない。

近年発掘調査が行われた上総国と境を接する旧光町の芝崎遺跡では、8世紀～10世紀にわたる畠跡が数面発見され、畠の畝方向がほぼ正方位を示していることや、畝群が1辺20～100mの単位を示していることなどから、条里的な土地区画を意識して畠が造られているとの指摘がなされている。このほか、千葉市蘇我周辺には航空写真から、正方位の条里的な水田区画の存在が想定される。

(4) 千葉県条里の特徴

分布的には比較的広い平野部をもつ安房地域、上総地域に条里を多く残す。また、言うまでもなく、現状でほ場整備が行われていない場所では条里を確認しやすい。従って早い時期にほ場整備と宅地化が進んだ下総地域では、条里の確認が困難であると言えよう。

確認された条里の構造的特徴を述べると、方向性は正方位を指向しているものの、地形的な制約に合わせて、最も方格地割りが効率的に施工できるように計画されている例が多い。このことは水田耕作の実情に合わせたものと考えられる。また、坪内地割りでは長地型が多い。三友が房総条里の特徴としてあげている、連続する数詞名付き字名の存在は、現状では市原条里以外確認することはできていない。

発掘調査によって条里型水田区画が明瞭に検出され、かつ施工時期が明らかになっているのは市原条里のみで、9世紀中頃から後半という施工年代が考えられている。また、他の遺跡で発掘された条里に伴う畦畔についても、多くが8～10世紀に施工されたものと想定されている。

3 今後の課題

これまで述べてきたように、千葉県の条里分布について、網羅的に検討されたものはない。条里研究の基礎となるのは、やはり表層条里の把握である。そのためには従前より行われている方法ではあるが、地籍図、航空写真によるほ場整備前の水田景観の復元と図化が最も重要であろう。こうした図化作業は膨大な時間が必要となり、個人がこの作業を行うには限界がある。このような点からも絵図や地籍図を網羅的に収集した『絵にみる図でよむ千葉市図誌』事業は、行政主体の取り組みとして評価できよう。また、袖ケ浦市の横田郷の調査についても、条里研究の基礎的作業として重要な示唆を与えてくれる。特に横田郷の復元作業において、地籍図による水田景観の復元に止まることなく、現地を踏査して小字名と現在地との関係、小字名成立の背景、遺物分布調査による集落・墓地等の所在地推定と年代的変遷過程の復元作業は、発掘調査することなく古代・中世の集落と周辺景観のあり方を考える上で、最大限有効な方法と言えよう。

条里研究の大きな目的が、施工時期の解明と古代水田景観の復元、またその変遷と変遷過程における画期の把握といえる。これらの解明にあたっては、やはり考古学的方法によるしかない。市原条里の調査が示すように、ほ場整備によって表層条里が失われていても、地下に条里遺構が保存されていることも十分考えられ、ほ場整備によって条里遺構は消滅したと単純に考えることは危険である。

また、これまでの発掘調査では、報告書段階になって表層条里との関連を検討する場合が多い。表層条里の図面があれば、データに照らして調査することも可能となる。また、条里区画が明確な部分について集中的に調査を行うなど、調査の効率化と目的の明確化にも繋がる。水田遺構の調査事例は次第に増えてきているものの、調査方法や畦畔の認定方法についても、調査担当者間で認識を共有しているとは言い難い。条里研究の根本となる水田遺構について、遺構検出メカニズムや検出畦畔の性格を明らかにした上で議論を進める必要もある。いずれにしても、行政・調査主体者・調査担当者・研究者での認識の共有化が急務といえよう。

III 各県の状況

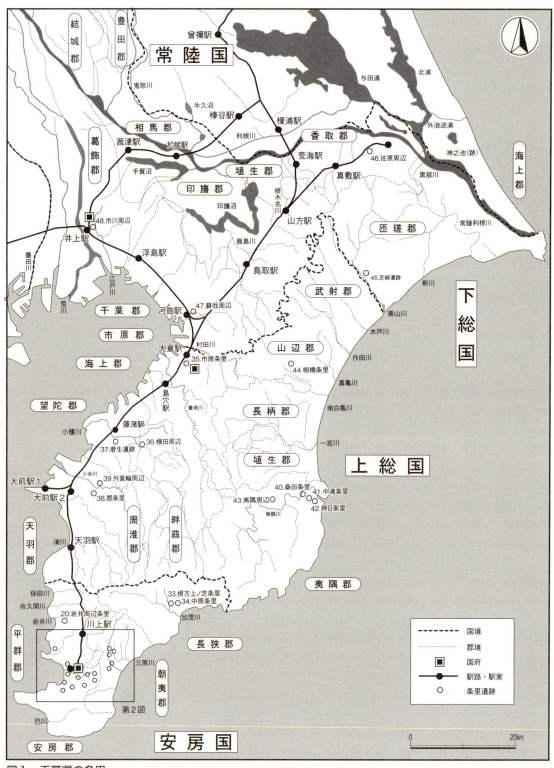

図1　千葉県の条里

千葉県の条里

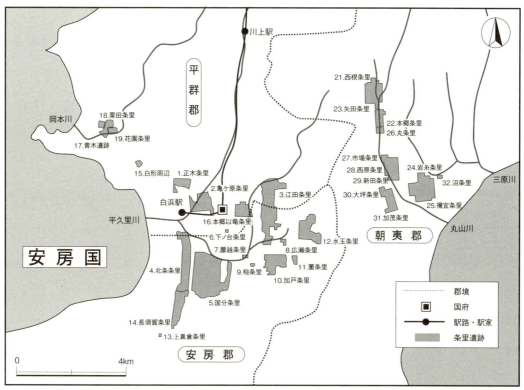

図2　安房地域南部の条里

千葉県の条里遺跡一覧

安房地域

	遺跡名称	市町村名		遺跡名称	市町村名		遺跡名称	市町村名
1	正木条里跡	館山市	13	上真倉条里跡	館山市	24	岩糸条里跡	南房総市（旧丸山町）
2	亀ヶ原条里跡	館山市	14	長須賀条里制遺跡	館山市	25	襴宜条里跡	南房総市（旧丸山町）
3	江田条里跡	館山市	15	舟形周辺条里	館山市	26	丸条里跡	南房総市（旧丸山町）
4	北条条里跡	館山市	16	本織以竜条里跡	南房総市（旧三芳村）	27	市場条里跡	南房総市（旧丸山町）
5	国分条里跡	館山市	3	江田条里跡	南房総市（旧三芳村）	28	西原条里跡	南房総市（旧丸山町）
6	下ノ台条里跡	館山市	17	青木遺跡	南房総市（旧富浦町）	29	新田条里跡	南房総市（旧丸山町）
7	腰越条里跡	館山市	18	栗田条里	南房総市（旧富浦町）	30	大坪条里跡	南房総市（旧丸山町）
8	広瀬条里跡	館山市	19	花園条里	南房総市（旧富浦町）	31	加茂条里跡	南房総市（旧丸山町）
9	稲条里跡	館山市	20	岩井周辺条里	南房総市（旧富山町）	32	沼条里跡	南房総市（旧和田町）
10	加戸条里跡	館山市	21	西根条里跡	南房総市（旧丸山町）	33	根方上ノ芝条里跡	鴨川市
11	薗条里跡	館山市	22	本郷条里跡	南房総市（旧丸山町）	34	中原条里跡	鴨川市
12	水玉条里跡	館山市	23	矢田条里跡	南房総市（旧丸山町）			

上総地域

	遺跡名称	市町村名		遺跡名称	市町村名		遺跡名称	市町村名
35	市原条里制遺跡	市原市	39	外箕輪周辺条里	君津市	42	押日条里遺跡	いすみ市（旧岬町）
36	横田周辺条里	袖ケ浦市	40	桑田条里遺跡	いすみ市（旧岬町）	43	夷隅周辺条里	いすみ市（旧夷隅町）
37	菅生遺跡	木更津市	41	中滝条里遺跡	いすみ市（旧岬町）	44	柳橋条里	大網白里市
38	郡条里遺跡	君津市						

下総地域

	遺跡名称	市町村名		遺跡名称	市町村名		遺跡名称	市町村名
45	芝崎遺跡	横芝光町（旧光町）	47	蘇我周辺条里	千葉市	48	市川周辺条里	市川市
46	佐原周辺条里	香取市（旧佐原市）						

群馬県の条里

小島　敦子

1　研究抄史

　群馬県の条里研究もまた、他県と同様に歴史地理学的研究から始まった。その方法は、現行地割（ここでは、明治18年迅速測図も含めて明治時代以降の地表に残されていたことが現状で確認できる地割を指す）に残る方格地割を「条里型地割」とし、この残存状況から古代条里を推定するというものであった。その最初の成果は、昭和11年に深谷正秋によって「高崎市西方、太田町」に存在することが指摘されたことがあげられる（深谷1936）。昭和35年には三友国五郎によって前橋・高崎市付近、太田市付近、吉井町、藤岡市の四地域の具体的な条里型地割の様相が、米軍撮影の空中写真を使って明らかにされた（三友1959）。

　その後、平成３年には、岡田隆夫によって群馬県史の特論として県内の現行地割に残る条里型地割と、発掘調査で検出された12世紀初頭の条里型地割の埋没水田を総合化した各地域の条里型地割が記述された（岡田1991）。また、岡田は発掘された浅間Bテフラ埋没水田の大畔の方向を数値化して、現行地割に残る条里型地割のそれと比較検討して、条里施工単位の検出を試みた（同上）。

　昭和59・61年にも関口功一による空中写真判読がおこなわれ、渋川市南方と鏑川流域の条里型地割の存在が明らかにされた（関口1984・1985）。

　このような現行地割に残る条里型地割を検出する歴史地理学的・史学的な研究方法に対して、昭和48年に石川正之助、能登健らによって発掘調査された高崎市下小鳥遺跡での浅間Bテフラで埋没した水田の発見は、考古学的な方法による画期的なものであった（群馬県教育委員会1973）。浅間Bテフラは天仁元年（1108）に浅間山の噴火によって降下した軽石主体の火山噴出物で、下小鳥遺跡で発見された浅間Bテフラ埋没水田は方格地割を呈しており、周辺の現行地割に残る条里型地割に一致している「条里型水田」であることが判明した（写真１）。

　さらに昭和52年の高崎市大八木水田遺跡や、昭和54・55年の高崎市日高遺跡の発掘調査においても、浅間Bテフラで埋没した条里型地割の水田が広域に分布していることが確認された。ここでは横倉興一によって、高崎市域の浅間Bテフラ埋没水田が国家座標に基づいて測量され、地点の離れた埋没水田が一定の広域な条里型地割にのっていること、さらにそれが現行地割に残る条里型地割にも合致していることが示された。（高崎市教育委員会1979・1980・1981）

　このような考古学的な成果は、それまで現行地割に残る条里型地割で古代条里を推測・研究せざるを得なかった状況から、確実に12世紀初頭まで遡る条里型地割を研究対象とすることを可能にし、条里の起源や施工年代、施工の実態への探求を大きく前進させたといえる。その後の発掘調査の進展により、浅間Bテフラ埋没水田は数多く検出されており、平成９年の集成では330遺跡を数え（能登・小島1997）、現在では700遺跡を超えていると思われる。

　それらの発掘事例の中には、①現地表で一定距離で復元された条里型地割との齟齬が認められる例があり、条里型地割施工の経緯や水田耕作が継続されていく間の地割の変化が一定ではないことや、②浅間Bテフラ埋没水

写真1　高崎市下小鳥遺跡の浅間Bテフラ埋没水田（群馬県教育委員会提供）

田の下層の洪水層などで埋まった条里型地割の水田が発見される例から、浅間Bテフラが降下した12世紀初頭よりさらに遡る時期の条里型地割の水田が少しずつ明らかになるなど、成果があげられている。

また、新井仁は浅間Bテフラ埋没水田の下層で検出された竪穴住居の時期から、前橋台地地域の条里型地割の施工時期は9世紀後半とし、施工年代への具体的なアプローチも始まっている（新井2001）。

一方で、浅間Bテフラ直下水田が不定形で条里型水田とは見えない水田区画の調査例や、浅間Bテフラ降下以降の施工と考えられる方格地割の水田の調査例なども明らかになって、群馬県内の条里型水田の研究は複雑な様相を見せてきている。それぞれの調査事例を厳密に整理していく必要が生じている。

2　条里型地割の分布・解説

群馬県の現行地割に残された条里型水田の分布は、図1に示したとおりである。本図は、平成24年の関口の成果（関口2012）に示された各地域の残存条里遺構分布図を合成し作製したものである。

ここでは、郡ごとに現行地割における残存条里地割と、発掘された埋没水田の概略を解説するが、発掘調査例は膨大であり、その一部を紹介するに留まる。文献案内も各遺跡発掘調査報告書については、本文で触れた遺跡のみ記載した。

（1）勢多郡

粕川と桂川に挟まれた前橋市粕川町女淵～深津の低地に、やや変形した条里型の方格地割が残っていたとされる。また、粕川下流の伊勢崎市域でも、何ヵ所かの広い範囲の条里型土地区画が残されていたとされる。また、荒砥川と桃木川の合流点の比較的広い氾濫原周辺に、条里型の方格地割が残されていることが指摘されており、条里施工の可能性が指摘されている。

本地域では、多くの浅間Bテフラで埋没した水田面と、数遺跡の弘仁9年（818）の洪水層に埋没したと推定されている水田が発掘調査されているが、明らかに条里型の地割を

示す埋没水田は今のところ検出されていない。これまでに調査された埋没水田は赤城山南麓の谷地や微高地上に造成されているが、傾斜に沿った長方形あるいは不定形な水田区画を示す小アゼが検出されているのみで、一町四方の地割を示す大アゼの確認はない。

唯一、前橋市下増田町の中原遺跡では、弘仁9年（818）と推定される洪水層に埋没した水田が広域に検出されており、比較的整然とした方格地割が認められる地点があり、条里型水田の可能性が指摘されている（前橋市埋蔵文化財調査団1993・1994）。

勢多郡のある赤城山南麓地域は、浅間Bテフラが降下した天仁元年（1108）の噴火災害の後、軽石の除去はなく、水路にも軽石が残されており、条里型地割の残存もないことから、被災直後の水田耕地復旧は行われなかったと考えられる。実際、台地上には軽石層の上半部を鋤き込んだ畠が、女堀の発掘調査で広域にわたって検出されている（財団法人群馬県埋蔵文化財調査事業団1984）。勢多郡域での条里型地割の施工については、その時期や経過、分布等の検討課題が今後に残されている。

（2）佐位郡

広瀬川と粕川に挟まれた範囲に広域な条里型土地区画を残す水田地帯があると指摘されている。その東端近くには三軒屋遺跡にみられるような郡家関連施設がある。西部地域を中心に粕川水系を通じて可耕地を水田化していたことが指摘されている。

上武道路の建設工事に伴って発掘調査された五目牛清水田遺跡では、降下テフラや粕川の氾濫層で埋没した11面の水田が検出されている。なかでも弘仁9年（818）の赤城山麓を襲った大地震に伴うと推定されている氾濫層で埋没した水田が条里型地割であったことが指摘されている（財団法人群馬県埋蔵文化財調査事業団1993）。その上層には、残存状況はあまり良くないが一部アゼを重複する浅間Bテフラ直下水田が検出されており、基本的な条里型地割が9世紀初頭から継続している可能性はあるが、周辺の調査事例の増加を待って再検討の余地が残されている。

（3）群馬郡

群馬郡は高崎市から前橋市西半部の上野国中枢部にあたる。上野国府と推定される前橋市総社町を北端として、条里型地割が広域に残存している。その広さは関東地方でも最大規模であると指摘されている。しかし、関口は「同じ方格地割でありながら、それぞれが小さな単位で方位を異にしたり、施工単位相互で重なりあったり、「長地・半折」の形態が不徹底であったりして」畿内近国にみられる地割とは異なることも指摘されている。

発掘調査では高崎市の浅間Bテフラ埋没水田の調査が先駆的に進んでおり、日高遺跡群や大八木水田遺跡の地域で広域に現地表に残された条里型地割と、多くの発掘調査で検出された浅間Bテフラ直下の水田の地割が一致していることが確認されている（高崎市教育委員会1979・1980・1981、高崎市史編さん委員会2003）。また近年、前橋市南部でも発掘調査が進み、北関東自動車道に伴う発掘調査や、周辺の開発に伴う発掘調査でも、浅間Bテフラ埋没水田が条里型地割であることが確認されている。

前橋市下阿内前田遺跡では地割施工の結果生じた幅の極めて広いアゼ（余剰帯）が確認され、施工の経過が看取できる調査例となっている（財団法人群馬県埋蔵文化財調査事業団2001）。また、西田遺跡では浅間Bテフラ直下の条里型水田の下層に9世紀後半の住居が重複していたことから、前橋台地の条里型地割の施工年代は9世紀後半と指摘されている（財団法人群馬県埋蔵文化財調査事業団2002）。さらに、近年の調査では前橋市南部拠点地区遺跡群No.11遺跡で条里型水田の大アゼ下層に重複して検出された溝内から8世紀中葉の土器が出土している（前橋市教育委員会2014）。

一方、残存条里の見られない高崎市北部の菊地遺跡群や、旧箕郷町域の下芝五反田遺跡で浅間Bテフラ直下で埋没水田が検出されている。しかし、地形に即した長方形あるいは不定形区画の水田で、一町四方を区切る大ア

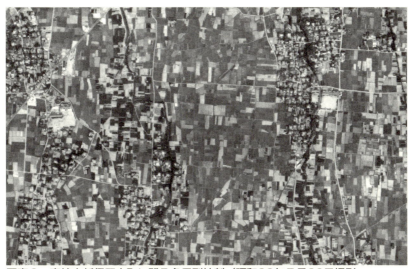

写真2　高崎市新保田中町に残る条里型地割（昭和39年5月29日撮影、国土地理院所蔵空中写真）

ぜも検出されていない。さらに菊地遺跡群では下層に11世紀前半、下芝五反田遺跡では最も新しいもので11世紀前葉の竪穴住居が重複しており、それ以降の水田造成であることがわかっている（高崎市教育委員会1981・1982、財団法人群馬県埋蔵文化財調査事業団1999）。

また群馬郡北部には、榛名山東麓の傾斜地に「有馬田圃」と呼ばれる条里型方格地割を残す水田が知られている。この地域内で関越自動車道建設に伴い発掘調査された有馬遺跡・有馬条里遺跡・中村遺跡では、条里に関わる明確な遺構は検出されていない（財団法人群馬県埋蔵文化財調査事業団1989・1991、渋川市教育委員会1988）。有馬条里遺跡では残存条里下層で11世紀の竪穴住居が検出されており、条里施工から現代の条里型地割が残存するまでの地域内の施工の進捗状況等が明らかにできる可能性がある。

（4）片岡郡

片岡郡では、烏川と碓氷川の間、および烏川左岸にわたって条里型地割が広く展開するとされている。また烏川左岸の地割は前橋台地上の広域条里との連続性も注目されている。

一方、旧榛名町域では現地表に条里型地割を残さない。発掘調査でも谷沿いの白岩民部遺跡などや比較的大きな烏川低地内の中里見遺跡群、根岸遺跡などで浅間Bテフラ直下の水田面を発掘しているが、いずれも条里型ではない不定形区画の水田であった（いずれも財団法人群馬県埋蔵文化財調査事業団2000）。

（5）那波郡

前橋台地東南端部から玉村町にかけて、ほぼ全域で現地表に条里型地割が残存している。関口は旧利根川流域からの取水を目的とした用水路の変遷を通して前橋台地東南端部の開発が進められたこと、微妙に方位の異なるアゼが施工単位（時期）の差を感じさせる条里型地割が残されていることを指摘している。

玉村町地域には明瞭な条里型地割が残されており、発掘調査も進んでいる。浅間Bテフラ直下水田面のアゼおよび降下以降の耕作の結果残された疑似畦畔が、条里型地割を示していること、残存条里型地割とほぼ一致していることが多くの発掘調査から判明している（中里・吉澤2004）。

さらに国道354号のバイパス建設工事に伴って発掘調査された上新田中道東遺跡（写真2）や隣接する斉田中耕地遺跡では、浅間Bテフラ埋没水田の下層から、9世紀後半とみられる洪水層で埋まった水田面を検出している（財団法人群馬県埋蔵文化財調査事業団2010・2012、公益財団法人群馬県埋蔵文化財調

査事業団2013)。ここでも大アゼによる地割は上層の浅間Bテフラ直下水田とほぼ一致した条里型地割を呈していたことが注目される。

(6) 緑野郡

郡北端の小野地区・中部の中大塚地区・東部の神流川支流笹川流域に残存条里地割が分布しているという。藤岡市小野地区水田址遺跡では現行の残存条里地割を示す水田下層を発掘調査しているが、トレンチ調査にとどまった。一部の溝やアゼの重複状況と現行条里型地割との関連が指摘されたが、明らかな条里型水田は確認できなかったとしている（藤岡市教育委員会1982)。

(7) 多胡郡・甘楽郡

鏑川流域は、群馬県内で最も良好に条里型地割が「集中的に」みられる地域で、比較的広い水田耕地だけでなく、谷の深部にいたるまで徹底して施工されているという特徴が指摘されている。旧吉井町、「長根田圃」と呼ばれる広い水田地帯、甘楽町市街地や「甘楽条里遺跡」、富岡市街地、さらに鏑川上流域の低位段丘面などで広域な条里型地割が連続して確認されている。

本地域では、ほ場整備事業や上信越自動車道建設に伴う発掘調査が実施されている。しかし、浅間Bテフラ直下の埋没水田の残存状態は不良で、明確な条里型水田は検出されていない。甘楽条里遺跡でも精力的に調査が続けられたが、トレンチ調査にとどまり発掘調査できた範囲では、条里型水田は確認できなかった（甘楽町教育委員会1984・1985・1986・1987・1989)。

また、鏑川支流の高田川流域の富岡清水遺跡では浅間Bテフラ降下後の埋没条里型水田を検出している。詳細な土層断面の観察と分析により、浅間Bテフラ降下前の11世紀代に条里型水田施工が実施されたことが推定されている（公益財団法人群馬県埋蔵文化財調査事業団2012)。

(8) 碓氷郡

松井田町国衙から小間にかけての比較的広い九十九川の低地に方格地割が残されている。関口は「条里型土地区画というべきか問題があるが、」とした上で、古墳時代以降の開発の進展や「国衙」地名の残存から条里型

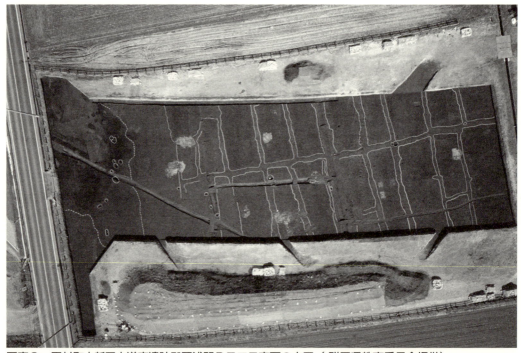

写真3　玉村町上新田中道東遺跡Ⅸ区浅間Bテフラ直下の水田（群馬県教育委員会提供）

地割を指摘している。また、碓氷川の南側で柳瀬川に挟まれた低地内には、この流域で最も広い水田地帯があり、「やや不明瞭ではあるが条里型土地区画の残存が認められる」としている。

本地域の埋没水田の発掘調査では、九十九川流域遺跡群、柳瀬川流域の田中田・久保田遺跡、碓氷川と九十九川の合流点付近の中宿在家遺跡などで、浅間Bテフラで埋没した12世紀初頭の水田面を検出している。しかし、いずれも地形に即した長方形あるいは不定形な区画の水田であり、条里型地割の水田ではなかったと報告されている（安中市教育委員会1991・1992・1993、財団法人群馬県埋蔵文化財調査事業団1997）。本地域に方格地割が残るとすれば、1108年の浅間Bテフラ降下以降の施工を考える必要がある。

（9）新田郡・邑楽郡

大間々扇状地の扇端部湧水帯の下流にあたる新田郡東部には広範囲に水田が広がり、その東側に隣接する邑楽郡に連続して方格地割が残されていた。広域に条里型地割が展開していた可能性が指摘されている。特に蛇川流域の太田市寺井町、太田市中心市街地、細谷町から東の地域、大泉町まで条里型地割が残されていた。さらにこの地割は邑楽郡の南西端である古氷地区まで連続していたことが知られている。

本地域では、北関東自動車道建設工事に伴う発掘調査で、浅間Bテフラ直下の埋没水田が発見されている。成塚遺跡・上強戸遺跡群では方格地割を示す条里型水田も一部にみられたが、傾斜に沿った不定形区画の水田も検出されている（財団法人群馬県埋蔵文化財調査事業団2009）。道路幅の狭い範囲の調査であり、一町四方の地割を示す大アゼも検出されていない。残存条里地割との関連の分析もおこなわれていない。

また、上強戸遺跡群では浅間Bテフラ直下の埋没水田の下層から、7世紀末から8世紀にかけての洪水層で埋没した水田が検出されている。この水田は地形に沿った不定形区画の水田であった（財団法人群馬県埋蔵文化財調査事業団2009）。本地点は条里型水田施工以前と推定される。

（10）山田郡

太田市北部の古氷地区周辺には、現地表に条里型地割の水田が展開していた。古氷小丸山周辺と東方の矢田堀町周辺は山田郡域、西側の上強戸町から強戸町付近は新田郡域と推定されているが、比較的整備された方格地割が断続的に見られる。それぞれの地割はわずかずつ方位を異にしていることが指摘されており、開発史を明らかにすることが今後の課題となっている。

発掘調査では、金山丘陵北東麓地域の古氷・矢田堀地区の二の宮遺跡で浅間Bテフラ層直下の条里型水田が検出されている（太田市教育員会1985・1986）。また、近年、茶臼山丘陵と金山丘陵の狭い間を通過する北関東自動車道の建設工事に伴う発掘調査では、浅間Bテフラで埋没した水田と、東山道の一部と見られる古代道路が検出されている。古氷条里水田遺跡では残存状態は不良であったが、方格地割を示す条里型水田が一部に検出された（財団法人群馬県埋蔵文化財調査事業団2009）。

（11）利根郡

みなかみ町真庭から政所を経て沼田市井土上町に細長く続く、利根川左岸の下位段丘面に方格地割が残されている。この地点は康治2年（1143）の「安楽寿院文書」に見える「土井出笠科荘」の西に隣接する「隅田荘」域とも考えられており、古代から中世にかけての開発が進められた地域であることが推定される。同地点の一部を発掘調査した政所沢口遺跡では、埋没条里型水田は検出されなかった（三宅1989）。

また、沼田市下川田平井遺跡で傾斜地に造成された浅間Bテフラ直下の水田が検出されているが、不定形・小区画の水田が棚田状に連なったもので条里型の埋没水田は検出されていない（財団法人群馬県埋蔵文化財調査事業団1993）。

Ⅲ 各県の状況

　以上のように、群馬県の現行条里型地割は、県平野部の古墳時代から開発された地域のうち、広域な方格地割の施工が可能な地域に分布していることがわかる。そして、その下層を発掘調査すると、ほとんどの遺跡で浅間Bテフラ埋没水田が検出される。

　この浅間Bテフラ直下水田が条里型地割であれば、1108年の噴火被災後、火山灰を除去することなく、その上に条里型地割の水田を復旧し、現代まで継続して水田耕作をしてきたことを示している。特に被害が大きかった前橋・高崎地域ではこのことが顕著で、大き

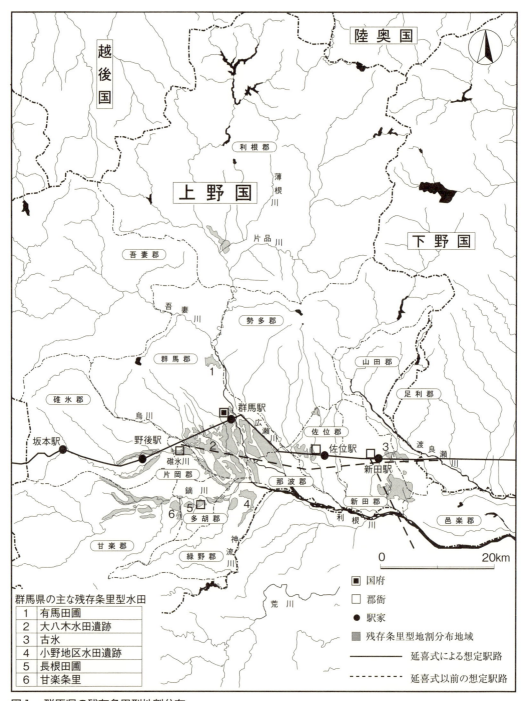

図1　群馬県の残存条里型地割分布

な被害を受けても現行条里型地割と浅間Bテフラ直下の条里型水田が連続したものであると考えることができる。

しかし、個々に遺跡の状況をみると、浅間Bテフラ直下水田が条里型地割を示さない事例や、重複遺構の時期によっては条里型地割の施工年代が地点によって大きく異なる事例もわかってきている。条里型地割の施工実態の解明に向けて、各遺跡の発掘調査のなかで、厳密に地割の形態や層位を明らかにしていくことが重要となっている。

3　今後の課題

群馬県の条里型地割研究の今後の課題で最も留意すべき点は「年代」であろう。群馬県では発掘調査で検出された浅間Bテフラ埋没水田やその下層で検出される水田が方格地割を呈している例があり、その年代観も確定している。このような発掘で考古学的に確定した年代観と、現行地割や周辺の歴史事象から想定した条里型地割の年代観とは分けて考える必要がある。

また、近年では浅間Bテフラ降下以降に施工されたと考えられる方格地割の調査例もあり、古代から現代に至る、地形や土地利用、河川の付け替えなどの農耕環境の整備について複合的に考えていく必要がある。

たとえば、考古学では遺構の重複から年代を考えるが、条里型地割施工年代を決めるうえで、下層の竪穴住居の年代が注目されている。しかし、住居が建てられるのは台地縁辺部であり、耕地としては後発的な拡大部分である可能性が高い。早くから水田化されてきた中心的な沖積地内は逸早く条里型地割が施工されている可能性があり、台地縁辺部の遺構重複関係のみで、地域全体の施工時期を決定するのには問題がある。

次に課題となるのは「施工単位と施工の進捗」の問題である。個々の遺跡の浅間Bテフラ埋没水田の検出状況を検討すると、隣接する一町四方でも大アゼと大アゼの距離に相違があり、大アゼの交点の位置にも食い違いがある。このことから、これらの条里型地割の施工は、全体が一斉に施工されたものでないことがわかる。前橋市下阿内前田遺跡のように一町四方の区画の間に特に太いアゼ部分が検出されている。これが古代条里施工時から12世紀初頭までの施工の繰り返しの中で余剰分が出てしまったことを示唆しているのも、その表われであろう。

一方で、高崎市御布呂遺跡で検出された浅間Bテフラ埋没水田は方格地割が明瞭でない。御布呂遺跡のある、この狭い谷内には条里プランが及んでいないと考えられている（岡田1991）。このような個々の調査例の分析の積み重ねによって、施工の単位と進捗状況を明らかにしていくことが可能となろう。

また、このことは「条里型地割の施工方法」という視点で観察すると、アゼの形態にいくつかの種類があることもわかってくる。

例えば、アゼの形態には、①前橋・高崎地域で見られるように方格地割が貫徹できたもの、②甘楽町で見られるような東西方向の大アゼに対して南北方向の大アゼが斜交するものなどがある。後者は狭い谷筋の奥まで条里型地割を施工していくにあたり、方格地割を施工できない部分には条里型地割の変形を可としているものとも考えられる。

このように、それぞれの水田が立地する地点の地形や傾斜によって、地域の特性に合わせた施工方法や形態が採用された実態も明らかになっている。

このほかにも「古代の地域開発と条里型地割の関係」として水利上の問題追求や、東山道をはじめとする古代道路や官衙・寺院の位置等を含む地域構造を含めて、条里型地割を位置づけることが必要であろう。阡陌や条坊制に言及する論考が加わってきているが、新たな検討課題である。

群馬県下では浅間Bテフラ直下の水田が各所で発掘調査されていることから、他の地域とは条里型水田の検討方法に大きな違いがみられる。従来行われている歴史地理・史学的な方法と考古学的な方法をそれぞれの立場で、循環論に陥ることなく検討しつつ、その合理的な総合化が最も重要な課題となっているのである。

栃木県の条里

武川　夏樹

1　研究抄史

　栃木県の条里型地割（方格地割）は、その詳細が判明する前に、圃場整備をはじめとする諸開発により、その大半が失われてしまっており、現在の表面観察ではその状況をうかがい知ることは非常に困難である。その状況は後段で述べることとするが、現在までの研究は、空中写真や地籍図を元にした歴史地理学的研究による成果が中心であった。

　さて、栃木県の条里に目が向けられたのは、三友国五郎により「栃木県の条里」として、1栃木市近傍の条里と国府址、2栃木県芳賀郡の条里、3栃木県河内郡の条里（さらに薬師寺の条里、宇都宮市雀宮附近の条里）と大きく3カ所の条里型地割の分布について列挙されたことに始まる（三友1959）。

　それに続き、足利市域を中心とした前澤輝政、及び日下部高明の一連の研究で条里の状況が意識される（前澤1960、日下部1974他）。日下部の研究もまた空中写真や地籍図、迅速図を利用した地割の復元である。栃木県内の条里研究はこの足利市周辺で進んでおり、それ以外の地域とは非常に大きな格差がある。なお、足利市周辺の研究状況については大澤伸啓により「栃木県足利市の条里」として別項が設けられているので、詳細に関してはそちらを参照いただきたい。

　上記のように当初は地域が限定的であったが、これらの研究の進捗に伴って、県内各地の条里についても次第に関心が寄せられ、内容は様々であるが、県南部の市町村史の一部に条里の記載がみられるようになる。

　そして、県内すべてを俯瞰し、条里研究の画期となるのが『栃木県史』の論考であった（岡田1980）。本稿でもこれに基づいて県内の条里型地割について状況を把握することになるが、まずはその調査法を紹介しておきたい。基礎データとして米軍写真や地籍図などを活用し、条里型地割の確認につとめており、それまでの一連の研究と同様に、歴史地理学的視点に基づくものではあるが、全県を対象とした表層条里の詳細な把握は、これが初めてである。

　とはいうものの、地割自体の残存状況が悪かったせいであろうか、残念ながらその後の研究深化にはつながらず、『栃木県史』以降は条里の把握も行われていない。一部の自治体で周知の埋蔵文化財包蔵地としての条里遺跡を明示した程度である。

　一方、発掘成果を元とした古代遺跡の研究について見ると、密接に関連すると思われる官衙遺跡や東山道を始めとする交通路研究は盛んであったが、考古学的証拠の少ない条里研究はやはり顧みられることが少なく、条里について触れている調査報告も限られている。埋没状況等の差異もあろうが、発掘成果で大きな成果を提示した群馬県や埼玉県とは大きく状況を違えることとなった。このような1980年代までの研究動向は日下部によりまとめられている（日下部1986）。

　ここで、条里には限定せずに耕作地としての生産遺跡の研究について振り返ってみると、足利市周辺を中心として事例の蓄積はあるものの（大沢1992、2000）、そもそも耕作痕跡を報告した事例が少ない。これに関しても、竪穴住居をはじめとする居住痕跡が調査の中心におかれることに加え、群馬県のように、浅間B軽石等の明瞭な鍵層を確認すること自体が、県内では難しいことが反映されて

いると考えられる。

2 条里型地割の分布・解説

　丘陵や山地の発達する県北西部ではほとんど見られず、県南部の沖積低地を中心に条里型地割が確認されていた（第3図）。特に思川・巴波川流域や渡良瀬川流域で顕著である。栃木県を代表する河川として、鬼怒川と那珂川の2河川が存在するが、鬼怒川沿いは乱流により浸食を受けて地割が残存していない可能性が高く、また那珂川沿いは山がちで沖積低地が未発達であることから、両者とも方格地割はあまりみられない。

　そもそも、存在自体は把握されていながら遺跡としての認識が乏しかった方格地割の性格に加え、圃場整備等の開発が、遺跡の周知化に先行したこともあり、県内の条里遺構は周知の埋蔵文化財包蔵地になりにくかった。条里跡として包蔵地となっているのは、足利市内4ヶ所（江川・利保条里跡、助戸・大月条里跡、田中・朝倉条里跡、大沼田条里跡）と栃木市内1ヶ所（泉川条里跡）にすぎない。そのうち近年まで区画が残されていたのは、後述する泉川条里のみである。

　冒頭にも述べたが、すでに方格地割が確認できない地域が多いため、『栃木県史』（以下『県史』と略記）で提示された条里遺構の分布を紹介することとする。

（1）足利郡・梁田郡

　詳細は大澤伸啓による別項を参照していただきたいが、県内では条里の把握が最も進んだ地域である。足利市は足尾山地が南に張り出す位置にあたり、北側は山塊を小河川が開析し、南側は渡良瀬川の沖積低地が広がる特徴的な地形を呈する。これら小河川による小規模な谷底低地でも方格地割が確認されている。また、角度の異なった条里プランが2種存在すること、矢場川（渡良瀬川旧河道）を南に越え、群馬県太田市域も含めた一連の条里プランであったことが指摘されている。

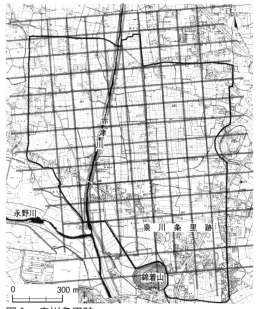

図1　泉川条里跡
『栃木市遺跡地図』の該当部分を加筆、縮小。

（2）安蘇郡

　渡良瀬川支流の秋山川流域である佐野市大橋町、並木町で小規模ながらも方格地割が存在したことが確認された。ただし河川が乱流したとみえ、遺存状況は非常に悪い。

（3）都賀郡

　国府周辺の姿川低地に大規模な方格地割網が確認できたとされるが（三友1959）、『県史』では沖積地全体に条里地割が施工されていたか確認できないと断定を避けた。とはいえ都賀郡は足利郡・梁田郡に次ぎ方格地割の点在が確認できるので、大規模に施工されていたことは想像に難くない。

　栃木市街の西部には、県内で地割が唯一残存し、周知の埋蔵文化財包蔵地としても取り扱われている泉川条里跡がある。第1図には泉川条里跡の遺跡範囲を掲示し、推定される方格地割を強調してみた。遺跡範囲の北東部を中心として地割が良好に残されていることが見てとれる。遺跡南西は永野川によって画されている。なお、遺跡地を分断して南流する赤津川は近年造成された放水路であり、方格地割の形成とは関係がない。また遺跡の南

Ⅲ　各県の状況

図2　雀宮の条里と周辺の遺跡
　国土地理院1/25000地形図に「県史」掲載の河内郡の条里及び周辺遺跡の発掘調査報告書の成果を追加し、縮小。

端には独立丘陵である錦着山が存在する。一見すると、推定方格線は錦着山の東側頂部を基準としているようにも見えるが、これについては現地の状況に即した十分な検討が必要だろう。

　なお、この泉川条里も近年圃場整備が施工され、西側は大きく形状が変更された。施工前に県教育委員会が周辺も含め確認調査を実施したが、条里部分は地場産業である瓦製作の土取り穴で大きく攪乱を受けており、遺構等は確認できなかった（栃木県教育委員会2007）。また、泉川条里そのものの範囲ではないが、隣接地では古代の竪穴住居が多数見つかっており、周辺での古代の土地利用が活発であったことは確認されている。

　栃木市（旧岩舟町）小野寺地区は三杉川が

形成した幅600m程度の谷底低地に方格地割が確認されていた。古代寺院である大慈寺や式内社である村檜神社が谷奥に存在することから、谷の開発が比較的早い段階から開始されていたことが想像できる。

栃木市（旧大平町）西山田地区は三方を丘陵に囲まれた小規模な平坦面があり、東西12坪、南北11坪分の地割が存在したとされる。

（4）寒川郡

小山市西部から大平町南部、藤岡町東部にかけて方格地割が確認できたとされる。しかし広範囲にわたって確認されたわけではなく、巴波川の両岸に点在する痕跡をつなぎ合わせたものであろう。

（5）河内郡

宇都宮市南部の田川流域に方格地割が存在した。雀宮周辺の条里といわれるもので、昭和30年代に実施された圃場整備により、旧地割そのものは確認することはできない。ただし、圃場整備の区画はそれを生かして計画されたようで、圃場整備後も水路などに区画の面影を残している。

この周辺では北関東自動車道や大規模区画整理に伴う発掘調査が行われ、埋蔵文化財の情報が蓄積されつつある(1)。ここで特筆すべきは東山道の検出事例であり、東谷・中島遺跡群（杉村遺跡他）で延長1.5kmほど、上神主・茂原官衙遺跡でも一部を確認している。また、両者の間にある、上三川町との市町村境が直線状であったため、東山道の痕跡と推測されている（木本1992）。東山道と条里型地割が近接して確認できる地点は県内でも少ないので、第2図には両者を提示してみた。

条里型地割は上御田町と御田長島町の2ヶ所に分かれ、それぞれ3°、9°東偏する方角を示している。これに対して東山道は杉村遺跡周辺では30°ほど、市町村境は48°東偏する。東山道の時期は出土遺物から8～9世紀頃と推測されており（藤田2003）、条里プランが盛行する時期と重なるとも考えられるのだが、条里型地割と東山道の方向には全く関連が見られない。官道推定地が条里余剰帯で把握できる地域もあるが、ここ雀宮の条里では当てはまらない。

なお、低地部分には本格的な発掘調査のメスがほとんど入れられておらず、この条里型地割の時期や内容は不明なままであるが、部分的ながらもその状況を確認できるような材料が出そろってきてはいる。詳細な報告等は未刊であるが、JR雀宮駅東方で県立高校及び図書館の新設に伴い、上御田町に所在する推定条里部分での確認調査等を県教育委員会および宇都宮市教育委員会により実施した（栃木県教育委員会2010）。

先述のように、地割自体は圃場整備時にそれを生かして施工したため、現用農道や水路に重なっており、調査は出来なかったが、旧地形に関しては興味深い知見を得られた。現在は一見すると起伏の少ない平坦地であり、条里型地割が存在したことからしても田川の沖積低地が広がるものと思えたが、その下層の状況はローム層が残存する微高地とそれを開析する小河川が入り乱れていた。

現表土の下層には、谷部を中心に複数の水田耕作面が確認できたものの、出土遺物は近・現代に比定され、それ以前の水田面の状況は不明である。また、谷の下層からは古墳時代後期の土器や木製品が出土している。これに対して微高地上は圃場整備で削平・造成されており、それを反映するように、古墳時代後期の土器が押しつぶされて出土した。

結果として、表層条里に相似するような古代条里水田などを復元できたとは言い難い。少なくとも古墳時代終末期には微高地上に集落が存在する景観であった。

古代の主要な景観要素である東山道と条里プランの不整合は施工の時期差であるのか、今後の検討課題となろう。

（6）芳賀郡

鬼怒川東岸に南北8kmほど続く方格地割網が存在するが、全て同一の軸ではなく、地形に応じて屈曲を見せる。『県史』では鬼怒川の乱流によって破壊された耕地を復旧する際に方角の変更を受けたと推測しているが、そのまま鵜呑みにはできないだろう。なお、

東側の段丘崖上には芳賀郡衙正倉別院と推測される中村遺跡が存在し、その報告では方格地割について簡単なコメントとともに「第1図 関連遺跡と条里」として一部ながら推定ラインが表示された（栃木県教育委員会1979）。

このほか、小貝川沿岸にごく小規模な方格地割が存在していることから、益子町を中心とした小貝川の谷底低地で条里が存在した可能性が指摘されている。

（7）那須郡

条里型地割の情報が最も少ない地域である。これには那珂川沿いの狭い平坦面しか存在しない地形状況が反映されている。

方格地割は那珂川東岸の大田原市（旧黒羽町）方田で確認された。ここは現在の沖積低地よりは一段高い平坦面であるが、那珂川の上流域であり、その下刻作用が強いために段丘化したものと推測される。対岸には上・下侍塚古墳や磐上駅家に比定される小松原遺跡、3kmほど下流には那須官衙跡が存在することから、この近辺が古代那須国の中心地であったことが判明する。

ここまで『県史』記載の条里分布をなぞってきたのであるが、その分布図をみると、正方位とは一致しない方格地割が多く、さらに隣接する地域でも方向性を異にするものが多い。基準線が違うのか、施工時期が異なるのか、表層条里では判断が不可能である。

3 今後の課題

発掘調査以前に圃場整備が進んだ関係で、条里に関わる遺跡情報の蓄積はないに等しい。現在は昭和30年代に施工された圃場整備地区の再整備事業等も計画されているので、発掘調査に関しては、そのような機会をうまく捉えるほかない。ただし、圃場整備の施工状況を見ると、方格地割を踏襲して農道や用排水路の整備が行われた事例が多いことに気付く。これによって、実は現在も区画の傾向をつかめるものの、地下遺構は構築物によって破壊されてしまっている可能性も高いと考えられる。

では、考古学によらないその他の手法はどうであろうか。すでに地割が現地表面から失われているので、『県史』以上の歴史地理学的視点による研究の進展は期待できない。しかし『県史』でも古地図、地籍図の調査が充分ではなかったようにも思えるので、さらなる検討が進めば新知見も得られるかもしれない。

なお、すでに指摘されていることであるが（岡田1980）、栃木県内では条里関連の地名が少ない。それでも、条里制に関係が深いと考えられる小字名（数詞＋坪、坪、町）などを収集したところ、約600の地名を見いだした(2)。小字名を中心とした地名研究の可能性もまだ残されている。ただし、600ヶ所の大半がイッチョウダ（一丁田・壱町田など）で、条里を反映している可能性が最も高い数詞＋坪のパターンは12ヶ所にとどまる(3)。そのほか関係がありそうな地名として一ノ割〜九ノ割（小山市）や、一通〜七通（佐野市田沼町）などがあるが、その成立時期については検討の余地がある。

加えて、坪地名のうち、上坪や中坪など条里とは関わりの低いとされている地名（塙1989）もカウントしているので、岡田の指摘通りに関連地名は少ないのだろうが、例えば近年、二宮町史編纂時に町内の一部ながら小字一覧集成を公表しており（松本2004）、地名情報も蓄積が進んでいる。地名の改変が進む現在では歴史研究全体にとって貴重な情報といえるが、条里関連の地名が新たにみいだされる可能性もあろう。

【註】

（1）埋蔵文化財センターによる発掘調査が進んでおり、報告書も次々に発刊された。詳細については各報告書を御覧頂きたい。ただし残念ながら、集落等が調査対象となるため、生産域と目される沖積低地は調査対象とされなかった。

（2）『角川日本地名大辞典』（大町編1984）巻末小字一覧より作成

（3）石ヶ坪を含む。

栃木県の条里

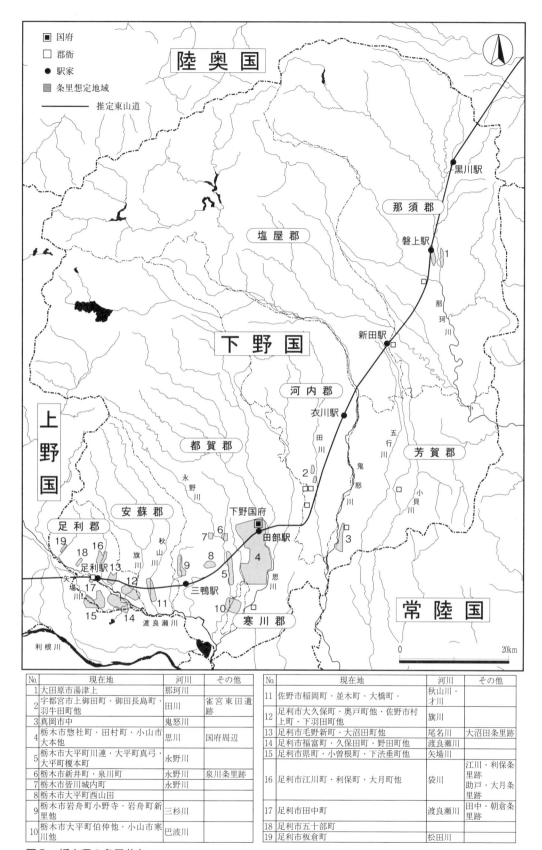

図3　栃木県の条里分布

茨城県北部・西部の条里

立川　明子

　茨城県における条里研究、および条里遺構の発掘調査については地域間格差がきわめて大きく、とくに発掘事例は県南東部に集中している。その成果をより詳細に紹介するために、県域を北西・南東に分割して報告することとした。県南部・東部地域の様相に関しては次項にゆずり、本稿では、茨城県北部・西部に展開した常陸国多珂郡・久慈郡・那珂郡・新治郡・真壁郡・結城郡・猿島郡の七郡について述べる。

1　研究抄史

　茨城県北西部における条里研究は、三友国五郎により、真壁市北条、鹿島郡中野村、久慈川流域の条里分布を紹介されたのが始めである（三友1959）。その後1970年代に、茨城県全域及び個別の詳細な研究が発表される。
　常陸国における包括的な条里制研究をおこなったのが豊崎卓である。常陸国11郡について郡家・神社・寺院・条里制遺構といった律令国家における地域支配構造を理解するための項目を挙げて、各郡の特徴を抽出している。条里遺構については、現地を踏査し、郡家付近に条里制遺構が営まれているとする（豊崎1970）。
　個別具体的な研究では、久慈川・那珂川流域について地理学・地質学的な研究が蓄積されている。籠瀬良明は、久慈川・那珂川の平野に広がる条里地割について、地籍図及び米軍撮影の空中写真、詳細な微地形図を用い、三友や豊崎の示した条里分布範囲の再検討を行っている（籠瀬1971）。
　同地域について、地質学的な見地から形成と分布について研究したのが、高木勇夫である。高木は、久慈川と那珂川の条里型地割の分布状況について、両河川の堆積物の供給量の差や、本流に合流する流域環境の違いといった土地条件の差が分布密度の差となっていると指摘する（高木1985）。
　また茨城県は、古代官道東海道の走行ルートに関する研究も盛んである。駅路・伝路の直線的な走行方向に影響を受けたと考えられる方格地割から条里を読み取る研究も散見し、木下良による交通路の研究から派生した地割研究等が挙げられる（木下1990）。
　近年の成果としては、『地図でみる東日本の古代　律令制下の陸海交通・条里・史跡』の刊行が挙げられる（島方他2012）。同書では迅速図上に律令制下の交通路・官衙・駅が示され、条里型地割は残存地域と推定・想定地域が区別されて提示されている。古代における歴史地理学的研究の集大成といえる。

2　条里型地割の分布・解説

（1）多珂郡

　多珂郡北方の条里地割については、鈴木貞夫が、天保12年（1841）の「安良川村検地村絵図」、地籍図、空中写真、都市計画図等から高萩市安良川と、同市上・下手綱に条里型地割を想定している（鈴木1999）。
　安良川の条里型地割は、花貫川の北岸に所在しており、現在は商業地になっているが、7坪程度の地割が推定されている。条里型地割に接している県道230号線は、奈良時代の駅路（弘仁3年（813）以前）の比定道であり（島方他2012）、3km程度南方には藻島駅が位置する。駅路と条里型地割の方向軸は合致しない。

上・下手綱の条里型地割は関根川の南岸に所在している。現在の水田は地割が改編されているが、1947年米軍撮影の空中写真（以下、米軍写真と略記）に条里型地割が確認できる。同地割の東側には、前述の駅路に比定される国道6号線が走行している。

他に『地図でみる東日本の古代』では、北茨城市中郷町上桜井・中郷町足洗に「賀美郷」を比定して条里推定地域としている（同書187頁）。1946年の米軍写真「高萩」で確認すると、北側に位置する北大川の流路に影響されたと考えられる地割や、部分的な耕地整備が見られるが、中郷町足洗に条里型の方格地割が見られる。今後、地籍図等による検討が必要であると考えられる。

同書では、日立市小木津にも条里地域が推定される（同書185頁）。1946年米軍写真「日立」では、推定地域に北接する東連津川の流路と、東連津川が開削した丘陵に範囲を規制された水田が存在するが、方格地割は確認できない。

（2）久慈郡

久慈郡の条里型地割は、常陸太田市街から久慈川流域に至る広大な地域と（三友1959、豊崎1970、籠瀬1971）、太平洋沿岸の日立市河原子町周辺に分布が指摘されている（木下1990、片平2013）。

常陸太田市の久慈川流域における条里型地割分布の範囲については、研究者によって推定範囲が異なるため、各研究史をたどりつつ分布範囲を概観したい。

三友は、①久慈川支流里川と同支流源氏川に囲繞される常陸太田市街地一帯（西宮町周辺が北限）、②里川と、同支流で里川東側に流れる茂宮川に挟まれた常陸太田市小沢町・岡田町・内田町、③市街地西側の舌状台地と久慈川支流浅川に挟まれた同支流山田川流域の常陸太田市大方・大里町、谷河原町・上河井・島町、④久慈川西岸で、久慈川と水郡線に挟まれた常陸大宮市上岩瀬・那珂市瓜連・鹿島といった、おおよそ四つの地域に大別される広大な範囲を条里型地割の分布域として想定している。

豊崎は、久慈郡家を常陸太田市大里に比定しているため、先の③の地域に条里型地割を想定しているが、山田川とその北東の舌状台地を境に2地域に分けている。

籠瀬は、三友の分布域とほぼ同様の範囲に分布を想定しているが、三友の分布に見られるような面的には連続せず、飛び地に近い形をとるとしている。また、三友の分布範囲よりも広く山田川及び浅川の上流部まで分布するとしている。

籠瀬が想定する山田川上流域の条里型地割は、同川と、それに沿って南北に走行する県道166号線に挟まれたような範囲に分布している。常陸太田市芦間町、玉造町、久米町等といった地域である。なお、県道166号線は『延喜式』の駅路の比定道である。籠瀬は、久米町については、明治42年の耕地整理前の地籍図から坪ごとの小名をもつ79坪を復元している。また浅川上流については、常陸太田市中利員町、下利員町、竹合町および大方町・薬谷町にそれぞれ飛び飛びで分布を推定している。

高木は、久慈川の沖積平野の微地形を分析し、自然堤防に囲繞された後背低地に条里地割が分布しているとする（高木1970）。

日立市河原子町に分布する条里型地割については、木下良が、弘仁3年（815）に廃された東海道の石橋駅・助川駅間の走行路を比定する際に、日立市東多賀町2丁目・3丁目の主要道日立・笠間線沿いに直線道路と平行する条里状の方格地割を見出している（木下1990）。

同条里については、片平雅俊が、旧公図により連続する細長い区画を確認している（片平2013）。

（3）那珂郡

那珂川流域の条里型地割は、「吉田神社文書」安貞2年（1228）11月「酒戸・吉沼田地検注帳写」に、条里地割に沿って分かれた耕作地が検注（検地）されていることが知られている（飯田1963）。ここから3の「里」と各36の「坪」の土地区画が中世に残っていたことが分かり、水戸市酒門・谷田町・吉沼付

Ⅲ　各県の状況

近と想定される。当該地は昭和29年頃から耕地整理に入っており、現在では地割の地表面観察はできないが、中世において、那珂川下流域に条里型地割が営まれたことを文献史料で証するものである。

豊崎及び三友は、那珂川流域南岸の水戸市大野、下大野、栗崎町、川又町、島田町、吉沼町（三友1959）と、それより上流北岸の枝川、柳川町、中河内（豊崎1970）に条里型地割の分布を指摘している。

このような那珂川の広範囲に及ぶ分布に対して、籠瀬は、地籍図・空中写真の検討から、整然とした条里型地割は見られないとした（籠瀬1971）。地質的にも、豊崎による「条里制遺構」分布域は、黒泥土・泥炭土の範囲にあたっており、条里型地割の分布は自然堤防寄りの後背湿地など小規模な範囲にとどまるとしている。高木も、条里型地割は那珂川下流域の限定的な地域に散在しており、これは、沖積地面の泥炭地を避けるように台地崖下や自然堤防に隣接する後背地に分布するためと指摘している（高木1970）。

籠瀬は、上記と同様の小規模な条里型地割は那珂川上流でも見られるとし、東茨城郡城里町阿波山、上阿野沢、上泉、そして那珂川支流の藤井川中流域に位置する同町増井を分布域として挙げている。

一方、那珂川下流域では、嘉元4年（1306）の太田文に「戸田野　廿五丁一反三百歩」と見えるほど、広大な水田が開かれていたと推定でき、現ひたちなか市部田野周辺に条里制地割が施工されていた可能性が指摘されている（志田1981）。

（4）新治郡

三友は、鬼怒川及び子貝川流域には条里型地割が多いとしている（三友1959）。鬼怒川は『続日本紀』神護景雲2年（768）8月庚申条に、下総国結城郡内を流れる毛野川（鬼怒川）流域の2000余の口分田が、毎年の洪水によって荒廃したので、結城郡小塩郷小島村（結城市）から常陸国新治郡川曲郷受津村（下妻市）に達する1000余丈を掘って河川を改修することを命じ、両国の郡界は旧河川によって定めるとある。ここから分かるように、鬼怒川流域の沖積低地に条里制耕地が開かれていた可能性が高い。しかし鬼怒川の氾濫などのためか、新治郡内で鬼怒川流域の表層条里は、栃木県境に分布するものを除いてあまり見られず、むしろ子貝川流域に条里型地割の広がりを想定する研究が多い。ここでは研究史で指摘されている条里型地割の分布地について紹介するとともに、近代以降の迅速図及び米軍写真から分布の有無等を検証したい。

豊崎は郡家的研究から、新治郡衙付近の筑西市井出蝦沢・小栗・門井周辺に条里遺構の存在を示唆している。現況では条里型地割は失われており、米軍写真（1949年「真岡」）でも圃場整備後の区画が見られるばかりである。大正4年（1915）地形図「岩瀬」でも、直線的な水田区画が見られ、空中写真と同様の土地区画であるのが窺える。一方、明治28年（1895）陸軍迅速図「真壁町」では、桜川の支流観音川の流路に類した方向性の、やや蛇行した境界（小径）が見られた。同年から大正4年の間に圃場整備を実施した可能性が考えられる。なお、明治28年の迅速図では、道路・境界線等は斜行・屈曲するなど、当時の土地区画を正確に図化していると考えられるのに対して、水田はすべて南北方向の方形で表現されているため、条里型地割を図上に確認することはできない。

『地図でみる東日本の古代』では、①桜川市岩瀬・富谷・犬田・高森・長方・坂戸といったJR水戸線の岩瀬駅から大和駅周辺（同書176頁）、②筑西市落合・羽方・大関・国府田といった栃木県境の子貝川と、その西を流れる五行川に挟まれた地域（同書175頁）、③筑西市塚原といったJR水戸線下館駅周辺で子貝川と五行川の合流点（同書169頁）、④筑西市旭ヶ丘・野田といった子貝川と西流する大谷川の合流点付近（同書169頁）、⑤下妻市下田・大串・大宝（同書169頁）、⑥大谷川西岸の筑西市灰塚を条里型地割の想定・推定地域としている（同書169頁）。このうち②から⑤の地域は子貝川流域に位置し、三友が想定している地域と同様である。三友は、鬼怒川流域では⑦下妻市平方・久下田・大里にも、

南北十二町東西十町の範囲で残っているとする。

①の地域は、米軍写真（1947年「真岡」）では元岩瀬・富谷付近で条里型地割が見られた。②の地域は、米軍写真（1947年「壬生」）では、子貝川と五行川の流路に影響された土地区画がなされ、水田もその区画内に収まるように造られており、条里状の地割は見られない。③の地域は、米軍写真（1948年「小山」）では、同地域の広域にわたって条里型地割が見られる。④の地域は、米軍写真（1948年「小山」）で子貝川沿いに条里型地割が見られる。⑤の地域は、明治16年（1886）2万分1迅速図では圃場整備以前の地割が窺える。しかし明治40年（1907）5万分1迅速図では、同地域全体が直線的な地割に改編され、現在の土地区画と同様になっている。明治16年迅速図でも下妻市中郷付近にはすでに直線的な地割が部分的に見られることから、同年以前に圃場整備が始まり、明治40年頃には完了していたと考えられる。⑥の地域は、米軍写真（1948年「小山」）で条里型方格地割が確認できる。⑦の地域は、米軍写真（1949年「小山」）では流路の影響を受けたと考えられる地割の中に、点在するように局所的に条里型地割が見られる。

以上をまとめると、三友は子貝川流域に条里型区画が特に多く見られる、としているが、⑤の地域で見たように、明治年間に広域な圃場整備が終了した可能性があるため、三友が条里遺構の分布域とした根拠を知りたいところである。

（5）真壁郡

真壁郡について、豊崎、三友、『地図でみる東日本の古代』といった先行研究では、範囲について大同小異はあるものの、桜川流域東岸一帯に条里地割が見られる点で一致している。分布域は、①桜川市真壁町上小幡から桜川市役所真壁庁舎の北側の飯塚の地域と、②桜川市真壁町伊佐々から桜川市真壁町椎尾にかけての地域である。ちなみに豊崎は、②を伊佐々条里と椎尾条里として、それぞれ分離した条里型地割としてとらえている。

①の条里型地割は、米軍写真（1947年「真壁」）で確認すると、加波山麓にまで及んでいる。なお、弘安年間の太田文には「桜井田十七町」とある（豊崎1970）。②の条里型地割は、筑波山西南麓の広範囲に分布していることが米軍写真（1948年「真壁」）によって確認できる。豊崎は②の伊佐々に分布する条里型地割は長地型のようだと指摘し、椎尾に分布する条里型地割については36個の口分田が見いだせるとしている。

飯塚の東に位置する桜川市真壁町古城は、真壁郡家の比定地とされる。近接する2地域の条里間には、古代の駅路連絡ルートと想定される南東から北西方向の道があり、空中写真では同道が、②の条里型地割の北限を画する境界線のように見える。

また『地図でみる東日本の古代』では、新治郡との郡境を流下する子貝川の東岸にも条里地割が見られるとしている（同書170頁）。筑西市茂田から筑西市吉田の地域である。米軍写真（1948・49年「真壁」）で確認すると、流路の影響を受けつつも、方格を意識した地割が見られる。

（6）結城郡

結城郡は、鬼怒川流域に位置している。地形的に見て、鬼怒川沿いの低地は後世に至るまで水田が開かれておらず、水田の適地は、台地間を流れる小河川沿いに開かれた低地帯であると指摘されている（佐々木1980）。また、谷戸田に沿って、洪積台地の縁辺に結城郷、茂呂郷など村落が形成されており、当該地域の水田開発は谷戸田を中心として進行したとされる。

『地図でみる東日本の古代』では、結城市見晴町・鹿窪付近に条里型地割を想定している。米軍写真（1947年「小山」）で確認すると、のちの県道15号線に相当する道路の西側一帯に、方格地割の広がりが見られた。

（7）猿島郡

猿島郡は、結城台地を飯沼低地・長井戸低地など3筋の低地が南北に分断するという地形である。これらの低地はほとんど湿地帯で

あり、水田経営には困難な地域であったため、水田を開拓する場所は支谷に求められた（阿久津1996）。条里地割を形成するには不適な地域であったと考えられる。

3　今後の課題

　茨城県北西部の条里型地割で現在、表層に残存しているものはない。しかし、久慈郡・新治郡において広大な分布域が推定されたように、関東における有数の条里分布地帯であったことは見てきたとおりである。それに比して、70年代において研究が盛行した後の、論者の少なさは否めない。

表層からは失われても、市街地化した地割や、圃場整備後の境界線、道路などに条里の影響を残した地割が無いわけではない。視覚的に捉え難い対象について研究を進めることは困難であるが、各種開発行為等によって更なる土地の改変が進み、記録の片隅に埋没してしまう前に、各条里の詳細を再確認にして、地域史に位置づける必要があるだろう。その際に、籠瀬良明が条里研究の方法論として提示したように、地籍図・大縮尺地図・空中写真といった資料に加え、地質学・地理学的環境を押えるといった厳密性が、歴史的に河川の変動が著しい当該地域における条里型地割の実態を明らかにする上で必要である。

表1　茨城県内条里分布地一覧

No.	現在地	河川・湖沼
1	高萩市安良川	花貫川
2	高萩市上手綱・下手綱	関根川
3	北茨城市中郷町上桜井・足洗	北大川
4	日立市小木津	東連津川
5	常陸太田市西宮町	里川
6	常陸太田市小沢町・岡田町	里川
7	常陸太田市大方・大里町	浅川・山田川
8	常陸太田市芦間町・玉造町	山田川
9	常陸大宮市上岩瀬・那珂市瓜連	久慈川
10	常陸太田市中利員町・下利員町	浅川
11	日立市東多賀町	－
12	水戸市大野・栗崎町・川又町	那珂川
13	水戸市枝川・柳川町・中河内	那珂川
14	東茨城郡城里町阿波山	那珂川
15	東茨城郡城里町上阿野沢	那珂川
16	東茨城郡城里町上泉	那珂川
17	東茨城郡城里町増井	藤井川
18	筑西市井出蝦沢・小栗	小貝川
19	桜井市岩瀬・富谷・犬田	桜川
20	筑西市落合・羽方	五行川・小貝川
21	筑西市塚原	五行川・小貝川
22	筑西市旭ヶ丘・野田	小貝川・大谷川
23	下妻市下田・大串・大宝	小貝川
24	筑西市灰塚	大谷川
25	桜川市真壁町上小幡・飯塚	桜川
26	桜川市真壁町伊佐々・椎尾	桜川
27	筑西市茂田・吉田	小貝川
28	結城市見晴町・鹿窪	田川
29	石岡市鹿の子	恋瀬川
30	つくば市神郡	桜川
31	つくば市北条	桜川
32	つくば市田中	桜川
33	つくば市金田・花室	桜川
34	つくば市上ノ室	桜川
35	稲敷市江戸崎・羽賀浦	小野川
36	行方市五町田・舟子・於下	霞ヶ浦
37	行方市手賀	霞ヶ浦
38	鹿嶋市泉川	北浦
39	鹿嶋市長栖	北浦
40	鹿嶋市谷原	北浦
41	鹿嶋市下塙	北浦
42	鹿嶋市根三田	北浦
43	鹿嶋市大船津（南部）	北浦
44	鹿嶋市大船津（北部）・爪木	北浦
45	鹿嶋市須賀	北浦
46	鹿嶋市沼尾	北浦
47	鹿嶋市鉢形	－
48	取手市寺田	小貝川

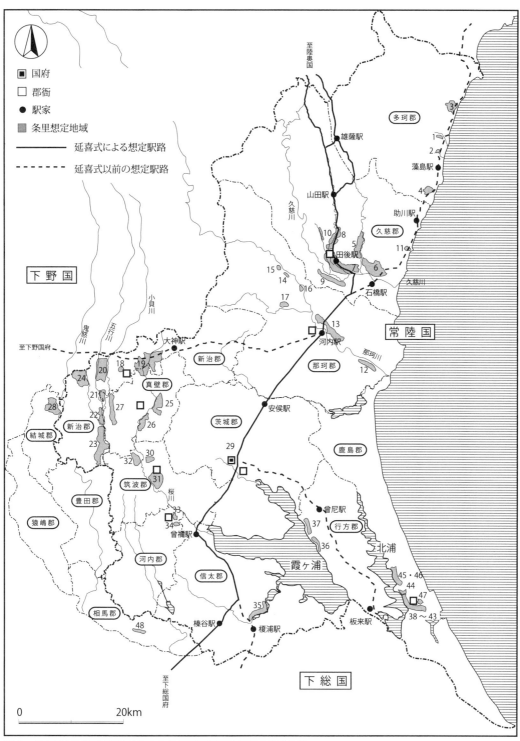

図1　茨城県の条里分布（主として島方他2012により作図）

茨城県南部・東部の条里

関口　慶久

本稿では、茨城県南部・東部に展開した常陸国茨城郡・筑波郡・河内郡・信太郡・行方郡・鹿島郡、下総国相馬郡の七郡（概ね現在の県南・鹿行地方に相当）の様相を述べる。

1　研究抄史

茨城県南部・東部における先行研究として第一に挙げられるのは、三友国五郎の関東地方条里の概括（三友1959）と豊崎卓の常陸国古代郡制の体系的研究である（豊崎1970）。特に豊崎は条里を古代官衙と一体的に叙述し、古代郡制の把握を積極的に行った。こうした視点は現在においても有用である。

また、各郡の個別の先行研究は次項に述べるものの、菊地利夫の金田条里における歴史地理学的研究は県内における条里復元の白眉として特筆しておきたい（菊地1978）。菊地は実地調査・航空写真・古地図の検証はもとより、中近世の史資料も駆使し、古代条里施行後の土地利用をも考慮しつつ条里復元を試みている。総合調査の先駆的事例として、大いに評価すべき業績と言えよう。

2　条里型地割の分布・解説

（1）茨城郡

茨城郡の領域は現在の笠間市南部、茨城町西部、小美玉市、石岡市、かすみがうら市南部、行方市北部に相当する。郡衙は外城遺跡（石岡市貝地）が有力候補地とされ、郡衙周辺寺院の茨城廃寺も近接する。更に府中（石岡市府中）には常陸国府・国分寺が置かれた。

茨城郡の条里については、豊崎によれば恋瀬川中流域の五反田（かすみがうら市五反田）、反田・五反田・八反田（石岡市染谷）、三千部（石岡市田島）が、いずれも条里地名であると指摘している（豊崎1970）。しかし、こうした数詞地名（特に反田地名）は枚挙に暇がなく、古代に遡るかどうかは慎重な検討が必要である。

鹿の子条里　また、豊崎は「柏原地下の矢向地には、三十六に地割した条里の遺構を見ることができる」とも指摘している。これは現在の石岡市鹿の子1～3丁目に見られる条里型地割のことである（第1図）。本稿ではこれを「鹿の子条里」と呼称する。鹿の子条里は長軸約0.83km×短軸約0.43kmを測り、南に常陸国府・国分寺、東に国分尼寺、北東に官営工房集落遺跡として著名な鹿の子C遺跡といった、官衙関連遺跡に近接する。

また、鹿の子条里の南東側は鹿の子A遺跡に接している。同遺跡は8世紀末～10世紀前半代の竪穴建物跡41軒が検出され、古代の郷戸と想定されている（川井1995）。遺跡の年代・性格ともに条里附属の集落として不自然ではない。さらに注目すべきは住居址の主軸

図1　鹿の子条里（図面上が真北）

方位（N-30°-W）と条里型地割の主軸方位（N-35°-W）とが近似し、この地割が古代に遡ることを窺わせる。茨城郡内における稀少な条里遺構比定地と言えよう。

（2）筑波郡

筑波郡の領域は現在のつくば市北部、土浦市北部、下妻市の一部に相当する。郡衙はつくば市平沢官衙遺跡一帯に比定されている。

平沢官衙遺跡の西部を南北に流れる桜川東岸は広大な耕地が広がり、豊崎はここに神郡（かんごおり）条里と北条条里の二つの条里遺構の存在を指摘している（豊崎1970）。

神郡条里 神郡条里は平沢官衙遺跡の北西約２kmに位置し、東西約1.7km、南北約0.7kmの範囲にほぼ南北方向の条里型地割を残していたが、1987年に圃場整備に伴い湮滅した。しかし、幸いなことに整備に伴う発掘調査（トレンチ調査）が実施されている。筑波郡唯一の条里の発掘調査事例である。発掘調査では条里型地割は中世由来のものと結論付けられたが、一部トレンチには中世に先行する畦畔も検出しており、古代条里の存在も否定していない（神郡条里遺跡発掘調査会1988）。いずれにせよ不明な点が多く、広大かつ長期土地利用の末に地表に現出する条里遺構に対し、トレンチ調査による遺構確認には限界があることを示した調査例と言えよう。

北条条里 北条条里は地名が示す如く、桜川の北側に広がる。南北約4.5km、東西約２kmの範囲に広がる耕地であり、大蔵省率分保の候補地でもある（堤1990）。

現時点では条里の存在を立証する調査は行われておらず、あくまで現地表面における遺構認識に止まる。北条地区は中世は常陸大掾多気氏、小田氏、佐竹氏の割拠の地として、近世は筑波山の参詣地として開発が進んだ。当然ながら耕地についても改良が加えられたと見るのが自然であり、発掘調査によらなければ古代条里遺構の確認は困難と思われる。

田中荘 また筑波郡では田中荘と呼ばれる広大な荘園が存在した。田中荘33郷と俗称され、北はつくば市田中地区から南はつくばみらい市小目に至る広大な範囲である。特に田中地区周辺は数詞地名が残り、古代条里が祖型となったとの見方がある（糸賀1982）。

（3）河内郡

河内郡の領域は現在のつくば市南部と常総市東部に相当する。花室川と桜川に挟まれた台地上一帯には金田官衙遺跡群が展開し、河内郡衙、正倉、寺院、関連集落に比定されている。この金田官衙遺跡群に東接する耕地が、金田条里（金田・花室条里ともいう）と上ノ室条里である。

金田条里 金田条里（金田本田遺跡）は豊崎卓（豊崎1970）、野村康子（野村1977）、菊地利夫（菊地1978）等、多くの先行研究を有する、県内において最も著名な条里遺構であるが、70年代後半に圃場整備により湮滅している。本発掘調査は実施されていないが、菊地氏による歴史地理学的考察により、南北約0.9km、東西約0.7kmの範囲に40坪の条里が復元されている（第２図）。

豊崎によれば一坪の長さは東西106m、南北113mで、一町四方が正方形とは限らない状況が窺える。金田条里の形成時期は「続日本紀」における近隣の河川改修記事から７世紀中葉から８世紀初頭と推定されている。

上ノ室条里 上ノ室条里は金田条里の南側に展開する。規模は東西約1.8km、南北約0.8kmを測り、金田条里と同規模である。圃場整備により湮滅しており、発掘調査も実施されていない。豊崎によれば東西９里、南北

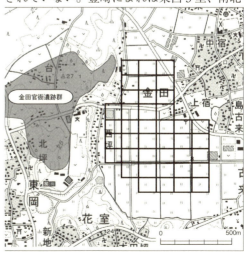

図２　金田条里（地図上が真北）

4条の36坪の構成で、かつ坪の平面形が矩形を呈していたという（豊崎1970）。

金田条里と上ノ室条里は河内郡衙周縁の同一地域圏内に存在したが、主軸方位が異なることは確かである。この二つの条里は、現地形や旧来の主軸線に応じて墾田する地形条里の現状をよく示すものと言えよう。

（4）信太郡

信太郡の領域は現在の土浦市南部、阿見町、美浦村、稲敷市、牛久市、龍ヶ崎市東部、河内町に相当する。郡衙所在地は諸説あり定かではない。

江戸崎地区の耕地　信太郡における条里遺構の存在については、稲敷市内を流れる小野川により開析された江戸崎の低地一帯に広がる耕地に数詞地名が多いとされ、条里の存在が指摘されている（豊崎1970）。

東条・西条　また信太郡は平安末期に小野川を境に東条と西条に分かれ、東条は東条荘、西条は信太荘として荘園化した（堤1990）。この東条・西条の地名についても、条里地名との関連が指摘されている（豊崎1970）。

（5）行方郡

行方郡の領域は現在の行方市、潮来市に相当する。郡衙所在地は諸説あり定かになってはいない。

五町田・舟子・於下周辺の耕地

行方郡における条里遺構は、行方市五町田・舟子・於下の霞ヶ浦沿岸部に広がる耕地が指摘されている（茂木1974）。根拠はこの地が行方郡衙の推定地の一つに近いこと、数詞地名が多いことである。

手賀地区周辺の耕地　この地に限らず、同郡西部の霞ヶ浦沿岸の低地一帯は条里型地割を想起させる地形及び数詞地名が散見され、特に行方市手賀地区周辺の耕地は明治36年の迅速図において条里型地割が認められる。

（6）鹿島郡

鹿島郡の領域は現在の大洗町南部、鉾田市、鹿嶋市、神栖市に相当する。鹿嶋市宮中には常陸一の宮である鹿島神宮が鎮座し、鹿島郡は神郡としての性格を当初から帯びていた。この鹿島神宮境内から南へ約1.5km先の台地上に位置するの神野向（かのむかい）遺跡であり、鹿島郡衙に比定されている。

鹿島郡内における条里遺跡は、茨城県内において確認・発掘件数が最も多い。現在確認されているものを列挙すると、①泉川条里、②長栖条里、③谷原条里、④下塙条里、⑤根三田条里、⑥大船津条里、⑦宮中（きゅうちゅう）条里、⑧須賀（すか）条里（豊郷条里須賀地区）、⑨沼尾条里（豊郷条里沼尾地区）、⑩鉢形条里の10か条里となる。このうち①～⑥までは「鹿島湖岸南部条里遺跡」、⑦～⑨までは「鹿島湖岸北部条里遺跡」として一括周知されており、⑩は「鉢形地区条里遺跡」として周知されている。以下に各条里の概要を述べる。

鹿島湖岸南部条里遺跡（泉川・長栖・谷原・下塙・根三田・大船津条里）

これらの条里遺構は鹿島湖岸南部に接し、南から北西方向に泉川地区、長栖地区、谷原地区、下塙地区、根三田地区、大船津地区が並び、条里型地割が一体的に展開する。その範囲は東西約6km、南北約0.9kmにわたっている。この広大な条里遺構は、1971年に完成した圃場整備事業によって湮滅を余儀なくされた。当時の条里遺跡に対する認識の程度は全県的に低かったため、工事に伴う発掘調査は実施されていない。

しかし、本条里遺跡一帯は、現在も数詞地名がよく残っているほか、鹿島町史刊行委員会事務局による現地調査によって条里型地割全域の小字配置が明らかにされ（鹿島町史刊行委員会事務局1982）、圃場整備事業以前の概況が容易に把握できる状況になっている。また豊崎による現地踏査では、一坪が112.5m四方の長地形条里であることも指摘されている（豊崎1970）。

宮中条里　宮中条里は鹿島湖岸南部条里遺跡の北側に接し、北浦南部東岸の低地に広がる耕地である。範囲は南北約2km、東西約1kmを測る。

本条里のうち、爪木（つまぎ）地区では1983年より圃場整備事業に伴う本発掘調査（部分的全面発掘調査）が2次にわたり実施されている（鹿

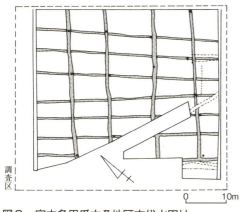

図3 宮中条里爪木Ⅱ地区古代水田址
　　（鹿島町教育委員会1984b）

島町教育委員会1984a・b)。

　2次調査にあたる爪木Ⅱ地区の調査では、規模は一定ではないが、平均して約6m×約10.5m単位の水田址が多数確認され、1町を10等分した規模と概ね合致していることが判明した（第3図）。畔畔が交差する部分には木杭が穿たれていた。水田址の所属年代は10〜12世紀を上限とし、近世に至るまで改変が加えられながら利用された状況も窺えた（鹿島町教育委員会1984b)。これは県内初の古代水田址の面的な検出事例であった。

　また、1991年からは大船津地区においてバイパス建設に伴う本発掘調査が実施された。Ⅰ〜Ⅲ区における面的調査の結果、実に338枚もの水田址を確認した。これは県内最多の水田址の検出事例である。

　特に、この調査で複数の遺構確認面の把握に成功したことは画期的な成果と言える。Ⅰ区では2面、Ⅱ区では4面、Ⅲ区では3面調査を実施し、水田は古墳時代後期にまで遡ることが判明した（鹿島町文化スポーツ振興事業団1993)。古代の水田は確認されなかったが、古墳時代から近世まで一貫して水田利用が行われたことが判明し、条里制施行以降脈々と土地利用が進み、近世水田へと変容していったことが窺える。古墳時代の水田と近世の水田では面毎の面積は異なるものの、軸線は完全に一致し、古墳時代の水田址を利用しつつ条里制が施行されたことも判明した。

　こうした宮中条里の一連の発掘調査は、条里遺構を面的に把握することに成功した貴重

な事例として位置づけられる。

豊郷条里（須賀・沼尾条里）　豊郷条里は宮中条里の北方に広がる耕地で、範囲は南北約2.5km、東西約0.4kmに及ぶ。南部に須賀条里、北部に沼尾条里が広がり、圃場整備に伴う発掘調査が数次にわたり実施されている。

　須賀条里では1982年より3次にわたる本発掘調査（トレンチ調査）が実施された（鹿島町教育委員会1983a・b・1984a)。須賀条里の調査は県内初の古代水田址の発掘調査でもあり、ここから水田址の効率的な調査方法が模索され、向上が図られていくことになった。

　特に、2次調査においては8世紀前半から9世紀前半の水田遺構とともに、国内初の出土例となる田舟も検出されるなど大きな成果を挙げた。報道等で内外の耳目を集めたことから、県内における条里遺跡の存在を広く周知させる重要な役割を担った。

　沼尾条里では1984年から2次の発掘調査が実施された（鹿島町教育委員会1985a・b)。

　特に、第2次調査（沼尾Ⅱ地区）では、宮中条里爪木Ⅱ地区に続く古代条里の面的把握に成功している（写真1)。検出された水田址は58面に及び、平面規模としては約10.5m前後×約3.0m前後の水田址が多数を占めた。

鉢形条里　鉢形条里は長栖条里の北方、北浦より流出する鰐川によって開析された支谷に広がる耕地であり、規模は南北約1.0km、東西約0.5kmである。

　1987年から圃場整備に伴う発掘調査が実施されたが、古代水田址は確認されなかった（鹿島町教育委員会1990)。

写真1　豊郷条里沼尾Ⅱ地区古代水田址
　　（鹿嶋市どきどきセンター提供）

鹿島郡における条里遺跡は80年代前半より継続的な発掘調査が行われ、県内の考古学調査をリードした。その一方で、これらの調査成果を総括する個別研究は管見の限り見当たらない。すなわち、鹿島郡内における条里調査に一定の区切りがついて既に20余年を経ているが、その評価は必ずしも定まっていないのである。こうした点を踏まえ、今後は条里遺跡に近接する神野向遺跡、律令期の大集落である厨台遺跡、そして鹿島神宮寺跡などの調査成果を加味しながら、古代鹿島郡の条里制について考究していくことが期待される。

（7）相馬郡（北部）

相馬郡は利根川両岸の茨城・千葉両県にまたがる。このうち茨城県域にあたる相馬郡北部は、現在の龍ヶ崎市南部、取手市、守谷市に相当する。相馬郡衙は千葉県我孫子市にある日秀西遺跡を比定している。

小貝川流域の耕地 相馬郡北部では条里型地割の存在を指摘する先行研究はない。しかし、本郷台地に北面する寺田耕地遺跡において古代の遺物が採集されており（川井1991）、小貝川に開析された沖積低地において律令期の遺跡が包蔵されている可能性がある。この地は大治5(1130)年に立荘された相馬御厨に編入されている（伊藤1990）。

3　今後の課題

茨城県南部・東部では、常陸国府、平沢官衙遺跡、金田官衙遺跡、神野向遺跡などの官衙関連遺跡の調査が先導的に実施されるとともに、古代官道の調査や常陸国風土記をはじめとする文献史的研究の蓄積も相まって、活発な古代郡制の研究がなされている。

その一方で、条里遺構を古代郡制研究に積極的に取り入れる視点は、豊崎の研究以来ほとんど顧みられていないように感じられる。

しかし、常陸各郡における条里の様相を俯瞰すると、他地域と同様、条里遺構と官衙関連遺跡はいずれも近接し、両者に密接な関連性があることは明白である。こうした点から、常陸における条里制施行の様相の考究は、官衙の考究と一体的に把握していくべきものであることを、自戒を込めて最初の課題として掲げておきたい。

次に課題として掲げるのは、条里遺跡の発掘調査法についてである。水田址の発掘は低湿地のため遺構プラン・層位堆積・確認面等が比較的困難であり、また、畦畔のような凸型の遺構も存在する。さらには主軸方位が重要なポイントとなることから、面的調査が要求され、トレンチ調査は馴染みにくい。

しかし、実際には圃場整備等による広域な面積が調査対象地となることから、物理的な理由でトレンチ調査を採用する事例が多く、考古学的研究が進まない要因の一つになっている。茨城県においても状況は同じであり、効率的な面的調査法の検討は重要な課題と言えよう。こうした中注目されるのが、鹿嶋市の条里遺跡の調査法である。鹿嶋市では試行錯誤の中で調査法の向上が図られ、最終的には次の①～⑥の工程による調査法となった。

①50m間隔でテストピットを設定し土層観察と土壌分析（プラント・オパール調査）を実施→②プラント・オパールの多い部分について5m間隔でさらに土壌分析調査→③水田址遺構の遺存が高い地域にトレンチを入れ再検証→④調査対象地を確定→⑤排水後一定期間放置し調査地を乾田化→⑥面的発掘を実施

これは、対象地全域のテストピット・土壌分析・面的調査を組み合わせた効率的な調査法と言える。その結果、前述したように古代条里の面的・層位的把握に成功しており、現在でも参照すべき点は多い。

いずれにせよ、県内の条里は埋蔵文化財包蔵地外であるケースが多い。これは普遍的課題ではあろうが、茨城県内には豊崎・菊地らの先駆的研究と、鹿嶋市の先導的調査等の実績がある。こうした先学の業績を改めて繙き、積極的に条里型地割の把握に努めることは、隆盛する常陸の古代郡制研究にあって、意義あることと言えよう。

茨城県南部・東部の条里

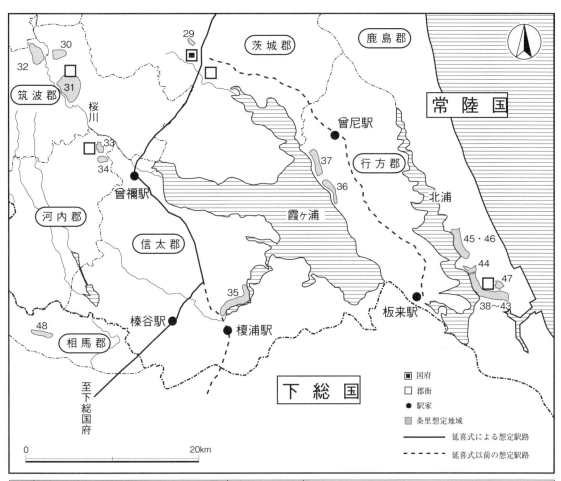

No.	現在地	河川・湖沼	条里名称（遺跡名）
29	石岡市鹿の子	恋瀬川	鹿の子条里（鹿の子遺跡）
30	つくば市神郡	桜川	神郡条里（神郡条里跡）
31	つくば市北条	桜川	北条条里
32	つくば市田中	桜川	田中荘
33	つくば市金田・花室	桜川	金田条里（金田本田遺跡）
34	つくば市上ノ室	桜川	上ノ室条里（上ノ室条里遺跡）
35	稲敷市江戸崎・羽賀浦	小野川	
36	行方市五町田・舟子・於下	霞ヶ浦	
37	行方市手賀	霞ヶ浦	
38	鹿嶋市泉川	北浦	泉川条里（鹿島湖岸南部条里遺跡）
39	鹿嶋市長栖	北浦	長栖条里（鹿島湖岸南部条里遺跡）
40	鹿嶋市谷原	北浦	谷原条里（鹿島湖岸南部条里遺跡）
41	鹿嶋市下塙	北浦	下塙条里（鹿島湖岸南部条里遺跡）
42	鹿嶋市根三田	北浦	根三田条里（鹿島湖岸南部条里遺跡）
43	鹿嶋市大船津（南部）	北浦	大船津条里（鹿島湖岸南部条里遺跡）
44	鹿嶋市大船津（北部）・爪木	北浦	宮中条里（鹿島湖岸北部条里遺跡）
45	鹿嶋市須賀	北浦	豊郷条里　須賀条里（鹿島湖岸北部条里遺跡）
46	鹿嶋市沼尾	北浦	沼尾条里（鹿島湖岸北部条里遺跡）
47	鹿嶋市鉢形	－	鉢形条里（鉢形地区条里遺跡）
48	取手市寺田	小貝川	（寺田耕地遺跡）

図4　茨城県南部・東部の条里分布

文献案内

(1) この「文献案内」には、Ⅲ章において参照した文献を中心に関東各都県の条里関係文献を掲載している。作成にあたっては、各担当者から提出された文献リストをもとに編集担当が再構成した。
(2) 文献の掲載順は著者または発行機関名による五十音順とした。文献のうち発掘調査報告書が多い県は論文等と報告書に分け、その場合、報告書は刊行年次順に掲載した。なお、県によっては文献の掲載を主要なものに限定している。

【神奈川県】

浅香幸雄1958「多摩川下流域の条里型水田とその自然的基盤」『藤本治義教授還暦記念論文集』

浅香幸雄1960「条里集落」『神奈川県の歴史』県下の集落篇上　神奈川県立図書館シリーズ No.4

足利健亮1997「多摩川南岸の条里」『空からみた古代遺跡と条里』大明堂

蘆田伊人1919「古代武蔵に於ける条里の制と其遺蹟」『歴史地理』33—1　日本歴史地理学會

阿部武彦1990「第一章古代の平塚　第二節奈良・平安時代の平塚」『平塚市史9 通史編　古代・中世・近世』

天野賢一他2010「下堀広坪遺跡第Ⅰ地点他」『かながわ考古学財団調査報告』259

天野賢一他2011「成田上耕地遺跡第Ⅰ地点他」『かながわ考古学財団調査報告』271

荒井秀規1999「「相模国天平七年封戸租交易帳」の復元と二三の考察」『国立歴史民俗博物館研究報告』79

荒井秀規1993「相模国足柄評の上下分割をめぐって—評・郡の分割に関する予察として—」『市史研究あしがら』第5号　南足柄市史編集委員会

伊勢原町勢誌編纂委員会編1963「第三編中世　第六章地方制度のはじめ」『伊勢原町勢誌』伊勢原町役場

井出栄二1985『平塚の地誌』稲元屋書籍店

伊藤　郭1986「第二編港北区の歴史二　防人のムラ、柵戸人のムラ」『港北区史』港北区郷土史編さん刊行委員会

海老名市1998『海老名の地名』海老名市史叢書7

遠藤直樹1971・72『郷土史夜話』1・2　花群社

大橋俊雄他1987「奈良に都があったころ」『戸塚の歴史』文華堂書店

岡田清子1958「第4章律令制時代　第一節律令国家形成時代の横浜」『横浜市史第一巻』

岡本孝之2014「神奈川県における条里の基礎的検討」相模の古代を考える会資料（2014年　9月20日）

岡本孝之2015「藤沢の条里」『湘南考古学同好会々報138』

押木弘己他2013『本村居村A遺跡（第6次）本村居村B遺跡（第4次）』茅ヶ崎市文化・スポーツ振興財団調査報告36

柏木善治1997「第一東海自動車道　鶴巻上ノ窪遺跡（No.25上 秦野地区）」『第7回　東日本の水田を考える会—資料集—』

柏木善治他2000「矢代遺跡」『かながわ考古学財団調査報告』101

木下　良・荒井秀規他1997『神奈川の古代道』藤沢市教育委員会

木村茂光1990「武蔵国橘樹郡稲毛荘の成立と開発」『地方史研究』227 地方史研究協議会

国平健三1990・1991「初期相模国府の所在地について—造瓦技法の比較と分布からみた場合—」『えびなの歴史』創刊号・第2号　海老名市史編集委員会

港南の歴史発刊実行委員会編1979「6 条里制の遺構」『港南の歴史』

小塚光治1987「野川の影向寺が栄えていた時

代」『川崎史話』桐光学園教育研究所

近藤英夫・田尾誠敏他1991『国府津三ツ俣遺跡』国府津三ツ俣遺跡調査団

斉木秀雄他1997・98「四大縄遺跡」『中世遺跡研究会調査報告』1・3　海老名市No.47遺跡発掘調査団

斉木秀雄他1997「海老名市河原口四大縄遺跡の発掘調査」『えびなの歴史』第9号　海老名市史編集委員会

茂田　孝1984「神奈川県下の条里制─海老名耕地を中心として─」『地理紀要』創刊号　神奈川県高等学校教科研究会社会科地理分科会

柴田孝夫1975『地割の歴史地理学的研究』古今書院

清水銀三他1978「四条里制下の磯子」『磯子の史話』磯子区制50周年記念事業委員会

菅野雪雄2001「多摩川下流域の条里遺構」『川崎研究』38　川崎郷土研究会

菅野雪雄1988「稲毛川崎二ヶ領用水と条里制水路」『武蔵野』311・312　武蔵野文化協会

菅野雪雄1999『多摩川流域の古代における水田景観の研究』財団法人とうきゅう浄化財団

菅野雪雄2009・11「厚木の条里1・2」『県央史談』48・50　厚木県央史談会

杉山幾一1998「律令制下の小田原地方」『小田原市史 通史編 原始・古代・中世』

杉山博久1990「第一章平安時代以前　第一節あづまの国から相模国へ」『秦野市史通史1　総説・原始・古代・中世』

高木勇夫1985「地盤隆起地域の条里─足柄平野の場合─」『条里地域の自然環境』古今書院

高橋長治1976「弘明寺の建立　蒔田の市・坪」『南区の歴史』南区の歴史発刊実行委員会

竹内理三1981「第2編古代　第2章大化改新と相武第三節相模・武蔵の国勢」『神奈川県史 通史編1　原始・古代・中世』

鶴原明他1995「「海老名耕地」における稲作の歴史─自然科学分析調査の成果から─」『えびなの歴史』第7号　海老名市史編集委員会

鳥飼直樹1989「第4章奈良・平安時代　第3節高座郡と市域の村々」『大和市史1 通史編　原始・古代・中世』

鳥飼直樹1998「第2部古代・中世 第1章古代の寒川　第二節律令制下の寒川」『寒川町史6 通史編 原始・古代・中世・近世』

中山毎吉1924「第五項　班田収授の施行と海老名耕地の條里」『相模国分寺志』神奈川県高座郡海老名村

中山毎吉1933「海老名耕地条里の遺蹟」『史跡名勝天然記念物調査報告書』第一編　神奈川県

貫　達人1995「第3章古代 第2節古代」『伊勢原市史 通史編　先史・古代・中世』

浜田晋介1997「多摩川低地の遺跡について（序説）」『川崎市民ミュージアム紀要』第10集

平野卓治1993「第二編原始・古代の川崎市域　第五章古代の政治と文化 第二節律令制下における川崎市域」『川崎市史　通史編1　自然環境・原始・古代・中世』

深谷正秋1936「条里の地理学的研究」『社会経済史学』6─4　岩波書店

本牧のあゆみ研究会編1986「5.漁場の目標「ツボネダシ」は律令時代のなごり」『本牧のあゆみ』新本牧地区開発促進協議会事業部

三友国五郎1959「関東地方の条里」『埼玉大学紀要 社会科学篇』8巻

村田文夫2010『川崎・たちばなの古代史─寺院・郡衙・古墳から探る』有隣新書

村田文夫2014「武蔵国橘樹郡衙周辺の歴史的な景観考─久本村条里水田遺構の復元と「皮古造免五段」の地平─」『神奈川考古』第50号　神奈川考古談話会

村田文夫2014「中原街道の「カギ道」と小杉御殿跡」『川崎研究』第51号　川崎郷土研究会

横須賀市都市整備部都市整備課1989『横須賀の町名』横須賀市

依田亮一2004「奈良・平安時代の土地区画整理事業」『第5回考古学講座』資料　財団法人かながわ考古学財団

依田亮一2005「神奈川県の条里」『シンポジウム関東条里研究の現段階』関東条里研究会

依田亮一2011「古代相模国における山川藪沢開発の諸相―鎌倉郡沼濱郷周辺の事例を中心として―」『神奈川考古』第47号

依田亮一2014「神仏と山川藪沢の開発―鎌倉郡沼濱郷―」天野努・田中広明編『古代の開発と地域の力』高志書院

【東京都】

蘆田伊人1919「古代武蔵に於ける条里の制と其の遺蹟」『歴史地理』33―1　日本歴史地理学會

荒井健治1997「武蔵国府付近の古道と方格地割」『空から見た古代遺跡と条里』大明堂

荒川区1955『新修荒川区史』

遠藤吉次1977「武蔵府中の条里」『府中市立郷土館紀要』3

大石堪山1982「関東地方における条里遺構の分布と地盤変動」『多摩のあゆみ』第27号　多摩中央信用金庫

大石堪山2003『多摩川中・下流部における大縮尺地図表現による古代景観の復元的研究』とうきゅう環境浄化財団

葛飾区郷土と天文の博物館2012『東京低地と古代大嶋郷―古代戸籍・考古学の成果から―』名著出版

北区1971『新修北区史』

北区教育委員会1993『中里遺跡　東日本旅客鉄道株式会社東京地域本社ビル地点』

北区教育委員会1995『豊島馬場遺跡』

木下　良1976「立石考―古駅路の想定に関して」『諫早史談』第4号　諫早史談会

佐々木虔一1990「すみ田川と古代東国の交通路」『都立墨田川高等学校堤校舎五周年記念紀要』

谷口　榮1990「下総国葛飾郡大嶋郷の故地」『東京考古』第8号　東京考古学談話会

谷口　榮1998「大嶋郷と交通」『古代交通研究』第8号　八木書店

篠崎譲治1997「日野市・南広間地遺跡における条里遺構について」『日野税務署建設に伴う埋蔵文化財発掘調査報告書―南広間地遺跡第45次調査―』日野市遺跡調査会

柴田孝夫1974『地割の歴史地理学的研究』古今書院

渋江芳浩1998「Ⅸ―1―（3）落川付近の条里プランについて」『おちかわ―日野市落川土地区画整理事業に伴う発掘調査報告書』日野市落川土地区画整理組合

渋江芳浩2001「Ⅴ―2　古代水田の畔と想定条里」『落川遺跡―守屋マンション建設に伴う埋蔵文化財発掘調査報告書』落川区画整理（守屋マンション地区）調査団

菅野雪雄1986・88「稲毛二ヶ領用水の創設と条里制水路（上）（下）」『武蔵野』309・312号　武蔵野文化協会

菅野雪雄1999『多摩川流域の古代における水田景観の研究』とうきゅう環境浄化財団

菅野雪雄2001「多摩川下流域の条里遺構」『川崎研究』第39号　川崎郷土研究会

大成エンジニアリング埋蔵文化財調査部2006『町屋四丁目実揚遺跡』

高島緑雄1982「荏原郡の水利と摘田―谷田地帯における中世水田へのアプローチ―」『駿台史学』第55・56号　駿台史学会

竹内理三1958「続条里制の起源」『律令制と貴族政権』お茶の水書房

田中禎昭2001「武蔵国豊島郡の条里」『古代史研究』第18号　立教大学古代史研究会

田中禎昭ほか2001『隅田川流域の古代・中世世界―水辺から見る江戸・東京前史―』足立区立郷土博物館・すみだ郷土文化資料館・財団法人宮本記念財団

柘植信行2014「中世の大井と大井氏ゆかりの地」『品川区史2014』品川区

中島広顕1997「武蔵国豊島郡衙と豊島駅」『古代交通研究』第7号　八木書店

中島広顕2003「豊島郡衙正倉の再検討」『御殿前遺跡Ⅶ』北区教育委員会

中村太一1992「武蔵国豊島郡における古代駅路の歴史地理学的考察」『北区史研究』第1号　北区

平田美枝子・池田文子1963「条里制と武蔵国

国府の研究」『日本史攷究』第12号　日本史攷究会

深澤靖幸2008「武蔵府中における条里地割の基礎研究」『府中市郷土の森博物館紀要』第21号

深谷正秋1936「条里の地理学的研究」『社会経済史学』6—4　岩波書店

三友国五郎1959「関東地方の条里」『埼玉大学紀要 社会科学篇』8巻

吉川國男1987「条里遺跡と荒川」『荒川　人文Ⅰ—荒川総合調査報告書2』埼玉県

吉川國男2005「律令社会の荒川流域」『荒川下流誌』国土交通省関東地方整備局荒川下流河川事務所

吉川國男2006「東京東部低地・大嶋郷の条里をさぐる」坂詰秀一先生古稀記念会編『考古学の諸相2』匠出版

【埼玉県】

(論文等)

井上尚明1998「七世紀における集落の再編成とその背景」『埼玉県史研究』20　埼玉県史編纂室

籠瀬良明1958「埼玉低地帯の開発に関する若干の考察」『横浜市立大学紀要』第84号

籠瀬良明1972『低湿地—その開発と変容』古今書院

小林　茂1987「安中条里遺跡・芦田条里遺跡」『吉田町史』吉田町

埼玉県1931『埼玉縣史』第2巻

柴田孝夫1950『地割の歴史地理学的研究』古今書院

鈴木徳雄1996「古代北武蔵の開発と集落—埼玉県北部の灌漑方式の変化を中心に—」『月刊文化財』No.398

竹内理三1964『平安遺文』古文書編 第9巻　東京堂書店

高橋一夫1982『埼玉県古代寺院跡調査報告書』埼玉県史編纂室

鳥羽政之2004「東国における郡家形成の過程」『幸魂—増田逸郎氏追悼論文集』北武蔵古代文化研究所

野村康子1971「埼玉県越谷市の条里」『埼玉研究』第21号

原島礼二1978「東松山市と周辺の古代—条里遺構調査を基にして—」東松山市史編さん調査報告書 第13集

深谷市教育委員会2004『幡羅遺跡現地説明会資料』

三友国五郎1959「関東地方の条里」『埼玉大学紀要 社会科学篇』8巻

三友国五郎1965「荒川低地の開発に関する歴史地理学的研究」『埼玉大学紀要 社会科学篇』13巻

村本達郎1959「関東平野の条里遺蹟—主として入西条里について」『埼玉大学紀要社会科学編』第8巻

森田　悌1983「武蔵国大里郡条里について」『信濃』399号　信濃史学会

森田　悌1988『古代の武蔵—稲荷山古墳の時代とその後』吉川弘文館

森田　悌2011「大里郡と大里条里」『埼玉地方史』第64号　埼玉地方史研究会

柳田敏司・清水章夫1965『大久保総合調査』文化財の調査第11集　浦和市教育委員会

吉川國男1980「東国における条里制の施行形態について—秩父盆地太田の遺構の復原的考察をとおして—」『古代探叢—滝口宏先生古稀記念考古学論文集—』早稲田大学出版部

吉川國男1987「条里遺跡と荒川」『荒川—人文Ⅰ　荒川総合調査報告書2』埼玉県

(発掘調査報告書)

小沢国平1971『熊谷市別府条里遺跡発掘調査報告書』埼玉県遺跡調査会報告 第12集

斎藤国夫1980『池守遺跡発掘調査概報—昭和54年度—』行田市教育委員会

梅沢太久夫他1981『六反田』岡部町六反田遺跡調査会

吉川國男1981『秩父太田条里遺跡—県道久長秩父線建設工事に伴う調査—』秩父市太田条里遺跡調査会

吉田　稔1991『小敷田』埼玉県埋蔵文化財調査事業団報告書 第95集

岩瀬　譲1991『樋詰・砂田前』埼玉県埋蔵文化財調査事業団報告書 第102集

鳥羽政之1995『中宿遺跡—推定榛澤郡正倉跡

の調査』岡部町教育委員会埋蔵文化財調査報告書 第1集
大屋道則1996『菅原遺跡』埼玉県埋蔵文化財調査事業団報告書 第169集
宮本直樹1997『滝下遺跡』岡部町教育委員会埋蔵文化財調査報告書 第2集
宮本直樹1998『岡部条里遺跡』岡部町教育委員会埋蔵文化財調査報告書 第3集
岩田明広1998『今井条里遺跡』埼玉県埋蔵文化財調査事業団報告書 第192集
佐藤康二1998『砂田前遺跡』埼玉県埋蔵文化財調査事業団報告書 第198集
中村倉司1999『岡部条里・戸森前』埼玉県埋蔵文化財調査報告書 第217集
鳥羽政之・竹野谷俊夫2001『熊野遺跡Ⅰ』岡部町遺跡調査会埋蔵文化財調査報告書 第9集
富田和夫2002「熊野遺跡A・C・D区」埼玉県埋蔵文化財調査事業団報告書 第279集
堀　宏行1995『秩父・太田条里遺跡群'89（太田条里遺跡、小前田遺跡、銭本堂遺跡）―県営圃場整備事業太田地区に伴う発掘調査報告書―』秩父市教育委員会

【千葉県】

（論文等）

大谷弘幸1991「市原条里制遺跡検出の古道跡について」『第6回市原市文化財センター遺跡発表会要旨』市原市文化財センター
大谷弘幸1993「茂原街道に隣接した溝跡について」『研究連絡誌』第38号　千葉県文化財センター
大谷弘幸1994「市原条里制遺跡の調査」『条里制研究』第10号　条里制研究会
大谷弘幸1997「上総国分寺跡と市原条里」『空から見た古代遺跡と条里』大明堂
大谷弘幸2005「市原条里に関する基礎的研究」『千葉県文化財センター研究紀要』24　千葉県文化財センター
大谷弘幸・笹生衛1989「関東地方の条里」『考古学ジャーナル』No.310　ニュー・サイエンス社
木下良1999「上総国府の調査」『上総国府推定地歴史地理学的調査報告書』市原市教育委員会
木本雅康2000『古代の道路事情』歴史文化ライブラリー108　吉川弘文館
佐々木虔一1998「古代の国堺としての山河と交通路―房総地方を中心として―」『千葉県史研究』第6号　千葉県
笹生衛1992「千葉県の条里」『平成二年度東京都立大学特定研究費研究成果報告書』東京都立大学
笹生衛ほか1995「上総国畔蒜庄横田郷の荘園調査報告」『千葉県史研究』第3号　千葉県
笹生衛1999「東国中世村落の景観変化と画期」『千葉県史研究』第7号　千葉県
佐藤隆・新田浩三1997「市原条里制遺跡（県立スタジアム）の調査成果―大規模低湿地遺跡の調査方法の検討―」『研究連絡誌』第49号　千葉県文化財センター
鈴木哲雄1998「中世横田郷の地域景観をさぐる」『袖ケ浦市史研究』第6号　袖ケ浦市史編さん委員会
平野元三郎1956「上総国分寺附近の條里制遺構について」『國學院雑誌』第56巻第5号　國學院大学
三友国五郎1959「関東地方の条里」『埼玉大学紀要 社会科学篇』8巻　埼玉大学
山田安彦1980「伝承地の地籍図」『地理』第25巻第4号　古今書院
吉田敏弘1999「上総国府・府中比定地周辺の地割と地名」『上総国府推定地歴史地理学的調査報告書』市原市教育委員会

（自治体史）

井上光貞・岡田隆夫1974「第2章律令時代の下総3条里」『市川市史　第2巻　古代・中世・近世』市川市
大谷弘幸1998「市原条里制遺跡」『千葉県の歴史』資料編考古3　千葉県
加藤晋平1993「第2章御宿の原始・古代　第6節律令体制の施行条里制の痕跡」『御宿町史』御宿町
加藤晋平2004「第3章古代　第2節律令制への編入」『夷隅町史　通史編』夷隅町
神尾明正・森谷ひろみ1963「第7章　安房郡

の条里」『千葉県史料　原始古代篇　安房国』千葉県
栗田則久2001「第2編律令制下の房総　第4章古代房総の村落　第7節条里制と農耕」『千葉県の歴史』通史編古代2　千葉県
笹生衛1998「市原条里制遺跡」『千葉県の歴史』資料編中世1　千葉県
笹生衛2001「第2部中世　第4章田園風景の原点」『袖ケ浦市通史編1　原始・古代・中世』袖ケ浦市
橋口定志・今関竜一郎1983「第2章原始・古代第6節律令時代　3房総三国の設置と夷隅郡」『岬町史』岬町
山本正雄1966「第2章　中世1郷土の荘園」『佐原市史　第一編　文化』佐原市

(発掘調査報告書)

玉口時雄1975『千葉県館山市条里遺構調査報告書』館山市条里遺跡調査会
豊巻幸正1988『郡条里遺跡確認調査報告書』君津郡市文化財センター
笹生衛1989『君津市外箕輪遺跡・八幡神社古墳発掘調査報告書』千葉県文化財センター
戸倉茂行1990『郡条里遺跡発掘調査報告書』君津郡市文化財センター
高梨俊夫1991『君津市郡遺跡発掘調査報告書』千葉県文化財センター
能城秀喜1992『郡条里遺跡Ⅱ』君津郡市文化財センター
中能隆1994『郡条里遺跡Ⅲ』君津郡市文化財センター
笹生衛ほか1994『外箕輪遺跡発掘調査報告書』君津郡市文化財センター
高柳正春1995『長須賀条里制遺跡』長須賀条里制遺跡調査会
大渕淳志1995『中原条里跡』鴨川市教育委員会
甲斐博幸1996『常代遺跡群』君津郡市文化財センター
伊藤伸久1997『外箕輪遺跡Ⅱ』君津郡市文化財センター
黒澤聡1997『外箕輪遺跡Ⅲ』君津郡市文化財センター
城田義友1998『一般国道409号（木更津工区）埋蔵文化財調査報告書』千葉県文化財センター
田中清美1998「八幡市原条里制遺跡」『市原市文化財センター年報平成7年度』市原市文化財センター
小久貫隆史ほか1999『市原市市原条里制遺跡』千葉県文化財センター
木下良ほか1999『上総国府推定地歴史地理学的調査報告書』市原市教育委員会
石倉亮治ほか1999『東関東自動車道（千葉・富津線）埋蔵文化財調査報告書4』千葉県文化財センター
野中徹ほか2000『東条地区遺跡群発掘調査報告書』鴨川市遺跡調査会
小出紳夫2000「市原条里制遺跡」『市原市文化財センター年報平成8年度』市原市文化財センター
田中清美2000「市原条里制遺跡（菊間徳万地区A）」『市原市文化財センター年報平成9年度』市原市文化財センター
田中清美2000「市原条里制遺跡（八幡・砂田地区）」『市原市文化財センター年報平成9年度』市原市文化財センター
渡邊祐二2001『三直中郷遺跡確認調査報告書』君津郡市文化財センター
鶴岡英一2001「八幡市原条里制遺跡（八幡・砂田地区）」『市原市文化財センター年報平成10年度』市原市文化財センター
北見一弘2002「市原条里制遺跡菊間徳万地区B」『市原市文化財センター年報平成11年度』市原市文化財センター
北見一弘2002「市原条里制遺跡（菊間徳万地区C）」『市原市文化財センター年報平成12年度』市原市文化財センター
相京邦彦2003『三直中郷遺跡（坂ノ下地区）主要地方道君津鴨川線道路改良工事に伴う埋蔵文化財調査報告書』千葉県文化財センター
高梨友子ほか2004『館山市長須賀条里制遺跡・北条条里制遺跡』千葉県文化財センター
土屋治雄ほか2004『国道127号線埋蔵文化財調査報告書―君津市常代遺跡六反免地区、郡条里遺跡、郡遺跡（2）、郡遺跡

(3)、小山野遺跡―』千葉県文化財センター
近藤敏2004「市原条里制遺跡」『市原市文化財センター年報平成13・14年度』市原市文化財センター
西野雅人2004『市原条里制遺跡市原条里制遺跡（蛇崎八石地区）・仲山遺跡』市原市文化財センター
城田義友2005『長須賀条里　緊急地方道路整備委託（館山大貫千倉線）埋蔵文化財調査報告書』千葉県文化財センター
半澤幹雄ほか2005『三直中郷遺跡（沖田地区）東関東自動車道（木更津・富津線）埋蔵文化財調査報告書4』千葉県文化財センター
小川浩一2005「市原条里制遺跡」『市原市文化財センター年報平成15・16年度』市原市文化財センター
道澤明ほか2006『芝崎遺跡群』東総文化財センター

（分布地図等）
千葉県教育委員会1985～1988『千葉県埋蔵文化財遺跡分布地図（1）～（4）』千葉県教育委員会
光江章1986「Ⅴ条里」『千葉県生産遺跡詳細分布調査報告書』千葉県
千葉市史編纂委員会1993『絵にみる図でよむ千葉市図誌　上巻』千葉市
千葉県教育委員会1997～2000『千葉県埋蔵文化財遺跡分布地図（1）～（4）（改訂版）』千葉県教育委員会

【群馬県】
（論文等）
新井　仁2001「群馬県における平安時代の水田開発について―前橋台地南部を中心とした試論―」『財団法人群馬県埋蔵文化財調査事業団研究紀要19』
新井　仁2008「条里地割導入後の水田と集落の一様相」『財団法人群馬県埋蔵文化財調査事業団研究紀要26』
新井房夫1979「関東地方北西部の縄文時代以降の示標テフラ層」『考古学ジャーナル』第157号
岡田隆夫1991「特論　上野国の条里制」『群馬県史 通史編2』
かみつけの里博物館2004　第12回特別展図録『1108 浅間山大噴火、中世への胎動』
関口功一1984「群馬県下の条里的方格地割に関する予察」『古代史研究』1
関口功一1986「鏑川流域の条里的地割」『条里制研究』第2号　条里制研究会
関口功一2012『上毛野の古代農業景観』岩田書院
高崎市市史編さん委員会2000『新編高崎市史 資料編2　原始古代Ⅱ』
高崎市市史編さん委員会2003『新編高崎市史 通史編1　原始古代』
田村孝・横倉興一2003「五 浅間山の噴火と古代水田」『新編高崎市史通史編1原始古代』
中島直樹・吉澤　学2004「群馬県玉村町における条里地割の復原」『東国史論』第19号
能登　健1983「群馬県下における埋没田畠調査の現状と課題―火山災害史への考古学的アプローチ―」『群馬県史研究』17 群馬県史編さん委員会
能登　健2006「天仁元年・浅間山噴火」北原糸子編『日本災害史』吉川弘文館
能登　健・小島敦子1997「群馬県の水田・畠調査遺跡集成」『研究紀要』14　財団法人群馬県埋蔵文化財調査事業団
深谷正秋1936「条里の地理学的研究」『社会経済史学』6―4
三友国五郎1959「関東地方の条里」『埼玉大学紀要 社会科学篇』8巻
三宅敦気1989「はじまった隅田荘の発掘」『よみがえる中世』5　平凡社
横倉興一1986「上野国府周辺における条里遺構の問題点」『条里制研究』第2号

（発掘調査報告書）
群馬県教育委員会1973『上越新幹線地域埋蔵文化財発掘調査概報Ⅰ』
高崎市教育委員会1979『大八木水田遺跡』高崎市教育委員会発掘調査報告書 第12集
高崎市教育委員会1980『日高遺跡発掘調査報

告書（Ⅱ）』高崎市教育委員会発掘調査報告書 第17集
高崎市教育委員会1981『日高遺跡発掘調査報告書（Ⅲ）』高崎市教育委員会発掘調査報告書 第20集
高崎市教育委員会1981『菊地遺跡群Ⅰ』
高崎市教育委員会1982『菊地遺跡群Ⅱ』
藤岡市教育委員会1982『C4小野地区遺跡群発掘調査報告書』
財団法人群馬県埋蔵文化財調査事業団1984『女堀』
甘楽町教育委員会1984『甘楽条里遺跡』
甘楽町教育委員会1985『甘楽条里遺跡』
太田市教育委員会1985『渡良瀬川流域遺跡群発掘調査概報（丸山北遺跡・大道西遺跡・二の宮遺跡)』
太田市教育委員会1986『渡良瀬川流域遺跡群発掘調査概報—二の宮遺跡（第Ⅱ次)』
甘楽町教育委員会1986『甘楽条里遺跡』
甘楽町教育委員会1987『甘楽条里遺跡』
渋川市教育委員会1988『中村遺跡』
甘楽町教育委員会1989『甘楽条里遺跡』
財団法人群馬県埋蔵文化財調査事業団1989『有馬遺跡Ⅰ奈良・平安時代編・大久保B遺跡』
財団法人群馬県埋蔵文化財調査事業団1991『有馬条里遺跡Ⅱ古墳時代～平安時代の集落址の調査』
安中市教育委員会1991『九十九川沿岸遺跡群1』
安中市教育委員会1992『九十九川沿岸遺跡群2』
前橋市埋蔵文化財調査団1993『中原遺跡群Ⅰ』
財団法人群馬県埋蔵文化財調査事業団1993『五目牛清水田遺跡』
安中市教育委員会1994『九十九川沿岸遺跡群3』
前橋市埋蔵文化財調査団1994『中原遺跡群Ⅱ』
財団法人群馬県埋蔵文化財調査事業団1997『中宿在家遺跡・上富岡一里塚遺跡』
財団法人群馬県埋蔵文化財調査事業団1999『下芝五反田遺跡—奈良平安時代以降編—』
財団法人群馬県埋蔵文化財調査事業団1999『下川田下原遺跡・下川田平井遺跡』
財団法人群馬県埋蔵文化財調査事業団2000『白川笹塚遺跡・白岩浦久保遺跡・白岩民部遺跡』
財団法人群馬県埋蔵文化財調査事業団2000『中里見遺跡群』
財団法人群馬県埋蔵文化財調査事業団2001『下阿内壱町田畑遺跡・下阿内前田遺跡』
財団法人群馬県埋蔵文化財調査事業団2002『西田遺跡・村中遺跡』
財団法人群馬県埋蔵文化財調査事業団2009『上強戸遺跡群（1)』
財団法人群馬県埋蔵文化財調査事業団2009『古氷条里制水田跡・二の宮遺跡』
財団法人群馬県埋蔵文化財調査事業団2010『斉田中耕地遺跡』
財団法人群馬県埋蔵文化財調査事業団2012『上新田中道東遺跡』
公益財団法人群馬県埋蔵文化財調査事業団2012　『富岡城跡・富岡清水遺跡』
公益財団法人群馬県埋蔵文化財調査事業団2013『斉田中耕地遺跡（2)』
前橋市教育委員会2014『南部拠点地区遺跡群No.11』

【栃木県】

足利市教育委員会2002「神畑遺跡第5次発掘調査」『平成12年度文化財保護年報』
市橋一郎・大澤伸啓・柏瀬順一・足立佳代1991「毛野中南遺跡第2次発掘調査」『平成2年度埋蔵文化財発掘調査年報』足利市教育委員会
市橋一郎・柏瀬順一1993「神取町遺跡第2次発掘調査」『平成3年度埋蔵文化財発掘調査年報』足利市教育委員会
市橋一郎・大澤伸啓・足立佳代1995「田中・朝倉条里跡立会調査」『平成5年度埋蔵文化財発掘調査年報』足利市教育委員会
市橋一郎・齋藤和行1995「中沖遺跡第2次発掘調査」『平成6年度埋蔵文化財発掘調査年報』足利市教育委員会

内山謙治1981「小山市旧豊田村・穂積村における条里遺構についての一考察」『小山市史研究』3

梅澤重昭1996「条里水田の遺構と集落」『太田市史 通史編 原始古代』太田市

梅澤重昭2006「矢場、植木野の歴史」『矢場川村植木野区誌抄』梅澤瞭一郎

大澤伸啓1992「足利市域における耕作遺構調査の現状と課題」『栃木県考古学会誌』第14号

大澤伸啓2000「関東地域の「はたけ」検出遺跡集成 栃木県」『はたけの考古学』日本考古学協会

大澤伸啓2005a「国府野遺跡と東山道」『古代東国の考古学』大金宣亮氏追悼論文集刊行会

大澤伸啓2005b「下野国南西部における道と宿」『中世の道と宿―奥大道と下古館遺跡―』東国中世考古学研究会

大町雅美他編1984『角川日本地名大辞典』9

岡田隆夫1980「第四節 条里と交通」『栃木県史 通史編2 古代二』

木本雅康1992「下野国都賀・河内両郡における古代駅路について」『栃木史学』6

日下部高明1974「足利における条里遺構について」『足利市史研究』3 足利市史編さん委員会

日下部高明1975「足利における条里遺構について」『地理学評論』Vol.48―2

日下部高明1986「北関東における条里研究の動向―栃木県を中心に―」『条里制研究』第2号 条里制研究会

日下部高明2006「田中の条里制水田」『新訂 足利浪漫紀行』随想社

齋藤和行1998「熊野遺跡第2次発掘調査」『平成8年度文化財保護年報』足利市教育委員会

栃木県考古学会2007『上神主・茂原官衙遺跡の諸問題』

栃木県教育委員会1979『中村遺跡調査報告』

栃木県教育委員会2007『栃木県埋蔵文化財保護行政年報』29

栃木県教育委員会2010『栃木県埋蔵文化財保護行政年報』32

塙 静夫1989『栃木県の地名 語源から由来を探る』落合書店

塙 静夫1996『とちぎの地名を探る』随想社

藤田直也2003『東谷中島遺跡群3 推定東山道関連地区』栃木県埋蔵文化財発掘調査報告書 第274集

前澤輝政1960『足利の歴史』国書刊行会

前澤輝政・市橋一郎・山崎博章1987「菅田西根遺跡第2次発掘調査」『昭和61年度埋蔵文化財発掘調査年報』足利市遺跡調査団・足利市教育委員会

前澤輝政・田村允彦・大澤伸啓1988「助戸・勧農遺跡第5次発掘調査」『昭和62年度埋蔵文化財発掘調査年報』足利市遺跡調査団・足利市教育委員会

松本悟2004「町内の地名（小字）について―二宮町保有資料紹介を兼ねて―」『二宮町史研究』2号

三友国五郎1959「関東地方の条里」『埼玉大学紀要 社会科学篇』8巻

峰岸純夫1977「足利における条里遺構」『近代足利市史 第1巻 通史編』足利市

【茨城県】

(論文等)

阿久津久1998「第四節ムラのくらし」『三和町史 通史編 原始・古代・中世』

飯田瑞穂1963「第2節律令諸制度と郷土の生活」『水戸市史 上巻』

伊藤喜良1990「下総国」『講座日本荘園史』5 吉川弘文館

糸賀茂男1982「筑波郡」『日本歴史地名大系』第8巻（茨城県の地名）平凡社

籠瀬良明1964「久慈川・那珂川沿岸平野の条里遺構の分布」『日本地理学会春季大会報告』

籠瀬良明1970「久慈川・那珂川沿岸平野の条里―微地形との関連」『歴史学会例会会員通信第56号』歴史学会

籠瀬良明1971「水戸近傍の条里水田」『地理学評論』44―11

鹿島町史刊行委員会事務局編1982『鹿島町史研究Ⅲ 鹿島町地名考』鹿島町

片平雅俊2013「駅路が存在―日立市域における復原路線の提示と若干の問題提起―」『茨城県考古学協会誌』第25号

角川日本地名大辞典編纂委員会1983『角川日本地名大辞典』8（茨城県）　角川書店

川井正一1991「遺跡からみた律令制下の常総」『取手市史』通史編Ⅰ　取手市

川井正一1995「鹿の子A遺跡」『石岡市の遺跡』石岡市教育委員会

神郡条里遺跡発掘調査会1988『神郡条里遺跡発掘調査報告』つくば市教育委員会

菊地利夫1978「常陸国河内金田・花室の条里的地割遺構の研究」『歴史人類』第5号　筑波大学歴史・人類学系

木下　良1980『日本古代律令期に敷設された直線的計画道の復原的研究』文部省科学研究費補助金研究成果報告書

佐々木虔一1980「2古代農民の生活」『結城市史第4巻　古代中世編』

志田諄一1981「3村落と生活」『勝田市史 原始・古代編』

志田諄一1985「条里制」『茨城県史　原始古代編』

志田諄一1988「第3節 那賀郡の条里制」『常澄村史　通史編』

島方洸一他編2012『地図でみる東日本の古代―律令制下の陸海交通・条里・史跡』平凡社

鈴木貞夫1999「高萩市の古代の東海道と条里遺構」『ゆづりは』第5号 高萩市文化協会

高木勇夫1970「沖積平野の微地形と土地開発―茨城県久慈川・那珂川下流域―」『日本大学自然科学研究所研究紀要』5

高木勇夫1975「関東地方における河川下流域の地形面と条里について」『日本大学地理学科50周年記念論文集―関東とその周辺―』

高木勇夫1985『条里地域の自然地形』古今書院

堤禎子1990「常陸国」『講座日本荘園史』5 吉川弘文館

豊崎　卓1970『東洋史上より見た常陸国府・郡家の研究』山川出版社

野村康子1977「常陸国桜川中・下流域の条里」『歴史地理学会会報』第89号　歴史地理学会

三友国五郎1959「関東地方の条里」『埼玉大学紀要 社会科学篇』8巻

茂木清1974「行方地方に於ける条里制の遺構」『麻生の文化』第6号　麻生町郷土文化研究会

（発掘調査報告書）

鹿島町遺跡保護調査会1982『鹿島湖岸北部条里遺跡Ⅰ』（鹿島町の文化財第27集）

鹿島町教育委員会1983a『鹿島湖岸北部条里遺跡Ⅱ』（鹿島町の文化財第31集）

鹿島町教育委員会1983b『鹿島湖岸北部条里遺跡Ⅲ』（鹿島町の文化財第32集）

鹿島町教育委員会1984a『鹿島湖岸北部条里遺跡Ⅳ』（鹿島町の文化財第38集）

鹿島町教育委員会1984b『鹿島湖岸北部条里遺跡Ⅴ』（鹿島町の文化財第39集）

鹿島町教育委員会1985a『鹿島湖岸北部条里遺跡Ⅵ』（鹿島町の文化財第47集）

鹿島町教育委員会1985b『鹿島湖岸北部条里遺跡Ⅶ』（鹿島町の文化財第48集）

鹿島町教育委員会1989『鹿島湖岸北部条里遺跡Ⅷ』（鹿島町の文化財第67集）

鹿島町教育委員会1990『鉢形地区条里遺跡発掘調査報告書』（鹿島町の文化財第66集）

鹿島町文化スポーツ振興事業団1993『鹿島神宮駅北部埋蔵文化財調査報告Ⅹ』

IV　地域の条里

『相模国封戸租交易帳』と条里制

荒井　秀規

1　はじめに

　奈良時代の東国の水田情況について、ある程度まとまった形で知ることができる唯一の史料が天平七年（735）の「相模国封戸租交易帳」（『大日本古文書』1巻635頁。以下、「交易帳」）である。「交易帳」は、天平七年に相模国にあてられていた封戸計1300戸、田積計4162町余が封戸主ごとに書き上げられており、その封戸が用益する口分田の田積、田積の内訳として見輸租田（熟田）と不輸租田（損田）、見輸租田からの田租数、封戸主の収益を封戸主ごとに知ることができる貴重な史料である。

　神奈川県内の条里制遺構の具体的な事例や関わる研究史は、本書第Ⅲ章の依田亮一の詳論に委ね、ここでは、「交易帳」に見る相模国の田積と条里制との関係について取り上げてみたい。

2　「交易帳」への疑問

　たとえば、「交易帳」に載る相模国高座郡土甘（とがみ）郷の記載内容は、虫食い算による欠損部の復原を含めて、次である。

（1）高座郡土甘郷
　　従三位鈴鹿王食封高座郡土甘郷50戸
　　　田178町6段353歩
　　　　不輸租田110町4段65歩
　　　　見輸租田 68町2段288歩
　　　　　租1024束2把
　　　　　　納官512束1把
　　　　　　給主512束1把
　土甘郷は、神奈川県藤沢市の南部、中世に「砥上（とがみ）」と呼ばれた鵠沼（くげぬま）近辺に比定され、「土甘」と刻書された土師器杯も採取されている(1)。178町6段353歩の田は、1町（＝10段）＝3600歩＝約1.2㌶のそれであるから、近世以降の1町＝3000歩＝約0.98㌶に換算すれば214町余となる。ここで、問題は、海岸砂丘地帯の鵠沼界隈に214町余もの水田が展開している景観は、古代はもとより、新田開発後の幕末・明治期でも想像し得ないことである(2)。

　当該地域の村々の様子については、明治政府が明治五年（1872）に編纂を命じた『皇国地誌』に詳しいが(3)、はたして、土甘郷域に当たる境川と引地（ひきじ）川の下流に挟まれた鵠沼村はもとより、郷域を広めに想定して引地川西岸の羽鳥（はとり）村・辻堂村を含めても、『皇国地誌』にその水田は120町程度であり（ほかに大庭村の飛地が鵠沼村に田1畝29歩、畑6反2畝26歩ある）、「交易帳」からの換算値214町余には全く及ばない。さらに広げて藤沢駅分を加えても同様である。

【表1】『皇国地誌』による土甘郷の田畑

	水　田	畑　地
鵠沼村	65町7反6畝16歩	218町9反3畝2歩
羽鳥村	16町4反6畝27歩	26町4反1畝0歩
辻堂村	37町8反1畝6歩	114町3反4畝24歩
合　計	120町0反4畝19歩	359町6反8畝26歩
藤沢駅	64町0反6畝3歩	227町5反4畝13歩

（1反(段)＝10畝、1畝＝30歩）

　ちなみに、12世紀半ばに源義朝が当時伊勢大神宮領の大庭御厨内とされていた鵠沼郷に乱入狼藉した顛末を記す『天養記（てんようき）』には、厨内の鵠沼・殿原（とのはら）・香川（かがわ）3郷で作田95町とあるが、これはもっぱら茅ヶ崎市域の殿原・香川2郷のものらしい。殿原郷は浜ノ郷・円蔵（えんぞう）・

矢畑3村で『皇国地誌』に水田は計102町余、香川郷は香川村で同じく26町余となっている(4)。『皇国地誌』は鵠沼の地味について、「概地細砂、其色茶褐混淆シ、其質下等、稲麦薯及ヒ桃茶ニ適シ梁瓜ニ可ナリ、水利尤不便、旱魃ニ苦ミ、中地ノ低キヲ以テ東西両川ノ洪害ヲ恐レ、南部ハ暴風潮溢モ亦憂フ」とし、同様に羽鳥・辻堂2村も水利に不便で引地川の洪水の被害を受けるとある。稲作もないことはないが、畑作主体の村々と言えよう。『天養記』に鵠沼郷は大豆・小豆の耕作が記され、明治期でも鵠沼一帯の主要農産物は粟・黍・稗・大豆・木綿の畑作物である。

一方、筆者は以前、木下良監修の『神奈川の古代道』(藤沢市教育委員会、1997)において、木本雅康・中村太一・平野卓治らと、古代の神奈川(相模国と武蔵国南部)の交通網の復原図を作成したが、同図では次の手順で神奈川県内の条里遺構40箇所の復原を試みた(本書依田論考参照)。

①明治・大正年間の旧版地形図(5万分の1、2.5万分の1)の水田をすべて着色する。

②トレーシングペーパー上に1町方格(一辺109メートル)を縮小したメッシュを①に当て、1町方格の地割を検出する。

③その際、地籍図・迅速測図や新旧の空中写真などを参考とし、また、必要に応じて、現地の現況確認を行う。

なお、迅速測図(ドイツ式一色印刷図)をベースにしなかったのは、その田畑部分の記載に於いて、細実線の「定囲地界」に対する波線の「不定囲地界」は本来模様的な表示に留まるが、両者を眺めるとそれがあたかも条里地割の区画のように錯覚する恐れが強いからである。

この方法による条里制遺構の復原地帯は、明治・大正期の地図上に確認される1町方格地割を持つ水田地帯となる。したがって、江戸期の新田開発地帯は除いてはあるが、それでもそれが必ずしも古代の条里制水田と合致するとは断言できない。また、その復原では土甘郷に当たる鵠沼付近には条里制地割を復原できなかった。つまり、土甘郷は、「交易帳」の田積と『皇国地誌』の田積との整合性が採れないばかりか、条里制地割も確認されないのである。

そこで、本稿では、「交易帳」の記載田積の検討とともに、古代相模国の水田の所在、条里制地割の存否について探る事にしたい。

3 「交易帳」の田積の実態

既述のように『神奈川の古代道』で復原した条里地帯とは、近代の明治・大正期の1町方格地割(ここでの1町は古代の1町)に他ならないのではあるが、結論を先に言うならば、その復原地帯には、古代でもそこに水田が所在し、条里制地割が展開していたと捉えて大過ないようである。

このことを確認するために「交易帳」から推算される相模国一国の水田面積とその後の推移についてみてみたいが、その前に、「交易帳」の田積について確認しておかなければならないことが二つある。一つは数値に関する相模国の関与・調整、いま一つは田積の地目内容である。

まず、「交易帳」の田積については、早くは虎尾俊哉(5)が、また近年に筆者も(6)、その数値は国衙の調整を受けるもので、完全に当時の実態を反映しているものではないことを指摘した。たとえば、相模国内13郷にわたる封戸個々の見輸租田(現輸租田)の田積について、虎尾はそのすべての歩の数値が48歩の倍数と設定されていることを指摘し、それはその見輸租田の法定獲得田租(1町につき稲15束)に束把制の把未満が出ないようにするためのものとした。また、筆者はその実例として、把未満に及んだ田租の記載を塗抹し、切り上げて把止まりにした箇所を指摘した。ただし、これは封戸主の収益となる田租数に関わる問題で、またそのための田積調整も段・歩の単位に留まり町の単位には及んでいないから、町単位の田積を検討すれば論旨に支障のない本稿では、このことについては取り上げないことにする。

次に、封戸個々の田積(見輸租田と不輸租田との合計)が、a不輸租田に不勘佃田(恒常的に荒廃している常荒田)を含む当該封戸全

体の口分田総体か、またはb不輸租田は損田（天平七年に風水害などで荒廃して輸租に堪えない田）のみで不勘佃田を含まず、その不勘佃田の田積は「交易帳」では確認され得ないのか、このa案・b案いずれであるのかが問題となる。たとえば、先掲の土甘郷を例とするならば、a案では178町余が土甘郷50戸の用益する口分田の全てとなり、b案ではほかにも恒常的に輸租に堪えない不勘口分田があったということになる。

この点について虎尾俊哉は、仮に「交易帳」の全体田積4162町余を不堪佃田を含む総田積と考え、ここからある程度の不堪佃田を差引いて、全見輸租田積2917町9段余の堪佃田積に対する割合を、天平十二年「遠江国浜名郡輸租帳」の口分田の不堪佃田の割合14.4％を類型として、計算すると輸租率は82％弱となるが、これは同輸租帳の損田免租の実例や、収租率の70％を目指した「不三得七法」と照らして割合が高すぎると判定して、4162町余の田積は不堪佃田を除いた全封戸の堪佃口分田の合計であるとした。すなわち、b案である。

したがって、土甘郷の178町余の田は堪佃口分田のみで不堪佃口分田は含まれず、「交易帳」記載のほかに、未記載の不堪佃口分田があることになる。その不堪佃口分田の田積は不明であるが、それを加えた田積の総合計額と『皇国地誌』の水田数との差異はさらに開くことになる。ただし、浜名郡の口分田の不堪佃率14.4％は特例的で、天平七年の相模国のそれはそこまで高くないと想定され、かつ論旨に支障も無いので、以下、郡ごとの田数を検討する際には「交易帳」に載らないすでに除外されている不堪佃口分田を考察の対象から外すことにする。

4　相模国の水田面積

以上のように、「交易帳」に載る相模一国の田積4162町余は、同国に所在する封戸1300戸すなわち26郷相当の応輸租口分田となる。一方、元和古活字本『倭名類聚抄』（以下、『和名抄』）による相模国は8郡で67郷（余戸郷3・駅家郷4含む）であるから、封戸の郷は一国全郷の26/67すなわち38.8％、約4割となる(7)。ここから逆算すれば、相模国全体の応輸租口分田は10400余町となるが、一国全体の水田としてはほかに「交易帳」に載らない口分田である不堪佃口分田や墾田・公乗田・国司と郡司の職分田・寺田・駅田・国造田などがあることになる。

さて、古代の相模国の田積については、ほかに次の史料がある(8)。

『和名抄』	11236町　1段　91歩
『色葉字類抄』	11336町　　　　90歩
『拾芥抄』	11486町

三者の田積の年代については、各史料の成立年代や追補時期のほかに、田積を書き上げる際に依拠した原資料の時期を考慮せねばならず特定は困難であるが、本稿では『和名抄』、『色葉字類抄』・『拾芥抄』の順に古く、おおかた平安中期の田積を載せていると理解しておく。なお、『和名抄』は二十巻本のみ田積記事があり、十巻本にはない。また、『色葉字類抄』は、三巻本と十巻本で田積数値が相違する国もあるが相模国は同値である。

そして、こられの数値は口分田のみではなく一国全体の総水田数と考えられるので、先に推定した10400余町に墾田・公乗田その他を上乗せした天平七年当時の相模国の総水田数は、『和名抄』のそれを上回らず、11000町程度ということになろう(9)。

この天平期の相模国の推計総田積11000町は、近世以降に換算すれば13200町程度となる。これと明治期の相模国の田積とを比較してみよう。

明治四十二年（1909）の農商務省農務局『農務彙纂』第四「田ノ潅漑排水ニ関スル状況調査」による神奈川県の潅漑面積(10)、明治十年（1877）の勧農局『全国農産表』(11)の米・糯米の作付け面積が【表2】である。単位は町で、後者は余綾・大住二郡を分けるが前者は中郡と一括するので、後者の中郡の欄に（ ）で合算し、津久井郡は中世に愛甲郡から分離したので、旧愛甲郡として同じく

【表2】明治期の相模国の水田面積 （単位は町）

	明治42年	明治10年		
	灌漑面積	米	糯米	計
足柄上町	2417	1889	160	2049
足柄下郡	2069	1625	198	1823
中郡	3818	(3114)	(300)	(3414)
余綾郡		265	19	284
大住郡		2849	281	3130
(旧愛甲郡)	(1556)	(1309)	(103)	(1412)
愛甲郡	1416	1186	103	1289
津久井郡	140	123	0	123
高座郡	3246	2625	377	3002
三浦郡	2032	1574	263	1837
鎌倉郡	2173	1705	272	1977
合計（町）	17311	13841	1673	15514

（　）で合計した。なお、明治四十二年段階で表外となる（武蔵国）横浜市に鎌倉郡域の一部が含まれるので、相模国分の合計は若干増加するが、大勢に影響はない。

また、明治二十一年（1888）の平野師応『農事統計表』の第25「農民ト耕地トノ対較」によれば(12)、明治十八年（1885）の相模国の耕作地の面積は、田15911町8段、畑39386町2段となっている。一方、藤岡謙二郎編『日本歴史地理学総説』（吉川弘文館、1975）が掲載する昭和四年のデータによる相模国の水田面積は16213町なので、明治期の相模国の水田面積は増加傾向にあるが、大正～昭和期に都市化が進んで減少したことになる。

【表3】相模国の水田面積の推移

天平期	13200町（交易帳より推測換算値）
和名抄	13484町4段（換算値）
明治10年	15514町（米・糯米作付け面積）
明治18年	15911町8段（水田面積）
明治42年	17311町（灌漑面積）
昭和4年	16213町（水田面積）

相模国の総水田数は天平期が11000町余（換算値13200町余）、明治中期が16000町弱であるから、『和名抄』の数値11236町1段91歩（換算値13484町4段）を用いるならば、古代相模国の開田率は明治中期の84.7％となる。ちなみに、全国で同様な作業を行うと、【表4】のようになる。全国平均は39.2％で、なかには上野国や飛騨国のように、むしろ古代のほうが水田が多い国もあり、相模国はその両国と対馬国に次いで高い開田率である。したがって、『神奈川の古代道』で確認した近代の条里制遺構の水田地帯の多くには、古代

でも水田が展開していたと考えて差し支えないであろう。

5　小田原平野の水田と条里制遺構

（1）足下郡高田郷

たとえば、「交易帳」に載る舎人親王の足下郡高田郷封戸50戸の口分田について見ると、それは、不輸租田43町1段139歩、見輸租田124町2段120歩の合計167町3段259歩で、近世以降に換算して200町程度となる。高田郷域は、小田原市高田を遺称地名とする酒匂川流域の小田原平野（足柄平野）の東端にあたるが、範囲を想定する場合に問題となるのは古代の足柄上郡と足柄下郡の郡境であり、その際に留意されるのが足上郡伴郡郷の所在である。

すなわち、伴郡郷は四天王寺の「荒陵寺御手印縁起」には大伴郷とあり、本来大伴郷であった。近年に小田原市の千代廃寺の瓦に「大伴郷五十戸」の篦書きが確認されてもいる(13)。大伴氏が淳和天皇の諱（大伴親王）に触れることで伴氏に改称した弘仁十四年（823）の後に大伴郷も改称されたのであろう。その遺称地名が小田原市の東大友・西大友である。したがって、東大友・西大友の地は、近世には足下郡であるが、古代では足上郡ということになる。また、小田原市飯田岡が中世に飯田郷で古代の足下郡飯田郷にあたる。よって、小田原平野を南北に分断する足柄上・足柄下郡の郡界線は現在の、飯田岡より北、東大友・西大友より南となり、その郡境より北の村は古代では足上郡で、かつ足下郡の高田郷域は東大友・西大友より南の村に求めねばならないことになる。

一方、足下郡には駅家郷があり、その駅家とは『大和物語』第144段に「海辺になむありける」とある小総駅家で、相模湾沿いの小田原市国府津に所在したと考えられるので、高田郷の南端は海岸線まで下らないこととなる。つまりは、高田郷域は東大友・西大友以南、国府津以北であった。

かくして、明治初期にこの範囲で村を探せば、高田郷は高田村・千代村を中核とし、永

Ⅳ 地域の条里

【表4】 『和名類聚抄』と明治中期の水田面積の比較

	『和名抄』（1段＝360歩）			1段＝300歩換算		明治18年（1段＝300歩）		
	町	段	歩	町	段	町	反	開田率
山城	8,961	7	290	10,754	1	12,924	6	83.2%
大和	17,905	9	180	21,487	1	31,808	9	67.6%
河内	11,338	4	160	13,606	1	21,616	6	62.9%
摂津	12,525	0	178	15,030	1	31,662	9	47.5%
和泉	4,569	6	357	5,483	6	11,877	9	46.2%
伊賀	4,051	1	41	4,861	3	10,925	1	44.5%
伊勢	18,130	6	245	21,756	8	55,387	7	39.3%
志摩	124	0	94	148	8	2,384	1	6.2%
尾張	6,820	7	310	8,184	9	50,114	2	16.3%
参河	7,054	0	0	8,464	8	35,257	8	24.0%
遠江	13,611	3	35	16,333	6	28,973	4	56.4%
駿河	9,063	2	165	10,875	9	24,053	0	45.2%
伊豆	2,110	4	112	2,532	5	6,599	5	38.4%
甲斐	12,249	9	258	14,699	0	18,859	4	77.9%
相模	11,236	1	91	13,483	4	15,911	8	84.7%
武蔵	35,574	7	96	42,689	7	89,782	7	47.5%
安房	4,335	8	59	5,202	3	7,757	6	67.1%
上総	22,846	9	235	27,416	4	43,880	7	62.5%
下総	26,432	6	234	31,719	2	63,735	3	49.8%
常陸	40,092	6	112	48,111	2	68,544	5	70.2%
近江	33,402	5	184	40,083	1	62,827	8	63.8%
美濃	14,823	1	65	17,787	7	55,816	4	31.9%
飛騨	6,615	7	4	7,938	8	5,694	9	139.4%
信濃	30,908	8	140	37,090	6	65,517	2	56.6%
上野	30,937	0	144	37,124	4	28,890	9	128.5%
下野	30,155	8	4	36,186	7	50,302	2	71.9%
陸奥	51,440	3	99	61,728	4	276,432	19	22.3%
出羽	26,109	2	51	31,331	1	174,531	12	18.0%
若狭	3,077	4	48	3,692	9	6,920	2	53.4%
越前	12,066	0	0	14,479	2	39,914	9	36.3%
加賀	13,766	7	334	16,520	2	28,505	6	58.0%
能登	8,205	8	236	9,847	7	22,661	1	43.5%
越中	17,909	5	30	21,491	4	75,593	7	28.4%
越後	14,997	5	207	17,997	1	153,074	0	11.8%
佐渡	3,960	4	0	4,752	5	7,913	1	60.1%
丹波	10,666	0	262	12,799	3	26,061	5	49.1%
丹後	4,756	0	155	5,707	3	12,764	8	44.7%
但馬	7,555	8	5	9,066	7	13,636	8	66.5%
因幡	7,914	8	208	9,497	8	12,971	4	73.2%
伯耆	8,161	6	88	9,793	9	19,195	2	51.0%

	『和名抄』（1段＝360歩）			1段＝300歩換算		明治18年（1段＝300歩）		
	町	段	歩	町	段	町	反	開田率
出雲	9,435	8	285	11,323	1	32,245	8	35.1%
石見	4,884	9	42	5,861	9	19,073	8	30.7%
隠岐	585	2	342	702	4	1,383	0	50.8%
播磨	21,414	3	36	25,697	2	54,395	3	47.2%
美作	11,021	3	256	13,225	6	19,745	2	67.0%
備前	13,185	7	32	15,822	9	27,295	3	58.0%
備中	10,227	8	252	12,273	4	28,007	7	43.8%
備後	9,301	2	46	11,161	5	32,089	3	34.8%
安芸	7,357	8	47	8,829	4	40,158	5	22.0%
周防	7,834	3	269	9,401	2	30,735	4	30.6%
長門	4,603	4	231	5,524	2	27,815	9	19.9%
紀伊	7,198	5	100	8,638	2	36,874	3	23.4%
淡路	2,650	9	160	3,181	1	9,000	7	35.3%
阿波	3,414	5	55	4,097	4	23,350	3	17.5%
讃岐	18,647	5	266	22,377	1	38,047	5	58.8%
伊予	13,501	4	6	16,201	7	45,835	3	35.3%
土佐	6,451	0	8	7,741	2	35,944	0	21.5%
筑前	18,500	余		22,200	0	47,185	1	47.0%
筑後	12,800	余		15,360	0	30,473	0	50.4%
肥前	13,900	余		16,680	0	78,860	5	21.2%
肥後	23,500	余		28,200	0	58,129	9	48.5%
豊前	13,200	余		15,840	0	29,279	3	54.1%
豊後	7,500	余		9,000	0	36,152	9	24.9%
日向	4,800	余		5,760	0	37,419	6	15.4%
大隅	4,800	余		5,760	0	21,550	5	26.7%
薩摩	4,800	余		5,760	0	25,326	5	22.7%
壹岐	620	—	—	744	4	1,465	4	50.8%
対馬	428	—	—	513	6	544	5	94.3%
全国	863,291	1	29	1,035,949	3	2,639,670	0	39.2%

☆開田率は明治18年の水田面積に対する『和名抄』の水田面積の割合。
☆明治18年は『農事統計表』「農民ト耕地トノ対較」による。ただし、別表「耕地ト農用牛馬トノ対較」を参照するに、備中国の「29007.7」は「28007.7」の誤植とみなして訂正した。
☆菅野雪雄1998『多摩川流域の古代における水田景観の研究』（武蔵野文化協会）も同様に『和名抄』と、昭和4年のデータ（藤岡謙二郎編1975『日本歴史地理総説 古代編』吉川弘文館掲載）を比較している。それによれば旧相模国の水田は16213町で開田率は83％となっている。

Ⅳ　地域の条里

【表5】『皇国地誌』による高田郷の田畑

	水　田	畑　地
永塚村	24町2反1畝7歩	14町2反4畝3歩
千代村	58町6反0畝3歩	22町4反9畝20歩
曾我別所村	23町3反1畝25歩	33町7反5畝17歩
曽我原村	22町2反7畝26歩	21町4反2畝24歩
曾我谷津村	21町2反6畝5歩	29町3反5畝5歩
曾我岸村	11町6反2畝18歩	10町6反9畝10歩
高田村	52町8反0畝27歩	11町3反9畝16歩
別堀村	7町5反2畝12歩	3町0反6畝29歩
合　計	221町6反3畝3歩	146町4反3畝4歩

塚村・曾我別所村・曾我原村・曾我谷津村・曾我岸村・別堀村を含む計8村の地域となる。『皇国地誌』が高田村の地勢に関して「平坦田圃開ケ亘レリ」とするように、この地域は広範な水田が存在した。同書によれば、この8村の農地面積の合計は水田221町余・畑地146町余となり（ほかに若干の飛地がある村がある）、「交易帳」に載る高田郷の口分田200町余（換算値）はこの8村の水田のなかに求められる(14)。

このことは、『神奈川の古代道』の復原図で小田原平野に広範に条里地割が復原されていること合致する。近世の水田200町余に対して古代のそれが167町余であるから、明治期の水田の多くは古代以来のものと言え、古代に小田原平野には広範な条里が展開していたと想定可能なわけである。

ところで、今回改めて小田原平野の条里について考えてみると、その方位がJR御殿場線の上大井駅あたり、ちょうど小田原市と大井町の境界あたりを境とする南北で相違する点が気になる。筆者はかって、既述のような大伴郷の位置に関する考察から、古代の足上郡と足下郡の郡界線（足柄評の分割ライン）について、一部近世の足柄上・足柄下郡境に重なり、さらにその延長上の東大友と高田の中間の永塚に下曽我遺跡が所在する断続的なほぼ直線の道（JR御殿場線下曽我駅から西に永塚、桑原を過ぎ酒匂川を渡って宝徳小学校方面へ向かう）とし、かつそれを古東海道であると想定した(15)。『神奈川の古代道』や武部健一『古代の道』（2004、吉川弘文館）もそれを踏襲するが、『小田原市史』通史編は、その南の飯泉観音（勝福寺）の東の飯泉交差点

から東へJR東海道本線の国府津駅方面へ直線で通るいわゆる巡礼街道と呼ばれる道がそのサブルートであり、後にはメインルートに転じるとし(16)、また郡境も上記の方向の相違する二つの条里の境である可能性を指摘している(17)。郡境が大伴郷（東大友・西大友）より南であることは確定的であるから、郡境について『小田原市史』は失当であるが、古東海道については、私見の郡境と同一説（『神奈川の古代道』）や『小田原市史』説とは別に、この南と北の方向の相違する条里地割の境界ラインであった可能性もある。このことは、東海道の敷設ないし設定、足柄評の分割、条里制地割の敷設の三者の時期的前後関係とも絡み、今後の課題となる。

6　条里制遺構未確認地域の口分田

一方、条里制遺構が確認できない所はどうなのであろうか。古代に水田はなかったのであろうか。

先にも触れたように、『神奈川の古代道』では藤沢市南部の鵠沼周辺に条里地割を復原し得なかった。一方、「交易帳」では高座郡土甘郷が鈴鹿王の封戸とされ、その封戸50の口分田は178町余が書き上げられている。近世の水田に換算して214町余である。すなわち、条里制地割が復原できない地域にも口分田は所在したことになる。この場合に考えられることは、①明治期の地図では条里制地割が確認されないが古代では条里制地割があった、②古代の水田は必ずしも条里制地割を伴わなかった、の何れかとなろう。①があり得ることは論を待たないが、山間部や沿岸部の小規模な水田地帯では②も想定され得ることである。

土甘郷域の水田も①または②ということになるが、同地ではさらに前掲の疑問－地勢上広範囲な水田が展開しづらく、かつ近世・近代史料の水田面積がそれを裏付ける－がある。この件は、土甘郷だけに留まらない。類例を確認してみよう。

「交易帳」記載の郷のうちから、確たる遺称地名があり、比定地域が確実な郷を取り上

げれば、皇后宮（光明子）の余綾郡中村郷50戸、舎人親王の足下郡高田郷50戸、藤原武智麻呂の大住郡仲嶋郷50戸、山形女王の御浦郡走水郷50戸、三嶋王の大住郡埼取郷50戸、高田王の鎌倉郡鎌倉郷30戸がある。このうち、高田郷はすでに取り上げた。残りでは、中村郷は旧中村（現中井町。中井町半分形に町立中村小学校がある）、小田原市中村原（近世は足下郡）、小田原市と二宮町境を流れる中村川などの遺称があるが、その郷域が特定しづらい(18)。仲嶋郷は大住・高座郡境の相模川の下流〜河口の異動によって近世では相模川東岸となって高座郡に属していて（茅ヶ崎市中島）、郷域面積や地勢そのものが近世の村域と連続せず、かつ中島村ほかの『皇国地誌』が残存していないので(19)、これらを除く走水郷・埼取郷・鎌倉郷について検討してみる。

（1）大住郡前取郷

三嶋王の封戸50戸とされた埼取郷は、『和名抄』に前取郷とあるが（以下、前取郷）、式内社である前鳥神社があり、近年に奈良時代前期の相模国府・国庁脇殿が発見された平塚市四之宮周辺であることは確実である。その封戸50戸の口分田は、不輸租田48町7段92歩、見輸租田129町5段216歩で合計178町2段308歩、近世以降に換算して213町余となる。はたして、この213町余の水田は四之宮周辺に所在し得たのであろうか。前取郷域の村は、四宮村・真土村・八幡村であるが、『皇国地誌』によれば3村合算しても水田は38町余しかない。畑地が358町余となる畑作の村々であり、213町余の水田は所在すべくもない。3村の地域は相模湾沿いの海岸砂丘地帯であり、そもそも水稲耕作には不向きな地で、『皇国地誌』もその地味について、四之宮村は「淡黒壌土及黒壚土赤黒、細沙間小石混淆シテ、其質中等ノ下、稲梁菽麦桑茶ニ適シ菜蔬蕃薯等ニモ亦可ナリ、水利不便ニシテ時々潅漑ニ苦シミ、又潦雨日ヲ経ルトキハ相模川ノ水汎濫シテ害ヲ免レズ」とあり、八幡村も同様に水利不便で潅漑に苦しみ相模川の氾濫、また真土村は玉川の氾濫の害を受け

【表6】『皇国地誌』による前取郷の田畑

	水田	畑地
四宮村	1町6反9畝18歩	143町3反0畝3歩
真土村	22町8反9畝25歩	109町3反9畝26歩
八幡村	13町6反2畝19歩	106町1反6畝8歩
合計	38町2反2畝2歩	358町8反6畝7歩

るとある。

（2）御浦郡走水郷

走水郷域は、『古事記』・『日本書紀』のヤマトタケル東征説話にヤマトタケルが相模から上総に向かうのに東京湾・浦賀水道を渡海した地点としてその名が見える横須賀市走水近辺に比定されるが、『和名抄』には見えず誤脱が想定される(20)。

「交易帳」では山形女王の封戸50戸として走水郷には見輸租田・不輸租田の計118町4段76歩の田が記載されていて、近世以降の田に換算すれば142町余となる。明治初期に走水郷に比定されるのは走水村・大津村・鴨居村であるが、3村の水田は『皇国地誌』によるに合計81町余にしかならない。比定を広くして浦賀町を含めると35町余が加わるが、足らないことには変わりがない。

【表7】『皇国地誌』による走水郷の田畑

	水田	畑地
走水村	2町9反7畝10歩	31町3反4畝22歩
大津村	56町6反7畝9歩	66町6反9畝5歩
鴨居村	22町2反1畝11歩	67町9反1畝21歩
（小計）	81町8反6畝0歩	165町9反5畝18歩
浦賀町	35町1反6畝28歩	71町6反6畝15歩
合計	117町0反2畝28歩	237町6反2畝3歩

3村はいずれも海岸の村で、浦賀水道に面する走水村は水田3町弱に対して畑は10倍の31町余、そのほか山林36町余や宅地・藪地など総計75町弱で、水田はわずか4％未満である。地勢は「海岸及山上ニ田圃アリ」とあるが、地味は「黒塗泥及赤壌土総テ砂礫ヲ雑ユ、其質瘠悪、稲梁桑茶宜シカラス、水利弁（ママ）ニシテ旱ニ苦シムコトナシ」、民業は農業40戸・商業8戸・漁業168戸・工業4戸とあって、畑地はそこそこあり農家もあるが、基本的には典型的な漁村である。走水村の南の鴨居村は水田22町余に対して畑67町

余、地勢は「田圃ハ山間ニ連リ」、地味は「其質中等、稲粱菽麦ニ適シ桑茶ニ宜シカラス」、農業50戸に対して漁業210戸の同じく漁村であり、農業も畑作を主としている。一方、西の大津村は水田56町余に対して畑66町余、地勢は「堀合川ヲ帯ヒテ田圃アリ」、地味は「其質中等、稲粱菽麦ニ適シ桑茶ニ宜シカラス」、漁業28戸に対して農業280戸と、農業が勝っている農村である。

以上、前取郷も走水郷も、土甘郷と同じ事が言え、『神奈川の古代道』でも前取郷・走水郷に条里地割は復原していない。3郷とも『皇国地誌』が走水郷の村に記すように川岸や海岸・山上・山間に条里制地割を持たない小規模水田があった可能性はあるが、それでも、古代に「交易帳」が載せるような多くの口分田が各郷域内にあったとは想定し得ないのである。

7　封戸口分田の所在

とは言え、「交易帳」の記載が虚偽とは考え難いから、つまる所、三郷の不足する口分田は、郷域外に求めなければならないことになる。

あらためて、「交易帳」を見ると、そこに書かれている田積は、封戸に指定された各郷の田がどれだけあるかということであって、どこに所在したかということを示してはいないことを、確認しなければならない。そもそも、「郷」及びその前身の「里」とは、基本的には50戸の人間集団を指すもので、地域を指すものではなかったが、後には、その50戸の公民が居住する地域そのものを指すようにもなっていく。

『続日本紀』で、具体的に地域を示す「郷」は神護景雲二年（768）八月庚申条の「下総国結城郡小塩郷小嶋村」と「常陸国新治郡川田郷受津村」、宝亀元年（770）八月丙午条の「大和国添下郡佐貴郷高野山陵」が早い例であるが、それ以前でも、『風土記』に見る郷（里）の地名起源や地味記載、郡家からの方位・里程、さらには「郷の中に河あり」などの地理記載や天平十年（738）の「法隆寺伽藍縁起流記資財帳」に同寺の庄が「近江国壱処　在粟太郡物部郷」とあるのは地域としての「郷」を前提としている。霊亀元年五月辛巳条に「天下百姓、多く本貫に背き、他郷に流宕す」とあるように、地域を示す「郷」も奈良時代初期に遡る。郷里制下の天平七年（735）「讃岐国山田郡弘福寺領田図」（『大日本古文書』7巻44頁）に「□田郡林郷松椅□」（山田郡拝師郷松椅里）と明記され得るように、本来は、人間集団である郷は領域化し地域呼称として定着していった。

同様に「交易帳」の「郷」も、従来、地域呼称としてその郷域が問題とされてきたが、封戸に指定された郷の田とその穫稲数を書き上げるのが目的の「交易帳」では、本来的意味での「郷」が用いられていると考えるべきであろう。たとえば、鈴鹿王の封戸の土甘郷50戸では、50戸の口分田が178町余あり、鈴鹿王の取り分の田租が512束余であることを総計するのが「交易帳」の本旨であって、その口分田は土甘郷域に所在していることを示しているものではない、と言わねばならない。

では、不足分はどこに所在したのであろうか。

（1）鎌倉郡鎌倉郷

この答えを示唆するのが、「交易帳」の鎌倉郡の記載である。すなわち、高田王の封戸の鎌倉郷30戸の田135町109歩、某人の封戸の尺戸（さかど）郷50戸の田225町8段27歩と荏草郷50戸の田149町4段236歩の合計130戸の田は510町3段12歩（換算値612町余）である。

このうち、高田王の封戸30戸は、その従四位下の法定位封80戸のうち、相模国以外で封戸に充てられた某郷50戸の残りの30戸に当たる。鎌倉郷の残る公戸20戸の田積は不明であるが、試みに30戸135町余を50戸になぞらえれば225町5段程度（換算値270町余）となる。この場合に、鎌倉郷域となると想定されるのは、鎌倉郡家の所在した今小路西遺跡（鎌倉市御成小学校地内）を中心に、広めに考えて雪之下村・大町村・小町村・坂之下村・極楽寺村・長谷村・扇ガ谷村の現在の鎌倉市街域

で、その滑川の沖積低地と河口域の海岸砂丘には迅速測図原図を見ても水田は少なく畑が多い。『皇国地誌』にその水田は各村の想定郷域外への飛地も含め78町5段余、畑は同様に392町9段余であり、やはり換算値270町余とはかなりの開きがある。

一方、某人の封戸では、尺戸郷域は不確定要素が強いが（おそらくは横浜市栄区・戸塚区東部）、荏草郷は西御門村・十二所村・二階堂村・浄妙寺村・峠村などで、『皇国地誌』にその水田は想定郷域外への飛地を除き29町余、同じく畑が53町余であるから、「交易帳」の荏草郷の田149町4段余（換算値179町余）に遠く及ばない。

ところが、ここで鎌倉・尺戸・荏草三郷130戸の計510町3段余の田を『和名抄』の鎌倉郡全7郷（350戸）になぞらえてみると、それは1373町8段余（換算値1648町余）となり、また正倉院蔵の調庸布銘に見える方瀬郷（藤沢市片瀬付近）を『和名抄』が脱しているとすれば全8郷（400戸）で1570町余（同1884町余）となる。一方、幸いなことに鎌倉郡72村はすべて『皇国地誌』が残っているので、その水田を合計すると2082町余である。したがって、鎌倉郷域や荏草郷域に「交易帳」に載る田に見合うだけの水田がなくとも、それは同じ鎌倉郡内の他の郷域に所在したと考えられることになる。

このように想定する根拠は、養老田令の13寛郷条に、

> 凡そ国郡の界の内に、所部に受けむ田、悉く足んなば、寛なる郷と為よ。足らずは狭き郷とせよ。

14狭郷田条に、

> 凡そ狭き郷田足らずば、寛なる郷に遙に受くること聴せ。

と、寛郷・狭郷と遙受の規定が載ることである。ここでの「郷」は郡郷制の「郷」ではなく郷土の「郷」であり、実際には郡を単位としたらしい。すなわち、水田に余剰がある郡が寛郷、不足する郡が狭郷であり、狭郷の公民の口分田は寛郷に遙受することがあった。田令20給田条にも口分田の班給は「務めて便近に従れ、隔越することを得じ」としながら

も「本郡に田無くは、隔郡に受くることを聴せ」とある。この場合に遙受の範囲の「隔郡」の意味は隣郡を原則としたようであるが、いずれにせよここで問題となっているのは、郡を越える口分田の班給であり、郷域を超える班給は問題とされてはいない。

はたして、郷域を超える口分田の班給は、普通にあった。たとえば、天平神護二年（766）「越前国司解」（『大日本古文書』5巻554頁）を見るに、越前国坂井郡子見村や田宮村には赤江郷・堀江郷ほか周辺各郷戸主の口分田が所在する。それは坂井郡の大半の九郷・一駅家郷に及び、さらには隣郡の足羽郡や隣郡でもない敦賀郡の公民の口分田さえも確認される[21]。また、天長五年（828）の班田の様子を伝える「山城国葛野郡班田図」（康和三年〈1101〉作成）にも京戸や他郷の郷戸主の口分田が散見される。さらに、極端な例としては『続日本紀』神亀二年（725）七月壬寅条の「伊勢・尾張二国の田を以て、始めて志摩国百姓の口分に班給」した例もある。

これら遠隔地の口分田の耕作は、『類聚三代格』大同四年（809）太政官符に「百姓等郷邑を離れ去り、田に就いて居住」とあるように実際に現地に出向いて耕したり、あるいは賃租したのであった。『同』弘仁十三年（822）正月五日太政官符は、負担の多い駅子の口分田は特例とし「一所」に班給するようにしたが、このことは逆に一般農民の口分田が散在していることを教えてくれる。そして、郡を越える班給に関しては、『続日本紀』延暦五年（786）四月乙亥条に播磨国飾磨郡の「百姓の口分、多くは比郡（隣郡）に授く。営種の労弊為ること実に深し」、また宝亀四年（773）太政官符が引用する同国の草上駅の駅子等180人の訴状に「其の田遙に比郡に授く、往作に便なく、衒売（賃租）するも価少し」とその弊害が問題となり改善された例もあるが、その一方、同一郡内での隔地班給は問題とされてはいない[22]。

以上の如くであるならば、土甘郷の封戸の口分田は、同じ高座郡の海老名耕地（有馬耕地を含む。昭和三十年旧有馬村域の杉久保・本郷・上河内・中河内・今里・社家・中野・門沢

橋が海老名市に編入）に所在したと考えられる。『神奈川の古代道』でも、相模川中流域の東岸の海老名市に広範な条里制地割を復原している。

また、依田亮一も[23]、中山毎吉・茂田孝らの研究を参考に海老名市域に1000町近くの条里地割を復原・図示している[24]。海老名市域は『皇国地誌』がほとんど確認されていないのが残念なところであるが[25]、天保二年（1831）に渡辺崋山が、主君の田原藩主の子の生母の消息を江戸より高座郡小園村（現綾瀬市）に訪ねた旅日記『游相日記』に「一望曠然、目中皆稲田、海老名といふ。此田三千石を収む」とある。明治期では高座郡の水田面積は先に表示した明治十年3002町、明治四十二年3246町のほか、明治四十四年3279町余[26]の記録があり、その多くが海老名耕地に所在したと想定される。条里制に絡む地名も一大縄（いちおおなわ）・二大縄〜五大縄や三反町、八反田、七町田、三反丁、壱ノ田その他多く、考古学的にも、弥生時代中期に遡る水田遺構が検出されている地帯である[27]。さらに、条里は海老名耕地の北の座間市域、南の寒川町域へと連続していた。茂田孝は、一大縄を通る近世の矢倉沢街道（大山街道・現県道横浜厚木線）を東西の基準線として、北は座間市役所付近から、南は寒川町倉見付近にかけて16条の条里制地割を復原・図示している。

このうち、寒川町域は高座郡寒川郷であるのは確実で、座間市域が伊参郷に比定されるから、中間の海老名市域に比定されるのが有鹿・高座・駅家の3郷である。「交易帳」に高座郡の田は土甘郷50戸と郷名不明の大官大寺（大安寺）の封戸2郷100戸の計3郷で524町6段294歩であり、一郷当たり175町（換算値210町）程度となる。これを有鹿・高座・駅家3郷になぞらえれば、海老名耕地にも525町程度の口分田があったことになる。これを先に依田が復原した条里地割1000町から差し引けば475町程度の余裕がある。そこには口分田のほかに、公乗田・郡司職田などが、あるいは不堪佃田（常荒田）のほか畑や未耕地も含まれるが、それらを差し引いても余る水田が海老名耕地に展開していた。その

中に、土甘郷その他高座郡各郷の公民の口分田も所在したのであろう[28]。

同様に前取郷の封戸民の口分田は、大住郡で条里制地割が広範に復原される平塚市大上（大住郡大上郷）あたりから北に続く伊勢原市石田（同石田郷）にかけて所在したのであろう。また、条里地割が僅かしか想定されず、かつ明治期でも水田が少ない余綾郡では[29]、条里地割が復原される小田原平野や花水川中流域（大住郡片岡郷、平塚市片岡周辺）に郡を越えて口分田が班給されたのではなかろうか。

走水郷も同様に考えられる。『神奈川の古代道』で御浦郡に条里制地割を復原できたのは、小矢部村・森崎村・佐原村を中心とする現在の横須賀市小矢部・森崎・佐原付近である。復原図ではその中央部に「？」マークを付けてあるが、これは地割の確認に用いた大正期の地形図に練兵場となっていて地割が確認できなかったからである。同地は明治期の迅速測図には池が描かれているので、その全てではないが、遡れば、南北の条里地帯と連なる水田があったと想定される。京浜急行久里浜線の北久里浜駅から京急久里浜駅にかけての地域で、現在、条里制地割の面影は全くないが、『皇国地誌』での水田は、小矢部村が40町余、森崎村が18町弱、佐原村の水田33町余の計91町余となっている。走水郷の水田142町余（換算値）は、走水村・鴨居村・大津村・浦賀町の水田に加えてこれらの水田のなかに所在したのであろう。

8　漁村の口分田

ところで、その場合でも、果たして走水郷の人々は実際にそれら口分田を耕作したのであろうか。先にふれたように『皇国地誌』によるに走水村と鴨居村は典型的な漁村である。立地からして、古代でも同様であり、走水郷の人々の大半は漁民である。慣れぬ農耕に従事したとは考えられない。

「交易帳」によれば、各郷の一戸当たりの平均口分田数にはかなりの隔たりがあり、「交易帳」全体の平均が3.3町であるなか、最

多の高座郡の仲嶋郷4.3町に対して御浦郡の走水郷は最少の2.4町しかない。口分田が男2段、女1段120歩と法定額通り支給されていたとすれば、この差は一戸あたりの口分田受給者の多寡によることになる。仮に男女比を1対1として逆算するならば、一戸の構成は、仲嶋郷が男女各13人の計26人、走水郷が男女各7人の計14人程度となる。両郷の戸の構成にこんなに差があったのか、疑問である。同じく御浦郡の氷蛭郷のそれも2.7町と少ない。

むしろこれは、走水郷や氷蛭郷も戸口数は仲嶋郷なみであったが、根本的に水田が不足しているので口分田の班給は法定額未満であったと考えた方が良いのではなかろうか。田令3口分条によれば、

　凡そ口分田給はむことは、男に二段（女は三分が一減ぜよ）五年以下は給はず、其れ地、寛き狭きこと有らば、郷土の法に従へよ（以下略）。

とあり、郷土法により狭郷では、規定額未満の班給が行われた。御浦郡は狭郷であり、走水郷のような漁村地域の人々の口分田は規定額未満しか班給されなかったのであろう。走水郷の人々の生活は、漁業が支えていたのである(30)。

漁村において、人々の生産活動に占める割合が低く、かつ生産性が乏しくとも口分田が班給されたのは、律令国家が全ての人民を編戸の民として王土に固定する装置としての意義を班田収受制に求めたからである。すなわち、律令国家の王土王民主義に基づく国家的土地所有では、王土は天皇に一元的に帰属し、口分田を媒体として「天皇－公民」の擬制的関係が設計される。老若男女は王土である口分田を、生活保障また人格的支配の証しとして下賜されることで、王民として位置づけられた（公地公民制）。口分田を国・郡を超えてでも、農業を生産手段としない貴族や漁民にも班給すること、また唐の均田制の授田対象が男子十八歳以上で老男・篤疾・廃疾は半減、女子は寡妻妾のみであったのに対して、男女を問わず六歳以上に篤疾・廃疾を含め班給し、かつ田租には調・庸のような京畿内・年令・性別・身体欠損に基づく減免がないことも、この意味で理解される(31)。

9　おわりに

条里制の復原には、条里制史料の探査・検討、現地のフィールドワーク、条里遺構の発掘調査などが行われる。近時では、『神奈川の古代道』が条里地割を復原した茅ヶ崎市の本村・高田地区で水田遺構が確認された成果がある(32)。

その一方で、復原された条里地割が水田として実態的なものであるか否か、という視点も必要であろう。その一環として、本稿は、相模国の条里について、想定される条里地帯の田積と近代の田積との比較をおこなった。

また、近年は条里地割と条里呼称は必ずしも一体でないことが指摘され、条里地割のない土地にも条里制（呼称）が敷かれていたとする見解もある。古代水田の景観復原とは別に、条里制の制度としての目的や実態、ひいては条里制研究そのものの意義が問われている。

なお、本稿の脱稿時期と重なる2014年9月に、岡本孝之が「相模の古代を考える会」での例会報告「神奈川県における条里の基礎的検討」で、迅速測図原図（フランス式彩色原図）から、『神奈川の古代道』が指摘していない横浜市南区蒔田地区の1町方格地割を指摘している。そのほか岡本の報告は神奈川県内の条里全般に及ぶもので、その成稿化を鶴首して待ちたい(33)。

【註】

（1）宇都洋平・押木弘己2012「藤沢市鵠沼地区採集の古代・中世遺物」『考古論叢神奈河』20。土甘郷は、ツチアマ郷と訓んで、綾瀬市南部の上土棚（かみつちだな）から藤沢市北部の下土棚（しもつちだな）に比定する説もあるが、中世史料（『西行物語』・『海道記』、鴨長明の歌）に散見する「砥上ヶ原（とがみ）」が転じた「石上（いしかみ）」を含む鵠沼地域とするのが通説。『神奈川の古代道』もそれに依ったが、その後、この土師器によって通説が裏付られた。

（2）有賀密夫1992「近世の鵠沼村と新田開発」『藤沢市史研究』25。
（3）相模国の『皇国地誌』は、神奈川県図書館協会郷土資料編集委員会編の1963『神奈川県皇国地誌残稿　上巻・下巻』と1991『神奈川県皇国地誌相模国鎌倉郡村誌』（神奈川県郷土資料集成12）のほか、厚木市史編さん委員会編1982『皇国地誌残稿補遺（１）』（厚木市史史料集）、藤沢市文書館編1986『村明細帳・皇国地誌村誌』（藤沢市資料集11）、茅ヶ崎市2000『茅ヶ崎地誌集成』（茅ヶ崎市史史料集３）などがある。引用には適宜句読点を振った。
（4）大庭御厨の範囲や景観復原は、藤沢市教育委員会1998『大庭御厨の景観』、中澤克昭2004「大庭御厨に見る十二世紀の開発と武士」浅野晴樹・斎藤慎一編『中世東国の世界』２、高志書院、など参照。
（5）虎尾俊哉1961「天平七年相模国封戸租交易帳」『班田収授法の研究』、吉川弘文館。
（6）荒井秀規1999「相模国天平七年封戸租交易帳」の復原と二三の考察」『国立歴史民俗博物館研究報告』79。
（7）奈良時代の史料に確認されるが『和名抄』に見えない郷として御浦郡走水郷・鎌倉郡方瀬郷・余綾郡大磯郷があり、ここでの67郷には算入していない。『和名抄』に載る相模国の郷数は、大東急記念文庫本は元和古活字本と同じ67郷、原則的に余戸を載せない高山寺本は61郷（駅家１含む）、また名古屋市博物館本は66郷（余戸１・駅家４含む）とする。高山寺本の駅家１は足下郡の駅家郷で、『大和物語』に見える小総駅（小田原市国府津周辺）となる。名古屋市博物館本は、足上郡の余戸を倉戸、愛甲郡の余戸を深戸に作るがともに誤りで、ほかに大住郡の日田郷を脱す。
（8）本文で挙げたほか『掌中歴』（保安三年（1122）年頃成立）が「35074町」とするのは、武蔵国と同値の誤写、また朝鮮書籍である『海東諸国紀』（1471年成立）が「12236町１段」とするのは『和名抄』を写したものである。彌永貞三1980「『拾芥抄』、『海東諸国紀』の諸国の田積史料に関する覚え書」『日本古代社会経済史研究』、岩波書店（初出は1966）を参照されたい。
（9）天平期に相模国は、上国で国司職分田10町、管八郡（大郡１・上郡１・中郡６）で郡司職分田156町、中路の東海道の推定駅数５で駅田15町、旧国造２として国造田12町の計193町などがある。
（10）龍溪書舎編1994『明治後期産業発達史資料』163、龍溪書舎。国立国会図書館の「近代デジタルライブラリー」でweb閲覧が可能。
（11）農業発達史調査会1957『日本農業発達史』10、中央公論社。
（12）龍溪書舎編1994『明治後期産業発達史資料』168、1994、龍溪書舎。国立国会図書館の「近代デジタルライブラリー」でweb閲覧が可能。
（13）山路直充2009「「大伴五十戸」と記銘された軒丸瓦」『駿台史学』137。
（14）『皇国地誌』は田島村・曾我別所村・曽我原村・曾我谷津村・曾我岸村・高田村・別堀村・小八幡村・酒匂村を高田郷とし、永塚村・千代村を和戸郷とする。しかし、田島村は永禄十年正月晦日の香林寺宛の北条氏康什物寄進状写（県史３）に「灯明銭六貫六百文　国府津田島之内に伏」とあり、また天正十五年九月八日の北条家禁制写（同）に「田嶋郷天神別当安楽院」とある安楽院が国府津にあることから、国府津付近であり、高田郷ではない。国府津は小総駅家のある駅家郷であるから、田島村は小八幡村・酒匂村ともども駅家郷となる。また、和戸郷は比定地は不明であり、永塚村・千代田村は高田郷とするのが今日の通説的理解である。
（15）荒井秀規1993「相模国足柄評の上下分割をめぐって」『市史研究あしがら』５。
（16）小田原市1997『小田原市史』（通史編 原始古代中世）第二章第三節（永井肇氏担当分）。
（17）小田原市1997『小田原市史』（通史編 原始古代中世）第二章第二節（杉山幾一氏担当分）。
（18）『中井町誌』1990は、封戸租交易帳に載る

中村郷50戸の田167町1段107歩（換算値200町余）について、中井町の昭和三十三の水田が91町8反90歩なので、中井町のみならず、小田原市上曽我・曽我原へも展開していたとする。

(19) 仲嶋郷域に比定されるのは中島・柳島・下町屋・今宿・萩園5村であるが、『皇国地誌』記載の水田は、今宿村が7町9反4畝26歩、萩園村が34町4反7畝8歩で、残る3村が判明しても、「交易帳」の数値216町7段342歩（換算値260町余）に遠く及ばないであろう。

(20) 『和名抄』に誤脱が無いならば、御浦郷に併合されたと考えられる。宝亀二年に武蔵国が東山道から東海道へ編入し、東海道がルート変更したことで、三浦半島を通る東海道は廃され、水駅の走水駅が廃止されたことに伴う措置と想定される。

(21) 岸俊男1973「東大寺領越前庄園の復原と口分田耕営の実態」『日本古代籍帳の研究』、塙書房（初出は1954）。

(22) 宮本救1998「律令制下村落の耕地形態」『律令田制と班田図』吉川弘文館（1955・1957発表論文の一括改題）。

(23) 依田亮一2004「奈良・平安時代の土地区画整理事業－かながわの条里（制）地割について－」財団法人かながわ考古学財団平成16年度第5回考古学講座報告レジメ、及び本書依田論考。

(24) 中山毎吉1933「海老名耕地条里の遺蹟」『史蹟名勝天然記念物調査報告書』1、神奈川県（海老名市1995『中山毎吉－その人と業績－』海老名市史叢書1に再録）。茂田孝1984「神奈川県下の条里制－海老名耕地を中心として－」『歴史地理』1、神奈川県高等学校教科研究会社会地理分科会。なお、中山は5尺＝1歩・1里＝300歩の五町一里制、依田・茂田復原案は6尺＝1歩・1里＝360歩の六町一里として復原する。尺度の相違（令制5尺＝和銅六年制6尺）であり、条と里の区画線は実質同じとなるが、坪の区画としては25区画の前者より36区画の後者が妥当である。

(25) 細川光成1990「海老名の『皇国地村誌』（上今泉・下今泉・大谷村）」『県央史談』29。但し、水田面積の記事があるのは上泉村（45町8反2畝6歩）だけである。

(26) 明治四十四年「高座郡土地反別地価表」（相模原市福田家文書。1986『相模原市史』6に所収）。

(27) 鶴原明・金井慎司・馬場健司1995「『海老名耕地』における稲作の歴史」『えびなの歴史』7。斎木秀雄・瀬田哲夫・佐藤仁彦1997「海老名市河原口四大縄遺跡の発掘調査」『同』9。

(28) 従来、高座郷は海老名市域とされてきたが、近年茅ヶ崎市で高座郡家が確認されたことから（西方A遺跡）、同市北部が高座郷であった可能性が高くなった。その場合には、海老名耕地に有鹿・駅家2郷の350町程度の口分田があったことになる。条里地割の余裕はさらに増加するので、その場合でも本分の論旨に支障はない。

(29) 秦野盆地は近世でも水田が無いことについては、霜出俊浩2007「秦野盆地に見る古代集落の終焉」『秦野市立桜土手古墳展示館研究紀要』8を参照されたい。

(30) 同様な分析と指摘は、すでに関和彦1984「班田制の実態」『風土記と古代社会』塙書房が出雲国島根郡片結郷で行っている。

(31) 荒井秀規2009「律令国家の地方支配と国土観」『歴史学研究』861。

(32) 財団法人茅ヶ崎市文化・スポーツ振興財団2013『本村居村A遺跡（第6次）本村居村B遺跡（第4次）』

(33) 本稿脱稿後、その一部が岡本孝之2015「藤沢の条里」『湘南考古学同好会々報』138として公刊された。

多摩川下流域の条里
―武蔵国荏原郡・橘樹郡域を中心に―

依田　亮一・黒尾　和久

1　はじめに

　本稿の対象地域は多摩川下流域両岸で、現在の行政区分は左岸が東京都大田区、右岸が神奈川県川崎市に相当する。古代ではそれぞれ武蔵国荏原・橘樹郡に含まれる一帯で、延喜式に記載の東海道駅路が多摩川（石瀬河）を渡河して両郡域を通過し、相模国と下総国を繋ぐ交通上の要衝でもあった（図1）。

　当該地域の低地は、主として多摩川の沖積作用によって形成されたデルタ地形を構成するが、東京東部の荒川低地と比べ南北両岸は丘陵や台地が迫り立ち、幅狭で急な勾配を有する点が特徴である（日本地誌研究所1983）。そのため、記憶に新しい気象災害では、例えば昭和49年の狛江水害のように、近年に至っても多摩川は「暴れ川」として知られ、左右両岸には旧河道の痕跡を示す円弧状の窪地が各所に残り、相対的に標高が低い右岸に目立って形成されている。

　また、多摩川の下流域は芝丸山古墳（港区）・亀甲山古墳（大田区）・加瀬白山古墳（川崎市）等、古墳時代前～中期の大型前方後円墳が集中する地域であることから、古代以前には既に一定程度の生産力基盤があった地域と目されており（大田区立博物館1995等）、条里水田についても、その存在は古くから指摘されてきた。しかし、結論から先に言えば、当該地域では考古学的に古代の条里水田やその区画に関わる遺構は明確に捉えられておらず、近代の早い時期から耕地整理や宅地化が進んだこともあって、かつての表層条里景観の広がりとその区画形状は、必ずしも十分には把握されてこなかったのが実情であった。そのため、ここではこれまでの条里研究を顧みながら、近年の交通史研究や考古学調査も絡め、研究の現状と課題について整理することとしたい。

2　荏原郡域の様相

　荏原郡は21郡で構成される武蔵国の南東部に位置し、江戸時代の郡境は東が東京湾、南は多摩川を挟んで橘樹郡、西は多摩郡、北は豊島郡と接し、現在の東京都大田区・品川区を中心に目黒区・港区、さらには千代田区と世田谷区の一部をも包括した広大な範囲に及んでいた。郡域内の地形は、北西部は標高20m前後の武蔵野台地（下末吉面）が占める一方、低地部は多摩川沿いの大田区域にこそ三角州・砂州・自然堤防等が広く展開するが、北部にいくほど東京湾岸に台地が迫って狭小となる。主要な河川は南側から順に、呑川・内川・立会川・目黒川（蛇崩川）・古川（渋谷川）・平川（神田川）等があり、これらの河川は台地を樹枝状に開析しながら、それぞれ東流して東京湾へと注いでいる。

　新編武蔵風土記稿によれば、郡名の由来は域内の同名郷を起源とする説に加え、荏草が多く植わる土地柄であることを紹介するが定かではない。六国史上にも郡名は現れず、万葉集20巻で天平寶字七歳（764）に荏原郡物部歳徳と同郡上丁物部廣足らが詠む歌を載せる他は、武蔵国分寺から出土する瓦塼類中に「荏（原）」の文字資料を数多く見ることができ、国分寺の造営に当郡が大きく関わった物証とされている。なかでも稲城市瓦谷戸窯跡群から出土した「武蔵国荏原郡蒲田郷長謹解申」の箆書塼は、蒲田郷長が窯場で任務の次第を郡衙に宛てて記した内容と解釈され（坂

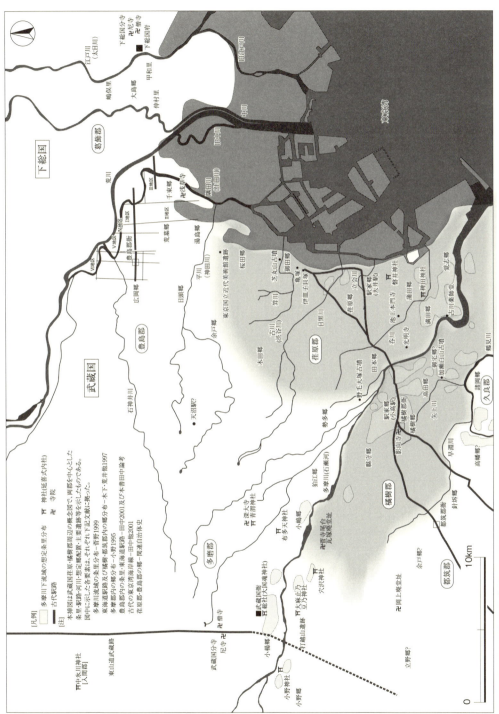

図1 多摩川下流域の条里と周辺環境図

詰・松原1999)、さらに川崎市影向寺址出土瓦の箆書文字資料「无射志国荏原評」は、大宝令制定以前に荏原評が存在し、評域を超えて氏寺造営の協力関係があったことを示す貴重な資料である（竹石・原2002）。

　和名類聚抄にみられる郡域内の郷は、蒲田・田本・満田・荏原・覚志・御田・木田・桜田・駅家郷の9郷を数え、とりわけ田の文字を充てる地名表記が多い点が特筆される。各郷の現在地比定は蒲田・御田・桜田郷と駅家郷以外には諸説があって、古代の郡域は必ずしも明確ではない。因みに遺称地名が残る郷では、蒲田郷が大田区蒲田周辺、御田郷が港区と目黒区にある字三田周辺、桜田郷は江戸城内堀に桜田門として名を留めるとおり千代田区の一部（現在の霞が関付近）、駅家郷は延喜式兵部省駅伝条で荏原郡内に大井と見えることから品川区大井周辺にそれぞれ比定されている。なお、神名帳には郡内で稗田神社と磐井神社の二座が式内社として記載され、いずれも現在の大田区域内に鎮座する。

　近年、各地で発見が相次ぐ郡衙は、さしあたり以下の四説があるものの、いずれも考古学的な確証はない。平野順治は大田区西六郷付近を国府の外港と位置づけ、行基創建と伝える古川薬師堂（安養寺）を荏原郡司の氏寺もしくは郡寺として、その付近に郡衙を求めるが（平野1994）、高橋賢治は郡名と同名郷の荏原郷を品川区中延・荏原地区に充て、旗の台の法蓮寺・旗岡八幡神社付近が南西角になるという方角状の地割を郡衙あるいは中世居館に比定している（高橋1995）。また、野本孝明は大田区大森東に所在する三輪厳島神社遺跡出土の古代瓦に、武蔵国分寺創建期の単弁八葉蓮華文鐙瓦と女瓦が含まれることから、同遺跡を奈良時代中期の廃寺跡としていたが（野本1993）、近年では同じ南武蔵の都筑・橘樹両郡衙の立地条件や関連地名等を検討して、日蓮宗大本山の池上本門寺（大田区池上1丁目）が立地する台地東側の大字市ノ倉字梅田に郡庁、その南方の字八幡に正倉、丘陵下の字宮下に館・厨を、三輪厳島神社遺跡周辺には郡津の存在を想定している（野本2010）。さらに、松原典明は6世紀末から8世紀前半の集落跡である品川区大井鹿島遺跡（現品川歴史館、大井6丁目）の周辺か、もしくは日本三大実録の貞観6（864）年8月14日条で武蔵国従五位下及び官社に列せられた蒲田神の神階授与記事を稗田神社に充て、現在の大田区蒲田三丁目周辺で郡衙の発見に期待を寄せている（松原2010）。

　なお、延喜式の東海道駅路は、橘樹郡小高駅から荏原郡大井駅を経て豊島駅へ通じたことが知られるが、この想定路線上にあたる大田区内の田園調布一丁目・東玉川一丁目、品川区大井鹿島神社境内では、平成10～11年に確認調査が行われたものの、道路遺構の検出には至っていない（松原2000）。その他、郡域内では総じて古代の発掘事例は少ないが、御田郷推定地付近にあたる港区では、古川下流域右岸の伊皿子貝塚で平安時代の集落跡が発見されている他、桜田郷推定地の千代田区内では、平川流域の一ツ橋二丁目遺跡と東京国立近代美術館遺跡で調査例がある。なかでも近代美術館遺跡からは石銙（巡方）や緑釉陶器が出土し、官衙に関連した人物の存在や東海道が付近を通過したことを示す可能性が指摘されている（後藤1998）。

　ところで、かつての郡域内の水田景観は、明治前期の迅速図を俯瞰すると、大田区域の多摩川デルタ地帯を中心として中小河川が開析した谷戸の隅々にも展開していたが、その広域におよぶ水田を支えた水源は、関東に入国した徳川家康が江戸開府前の慶長2（1597）から同16年にかけて、代官小泉次太夫に命じて開削させた農業用水が大きな役割を果たしていた。この用水は多摩川下流域の両岸に敷設され、左岸の荏原郡は全長23.2kmに及ぶ「六郷用水」、右岸の橘樹郡は全長約30kmの「二ヶ領用水」で、それぞれ多摩川から直接取水して水田に供していたが（図2、北村2013等）、六郷用水開削以前の水田は、呑川をはじめとする中小河川や池・湧水等の限定された水源に依拠せざるを得なかったのが実態であった。こうしたなかで、直接的に条里水田に言及したものではないが、近世・近代史料や民俗資料を基に当地域における谷田の存在形態に着目した高島緑雄

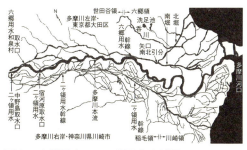

図2 六郷用水・二ヶ領用水全域図
（北村2013に一部加筆）

の論考がある。高島は「荏原郡内の諸河川が開析した大小の谷の形状や湧出・流下水量の寡少という劣悪な自然条件に規定されて広汎に残存した天水田が、近世においても堰がうるおす用水田を超えていた」と想定し、「この地の古代・中世の水田のあり方を求めるうえで、有効な視角になる」といい、谷田が近世以前に開田された可能性を述べている（高島1982）。

一方条里については、まず蘆田伊人が明治13・14年の陸軍参謀本部測量による1/20,000第一軍管地方迅速図を手掛かりとして、武蔵国内の条里分布として掲げた国内9郡、28ヶ村、81大字のうち、荏原郡内では羽田村萩中・糀谷付近（大田区萩中・糀谷）、六郷村町屋付近（大田区西六郷・仲六郷）に条里の存在を指摘している（蘆田1919）。また、深谷正秋は縮尺1/3,000及び1/600の村図（地籍図）や、陸地測量部作成の地形図等を基にしつつ条里地域の範囲とその遺構分布を規定し、依拠した地図こそ示していないが、都下では蒲田区安方町字宮下・耕田島（大田区多摩川1、東矢口2、池上7・8丁目付近）の多摩川三角州、品川区下大崎・五反田付近の目黒川低地に条里の痕跡が認められるといい、論文を公表した時点で条里はすでに「現在は両地とも都市計画でまったく失われてしまった」とも付言している（深谷1936）。さらに、柴田孝夫は関東平野の条里を概観するなかでその分布図を提示しているが、当該図中にはおよそ荏原郡域に相当する範囲に「条里変形」として2箇所（大田・品川区域）に網をかけて条里の存在を示唆する（柴田1975）。その後、近年では菅野雪雄が文献資料や旧公図類を駆使して水路網の復元的研究を行った上で、水田可耕地の地域様相と土地の区画形状を丹念に検討し、多摩川・鶴見川・目黒川流域の条里についてそれぞれ詳細なプラン図を提示している（菅野1999）。以下、菅野が示した条里プランを念頭におきながら、大田区と品川区域とに分けて条里施工地域の様相を見ていくことにする。

（1）大田区域（図3・4）

多摩川のデルタ地形が発達している大田区域では、萩中・糀谷・町屋・安方周辺で条里の存在が指摘されたが、菅野によれば「明治時代の1/2万迅速図原図や1/2万正式測量図を観察しても、この区域には目黒川沿岸のように、比較的明瞭な条里遺構はみあたらない。羽田・六郷村の地域も存在は不明」としながらも、「近年発行が始まった彩色の迅速測図原図の複製図（原図）を利用」して「道路・水路等に注目、これらから直線性、直交性、および1町単位の周期性を探索、条里遺構の細切れ可能性がないかを探」った結果、「安方から御園、道塚、町屋、古川、高畑方面に断続的にそれらしい可能性が見える。元は広い条里区域であったものが分解して、部分的に条里的地割が残存したのであろうか」としている（菅野前掲）。図4は菅野が示した条里範囲と耕地整理前の水路網図（大田区教育委員会1989）を合成したものだが、明確に水路網と条里境界線が合致する様子は乏しい印

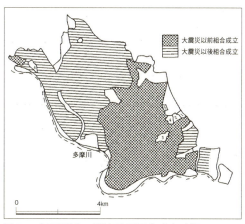

図3 大田区域の耕地整理組合成立時期
（大田区教育委員会1989に一部加筆）

Ⅳ　地域の条里

象がある。

　大田区内の耕地景観は、都心に近いという地理的要因もあり、明治32年制定の耕地整理法に基づく耕地整理が比較的早い時期から施工された。区域内では大正から昭和初期に同法に基づく44もの組合が設立許可を受け、遅くとも昭和10年代までに区域全体の72％の面積にも及んだが、それらはまず東部の水田地帯から始まった（図3）。特に大正7年に着手した多摩川改修工事との関係は密接で、川底の浚渫や中州の除去、堤外の掘削で発生した大量の土砂が水田や低湿地の埋め立てに利用されたという。したがって、近代以前の耕地景観は戦後の空中写真や土地宝典には形を留めておらず、表層条里の抽出には自ずと大正期以前の大縮尺地図が必要となるが、現在の法務局の前身である旧大森・蒲田税務署は共に戦災で一切の公図や関係書類を消失しており（青木2006）、地図資料が総じて乏しい状況がある。

　そうしたなかで、明治44年に東京通信管理局が発行した縮尺1/5,000の郵便地図（通信地図）のうち、東京府荏原郡内では大井町・平塚村、大森町・入新井村、池上村の3葉が残存し、明治末期の土地区画を把握することができる。また明治前期の地籍図（地引絵図）は、旧大森村のうち字美原・富士見・三輪・宝田・前方・田中・貴船・東浜・藤ヶ崎の9

図4　多摩川下流域左岸（大田区）の条里

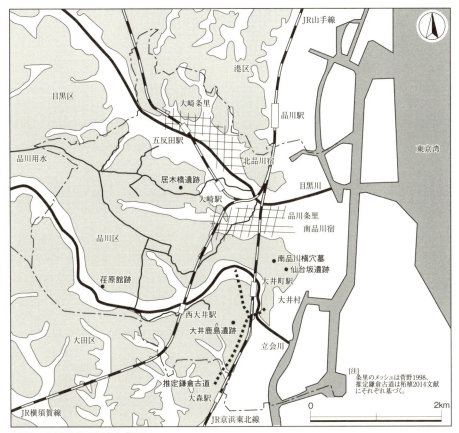

図5　目黒川下流域の条里

葉が断片的に残存しており（大田区教育委員会1990）、いずれも先の条里想定地からは外れる地域で、当該地の水田区画を鳥瞰目にみても方格状とはいえない。一方、条里想定地である旧蒲田区域には耕地整理以前の大縮尺地図は管見の限り見当たらない。さらに、検地帳等に表記のある近世の小名も、資料の残存状況から坪や縄手地名などの条里関連地名を見出すことは叶わず(1)、池上村の大字市ノ倉に小字桐里、大字久ヶ原に小字久ヶ里といった「里」地名は認められるが、地形的にも条里との関連性は薄いとみられる。

そこで、周辺の主な考古学的成果を幾つか紹介しておこう。大田区域における古代の遺跡は、沖積微高地上に7世紀代の小型円墳や8世紀以降の集落跡・貝塚が点在し、台地上には平安時代の火葬墓の分布が知られるが、発掘調査によって詳細な様相が掴めている事例は少ない（野本他1994）。まず、呑川左岸で標高3mの自然堤防・砂州上に立地する十二天遺跡（中央8丁目）では、8世紀後半以降の掘立柱建物7棟、柱穴列・土坑・ピット群が検出され、人形木製品や灰釉陶器・銅製丸鞆が出土している。建物群に整然とした区画・規則性は乏しいが、律令祭祀に関わる遺物の存在から郷クラスの官衙に関連する遺跡として捉えられている（福田1999）。呑川を挟んで対岸の女塚貝塚（西蒲田4丁目）では、古墳時代中期の祭祀遺構が発見されているが、古墳時代の遺物包含層と祭祀遺構の土壌中には頴に付着する珪酸体や短細胞珪酸体列を含んでおり、付近で水田が営まれた可能性が示唆されている（パリノ・サーヴェイ株式会社2000）。この他、標高15〜16mの武蔵野台地東縁部の緩斜面地に立地する山王一丁目6番所在遺跡では、波板状凹凸とピット状の掘り込みを持つ最大幅3.8m、真北から17度東に振れる道路遺構が検出されている。並走す

Ⅳ　地域の条里

る溝の覆土には15世紀の陶器が含まれるため、道路遺構自体は中世の所産であるが、掘り方は波板状の凹凸を呈し、奈良時代の遺物を伴う点から、古代の遺制を保った道路跡との指摘がある（河合2001）。

（2）品川区域（図5）

深谷が指摘した品川区下大崎・五反田付近の条里については、菅野が明治44年東京通信管理局発行の1/5,000郵便地図（東京府荏原郡品川町・大崎町）を用いて再検討を加えて、同図中に条里プランを示している（菅野前掲）。それによれば、目黒川下流域左岸の下大崎村と北品川宿の境界付近に、南北に5～6町、東西に5町ほどの方格地割があるが、1町四方の区画内側は、短冊型とも半折型ともいえない不規則な形状を呈している。また対岸の南品川宿にも方格地割を想定しているが、左岸に比べてやや菱形状に形は崩れている。水田を灌漑する水路は、左岸に三田用水（寛文4年開削）、右岸に品川用水（同7年開削）がそれぞれ目黒川と平行して流れるが、いずれも古代・中世には無い景観要素であって、水田への給水は周囲の台地裾からの湧水や天水を頼る以外に水量は不安定で、目黒川から直接取水する用水が古代にも存在したことを想定している。

本地域でも条里の存在を裏付ける旧公図類は管見の限りでは入手できず、近世の検地帳による地名調査も、その資料的偏在性から関連地名の収集は叶わなかった[(2)]。さらに、考古学的な調査事例も区域内では少なく、先に紹介した大井鹿島遺跡で8世紀代の集落跡が発見されている以外には、低地部周辺での古代に関わる調査例は現時点では無い。

3　橘樹郡域の様相（図6）

橘樹郡はほぼ現在の川崎市域を包括した範囲にあたり、近世の郡域は横浜市の一部（鶴見・神奈川区）を含んで、北は多摩川を介して荏原郡、北西から西は多摩郡、南は都筑郡・久良郡とそれぞれ接している。多摩川中～下流域右岸の東西に細長い範囲で、北西には標高40～60m程の急峻な多摩丘陵と下末吉台地が聳え、対する南東側には多摩川・鶴見川が形成した沖積低地が広がり、丘陵地を開析する市内の主要河川は三沢川・五反田川・平瀬川等が多摩川へ、矢上川・有馬川等が鶴見川にそれぞれ合流して東京湾へと注いでいる。こうした自然河川とは別に、川崎市多摩区上河原・宿河原で多摩川から取水し、幸区まで全長約30kmに及ぶ農業用水で、慶長年間に小泉次太夫吉次が開削した二ヶ領用水があり、市域内の水田を灌漑する基幹水路となっている。

さて、古代の橘樹郡は『日本書紀』巻18安閑天皇元（534）年の、いわゆる武蔵国造の乱で抗争に勝利した国造笠原直使主が、大和朝廷に献上することになる四つの屯倉（横渟・橘花・多氷・倉樔）の一つ「橘花」が後の橘樹郡の前身表記で（大田区郷土博物館前掲）、『万葉集』に収められた防人の歌の中にも上丁物部真根と妻椋橋部弟女の人物がみえ、物部姓をもつ防人の存在からは当地域が伝統的に中央政権と強い関係性を持っていたことがわかる。その他、正倉院に伝わる天平勝宝八歳（756）十一月年紀の調庸布に「武蔵国橘樹郡橘樹郷刑部直国当」、平城京二条大路北出土の木簡に「橘樹郷茜十一斤」等の文字資料があり、武蔵国の中男作物である茜が橘樹郷から貢進されていた（平野1993）。和名類聚抄に記載のある郷は高田・橘樹・御宅・縣守・駅家の5郷で、遺称地名から高田郷は横浜市港北区高田町、橘樹郷は日本武尊と弟橘媛が祭神の橘樹神社が鎮座する高津区子母口周辺である他に、御宅郷は中原区宮内、縣守郷は高津区北見方村等に比定されている。延喜式に小高駅とみえる駅家郷は、駅家遺構は未検出ながらも、市内では珍しい灰釉・緑釉陶器が出土する高津区の新作小高台遺跡付近に求める説に加えて（平野前掲）、近年では現在の中原街道を古代の駅路と評価し、一辺約100mを測る方形区画と掘立柱建物の存在を見出した宮前区野川の十三菩提遺跡に想定する見解も示されている（栗田2010）。

橘樹郡衙は、橘樹神社周辺の子母口付近と

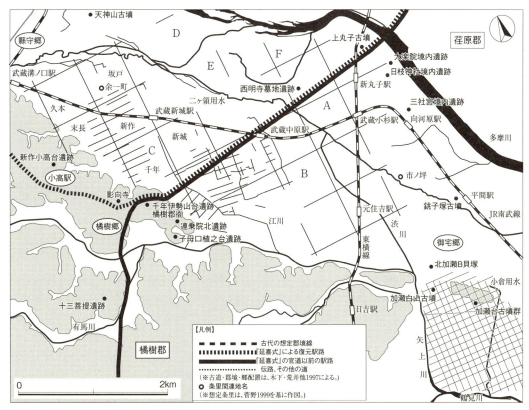

図6　多摩川下流域右岸（武蔵国橘樹郡）の条里

白鳳期寺院の影向寺周辺の、いずれも市内高津区に二つの候補地があったが、1996年に行われた千年伊勢山台・千年伊勢山台北遺跡の発掘調査で、影向寺の東に約400m離れた標高40mの同一台地上に正倉群が発見されるに及んで所在地が絞られることとなった。以後、数次にわたる調査で正倉域、館・郡厨域、雑舎などの建物が地形に応じて広がる状況が明らかになり、造営時期も斜方位に品字型で倉庫群を配置した7世紀第3四半期のⅠ期と、正方位を主軸とした建物群からなる8世紀前半以降9世紀前半代までのⅡ期に大別されている（河合2007他）。郡庁こそ未発見だが、多摩川低地と対岸の荏原郡方面を望む高台に郡衙と白鳳期寺院が並び立つ光景が明らかとなった近年の考古学的成果は大きい。

その一方で、「川崎市域が戦後急速に開発されたことが原因して、多摩川低地に展開する遺跡についての調査は、なかば放棄せざるを得ない現状であった」という反省から、対岸の大田区域も含め遺跡分布の現状を総括した浜田晋介によると、77箇所を数える遺跡の大半は貝塚や小古墳・塚として把握出来るものの、調査が及んだ事例が少なく「確実に遺跡か否かを確定することはできないものが多い」が、その中で古墳や蔵骨器などの確実な事例を参考とすると、下流域では「可能性として古墳時代後期、おそくとも奈良・平安時代には安定した土地になっていたと推測」している（浜田1997）。

橘樹郡域の水田景観は、かつて多摩川デルタ地帯を中心に、丘陵地内の樹枝状に開析された谷戸の各所にも展開していた。後者の水田については、荏原郡と同様の視角で高島緑雄が論じているが（高島1994）、低地に広がる水田の成立基盤を考えるうえで看過できないのは中世荘園、なかでも平安時代末期に藤原摂関家領として成立した稲毛荘の存在であ

Ⅳ　地域の条里

ろう。水田を連想させる荘園の名称に加えて、承安元年（1171）の「稲毛本荘検注帳」（『平安遺文』3590号）には、この時すでに263町8反180歩にも及ぶ合田が計上され、さらに本荘内には稲毛・小田中・井田の各郷、新荘内には坂戸・木田見方（北見方）・渋口（子母口）の各郷があったことから、現在の高津区から中原区一帯が荘園の故地として比定されている（図7）(3)。

さて、当該地の条里研究は、蘆田伊人が橘樹郡高津村（久本・坂戸）、橘村（末長・新作）、中原村（上小田中・新城・小杉・上丸子）、住吉村（水月・市ノ坪・今井・苅宿）、町田村（矢向・江ヶ崎・菅澤・潮田）、旭村（獅子ヶ谷・師岡・駒岡）、都筑郡都田村（川向・大熊）を掲げ、深谷正秋も高津町から川崎市中原にかけて南北方向の条里を指摘し、高津町大字久ヶ本オシドリケ町では短冊型地割があることを公図をもって示した（蘆田・深谷前掲）。この他、柴田孝夫や三友国五郎も蘆田らが指摘した条里は肯定的な立場で再紹介し、今後のさらなる地割図等調査の進展に期待を寄せている（柴田前掲・三友1959）。さらに武蔵小杉周辺における方格地割の残存状況を空中写真をもとに紹介した足利健亮の仕事もあるが（足利1997）、いずれも条里が存在するという指摘に留まっていて、具体的な区画の図面提示はなかった。その点で、菅野雪

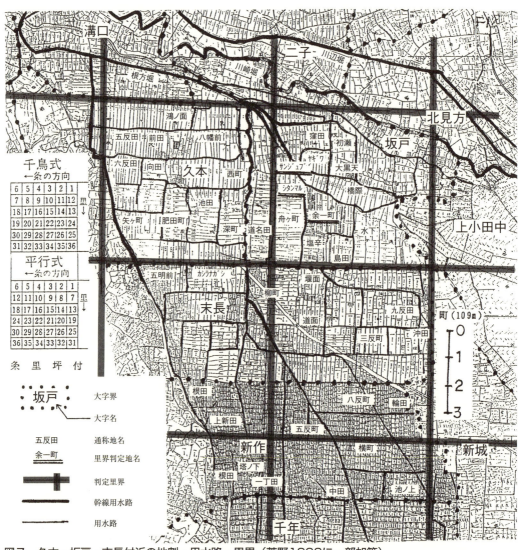

図7　久本・坂戸・末長付近の地割・用水路・里界（菅野1999に一部加筆）

図8　橘樹郡衙・影向寺と周辺条里
（村田2014に一部加筆）

雄が多摩川流域の水田景観をまとめた先の研究は、橘樹郡の（隣接する都筑郡域も含む）条里を公図上にプランを示した唯一の業績であり、以下その概要を紹介しておきたい。

菅野は旧高津村溝口から旧日吉村鹿島田にかけて、大正期の村全図や土地宝典等の地割図を参考にして、西北から東南方向に幅3km、長さ7kmの範囲に条里遺構を復元する。1町方格の地割の規則性は旧高津村久本・坂戸、旧橘樹村末長・新作、東部の旧中原町小杉・今井・上丸子の一帯で顕著に認められ、この条里区域は溝口から市ノ坪に至る細長い地帯で東北側（図6A）と南西部分とに分割されて、南西部分はさらに東（同図B）と西（同図C）のブロックに分かれている。この区画の分断は、間を走る近世の二ヶ領用水が多摩川の旧河道を踏襲した位置に開削されているためで、古代においては開田不能な場所であったとしている(4)。また、この東北辺で円弧状の旧河道に囲まれた範囲にも断続的に方格地割の存在を指摘し、それぞれ

D・E・F地域と便宜的に呼称するが、F地域は区画の規則性から条里とは異質で近代の耕地整理によるものとした。なお、良好な条里区画を留めるB地域では、サンジュブ・シタンマル・ヨイチマチと呼ばれる通称地名を収集し、それぞれ数詞地名に充てて周辺域の坪配列は平行式と復元する（図7）。この他、紙幅の関係で図は省略するが、鶴見川流域の旧日吉村加瀬地区、旧町田村矢向地区にも条里区画を見出している。さらに、公図類の検討から川崎大師周辺でも方格地割を抽出したが、その周期性からは古代条里との関係性を否定的に捉えている。

また、最近村田文夫は橘樹郡衙周辺の歴史的景観を復元する素材の一つとして条里遺構の痕跡に着目し、郡衙と影向寺境内の南側を東西に走る現道と台地の北側直下の末長付近に広がる方格地割（条里里界線）とは相関性が極めて濃厚であるといい、暗に条里施工時期が古くなることを示唆する（図8、村田2014a）。さらに、徳川秀忠が駿府を往来する父家康のために慶長13（1608）年に築いた小杉御殿の一帯（現中原区小杉陣屋町）は、中原街道が現在も鍵形にクランクし、その南北長が約109mを測ることから、条里区画の上に設計された近世御殿である可能性についても触れている（村田2014b）。

4　おわりに

以上の通り、当該地域の条里研究は近年まで具体的なプラン図の提示が無かったばかりか、公図を用いた表層条里の把握も部分的に留まっており、考古学的な検証もなされていない状況である。特に、橘樹郡域では台地上の発掘調査が進んで郡衙や寺院の様相が明らかにされつつあるが、眼下に広がる条里遺構が果たしてこれらを基準に設定されたものであるのかは非常に興味深い課題といえよう。いずれにせよ、荏原・橘樹両郡の低地部における今後の考古学調査の進展には期待を寄せていきたい。

【註】

（1）大田区域の近世村落で検地帳が現存するのは、新井宿村（延宝4年）、不入斗村（寛政5年）、下袋村（天保14年）、東大森村・西大森村・北大森村（元禄10年他）、雑色村（延享2年他）、八幡塚村・町屋村・高畑村・古川村（元禄10年他）、馬込村（宝暦4年他）、蓮沼村（寛永20年）、羽田村（安永4年）、糀谷村（年欠）、沼部村（寛文11年他）、下丸子村（寛永21年他）等があり、一部は想定条里分布範囲に含まれる村落もあるが、江戸時代の通称地名の中に坪や縄手といった条里や直線区画に関わる地名の抽出には至らなかった（資料は『大田区史』資料編諸家文書1・2・4・5、加藤家文書4、北川家文書3、平川家文書等に所載）。

（2）品川区域の近世村でも、谷山村（元禄5年）、上大崎村・下大崎村・桐ヶ谷村（元禄10年）等の現存する検地帳では関連地名の採集は叶わなかった（資料は『品川区史続資料編』に所載）。

（3）稲毛荘の成立時期や水田開発の様相については石井1981・木村1990を参照。因みに本稿の対象地域には、荏原郡域で六郷保、荏原郡域で稲毛本荘・新荘の他、賀勢荘・河崎荘・丸子荘（丸子保）・橘御厨等の荘園・公領が存在したことが知られる（田代1990）。

（4）菅野は小泉次太夫の二ヶ領用水開削には功績を認めつつも、無に近い状態から用水を創作したことには疑念を持ち、稲毛領では条里制施工以来の用水取水口に合口して用水整備したことを推定している（菅野1986・88）。

【参考文献】

青木三郎2006「大田区の地図作成の地域性」『東京土地家屋調査士会報　とうきょう』第567号

足利健亮1997「多摩川南岸の条里」『空から見た古代遺跡と条里』大明堂

蘆田伊人1919「古代武蔵に於ける条里の制と其遺蹟」『歴史地理』33-1　日本歴史地理学會

荒井秀規1993「『和名類聚抄』に見る相模・武蔵の郷名について―名古屋市博物館本を中心に」『藤沢市史研究』26　藤沢市文書館運営委員会

石井　進1981「相武の武士団」『神奈川県史　通史編一』（後、同著1987『鎌倉武士の実像』平凡社に再録）

大田区立博物館編1995『武蔵国造の乱　考古学で読む「日本書紀」』東京美術

小野一之1995「古代多摩郡の郷分布と開発」『月刊歴史手帖』第23巻10号　名著出版

大田区教育委員会1989・90『地図で見る大田区（2・3）』大田区の文化財第25・26集

河合英夫2001『山王一丁目6番所在遺跡発掘調査報告書』玉川文化財研究所

河合英夫2007「ここまでわかった橘樹郡衙―調査成果と課題―」『シンポジウム　古代の川崎市役所を発掘する―橘樹郡衙推定地の調査成果と歴史的意義―』川崎市教育委員会

北村　敏2013『大田区まちなみ・まちかど遺産　六郷用水』大田区立郷土博物館

木下　良・荒井秀規他1997『神奈川の古代道』藤沢市博物館準備室

木村茂光1990「武蔵国橘樹郡稲毛荘の成立と開発」『地方史研究』227　地方史研究協議会

栗田一生2010「古代橘樹郡衙とその周辺の様相―十三菩提遺跡・子母口植之台遺跡調査成果を中心に―」『考古論叢神奈河』第18集　神奈川県考古学会

後藤宏樹1998「第8章　律令制の浸透と「千代田」世界　第6節　考古学から見た古代」『新編千代田区史　通史編』東京都千代田区

坂詰秀一・松原典明1999『東京都稲城市瓦谷戸窯跡群発掘調査報告書』瓦谷戸窯跡群発掘調査団

品川歴史館2010「古代大井駅を探る」『品川歴史館紀要』第25号

柴田孝夫1975「第四章　関東平野の条里」『地割の歴史地理学的研究』古今書院

菅野雪雄1986・88「稲毛二ヶ領用水の創設と条里制水路（上・下）」『武蔵野』309・312号　武蔵野文化協会

菅野雪雄1999『多摩川流域の古代における水田景観の研究―条里遺構の分布を手掛かりとする―』財団法人とうきゅう環境浄化財団

菅野雪雄2001「多摩川下流域の条里遺構」『川崎研究』第39号　川崎郷土研究会

高橋賢治1995「古代の武蔵国荏原郡における東海道駅路と大井駅について」『品川歴史館紀要』第10号

高島緑雄1982「荏原郡の水利と摘田—谷田地帯における中世水田へのアプローチ—」『駿台史学』第55・56号（後、同著1997『関東中世水田の研究—絵図と地図にみる村落の歴史と景観—』日本経済評論社に再録）

高島緑雄1994「橘樹郡の水利と摘田—谷田地帯における中世水田へのアプローチ—」『駿台史学』第97号（後、同著1997『関東中世水田の研究—絵図と地図にみる村落の歴史と景観—』に再録）

竹石健二・原　廣志2002「影向寺境内出土の「无射志国荏原評」銘瓦について」『川崎市文化財調査集録』第37集

田代　脩1990「武蔵国」『講座日本荘園史5　東北・関東・東海地方の荘園』吉川弘文館

田中禎昭2001「武蔵国豊島郡の条里—東京西部低地における条里プランの復原—」『古代史研究』第18号　古代史研究会

田中禎昭他2001『墨田川流域の古代・中世世界—水辺から見る江戸・東京前史—』足立区立郷土博物館・すみだ郷土文化資料館・財団法人宮本記念財団

柘植信行2014「中世の大井と大井氏ゆかりの地」『品川区史2014』品川区

日本地誌研究所編1983『日本地誌　第7巻　東京都』二宮書店

野本孝明1993『考古学から見た大田区—写真図録集—』大田区の文化財第29集

野本孝明他1994『考古学から見た大田区—横穴墓・古代・中世資料編—』大田区の文化財第30集

野本孝明2010「荏原郡衙について」『東京考古』28　東京考古談話会

浜田晋介1997「多摩川低地の遺跡について（序説）」『川崎市民ミュージアム紀要』第10集

パリノ・サーヴェイ株式会社2000「女塚貝塚の古環境について」『女塚貝塚』株式会社グランイーグル・加藤建設（株）埋蔵文化財調査部

平野卓治1993「律令制下における川崎市域」『川崎市史通史編1　自然環境・原始・古代・中世』川崎市

平野順治1994「古代・中世の多摩川低地の開発と古道」『考古学から見た大田区—横穴墓・古代・中世資料編—』大田区の文化財第30集

深谷正秋1936「条里の地理学的研究」『社会経済史学』6-4　岩波書店

福田　良1999『十二天遺跡発掘調査報告書』十二天遺跡発掘調査団

松原典明2000「平成11年度確認調査報告」『道路遺構等確認調査報告』東京都教育委員会

松原典明2010「東京の古代道路—遺跡から古代「大井駅」を探る—」『品川歴史館紀要』第25号

三友国五郎1959「関東地方の条里」『埼玉大学紀要　社会科学編（歴史学、地理学）』第8巻

村田文夫2014a「武蔵国橘樹郡衙周辺の歴史的な景観考—久本村条里水田遺構の復元と「皮古造免五段」の地平—」『神奈川考古』第50号　神奈川考古同人会

村田文夫2014b「中原街道の「カギ道」と小杉御殿跡」『川崎研究』第51号　川崎郷土研究会

武蔵国府と近傍の条里

渋江　芳浩・深澤　靖幸

1　はじめに

　東京西部の多摩地域を貫流する多摩川においては、北岸では昭島市拝島、南岸では八王子市高月付近より下流に、狭小ながら谷底平野が発達する。低地の両側は立川面群（Tc1〜Tc3面）の段丘崖に限られており、これら立川面群が現河床下に順次覆没されてゆく世田谷区の二子玉川付近までの低地を、本稿では多摩川中流低地と呼ぶ。

　この中流低地のほぼ中央、北岸の府中市の立川段丘面縁辺に古代武蔵国府が置かれていた。そして、国府の眼下にあたる府中市是政地区を中心にその東西の低地、また南岸では、稲城市長沼・矢野口付近、多摩市関戸・一ノ宮、日野市落川、さらに上流の日野市万願寺地区一帯の低地に、小規模ながら条里型地割を思わせる比較的明瞭な方格地割網が分布していた（図1）。しかし、これら表層条里は1970年代以降の急速な市街化により大部分が消滅しており、いまや明治初期の地籍図や戦後の米軍撮影空中写真等で過去の産物として確認できるにすぎない。

　一方、1977年の落川遺跡を皮切りに日野市内での低地遺跡における発掘調査が進展し、90年代後半以降には府中市域にも波及している。その結果、低地における古代・中世の考古学的情報は飛躍的に増加し、地割に関わる遺構も少数とはいえ存在することから、条里との関連がにわかに注目されはじめた。本稿では、かつての表層条里を媒介に復原できる地割と、上のような発掘調査にもとづく情報との対応関係を紹介し、当地の条里地割に関する現段階での実態把握を試みる。

2　研究略史

　府中市域の多摩川低地にかつて見られた「是政条里」（図1 A地域）については、深谷正秋・竹内理三・三友国五郎らによって早くからその存在が指摘されていた（深谷1936、竹内1958、三友1959）。その後、武蔵国府域推定との関わりで条里の復原的研究に着手したのが平田美枝子・池田文子である（平田・池田1963）。卒業論文という性格上、力量的な制約や復原図の精度、表示方法に難点はあったが、地籍図を手がかりに、正方位をとる溝や道路から人工的配置を推測して、条里地割の存在を再確認した意義は大きい。

　同じく歴史地理的手法を用いて、遠藤吉次は、是政条里のみならず隣接地（図1 B・C地域）や多摩川対岸（同D地域）にまで対象を広げて条里地割のあり方を検討した（遠藤1977）。その結果、多摩川の両岸、あるいは台地上の武蔵国府や武蔵国分寺方面までが同一の条里ブロックに属すると推測された。その当否は別としても、多摩地域の条里に関する最初の本格的な研究ではあった。

　以後しばらく間をおいて、菅野雪雄が、中流域を含む多摩川の低地全域に対して条里地割の分布を手がかりに、古代〜中世の用水・水田開発を検討した労作を発表している（菅野1999）。これにより国府近傍では、府中市対岸の稲城市長沼・矢野口付近における条里地割の事例が加わった（図1 E地域）。

　しかしながら歴史地理的手法では、結局は表層条里からの推測にとどまって過去の状況に関わる検証が困難なのも事実である。これに代わって、中流低地の発掘調査が進展した1990年代以降は、考古学的データにもとづく

武蔵国府と近傍の条里

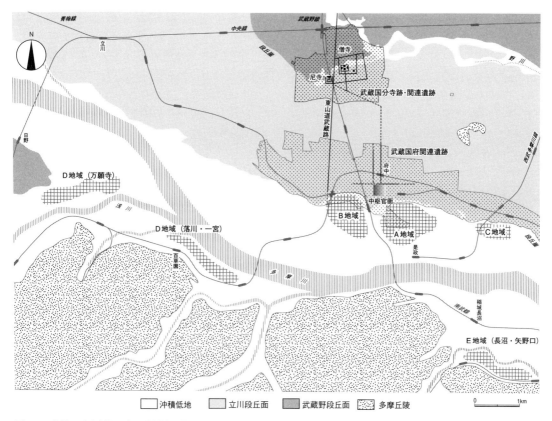

図1　武蔵国府近傍の条里地割分布図

復原条里の検討が開始される。

発掘調査は、多摩川南岸のD地域で進んでいる。すなわち日野市南広間地遺跡、落川・一の宮遺跡といった広面積の調査例をもとに、条里復原の試みと発掘遺構との対応関係の検討がはじまった（篠崎1997、渋江1998・2001）。また、府中市域でも遺跡の範囲が沖積低地の一部にまで拡張された結果、一定の発掘データが蓄積されて、是政条里を中心とする国府膝下の条里地割について再検討が可能になった（深澤2008）。

3　武蔵府中の条里

近年、府中市域では、かつて条里地割が認められた沖積低地でも古代の集落遺跡が確認され、また後続する中世の遺構・遺物に関する情報も増加してきた。台地上の国府域の空間構造解明と相まって、古代国府や中世府中の全体的な景観を考える材料が揃いつつあ

り、条里復原についても先行研究を再検討し、遠藤吉次の仕事を批判的に継承する段階に入った（深澤2008）。以下、その具体的作業と結果を記述する。

（1）条里地割の検討・復原

市街化の著しい地域ゆえ条里地割の認知には、地籍図等から地割を復原する以外にない。明治前期の地籍図の情報を1/2500地形図上に補正・転写した照合図が図2・3である。検討対象の範囲は図1中のA・B地域であるが、参考のため武蔵国府域を含む北方の立川段丘縁辺までを図示した。

かつては低地の大部分が水田だったことが一目瞭然である。中央の矢崎集落を境に、東側をA地域、西側をB地域とした。一見して、A地域には規則的・連続的な方格地割網の存在が明瞭である（図3）。本図では、直線的な地割が最も長いa〜bの南北道路・畦畔と、東西方向c〜dの水路や畦畔・道路を基準と

159

Ⅳ　地域の条里

して1町単位の正方位の方格線を重ねておいた。付近の方格地割網がこの方格線に一致することは明らかであろう。これら条里地割の分布範囲は、矢崎集落のすぐ東（c〜e）から、ほぼ1町方格を呈する「禰宜」の集落（f）まで東西1,100m、崖線下から南端の是政集落付近まで南北750mに及ぶ。

これに対して西方のB地域では、方形区画の卓越する雑田堀の北側に限っても条里地割の存在は即断できない（図2）。とはいえ、A地域から延長した方格線に一致する畦畔や方格地割を見いだすことは可能である。A地域ほど整然としてはいないが、条里地割の分布域と考えられる。なお、雑田堀以南は、中世当時の推定多摩川主流路および網状流路帯であり、条里地割の痕跡は見いだせない。

次にC地域は、A地域東端から約1kmを隔てた下流側の地域である。紙幅のつごう上、図示は省略するが、遠藤も指摘しているように小規模ながら正方位の方格地割の存在は明らかで、東西700m、南北300m程度の範囲が条里地割と見なされる。ただしA・B地域からの復原方格線を延長したところでは若干のずれが生じる。遠藤はA〜Cの三地域とも同一の条里ブロックに属すると見たが、厳密にはC地域は基準が異なるようである。

（2）発掘遺構と条里地割

上述のうちA・B地域では、ごく一部にすぎないが発掘調査が実施されている。

A地域の旧是政条里の核心部にあたる東京競馬場構内の調査では古代の竪穴建物多数をはじめ、河道、溝、水田層が発見され、付近の低地が湿地でないことが明らかとなった。また中世に関しても12世紀後半〜14世紀の遺構・遺物が集中的に見いだされている。古代においては基本的に居住域であり、溝などが復原方格線に一致することはなく、少なくと

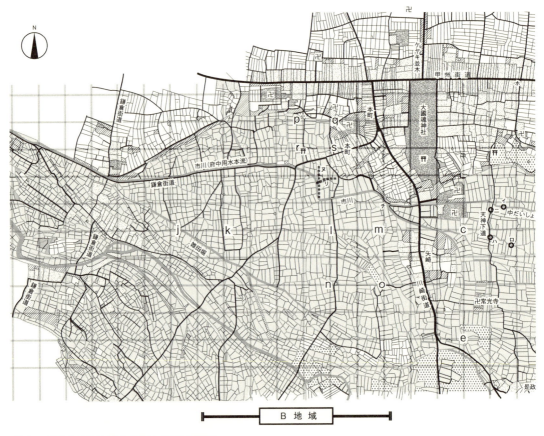

図2　武蔵府中B地域の地割と復原方格線

も条里地割の面的な施工を想定することはできない。一方、中世になると直線的で正方位をとる道路、溝等が現れ、条里との関連が推測できる。また地籍図にも描かれ、条里方格線に沿って東流する「中だいしょう」「むこうだいしょう」（図3）といった主要水路の前身遺構が認められ、これも条里地割の形成が中世に遡る可能性を示唆する。

B地域では、JR府中本町駅西側で古代の推定国司館や運河状の大溝（図2リ）など重要施設が発見されている。しかしながら、国司館の区画溝をはじめ条里方格線に一致するものはない。これに対して中世では、南北に110m以上も直走する大溝が検出されるなど、条里地割の影響下に築造されたとみられる施設がある（図2ヌ）。A地域と同様に、条里地割の成立は中世前期までは遡れるようである。

（3）武蔵国府と条里

かつて古代国府は一町方格の街路で区画された方五町〜八町程度の規模をもつ計画的な都市と考えられていた。武蔵国府についても、前述の平田・池田や遠藤らは国府の条坊と一定の関係を有する前提のもとに条里地割を検討し、国府域の範囲や位置を推測した。

けれども今日、武蔵国府関連遺跡の発掘調査が著しく進展して古代武蔵国府の空間構造が明確化してくると（府中市郷土の森博物館編2005、江口2006）、むしろ方格地割の形成を否定する材料が多くなった。この点は中世でも同様であって、低地からの復原方格線を台地上に延伸しても、一部の道路（ホ・ヘ・トなど）をのぞき、これに整合的な配置の施設はほとんど確認できない。発掘遺構でも一部の溝が方格線に沿うものの方格地割を示唆するわけではなく、さらに道路のなかには斜行

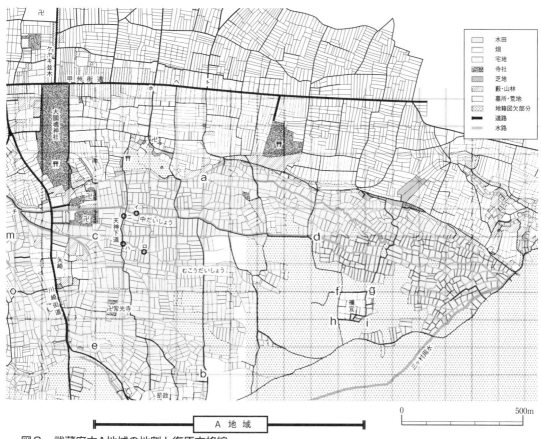

図3　武蔵府中A地域の地割と復原方格線

IV 地域の条里

するものもあって、この台地上に条坊的な秩序を見いだすことは到底できない。

ただ唯一、六所宮（現在の大國魂神社）の境内がほぼ一町幅で、かつ方格線に一致している点は注目にあたいする（図2・3）。六所宮南方の低地は矢崎集落のある微高地で条里地割は見られないから、低地からの方格線を単に延伸して六所宮の社地を設定したのではない。六所宮境内は古代国庁を含む中枢官衙域の跡地に成立した、中世府中におけるまちのグランドデザインの中核と考えられる空間である。社地設定の過程は不詳だが、こうした場が低地の条里地割と密接な関係を有する点に留意しておきたい。これに関連して六所宮西方四町の方格線交点付近の低地に位置する同宮の境外摂社（図2 r）が、条里施工との関係は不明ながら、その名を「坪宮」と称していることは興味深い。

(4) 条里地割の形成

以上の作業を要約すると、第一に、地籍図をもとにA～Cの三地域での表層条里を復原した。第二に、A・B地域における発掘遺構から埋没した条里遺構を探り、関連する中世の遺構を見いだした。第三に、発掘遺構と地籍図の検討から、古代～中世の台地上においては、中世施設のごく一部を除き条里地割の影響がおよんでいないことを確認した。

つまり、条里地割の存在は低地に限定され、それらの施工は中世までは遡る。さらに詳細にいえば、B地域では未確定だが(1)、A地域での条里関連遺構の出土遺物は12世紀後半～14世紀の範囲におさまり、条里地割の施工は12世紀後半まで遡る可能性を指摘できる。ただし、条里地割の残存区域であっても必ずしも対応する埋没遺構が発見されるわけではなく、中世前期においては微地形に応じた土地利用が行われている。したがって地籍図に見るような一面の水田景観は中世前期には遡らず、これ以降近世の間の所産であることに注意が必要である。

それはさておき、条里地割の形成年代を探るうえでは、前述したような復原方格線と六所宮境内の一致などは重視すべきである。六所宮は武蔵国の惣社であり、すでに12世紀後半には有力な神社であったが(2)、その成立は諸国惣社・一宮と同じく11世紀後半のことであろう。条里地割の施工についても、現時点では、考古学的情報よりは古く、11世紀代までは遡る可能性を指摘しておく。

4 多摩川南岸の条里

武蔵国府の対岸にあたる多摩川南岸にも、D地域（多摩市・日野市）やE地域（稲城市）に小規模ながら条里地割の分布が認められる（図1）。E地域には発掘調査例がなく、また地籍図からの復原も進んでいないので、ここではD地域を中心に検討する。

D地域の条里に関する唯一の先行研究として、さきの遠藤吉次の仕事がある。遠藤は、古い空中写真の観察から、多摩市関戸、日野市落川付近をはじめ多摩川南岸には府中市域のそれより顕著な条里遺構が存在すると指摘した。さらに、それら正南北をとる地割は府中側の条里につながって、両者は同一の条里ブロックに属するという、きわめて壮大な復原案を提起した。しかしながら提示した地図の精度が低く、この点の確証を得るには至らなかった。むしろ後述のように府中側と南岸とでは復原方格線に無視できないずれがあり、両者は別個の基準による施工と現段階では判断しうる。

この多摩川南岸の低地においては、1977年から日野市・多摩市にまたがる落川・一の宮遺跡の調査が、また浅川・多摩川に挟まれた日野低地では1980年代から南広間地遺跡の調査が長く実施されてきた。

(1) 日野・多摩市境付近の条里地割

京王線百草園駅の北側一帯、日野市落川・百草の土地が入り組む付近には、地籍図や戦後の米軍撮影空中写真などによると、南北約300m、東西約800mにわたって連続する方格地割が存在した。また同じく空中写真には、東方の多摩市関戸地内、京王線聖蹟桜ヶ丘駅北側にも隣り合う2区画の明瞭な方格地割が確認できる。これらが、遠藤によって指摘さ

武蔵国府と近傍の条里

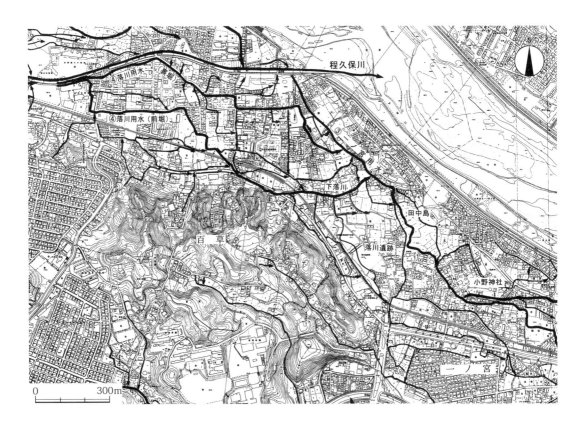

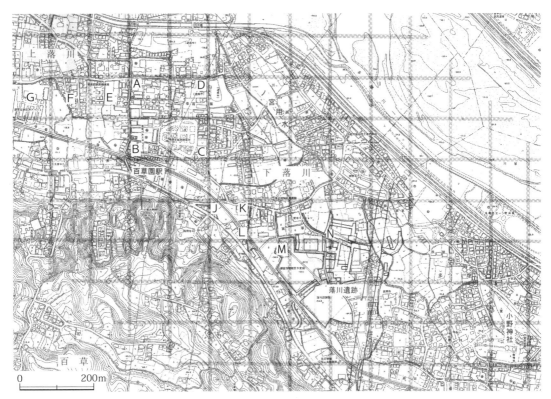

図4　日野市落川付近の水路（上）と復原条里

Ⅳ　地域の条里

れた南岸の条里地割の中核部分にあたる。

　これに加えて水路網図（日野市1981）を観察すると、落川付近の農業用水が基幹水路・枝堀をとわず直線的に設定され、かつ直角に屈曲する傾向が顕著である（図4上）。付近の方格地割による影響が明らかで、表層条里の存在が確実視できる。とりわけ百草園駅北の道路・水路による南北方向の地割が明瞭で、図4下A－B、C－Dの間隔が220m、ほぼ2町である。これに東西方向のA－Dを基準に加え、当地の条里方格線を復原することが可能になる（渋江1998）。

　ちなみに、この基準線の座標値を1/2500地形図で読み取ると（旧日本測地系）、A－Bを通る南北ラインがY＝－36,150、A－Dを基準とする東西ラインがX＝－38,060であった。一方、府中側のA地域で基準とした南北ラインa～bはY＝－31,168、東西ラインc～dがX＝－37,503であった。それぞれ差を求めると、4,982m、557mを隔てた距離にある。すなわち南北ラインで45町＋77m、東西ラインでは5町＋12mに相当する(3)。12mという数値は図上の測定誤差としては微妙だが、南北ラインの77mのずれは明らかに別基準であることを示している。府中側と南岸の条里地割は、それぞれの復原基準線の設定に問題がないかぎりは同一の条里ブロックに属するとは言えないだろう。

　さて、上記のような基準線をもとに条里方格線を復原すると、これに適合的な地割がかなり見いだせる（図4下）。まず、日野市落川地内では基準A－Bラインの西隣にE・Fを含む2列、5町分ほどの方格地割が連続している。また図示の範囲外であるが、Gより西方では3町分の道路が方格線に重なった。このほかJ－K－Lでも道路・水路が直交して、方格線に一致している。

　東方の多摩市一ノ宮地区では、図4東端の小野神社境内南縁を画する一ノ宮用水が、方格線に重なって約4町、直線的な流路をとる。さらに、これまた図示の範囲外だが前述した聖蹟桜ヶ丘駅北側の明瞭な方形区画も方格線にみごとに合致した。

　以上のように、多摩川南岸の低地に、北岸の府中側とは別基準ではあるものの、正方位をとる表層条里地割が存在したことは認めてよいだろう。

（2）落川・一の宮遺跡の条里関連遺構

　古代の集落遺跡として著名な落川・一の宮遺跡の発掘区を図4下に示しておいた。住居が多数発掘されたが、一般的な条里プラン成立以前の古墳～奈良時代の所産も多数含まれるためか住居群の分布自体は無秩序であった。さしあたり微高地上では方格線との間に一定の関係性はみられないと言ってよい。

　しかし低地部の水田域でみると、たとえばM地点では溝（都営住宅地区120号溝）が方格線に一致して直角に曲がっていた。この溝は古代末期11～12世紀の所産といわれる。当該期には条里地割の施工の可能性を想定しうるのであって、この点は、11世紀後半以前と推測しうる府中側の条里地割形成の時期と異なるところはない。なお、120号溝の上層には地割を踏襲したとみられる現代の用水（柿の木田堀）が重なっている。

　そしてさらに、M地点の1町東では、東西方向の谷戸田状水田址において南北方格線Nラインの位置に、両側に溝を伴い水田域を横断する幅3mの畦畔が発見されている（渋江2001）。東西に細長い水田域のどこに畔が設定されても不思議はないわけだが、こうして復原方格線の位置に合致する以上、当面は条里関連遺構と推測すべきものである。

　重層する水田層のうち畔が設けられたのは古代の水田面である。この点は重視しなければならない。当地の古代水田の成立時期は8世紀末を上限とし、畔は2層あるうちの古代の上層水田に伴っている。したがって9世紀でも後半期の遺構と推測され、そして付属する西側の溝SD23Aは10世紀初頭頃には埋没しており、10世紀代には水田も一度廃絶したとみられる。以後、畔の位置には通路が設けられ、古代末まで主要な土地区画として維持される。つまり、畔の位置と復原方格線との偶然の一致でないかぎりは、条里的な土地区画の形成が古代まで遡及しうることを示す、まことに貴重な一例ということができる。

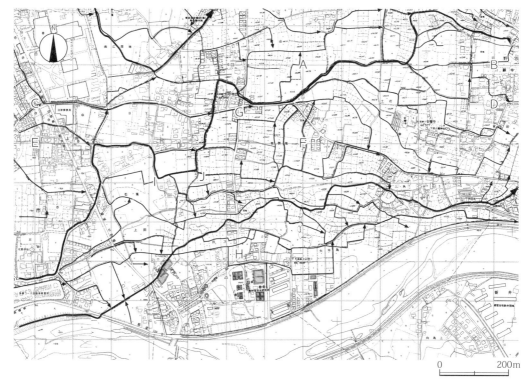

図5　日野市万願寺地区の地割と推定方格線

（3）日野低地の条里地割と南広間地遺跡

　落川・一ノ宮地区の上流、多摩川とその支流浅川にはさまれた日野低地（万願寺地区）にも表層条里とおぼしき地割がかつて見られた。遠藤吉次も、具体的ではないが、当地域における条里地割の存在に言及している。

　多摩川と浅川が形成した低地であるため両河川の乱流跡が多く残り、地籍図や古い空中写真、地形図を参照しても整然とした方格地割網を見いだすことはできない。ただし、日野市水路網図によれば、低地の浅川寄りでは落川地区と同様に用水路の直進と直角の屈曲が認められ、方形土地区画への志向性は読み取ることができる（図5）。

　とはいえ、連続的な方格地割網が認めがたい当地では、方格線の復原が著しく困難である。遠藤吉次以後、はじめて発掘遺構から当地の条里復原を試みたのが篠崎譲治であったが（篠崎1997）、篠崎はなぜか正方位ではなく東へ9度振れた方格線を復原した[4]。これなども付近の表層地割に明確な基準方格線を設定しがたいゆえの結果であろう。

　それでも東西方向に限ると、道路や水路がほぼ1町間隔で並走する箇所がまま見られる。たとえば図5中のA－B、C－D、E－Fといった直線的な地割が南北にほぼ1町間隔である。この東西ラインの座標値を求めたところ、意外にも前述した落川付近での復原方格線にきわめて適合的な近似値を得たので（落川地区A－Dラインから北へそれぞれ13町、12町、11町）、試みに同図には、落川地区からの方格線を延伸して重ねてみた。

　これによると、やはり南北ラインに一致する地割はごく少ない。しかし洪水の影響を受けていない中央部では道路G－Hが方格線に沿って位置したり、基幹水路の上田用水がI－Jにおいて1町分不自然に南へ直角に屈曲するなど、南北方向の地割が無いわけではない。東西の直線的な道路・水路と相まって必然的に方形基調の土地区画が形成されており、方格地割網施工の企図がまったく無かったとは言い切れない。

　当地の南広間地遺跡では万願寺地区土地区画整理事業に伴う調査が長期に実施されて、

Ⅳ　地域の条里

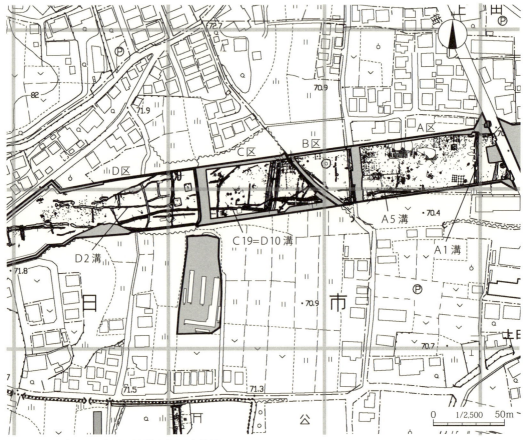

図6　日野市№16遺跡の遺構と復原方格線

　古代・中世の多様な遺構が発見されている。けれども集落地の調査が大半で水田域の調査が稀少なためか、条里関連と確言できる遺構はこれまで発見例がない。とはいえ現代の基幹水路の至近に前身遺構とみられる中世の溝などがときに発見されている。発掘事例が断片的なため復原方格線との関係を具体的に検討することは困難な現状だが、地割の根幹をなす水路や道路は、遅くとも中世のうちには存在した可能性が大きい。

（4）日野市№16遺跡の条里関連遺構

　南広間地遺跡の西側に隣接する日野市№16遺跡の調査報告が近年刊行され、条里地割形成に関わる興味深い遺構群の存在が判明した（東京都埋蔵文化財センター2007）。

　調査地は日野市川辺堀之内所在、日野低地の南西隅にあたり、浅川の流域に属している。調査区の西寄りは湿地的様相もうかがえるが、中央〜東半は縄文時代の遺構群および古墳時代前期や古代の住居群が占地するような微高地であって、洪水流による壊滅的被害は受けたことがない安定的な区域であった。

　中世前期を迎えると、東半区域（A・B区）が居住地になるとともに西半（C・D区）には水田が展開し、同時に大小多数の溝ならびに水路が築造される。注目されるのは、これら溝群が、斜行するものもあるが、大半が正方位に準じて縦横に設けられている点である。つまり、この区域では中世前期に水路と水田の整備が急速に進行し、その際に水路や畦畔による方形を志向した土地区画の形成も進んだと理解できる。1町方格の地割網を成すわけではないので正確な意味での条里地割とは言えないが、表層条里の起源を推測するうえでは貴重な調査成果といえる。

　ここにも東方の落川方面からの復原方格線を延伸してみたところ、東西約360mの細長

い調査区には４本の南北ラインが掛かる（図６）。このうち東端の方格線が中世のＡ区１号溝に一致した。微高地上の溝なので水路か地境の類か判然としないが、偶然の一致としても、みごとな重なりようである。

一方の東西ラインでは１本の方格線（落川地区Ａ－Ｄラインから北へ10町）が調査区に掛かるものの、これに一致する中世の遺構はない。唯一、方格線に重なるのは東寄りＡ区の５号溝であり、これは近世以後の所産である。したがって５号溝は表層条里の関連遺構と推測できるであろうか。

西方の水田域に目を転じると、上記Ａ区５号溝と連続はしないが延長方向ではＣ区19号溝＝Ｄ区10号溝などが方格線に沿って100m近く連続する。同溝は中世水田の大畔畔である。また、その西端近くではＤ区２号溝が方格線交点付近で直角に曲がり西へ続くのも確認できる。中世前期における方形志向の大区画成立が明瞭に読み取れよう。それとともに、東方の表層条里から延伸した復原方格線がまったく架空の産物ではないらしいことも、この際付言しておきたい。

5　表層条里と埋没水田

現在われわれが古い空中写真や地籍図などで認識できる土地区画は、あくまでも表層に残された地割であって、古くとも明治初期の状態が把握できるにすぎない。これ以前のいつまで遡れるかは発掘調査によって確認する以外にない。

（１）表層条里の成立

当地の場合、沿川低地の旧水田地帯では時代ごとの水田面が埋没・重層しており、条件が良い場所では現用水田面も含めて通常５～６枚の水田面が確認できる。発掘調査の一例として、日野市落川区画整理地区の水田層断面図を挙げておく（図７：渋江2001所載報告書より）。本地点の水田はいずれも乾田であり、各時代の水田層は耕土層（Ⅰ層）と、その直下に形成された酸化鉄集積層（Ⅱ層：鋤床層）のセットで捉えることができる。最下層は古代水田（古Ⅰ・Ⅱ層）であり、開田時期は８世紀末を上限としている。当地では現在までに８世紀半ば以前の水田層は未確認であり、多摩川のような急流河川沿いでの取水や水田

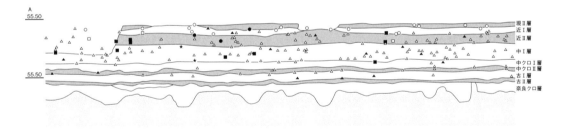

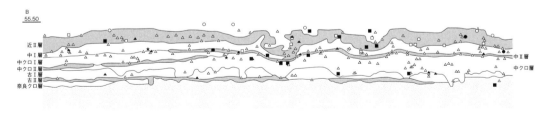

図７　落川区画整理（守屋マンション）地区の水田層断面と遺物分布

Ⅳ　地域の条里

表1　落川遺跡守屋マンション地区における水田域出土遺物の層位別・時期別集計表

時期 層位	古墳時代 4～7世紀	奈良時代 8世紀	平安時代 9～11世紀	中世前期 12・13世紀	中世後期 14～16世紀	近世～近代 17～19世紀	層位別 点　数
現Ⅰ・Ⅱ層	1	9	4	0	0	62	76
近Ⅰ層	9	131	16	8	4	20	188
近Ⅱ層	20	420	60	25	7	15	547
中Ⅰ層	31	586	78	6	1	0	702
中Ⅱ層	3	35	9	0	0	0	47
中クロ層	6	93	7	0	0	0	106
中クロⅠ層	2	22	2	0	0	0	26
中クロⅡ層	0	5	0	0	0	0	5
古Ⅰ層	25	135	10	0	0	0	170
古Ⅱ層	1	2	0	0	0	0	3
奈良クロ層	5	11	0	0	0	0	16
時期別点数	103	1449	186	39	12	97	1886

開発は未だ困難だったと考えられる。

　これら水田層のうち中世水田（中Ⅰ層）以下の水田面は同じ低地域でも微低地にのみ開田範囲が限られ、相対的な微高地上は集落域として土地利用されている。これが近世になると集落域は自然堤防上に移り、低地の全域に水田が展開するようになる（近Ⅰ・Ⅱ層）。表1において8世紀の遺物が古代水田層ではなく中Ⅰ層・近Ⅱ層に多出するのは、その証左の一つである。つまり近世水田の全面化に伴う造成により微高地上の古代集落跡が上部を削平されて土砂もろとも土器片が水田域に散乱し、その結果、埋没した中世水田（中Ⅰ層）上面＝近世水田の鋤床（近Ⅱ層）に古代の遺物が包含されたというわけである。

　ここに出現した近世の広域水田は、発掘してみると大畦畔のほとんどが後世の土地区画に一致する。すなわち、最近まで見られた表層条里は近世水田開田時に成立したと考えるべき状況にある。

　現在までのところ日野市域の例を挙げると、北の多摩川沿いにおける栄町・新町・姥久保遺跡等の発掘調査で近世水田面の下位から古代以降16世紀代までの集落跡が発見されるとともに、近世水田層には17世紀以後の遺物の出土が経験的に知られている。つまり戦国期の集落を廃して微高地を削平し微低地を埋めて、水田の全面化を果たしたことがわかる。これに伴い灌漑面積は著しく増大して、用水系も新たに整備されたと考えられる。そこで当地の基幹水路に注目すると、多摩川から取水する最大・最長の用水路である日野上堰用水は16世紀中葉の永禄10年（1567）に開かれたと伝承する（元禄16年「挨拶目録」：日野市1978所収）。この伝承が史実かどうか発掘調査等で確認されたことはないが、全面化した当地の近世水田の成立を示唆する点では貴重な情報といえる（渋江2010）。以後、この用水系と、南の浅川から取水する豊田・上田用水系が相まって、日野低地の広域水田は現代に至るまで存続してきたのである。

（2）表層条里と埋没遺構

　多摩川南岸地域において示した復原条里は、上記のような戦国末期に広域に成立したとみられる表層条里を基準としている。この復原方格線に対して、中世以前の埋没遺構が対応する事例はまだ少ない。それでも落川・一の宮遺跡では、前述のとおり11～12世紀の所産といわれる都営住宅地区120号溝が方格線に沿って直角に曲がるあり方から、古代末期における方格地割の存在が示唆される。またその東1町の南北Nラインには9世紀代の古代水田畦畔がみごとに合致した。古代以来の条里施工の蓄積のうえに表層条里が成り立っていると考えたいところである。

　しかしながら実体としての水田面は各所で時代ごとに重層しており（図7）、表層条里の基盤を成す近世水田面と下層に埋没している中世・古代水田面は明らかに別個の構築物といえる。この点を重視すると、表層条里からの復原方格線と古代・中世の埋没遺構との

重なり具合は単なる偶然の一致となる。その場合、1町方格の地割網は戦国末期になって初めて登場したことになろう。

もっとも、北岸府中側のような段丘縁辺における六所宮境内といった、条里プランに合致する象徴的目標物の存在を念頭におけば、これを基準として条里地割はつねに継承・更新が可能であると理解できる。このような存在は今のところ多摩川南岸では未確認であるものの、上記120号溝の位置を現代の用水が踏襲する事例を紹介したように、どこかに基準点を有して条里地割を継承・拡大してきた可能性は当然考慮されよう。

6　今後の課題

いずれにしても水田域における発掘事例があまりに少なく、これが地域の表層条里の成り立ちや埋没条里遺構の実態解明を著しく阻害している。考古学にとって集落跡の発掘調査はもちろん大事であるが、水田跡も遺構にほかならない。まずは同時代の生産域＝水田にまで視野を拡大することこそが肝要であり、それなしには条里研究のさらなる進展はありえない。旧水田域では宅地等の土地造成にあたって必ず盛土施工される。埋没水田は地下に保全されており、再開発に際しての水田調査は今後もまだ可能である。

【註】

（1）中世の南北溝M86-SD2については、その後報告書が刊行され、溝底に出土した龍泉窯青磁片から13世紀半ばには機能していたことが推測される（盤古堂2008）。

（2）六所宮の史料上の初見は12世紀後半、『吾妻鏡』寿永元年（1182）条である。

（3）なお、深澤2008の註23においては、落川付近の基準線の座標値につき東西と南北を取り違えて府中側基準線との距離を算出した。これは、渋江2001：68ページにおいて訂正したように、渋江1998が誤ってX・Y座標値を逆に表記したことに起因する。改めて本文のように訂正しておく。

（4）もっとも、篠崎の所論には遠藤吉次の研究を参照した形跡がない。この先行研究を踏まえれば当初から正方位の方格線復原をめざしたはずである。

【参考文献】

深谷正秋1936「条里の地理学的研究」『社会経済史学』6-4

竹内理三1958「続条里制の起源」『律令制と貴族政権』お茶の水書房

三友国五郎1959「関東地方の条里」『埼玉大学紀要―社会科学編（歴史学、地理学）』8

平田美枝子・池田文子1963「条里制と武蔵国国府の研究」『日本史攷究』12

遠藤吉次1977「武蔵府中の条里」『府中市立郷土館紀要』3

日野市1978『日野市史史料集 近世1』

日野市1981『日野市水路・河川網図』

菅野雪雄1999『多摩川流域の古代における水田景観の研究』とうきゅう環境浄化財団

篠崎譲治1997「日野市・南広間地遺跡における条里遺構について」『日野税務署建設に伴う埋蔵文化財発掘調査報告書―南広間地遺跡第45次調査―』日野市遺跡調査会

渋江芳浩1998「Ⅸ-1-（3）落川付近の条里プランについて」『おちかわ―日野市落川土地区画整理事業に伴う発掘調査報告書』

渋江芳浩2001「Ⅴ-2.古代水田の畔と想定条里」『落川遺跡―守屋マンション建設に伴う埋蔵文化財発掘調査報告書―』

府中市郷土の森博物館編2005『府中市郷土の森博物館ブックレット6 古代武蔵国府』

江口桂2006「武蔵国府の景観と国府の民」『新版府中市の歴史』府中市教育委員会

盤古堂2008『武蔵国府関連遺跡調査報告―プラウドシティ府中建設に伴う事前調査―』

東京都埋蔵文化財センター2007『日野市No.16遺跡』同センター調査報告第212集

深澤靖幸2008「武蔵府中における条里地割の基礎研究」『府中市郷土の森博物館紀要』第21号

渋江芳浩2010「多摩と江戸の村落景観」小野正敏他編『中世はどう変わったか』高志書院

武蔵国豊島郡統一条里の復原

田中 禎昭

1 はじめに

かつて武蔵国豊島郡に所属した北区・荒川区・台東区低地部（以下、東京低地西部）は、明治時代以来、表層条里の遺存が指摘されてきた地域である。しかし長らくの間、都市化のため都区部における条里の比定は困難という暗黙の認識のもと、その「分布の可能性」が指摘されるにとどまっていた(1)。

2001年（平成13）、筆者は当地域における1町＝1辺109メートルのモードを基準とする表層条里地割の分布を現地に確かめ、豊島郡低地部条里の復原案を公表した(2)。

その後、条里分布域を含む自治体（北区・荒川区・台東区）による低地部の考古学的調査が進展し、先に公表した復原案について、基本的構想に変わりはないものの、いくつか修正の必要が生じてきた。本稿では、豊島郡低地部統一条里プランについて、旧稿発表後の新たな知見を整理・検討し、改めてその全体像を再考・提示することとしたい。

2 郡・統一条里プランの復原方法

本論では、豊島郡低地部統一条里プランの復原を以下の方法で行う。①表層条里地割分布の確認、②埋没条里の（可能性のある）遺構の確認と表層地割との関係の検討、③豊島郡衙設計プランと条里との関係の検討、④「一の坪」「二の坪」など条里地名を手がかりにした里界と坪並の復原、⑤古代東海道推定ルートと推定里界線の関連の検討に基づく豊島郡低地部統一条里プランの復原、以上の5段階プロセスである。こうした方法は、讃岐国山田郡統一条里の復原(3)を代表的ケースとして、各地で試みられているものである。

表層条里の分布確認は、なるべく古い地割痕跡を確かめる必要から、明治期の実測地図を介して明治初期の地籍図や江戸期以前の古地図上の情報を現代の実測地図に落とし、距離を計測する方法がとられる。本論では、復原の基図として、①明治42年測図・帝国陸地測量部「東京近傍一万分の一」（全域）、②内務省地理局測量課「五千分の一東京市三角測量図」（南千住・浅草周辺のみ）を採用し、随時、③CD-ROM『江戸・明治・東京重ね地図』(4) および④明治13～16年測図「東京近傍一万分の一」（陸軍迅速図）を参照した。字名・字界については、②のほか近世期の村絵図、明治44年測図「東京逓信管理局・五千分の一逓信地図」を確認し、また昭和22年撮影の米軍空撮写真で最終的に地割遺存状況を検証した。

調査の結果、豊島郡低地部の表層地割は、約109メートル方格モードで散在する道路・畦畔網が、合計8地区にわたり群を為す状況が確認された。これらは、一部、市街化に伴う道路拡幅により消滅したものもあるが、いわゆる下町の路地としてその痕跡が遺存する場所も多く存在する。

復原条里の全体図を図1に示し、次に各部分図を順次示す。図上V1～V89は表層条里地割南北ライン、H1～H89は同じく地割東西ライン、X1～X41は地割痕跡をもとに復原した条里プランの東西ライン、Y1～Y54は同じく条里プランの南北ラインを表している。

各論に入る前提として、条里地割と条里プランの違いについて付言しておく。条里地割は地表面を道路・水路・畦畔などで区割りし

武蔵国豊島郡統一条里の復原

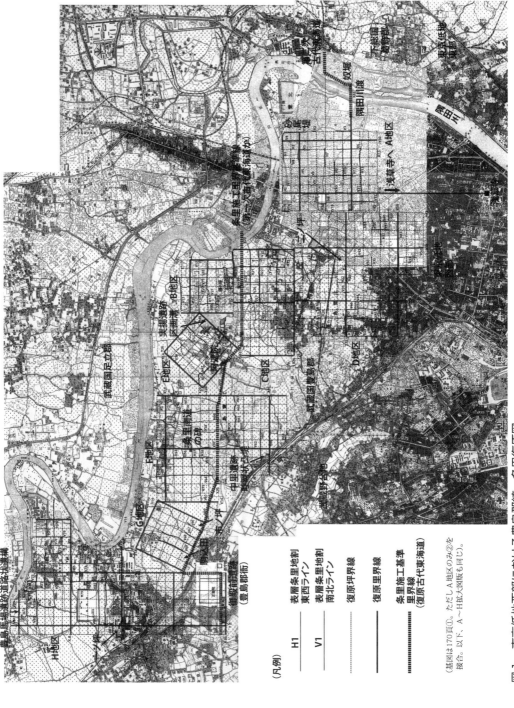

図1 東京低地西部における豊島郡統一条里復原図

Ⅳ　地域の条里

た水田中心の現実の土地区画を指す。それに対して条里プランは、地割だけでなく条里呼称をも包摂した概念で、古代国家や荘園領主が公地把握・荘園把握のために活用した田図（国図・開田図）に記録された支配システム上の土地区画を意味する(5)。田図は郡ごとに作成され、荒蕪地・池・野・山など施工された地割をもたない未耕地にも、図上で理念的に区画を施すという特徴がある。それは条ごとに里を連ねる巻子として構成され(6)、隣接する複数の地割にずれがある場合、机上で主軸・方位を読み替え、それらを理念的に統合するという様式を備えている(7)。

したがって、主軸にぶれをもつ8か所の豊島郡内条里地割から条里プランを復原する場合、現実の条里地割相互が田図登録のため、いかなるかたちで統一・接続されたのかという問題を考える必要が生じてくるのである。

3　A地区・千住・橋場・三之輪東部の条里―荒川区南千住周辺―

確認できる南北地割ラインはV1～V16、東西地割ラインはH1～H13である。最長ラインはV8の648メートルである。各ラインの間隔は、V12の西部、H1の西部、H5の東部で若干のずれが見られるが、それ以外はほぼ109メートル方格ライン上に乗る。特にV8南北ラインに直交するH9～H11のライン、V13に直交するラインの遺存状況が良好である。H1からV1～V3に接続するラインは、天平宝字年間に砂尾長者が築いたという伝承（『江戸名所図会』）を有する砂尾堤の位置に適合する。築造伝承をそのまま信じることは難しいが、16世紀半ば頃に実在した砂尾氏との関わりから、中世に構築された堤で堤防上に鎌倉街道が走っていたとする説(8)に注目したい。この指摘が正しければ、砂尾堤は中世以前の可耕地限界線として注目される。事実、堤が走るV1・V2・V3以東には条里地割痕跡は確認されず、条里ラインはX24～X35、Y42～Y51までである。

4　B地区・町屋村の条里　　　―荒川区町屋―

南北地割ラインV17～V22、東西地割ラインH15～H20である。H16、H17、V18が約

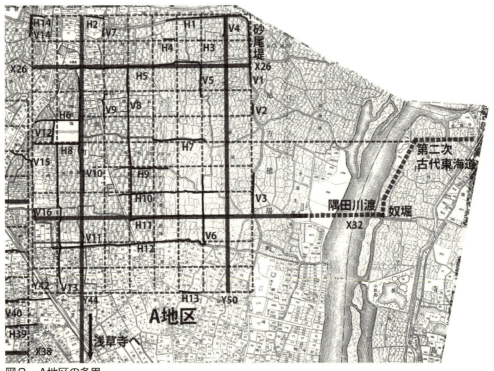

図2　A地区の条里

図3　B地区・C地区の条里

545メートルの長いラインとして遺存する。H17の中央部、H18、H19、V18南部にやや歪みがあるが、それ以外は109メートル方格線上に乗る。特にH16とH17に挟まれた区間を中心に遺存状況が良好である。V18―H17―V21―H20に囲まれた9坪に字「鎌ヶ坪」の地名が遺存する。H20東西ラインを境に、南側に展開する条里と南北軸が19メートルずれており、H20がB地区とC地区の条里地割群の境界をなしている。H20は、江戸・明治期の字界と一致し、一部、町屋村と三河島村の村界線とも重なり興味深い。ただしB地区とC地区の南北ラインのずれはわずかで、また両地区は主軸・東西ラインの平行間隔は109メートルで矛盾なく接合しており、B地区東側に蛇行する旧荒川（現隅田川）に規制されたずれと考えられ、両者を一体的な地割群とみなしてよい。地割から復元できる条里プランは、東西X13～X19、南北Y32～Y38となる。

5　C地区・三河島村の条里
　　　―荒川区荒川―

南北地割ラインV23～V30、東西地割ラインH20～H27である。H21が649メートル、H22が653メートル、V24が647メートルに及ぶ長いラインである。V26北部、H21西部、V27にやや歪みがあるが、それ以外は109メートル方格線上に乗る。全体的にきわめて地割遺存状況が良好な地区といえよう。V24―H20―V26―H21に囲まれた6坪には字「釜ヶ坪」の地名が遺存する。C地区の条里界線は、江戸後期の「武洲豊島郡三河島村絵図」（国会図書館蔵）により、道路だけでなく字界線とほぼ一致していることがわかる。遺存地割から、南北Y32～Y38、東西X19～X26の条里プランとして復元できる。方格地割が明確ではないY32西側についても、条里

Ⅳ　地域の条里

南北ラインに乗るV29、V30の道路痕跡から、Y26まで西に延長してプランの復原を試みた。Y26—X20—Y32—X26の36坪（1里）分のエリアは北西部に斜向地割が存在することから、復原に再考の余地もあるが、後述する里界線復原を併せて根拠としてこのエリアもC地区に含めることとした。またC地区はB地区との微少なずれのほか、D地区とも南北ラインが19メートル、わずかにずれている。しかし東西ラインの平行関係は接続部（X25—X26—X27）も109メートル幅を維持しており、C地区とD地区遺存地割を一体的な条里プランの痕跡とみた方が妥当であろう。とすれば、B—C—D地区は、現在の荒川区荒川から東日暮里付近までに及ぶ広域的な条里地区が存在したと考えられる。

6　D地区・金杉村・竜泉寺村の条里　—荒川区東日暮里周辺—

南北ラインV40〜V49、東西ラインH27〜H43が遺存地割である。H41が長い東西ラインであるが、北部に接続するB地区・C地区に比べると遺存状況は明確ではない。特に南部地域は、日光街道両側で近世以来、街区が発達し、その影響で周辺地割の改変が進み、条里の消滅が進んだと考えられる。一方、日光街道から離れた金杉村西南部は、東西ラインH30—V44—V50—H43—V49に囲まれたエリアに109メートルモードの地割痕跡が遺存する。H28周辺、H37周辺にも地割の分布地域がある。復元可能な条里プランは、東西X26〜X41、南北Y28〜Y42となる。

またV31付近に字「二ノ坪」という条里呼称地名が遺存する。現在も付近に「二ノ坪通り」という通り名が残されており、このことは、当地区の方格地割が条里プランに基づくものであったことを明確に示している。

7　E地区・下尾久村付近の条里　—荒川区東尾久・町屋—

B地区とC地区の真北を向く条里地区に挟まれて、旧下尾久村付近に斜向する地割が確認される。道路・畦畔・字界ともに歪みが大きく、条里地割の遺存は明確ではない。

しかし近年、当地区において注目すべき考古学的発見があった。町屋4丁目の実揚遺跡である。本遺跡からは弥生〜古墳前期の周溝や、丸木舟を転用した木枠を備え、祭祀に使用された壺型土器を検出した井戸址の出土が注目されている(9)。条里との関係で興味深いのは、A地点の調査で149点の遺物を伴出した、上端最大幅95センチ、長さ10.5メートルに及ぶ区画溝址（SD02）である。報告者は、須恵器の出土状況から9〜10世紀の遺構とし、「ほぼ45°の角度で北から東に振っているので、条里と関連した区画溝ではないかと推測」する(10)。この所見に基づき周辺で斜

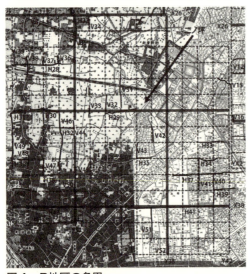

図4　D地区の条里

図5　E地区の条里

向地割を確認すると、N45°EのラインとしてV53、V54が、N45°WのラインとしてH44、H45、H46、H47、H48がみつかる。これらのラインは、「区画溝」を基準に109メートル幅で想定した場合、条里方格線上に乗ることが確かめられる。特にV53は、歪みはあるが、近世の三河島村と尾久村の村界線と一致し、それに平行する「区画溝」を当地区における土地区画の基本ラインの一部と想定する見解は正鵠を射ているとみられる。H48は、奈良時代の創建伝承をもち、尾久最古の寺院と伝えられる阿遮院(11)の敷地西南端の斜向地割と一致する。伝承の真偽はともかく、9・10世紀の「区画溝」の主軸に対して直角な方位をもつラインがこの地点に存在する事実は、注目すべきであろう。

斜向条里プランの範囲は、B地区条里プランの西に延びる東西ラインH15が行き着く限界線Y32南北ラインを、斜向条里の東限と考えたい。南限・西限は課題となる部分が多いが、C地区東西ラインの北端H19・H20付近を南限、F地区南北ラインの東端Y26を西限とし、X14—Y26—X20—Y32に囲まれた一里方格を暫定的にE地区条里プランのエリアと考えてみたい。

8 F地区・上尾久村西部・田端村の条里―荒川区西尾久・北区田端周辺―

南北地割ラインV55〜V65、東西地割ラインH50〜H68である。当地区ではV61、V63、V64が459〜720メートルの長い南北ラインとして遺存し、それに直交するH51、H52、H54、H56、H57、H58、H59東西ラインが顕著な条里方格を形成する。他地区に比べると、全体に歪みが大きい。

明治20年頃、小田内通敏は、東京府の史跡調査で、この付近の条里地割の顕彰・保存のためV61とH57の交差点（尾久5—3）に「条里南道の碑」を建立した(12)。碑は現存し、荒川区有形文化財に指定されている。

その他、V62南北ラインの延長線上にほぼ109メートル間隔で均等に直交するH65、H66、H67、H68東西ラインが条里痕跡であ

図6　F地区の条里

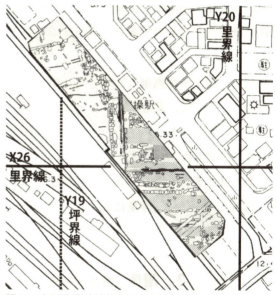

図7　中里遺跡畦畔状凸堤と条里
（北区教育委員会1993『中里遺跡 東京地域本社ビル地点』所載図に加筆）

ろう。

考古学的成果としては、中里遺跡（JR東日本東京本社ビル地点）の耕作遺構が注目される。N—2°—Wの主軸で側溝を持つ道路遺構が約24メートルにわたり検出、畦畔状凸堤

が道路遺構に沿い、調査区南端で直角に折れ曲がった後、L字状に東に延びた状態で確認されたのである。L字状区画内からは掘立柱建物2棟が出土し、イネ・ソバ属の栽培痕跡も確認された。報告者は奈良・平安時代にさかのぼる「条里的な区画を推測させる」と指摘している[13]。

そこで遺跡周辺の表層地割をみていくと、まず畦畔状凸堤がH66東西ラインに接続する延長線上に乗る事実が確かめられる。さらにこの位置は、字「井堀」と字「井堀付」の字界線と一致する。そしてH66から109メートル間隔で東西ラインを北に向けて引いていくと、西尾久の条里地割と適合する。以上の点から、耕作遺構は報告者の指摘通り、埋没条里とみるのが妥当であり、それは北部・西尾久、南部・田端の地割が、それぞれ同じ条里プランの一部であることを傍証する貴重な発見であったとみることができる。一方、西尾久東部では、V55～V60までの南北ラインが歪みを有しつつ均等に条里界線上に乗り、その西部に展開する条里プランの一部とみることができるかもしれない。

以上の点から、F地区のエリアとして、Y14—X13—Y26—X28に囲まれた広域的な条里プランを推定したい。

9 G地区・上中里村の条里
—北区上中里・昭和町周辺—

真北より東に35°傾く斜向地割が遺存する。東西地割ラインX20が斜走し、それにV66、V67、V68、V69の南北ラインが直交する。V67、V68に歪みがあるが、ほぼ109メートルモードの条里プランに適合している。X20に平行する東西ラインが定かではないため、条里遺構として断定しがたい面もある。しかしV66とX20に東西を区切られた区画に字「市ノ坪」(=一の坪)の条里呼称地名が遺存し、条里痕跡とみることができる。

条里プランの範囲は、東側に隣接するF地区東西ラインH52・H59の西端がY14以西には延びないこと、H59がY14から南に折れV65の南北ラインとなり、その西側から斜向地割が展開することを根拠に、F地区Y14を

G地区の東限ラインとみることができる。一方、西限は、斜向地割が石神井川付近まで存在する状況から、その付近まで条里プランが延びている可能性もある。しかし、後述するが、H地区のY8南北ラインが、真北に主軸をもつ豊島郡衙址(北区・御殿前遺跡)内を通過する道路上遺構と適合することから、Y8以西に斜向条里は延びていないと考えたい。以上の所見から、X14—Y14—X20—Y8内に該当する1里分のエリアをG地区条里プランの範囲と推定する。

10 H地区・豊島村・王子村の条里
—北区豊島・王子—

南北地割ラインV70～V89、東西地割ラインH70～H89である。H86東西ラインを境に、遺存状況の良好な北部・旧豊島村ブロックと南部・旧王子村ブロックの2ヶ所に分布域が分かれる。しかし両者は同一の条里ライン上に乗っている。南北ラインは比較的直線形態を保持するが、東西ラインはH74、H81、H86、H87に、一部、歪みが見られる。

地区北端部に所在する考古学的遺構として、豊島八丁目の豊島馬場遺跡[14]が注目される。豊島馬場遺跡は、古墳時代のガラス玉鋳型の出土で全国的に注目された遺跡であるが、ここで指摘したいのは調査区中央を東西に貫通する道路状遺構である。遺構は側溝(SD82・83)を伴い、約2.4メートルの均等幅で約115.2メートルにわたり直線的に継続している。年代は明確ではないが、側溝から古代の土師器・須恵器が出土し、古代・中世の道路址の可能性が指摘されている。実は、本道路遺構の位置はH地区条里地割から復原される東西ラインX2上に完全に乗っており、条里を区切る北部境界線となった道路が検出されたものと推定されよう。

また王子2丁目のV88—H87—V89ラインに囲まれた方格地割には、字「一ノ坪」の条里呼称地名が遺存し、H地区方格地割群が表層条里遺構であることはほぼ確実である。

地割から復原可能な条里プランの範囲は、X2—Y1—X17—Y14ラインまでである。東限は旧荒川(現隅田川)、西限は、接続す

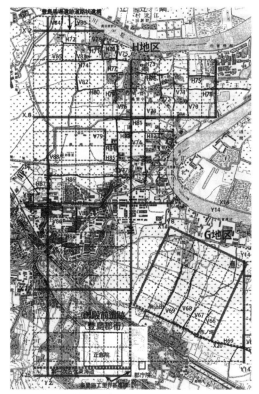

図8　G・H地区の条里と豊島郡衙

る低地部に主軸が北西にぶれる斜向地割が表層に展開しているため、真北を向くH地区条里が広がるかどうかは定かではなく、今後の課題として残される。また南限は、条里方格地割の遺存がはっきりしないが、武蔵野台地縁辺部のX26まで想定している。その根拠はX26付近で出土した豊島郡衙の平面プランとH地区条里の適合性にあるが、それについては次節で詳しく述べる。

11　豊島郡衙とH地区条里設計プラン

豊島郡衙に比定される北区西ヶ原の御殿前遺跡の発掘成果により、正倉院、郡庁院、郡衙内を貫通する古代東海道の設計プランが解明されつつある。正倉院南界を区画する南大溝と並行して走る溝状遺構は、正倉院東側に隣接する郡庁院前面でT字状に分岐し、北に折れた溝状遺構が再び正倉院東大溝と並行する状況が確認されている。調査を担当した中島広顕は、正倉院大溝と並行するT字状溝に挟まれた道路を八世紀の官衙整備に伴い組み込まれた官道とみなし、緯度0°の延長線上に位置する下総国府に至る古代東海道の一部が検出されたものと推定した(15)。

中島の指摘を踏まえ、私は旧稿で、古代東海道に比定された郡衙内道路遺構と豊島郡条里の関係を論じ、正倉院南大溝を延長すると郡庁院中軸線と一致し、それが東西条里施工基準線としての豊島郡条里プランの基準里界線、ひいては古代東海道ラインと適合すること、一方、南北に走る大溝の間の官道推定ラインは、南北条里施工基準線としての基準里界線と適合すると指摘した(16)。

その後、中島は、調査の進展を踏まえて郡衙の設計プランについて議論を深め、郡庁院は正倉院と相似形の長方形プランを有し、古代東海道が武蔵野台地から東京低地に降りる地点として、崖線の展開状況から郡衙内南北官道延長線上に認めるのが妥当であり、T字状溝の屈曲に沿って古代東海道が郡庁院前面で東西ラインから南北ラインに道筋を変え、低地に降りた時点で再び東に方位を変えると想定した(17)。私もこの推定を適切なものと考えており、したがって正倉院南溝を正方形プランの郡庁院中軸を貫く基準線とみる旧稿の指摘は、修正する必要がでてきた。

そこで、今回、改めて条里分布域全体にわたる再計測を試みた。その結果、H地区・V74南北条里地割が郡衙内南北官道の延長線上ではなく、正確に言えば、南北官道の側溝であるT字状東溝の延長線上に一致する事実が判明した。つまり、H地区の南北条里ラインは、郡庁内T字状溝を延長したラインを基準にして109メートル間隔で平行するかたちに定められているのである。

次に、H地区・東西条里地割の位置はどうか。これもやはり郡衙内東西官道ではなく、官道側溝をなすT字状東溝と南溝の交点から約51メートル南に下りた地点に位置する東西ラインに規制され、その線から109メートルの倍数間隔で展開する東西ラインとして認められることが明らかになった。

中島によれば、豊島郡衙は倉庫令の正倉と館舎を50丈（149メートル）離して設置する規

IV 地域の条里

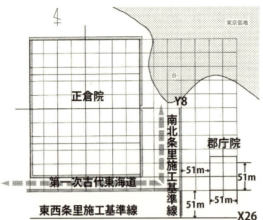

図9 豊島郡衙平面プランと条里施工基準線の関係
（中島広顕2003「豊島郡衙正倉の再検討」
所収図に条里施工基準線等を加筆）

定に基づき設計され、1辺25.5メートル単位の方格プランにより正倉院・郡庁院の配置と平面規格が規制されているという。T字状南北溝から左右対称に25.5×3メートル均等に離れた地点に、郡庁院南北中軸線と正倉院東大溝の位置を定めているのである。私は、T字状南北溝が郡庁院と正倉院の配置の基準線として機能している点を踏まえ、郡衙真北に展開するH地区条里プランの施工も、同様にこの基準線に基づいていると想定したい。つまり、H地区条里プランの設計は、古代官道を基準にしたというよりも、むしろ郡衙そのものの施工基準を延長・応用したものであったと考えてみたい。

問題は、東西条里施工基準線の位置が、T字状東西溝と南北溝の交点から南側51メートル、すなわち25.5×2メートルの地点に定められていることの意味である。明らかに条里東西ラインの配置もT字状溝に規制されているとわかるが、何故にT字状東西溝そのものではなく、25.5×2メートル分南側に施工基準を設定したかについては、今のところ不明とせざるを得ない。この問題については、調査のさらなる進展を待ち、今後の課題として検討したい。

12　8地区条里プランの接続

条里8地区相互の接続関係について整理す

る。上述の検討結果から、B地区、C地区、D地区はわずかな南北軸のずれが見られるが、ほぼ問題なく接合するとみてよい。

A地区とD地区の関係はどうか。南北ラインは、A地区西端ラインとD地区東端ラインの間で19メートルの隙間があるが、両者は矛盾なく接合するとみて問題ない。そこでA地区西端南北ライン、D地区東端南北ラインをともにY4と仮称し、田図登録上の接続ラインと想定したい。では東西ラインの接合関係はどうか。A地区東西ラインはD地区東西ラインより北に36メートルずれており、南北いずれの東西界線に接続するのかは、慎重な検討が必要である。この点については、後述する里界線の復原が手がかりとなる。結論を先に述べれば、A地区・D地区X32東西ラインをそれぞれ里界線に想定でき、両者をつなぎ合わせることでA地区とD地区の接合が可能となる。その傍証として、A地区西端V15、V16の南北地割ラインがやや北側に位置するD地区東西ラインにとりついている事実をあげることができよう。

困難な問題は、E地区斜向条里とB地区・F地区、およびG地区斜向条里とF地区・H地区の接合である。

それぞれの南北ラインの接合関係について考えてみる。正倉院に伝わる開田図の記載内容と現実の条里地割の関係を見ると、斜向条里と正方位条里の里界線が実際には分離しているにもかかわらず、両者の境を接する別々の条里界線を、田図上、同じ界線とみなしている事例がある [18]。その点を参照すると、E地区東端南北ラインY32はB地区西端Y32と同一のライン、またE地区西端Y26の南北ラインはF地区東端のY26と同一ラインと認識されていた可能性がある。またG地区東端Y14とF地区西端のY14、G地区西端のY8とH地区東端のY14も同様に同一ラインとみなされていたのではなかろうか。

こうした仮定は、それぞれの条里地区が同時期に同一設計基準に基づいて施工されたという前提がなければ、もちろん成り立たない。郡統一条里の施工基準は、全国各地の事例から古代官道を里界線と位置づけ、主軸・

方位を異にする複数の条里プランを統合していくというパターンが確認される。したがって、統一条里の復原は、一ノ坪、二ノ坪などの数詞的条里地名所在地の比定、および官道ルートと条里プランとの関係解明が必要となる。豊島郡内に見える数詞的条里地名の所在地を矛盾なく配置する坪並に適合した里界線の位置を探索し、併せて古代東海道ルートの比定を試み、両者の整合性について検討したい。

13　復原里界線と古代東海道の関係

　8地区条里プランを接続する統一条里と仮定し、その基準となる里界線＝古代東海道通過ルートを、遺存官道地名および数詞的条里地名との関係を手がかりに探索してみたい。

　古代東海道は、台地上の豊島郡衙から正倉院大溝の屈曲に沿って東京低地に降りていくルートをとることはすでに見てきた。

　次に台地を降りた東海道は、G地区斜向条里を通過したと考えられる。そこでG地区—F地区を貫くH69ライン、すなわち1,110メートルに及ぶG地区条里南端を通過する直線道の存在が注目される。第一に、H69直線道に沿う坪に字「駒込田」の字名が遺存している事実がきわめて興味深い。「駒込」「馬込」は、駅家想定地周辺に分布し、駅家付近に設置された放牧場の所在を示す官道地名として知られている(19)。中島および中村太一(20)は、豊島郡衙に豊島駅が併設されたと推定しているが、「駒込田」地名はまさにそれを裏付ける手がかりのひとつであろう。

　第二に、G地区条里プラン東南角に位置する坪に「市ノ坪」の字名が遺存する事実が注目される。つまり、字「駒込田」を通過した直線道H69を古代東海道とみなし、東西条里施工基準の里界線と仮定すると、字「市ノ坪」の配置から必然的にY14ラインが里界線南北ラインとして比定されることになるだろう。

　次にH地区に視点を移してみたい。X14とY2に囲まれた地点に「一ノ坪」の字名が残されている。X14とY2を里界線に比定すると、「一ノ坪」はG地区「市ノ坪」と同様に里界の東南角に位置づくことになる。上述のように、豊島郡衙を貫くY8南北ライン、X26東西ラインを基準里界線と仮定した場合、X14はX26より2里分北に位置する里界線、Y2はY8より1里分東よりの里界線に位置づき、「市ノ坪」の配置と矛盾なく整合することに気づかされる。

　以上の考察結果から、H地区・G地区の里界線は図上・太い実線のごとく復原可能となる。また、その里界線施工の基準線として、古代東海道想定ルートが図上・太い破線のごとくX20ライン上を通過したことがわかる。

　続いてG地区からF地区にかけて、古代東海道＝基準里界線X20上に乗る東西地割ラインH69がほぼ直線状につながり、F地区Y17—X20の交点付近にたどりついている様子が見られる。F地区内X20ライン上にはH60が断片的に道路痕跡として見えるだけだが、X20を里界線として仮定すると、H51、H52の長い東西ラインがF地区最北端里界線に位置づく。また既述した中里遺跡の東西畦畔遺構が乗るX26の字界線が実は里界線であったことも判明する。したがって中里遺跡畦畔遺構は、実は条里里界線を考古学的に検出した可能性が指摘できるのである。

　F地区からE地区にかけての古代東海道＝基準里界線想定ラインは、H49の366メートルに及ぶ直線道の位置と適合する。H49は、奈良時代の創建伝承をもつE地区の阿遮院に接続している点が興味深い。

　E地区斜向条里は、推定基準里界線南端がX20の東西ラインと接触しているので、この東西ルート上に東海道ルートを想定する。なお、ここにC地区基準里界線を置くと、D地区の字「二ノ坪」地名の意味を整合的に理解することができる。この「二ノ坪」は、X32とY38を里界線の交点付近を一ノ坪の推定地とみると二番目の坪にあたり、G地区「一ノ坪」・H地区「市ノ坪」と同じ坪並であったと推定することができる。G地区、H地区、D地区の数詞的条里呼称の整合性は、それぞれを接続する里界線X20の上を古代東海道が通過し、それを基準線として豊島郡統一条里

Ⅳ　地域の条里

図10　第二次古代東海道と豊島郡条里里界線の関係

が施工された可能性を示している。

　最後に、D地区とA地区の里界線の接合関係を確かめておきたい。D地区推定里界線を西に延長すると、A地区・X26とX32が東西里界線、Y44とY50が南北里界線として位置づくことになる。A地区里界線で注目すべき事実は次の2点である。

　第一に、Y44南北里界線をそのまま南に延長すると、きわめて正確に浅草寺本堂の位置に到達する。浅草周辺は都市化の影響で条里地割の確認が難しいが、この事実は、浅草寺本堂の位置が豊島郡統一条里の里界線上に計画的に定められていた可能性を示している。

　次に、X32東西里界線を隅田川まで延長すると、対岸の江戸・明治初期に存在した奴堀址（墨田区・堤通）にたどりつくことがわかる。筆者は、地誌伝承の分析から、この奴堀付近を中世鎌倉街道上の隅田川渡（橋）の位置とみる見解を示したことがある(21)。さらに奴堀付近から河岸を北上すると、隅田川神社付近から下総国府に至る第二次古代東海道（「延喜式」ルート）(22)に接続することになる。第二次古代東海道の渡河点が鎌倉街道と同じであると仮定すると、推定里界線X32は第二次古代東海道の推定路線と一致する。

　以上、八世紀の第一次古代東海道、九世紀以後の第二次古代東海道は、いずれも豊島郡低地部統一条里プランの里界線として設計されている事実が明らかになった。

14　豊島郡低地部統一条里プランの施工時期

　豊島郡低地部統一条里プラン施工時期を推定する手がかりは以下の3点である。①条里里界線と照応する、正方位に主軸を整えた豊島郡衙の施工時期、②埋没条里に推定されるE地区・実揚遺跡、F地区・中里遺跡出土の区画溝・畦畔遺構の推定年代、③第二次古代東海道の成立時期、である。

　まず創建期の豊島郡（評）衙は、7世紀第4四半期から8世紀初頭まで存続したとされ、主軸が真北から10〜20°東に振れるプランを備えていた。しかし8世紀第1四半期後半のⅠ期になると、正倉院と郡庁院がほぼ同時期に真北を向く平面プランとして整備される。この事実に注目した中島は、拙稿で復原した統一条里プランは、施工基準線となる古代東海道とともに8世紀初頭に成立した可能性があると指摘した(23)。

　一方、条里設計の下限年代は、豊島郡衙廃絶直前のⅣ期の末、すなわち9世紀第3四半期までは下らないと考えられよう。この推定は、第二の論点、すなわち実揚遺跡の「区画溝」の9〜10世紀という年代観や、奈良・平安時代と推定される中里遺跡の「条里畦畔遺構」の年代観とも矛盾しない。

　また第二次古代東海道の隅田川渡河点も、条里里界線を基準に位置決めされたと考えられるので、その成立の下限である9世紀初頭(24)には、すでに統一条里が存在していたとみることができる。

　以上の分析結果から、豊島郡低地部統一条里プランの施工年代を、とりあえず8世紀第1四半期後半〜9世紀初頭の間と位置づけておく。

　憶測を重ねた点は否めないが、東京低地における考古学的調査が進み、本格的な埋没条里の検出により、本論が検証されていくことを期待し、ひとまず擱筆することとしたい。

【註】

（1）蘆田伊人1919「古代武蔵に於ける条里の制と其遺蹟」『歴史地理』33-1、柴田孝夫1975『地割の歴史地理学的研究』古今書院、荒川区1955『新修荒川区史　上』、北区1971『新修北区史』、三友国五郎1959「関東地方の条里」『埼玉大学紀要—社会科学編（歴史

学、地理学)』八、埼玉県1987『荒川　人文Ⅰ―荒川総合調査報告書二―』、荒川区民俗調査団編1999『尾久の民俗』、同1993『町屋の民俗』、荒川区教育委員会編1999『荒川(三河島)の民俗』。
（2）田中禎昭2001「武蔵国豊島郡の条里―東京西部低地における条里プランの復原―」『古代史研究』18、足立区立郷土資料館・すみだ郷土文化資料館・宮本記念財団共編2001『特別展　隅田川流域の古代・中世世界―水辺から見る江戸・東京前史―』。
（3）高松市教育委員会1992『讃岐国弘福寺領の調査』。
（4）APPカンパニー2004『江戸・明治・東京重ね地図』。
（5）金田章裕1993『古代日本の景観―方格プランの生態と認識』吉川弘文館、同1998『古代荘園図と景観』東京大学出版会、同2002『古代景観史の探究』吉川弘文館。
（6）岸俊男1973「班田図と条里制」『日本古代籍帳の研究』塙書房。
（7）金田章裕前掲註（5）著書参照。田中禎昭2000「東大寺領越前国足羽郡糞置村開田地図の再検討」奥野中彦編『荘園絵図研究の視座』東京堂出版。
（8）野尻かおる2010「砂尾堤の謎」荒川ふるさと文化館『発掘　あらかわの遺跡展図録』、加増啓二「中世『墨田渡』と隅田宿および石浜について」2007佐藤博信編『中世東国の社会構造　中世東国編　下』岩田書院。
（9）①大成エンジニアリング埋蔵文化財調査部編2006『町屋四丁目実揚遺跡』、②荒川区教育委員会2008『町屋四丁目実揚遺跡B地点発掘調査報告書』、③共和開発株式会社2008『町屋実揚遺跡C地点』、④荒川区教育委員会2009『町屋四丁目実揚遺跡D地点発掘調査報告書』。
（10）前掲註（9）①報告書参照。
（11）荒川区前掲註（1）参照。
（12）荒川区前掲註（1）参照。
（13）北区教育委員会1993『中里遺跡　東日本旅客鉄道株式会社東京地域本社ビル地点』。
（14）北区教育委員会1995『豊島馬場遺跡』。
（15）中島広顕1997「武蔵国豊島郡衙と豊島駅」『古代交通研究』7。
（16）田中前掲註（2）参照。
（17）中島広顕2003「豊島郡衙正倉の再検討」北区教育委員会2003『御殿前遺跡』、同2012「武蔵国豊島郡と大嶋郷」葛飾区郷土と天文の博物館編『東京低地と古代大嶋郷―古代戸籍・考古学の成果から―』名著出版。
（18）たとえば東大寺領越前国足羽郡糞置村開田図と条里地割の関係（田中前掲註（7）論文）や山城国葛野郡班田図と条里地割の関係（金田章裕1985「平安初期における嵯峨野の開発と条里プラン」『条里と村落の歴史地理学的研究』大明堂、宮本救1998「山城国葛野郡班田図」『律令田制と班田図』吉川弘文館）を参照。
（19）中村太一2000『日本の古代道路を探す　律令国家のアウトバーン』平凡社。
（20）中村太一1992「武蔵国豊島郡における古代駅路の歴史地理学的考察」『北区史研究』1。
（21）田中禎昭2007「中世・隅田宿の景観―隅田川流域における「都市的な場」の復原―」『専修考古学』12。
（22）東京低地を通過する古代東海道が、北区御殿前遺跡（豊島郡衙・豊島駅）から下総国府へ向かう八世紀の第一次古代東海道と浅草方面から隅田川を越え葛飾区立石を経て下総国府に向かう『延喜式』東海道の二つのルートがあったことについては、中村太一前掲註（19）著書、中島広顕前掲註（15）論文に詳しい。
（23）中島前掲註（17）論文参照。
（24）第二次古代東海道を含む後期計画道路は延暦15年（796）～弘仁年間（810～824）の間に成立したと考えられている（中村太一前掲註（19）著書）。

上総国市原郡の条里

大谷　弘幸

1　はじめに

　かつて千葉県内には条里型の水田区画が各地に見られ、古代以来の水田景観がよく保存されていた。これから記述する市原条里においても、古く表層条里の存在が指摘されていたが、1962～68年に実施されたほ場整備によってかつての景観は失われ、現在その姿を窺い知ることはほとんどできない。この市原条里に考古学的な調査の手が加えられるようになったのは、1987年度から行われた東関東自動車道の建設に伴う発掘調査による。その後隣接地域でも調査が行われるなど市原条里に関するデーターが蓄積されつつある。[1]

　そこで本稿では、検出された遺構を紹介しながら、条里水田開田時期の問題、条里施工範囲の推定、条里の規模などについて述べることとしたい。

2　表層条里の特徴と小字名称

　市原条里は東京湾の東岸、市原市市原字一ノ坪付近を中心とした標高約5mの沖積低地に展開している。市原条里の所在する市原市北西部は古代の市原郡に比定される地域で、『和名類聚抄』によると上総国府もこの市原郡に所在地したとされている。国府の所在地については、養老川にほど近い低地部と国分寺・国分尼寺が所在する台地上の2地域に絞られつつある。いずれの地域も市原条里に近接する地域である。このうち市原条里の東に広がる台地上には、先述の上総国府推定地や上総国分・国分尼寺のほか、官衙関連施設と考えられる稲荷台遺跡や国分寺に先行する寺院である光善寺廃寺、市原郡家推定地、万葉集の古跡とされる阿須波神社などが点在し、市原郡や上総国の政治・文化の中心地となっており、古代の土地景観や市原条里の施工主体者を考えるのに際して重要な示唆を与えている（図1）。

　最初にこの表層条里に着目したのは平野元三郎で、市原周辺に条里制的な水田区画が存在することと数詞名を伴う坪付けが残存していることを指摘した。図2は1961年に千葉県開発部建設課が測図した「市原地形図」をもとに、市原市五井連合土地改良区所蔵の「千葉縣市原郡五井町市原村聯合耕地整理組合地区現形及予定図」を組み合わせて作図したものである。これによると市原・郡本周辺を中心に表層条里が明瞭に遺存していたことがわかる。また、この土地区画は主軸が西に約48°振れて正方位とはならず、海蝕崖と海岸砂丘帯に並行する関係が認められる。地割りは約109mの一町方格を基本とし、坪内は「長地型」に分割されている。長地方向は基本的に台地側から海岸側、すなわち南東から北西に向かっており、一部「北横町」、「南横町」、「横町」などの小字名が残る部分には、先の方向とは逆の北東から南西に向かう長地型地割りが存在し、南東から北西へと微地形の傾斜に合わせて区画が造られていたことが小字名からも窺える。また、市原に「一ノ坪」、「二ノ坪」、「三條町」、「四ノ瀬」が、郡本に「一ノ町」、「二ノ町」、「三ノ町」などの数詞を冠した小字名が存在し、両者の間は6町離れており、古代の坪付けの名残がみられる。これら数詞付き小字名も坪内地割り同様、北東隅を起点として設定されていたことがわかる。このほか「番匠給」、「梶給」、「於局給」、「加茂給」、「日吉田」、「神田々」、「圓福寺」、

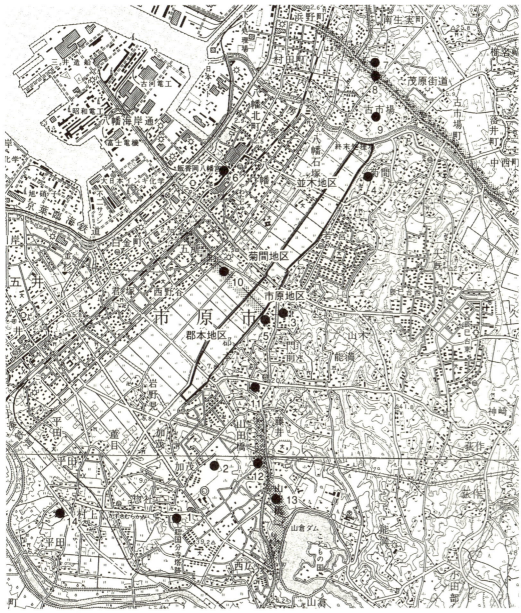

1. 上総国分寺　2. 上総国分尼寺　3. 光善寺廃寺　4. 菊間廃寺　5. 阿須波神社　6. 飯香岡八幡宮
7. 古市場（1）遺跡　8. 茂原街道調査地点　9. 古市場（2）遺跡　10. 五所四反田遺跡
11. 郡本遺跡（市原郡家推定地）　12. 稲荷台遺跡　13. 山田橋表通遺跡　14. 村上遺跡　※網掛け部は古代道路跡

図1　市原条里と周辺の遺跡（1：50,000）

「善久寺」、「明光院」などの小字名が散在している。

3　検出された遺構

（1）条里型水田跡

　この市原条里を対象とした発掘調査は、東関東自動車道の建設に先立って実施され、海蝕崖に並行した地域を中心に幅70m、長さ4.2kmにわたって行われた（図1）。その結果、表層条里が最も良好に遺存していた菊間地区、市原地区、郡本地区を中心として、条里に関連する水田遺構を検出することができた。調査区の土層は各地区共に現耕作土（Ⅰ

Ⅳ 地域の条里

図2 市原・郡本周辺地割復元図（1:10,000）

上総国市原郡の条里

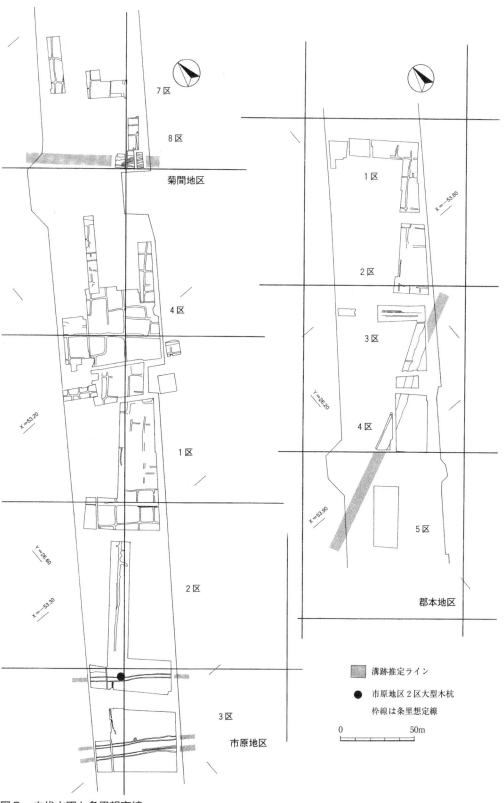

図3 古代水田と条里想定線

Ⅳ　地域の条里

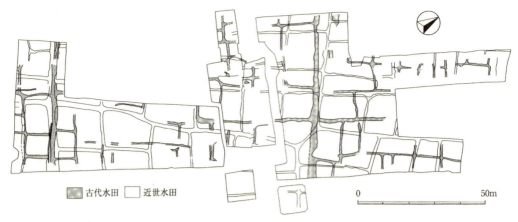

図4　市原地区1区・4区検出の古代水田と近世水田

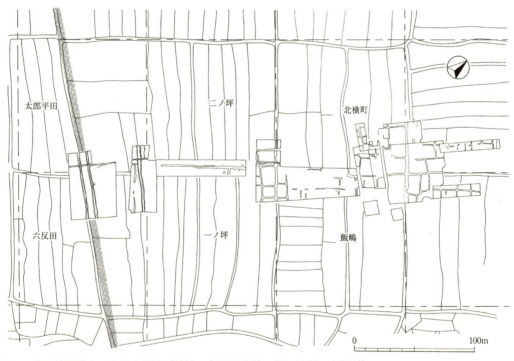

図5　市原地区検出の古代水田跡（破線：条里想定線、網かけ部：古代道）

層）、暗灰色系粘質土（Ⅱ層）、植物遺存体を多く含む泥炭質シルト（Ⅲ層）、海成砂と考えられる青灰色砂（Ⅳ層）の順に堆積しており、Ⅲ層以下は自然堆積層となる。なお、火山灰層や洪水による土砂堆積層などは認められない。Ⅱ層は地区によって若干異なるが最低3層に分層することができ（Ⅱ1層、Ⅱ2層、Ⅱ3層）、分層した各層境界部分から水田跡が面的に検出された。このⅡ層は永続的に水田耕作が行われたことによって堆積した水田耕土であり、そのため各水田面・水田畦畔の検出方法も各々異なる。すなわちⅡ1層下部ではマンガン斑の沈着の有無が、Ⅱ2層下部では炭酸鉄の集積部分の有無が畦畔検出の判断材料となり、Ⅱ3層下部では水田耕作による撹乱を受けない部分（畦畔部分）において、下層の泥炭質シルト層（Ⅲ層）が帯状に見える部分を疑似畦畔と認定した。なお、

Ⅱ3層下部で検出した疑似畦畔部分からは畦畔に沿って杭や木製品の集積が認められた。これらの層について報告書ではⅡ1層を15～17世紀、Ⅱ2層を12～14世紀、Ⅱ3層を9～11世紀の堆積層と推定している。

菊間、市原、郡本の各地区で検出された中世後半～近世（Ⅱ1層下部）、中世前半（Ⅱ2層下部）、古代（Ⅱ3層下部）の水田区画と地籍図とを比較すると、中世後半～近世、中世前半の水田は多少のズレは認められるものの、坪内地割りや坪境畦畔の歪みを含めて地籍図と一致する部分が多い。これに対して古代の水田区画は後代のものとは若干様相を異にしている。図4は市原地区で検出された中世後半～近世の水田区画と古代の水田区画を重ね合わせたもので、図5は地籍図に古代の水田区画をはめ込んだものである。このように、古代における南東から北西に向かう坪境畦畔は中世後半～近世に比べてより直線的であり、中世後半～近世では小畦畔となっている「一ノ坪」、「六反田」間の坪境畦畔も水路を伴う立派なものとなっており、古代の水田区画がより規格的であったことを示している。しかしながら、これとは対照的に北東から南西に向かう畦畔は総じて貧弱で、坪内地割りも規格性に乏しいと言う。このことは台地側から海岸部に向かって傾斜する地形を画一的に遮断し、水平な田面を形成することがより困難な作業であったことによるものとも考えられる。

このように発掘調査で検出した中世後半～近世、中世前半、古代の水田区画は、いずれも地籍図に見られる表層条里と畦畔の方向性や間隔に共通する部分が多く、表層条里が古代の水田区画を踏襲している様子を明らかにすることとなった。

（2）市原地区3区の道路跡について

この道路跡は両側に幅約1m、深さ約1.3mの側溝を伴うもので、道路幅は5.5mである（図3・5、写真1）。道路面の路肩部分には杭が打ち込まれ、路面は青灰色砂で舗装されている。この青灰色砂の直下には自然堆積層である泥炭質シルト層（Ⅲ層）が堆積している。この泥炭質シルト層は水田耕土下で確認されるものと同じであるが、耕作の影響を受けていないことから、より高い位置で確認することができる。また、青灰色砂盛り土と泥炭質シルトの間に水田耕土を示す暗灰色系粘質土は認められない。また、この道路跡は「一ノ坪」を起点とした一町方格地割りでは、丁度半町部分を斜めに通っており条里地割り

写真1　市原地区3区検出の古道跡（右上の森が阿須波神社）

Ⅳ　地域の条里

とは明らかに合わない。さらに、道の方向についても西に約60°振れており条里方向とは一致しない。先の土層堆積状況と合わせて、この道路跡が条里型水田に先行する遺構であることを明確に示している。

　では、この道路跡はいつ頃施工されたものであろうか。東関東自動車道建設に伴う調査では出土遺物が少なく、明確な時期を決定することはできなかった。しかし、海岸に向う延長線上に位置する五所四反田遺跡や台地上に所在する稲荷台遺跡、山田橋表通遺跡などでも同規模の道路跡が検出されている。航空写真を観察すると、これらの遺跡を結ぶソイルマークを確認でき、本来は相互に結び付いた一本の道路であったことがわかる。道路跡からは若干の遺物が出土している。稲荷台遺跡の調査では、9世紀前半までには施工されていたものと判断され、8世紀に遡る可能性も指摘されている。

　なお、この道はかつて「ナカミチ」または「オオミチ」と呼ばれ、ほ場整備前まで道路として機能していたことが知られている。また、飯香岡八幡宮の秋季大祭に関係する「柳楯神事」の中でも重要な柳楯渡御ルートとなっていること、さらには万葉集の古跡阿須波神社が道の延長線の台地上にあることからも、古代以来当地域における特別重要な道路として位置づけられていることが理解でき、東海道駅路と国府域を結ぶ官道であった可能性も考えられる。(2)

（3）郡本地区の溝跡について

　郡本地区3区・4区で検出された溝跡で、幅5.8m、深さ25cmを測り、北東方向から南西方向に向けて約80mの長さにわたって検出された（図3）。主軸方向は西に115°振れており、条里区画とは明らかに異なる。郡本地区においても近世、中世、古代に相当する水田跡を検出しているが、これらの水田畦畔は表層条里と方向性、規格、間隔を同じくし、溝とは異なっている。溝はⅢ層（泥炭質シルト）を掘り込んで造られ、海岸方向に面した北西側面には白色粘土が帯状に貼り付けてあり、下部には杭が打ち込まれている。これらの施設は水が標高の低い海岸方向に流出するのを防止する堤防の役割を果たしていたものと考えられる。

　この溝からは8世紀後半から9世紀前半代の遺物が坏類を中心にまとまって出土しており、溝の構築年代もおおよそこの時期に求められる。このことは条里水田が9世紀前半まで遡らないことを示している。また、この溝については灌漑用水路としての機能が想定されることから、条里水田に先行して当時周辺部に水田が存在していたことを物語っている。しかしながら、現在までのところこの溝と方向性が一致する古代の水田跡は検出されていない。また、先の市原地区の道路跡との関係をみると、方向性の相違から両者を基準とした方格地割りを想定することはできない。このように条里水田に先行する水田の存在は推定されるものの、それらは広域的に規格性をもった水田ではなく、小規模で限定的なものであったと考えられる。

（4）菊間地区の流路跡について

　菊間地区8区で検出されたもので、現在の国道297号線に並行して流れる新田川とほぼ一致している流路である（図3）。幅7.0～8.8m、深さ90cm、長さ18.3mの規模である。この流路からは土器類のほか、直柄鍬や鎌柄などの農具類、男茎状木製品や浄瓶、「佛」名の墨書土器など祭祀的な遺物も多く出土している。出土した土器類は土師器杯が主体であり、若干の須恵器杯類や灰釉陶器が含まれ、甕などの煮沸具はほとんど認められない。遺物の年代相を見ると8世紀終末段階から10世紀後半に位置付けられるものまで幅広い内容となっている。

　先に述べたように、この流路は現在の新田川の原形をなすもので、光善寺廃寺の北側を流下している。現在の新田川は条里水田と方向性が一致し、想定条里の一町スパンにものっている。しかし、古代の流路に先行する縄文時代後期の流路が市原地区4区で検出されていることから、谷津部分から海岸に向けた流れが古くからあったことがわかる。したがって、検出された流路も当初よりその場所

にあった可能性を否定することはできず、条里開田に伴って流路の整備・改修がなされた可能性も残される。

4　市原条里開田時期の推定

　発掘調査報告書では開田時期に近いⅡ3層下部の水田跡について、9世紀後半から11世紀の遺構としつつも、全国的な条里型水田跡の調査事例に照らして11世紀の成立であると結論づけている。しかしながら、具体的な時期決定の根拠となった遺物やその出土状況などについての説明がなく、詳細は不明のままとなっている。そこで、これまで述べてきた発掘成果から、市原条里の開田時期について整理してみたい。

　条里水田に先行する遺構には、市原地区の道路跡と郡本地区の溝跡がある。道路跡は、台地上の同様遺構から8世紀段階に遡る可能性があり、少なくとも9世紀前半代には存在していたことが明らかとなっている。また、郡本地区の溝跡は、8世紀後半代に構築されたもので、9世紀前半まで存続していた可能性が高いものと考えられる。このことから古代の条里型水田は9世紀前半までは遡らないといえる。

　条里水田と方向性を同じくする遺構には、菊間地区の流路がある。流路内からは8世紀終末から10世紀後半にかけての遺物が出土しており、8世紀終末にはこの流路が存在していたことが想定される。しかしながら、縄文時代後期の流路の存在から、古代においても条里水田に先行する流路が存在したものと考えられる。このため条里開田時期の推定資料としてはやや問題を残している。

　では、条里水田自体の出土遺物については、どのようであったのであろうか。

　条里開田時期に最も近い水田跡は、Ⅱ3層下部で検出された水田跡である。この水田跡はⅢ層（泥炭質シルト）が耕作の影響を受けず、帯状に見えるいわゆる疑似畦畔Bを目安として検出を行ったものである。通常疑似畦畔を確認した段階で調査を終了しているが、菊間地区7区、市原地区4区、1区大畦畔部分、2区側道部分については、Ⅱ3層下部の疑似畦畔確認面からⅢ層が完全に検出される部分までを掘り下げ遺物の収集を行っている。出土した遺物は永続的な耕作を受けたもので、全てが一次的にこの水田に伴うものとは言い難い。そのため、突出して時代の下る遺物も極少量混入するのも事実である。このような資料的な制約を踏まえた上で改めて出土遺物の傾向を示すこととする。市原地区4区の資料は8世紀後半から10世紀代の遺物まで含まれ、隣接する菊間地区の流路跡と近い状況を示している。この市原地区4区を除く菊間地区7区、市原地区1区大畦畔部分、2区側道部分の3地点出土の遺物は、いずれも9世紀中頃から後半にかけての遺物に限定される傾向が認められる。また、市原地区4区が水田区画内を中心に出土した遺物であるのに対して、それ以外の地区では坪境大畦畔に相当する部分から出土したものが多く、耕作による影響が比較的少ない資料と判断できる。このほか、郡本地区の試掘トレンチから9世紀中頃から後半にかけての土師器坏がまとまって出土している。

　以上のことを踏まえると、古代の条里水田は9世紀中頃から後半にかけて成立したものと結論づけられる。なお、郡本地区の溝跡に農業用水的性格が想定されることから、条里水田に先行する水田の存在は確実視される。しかしながら、それらの水田は市原地区の道路跡盛り土下に水田耕土を示すシルト層が認められないことから、広範囲を網羅的に取り込んだ広域的、規格的なものではなく、地域的、部分的な水田であったと考えられよう。

5　条里範囲の推定と古代条里水田の規格・構造

　ここでは市原条里がどの範囲において施工されたものであるのか、また、その水田はどのような規格・形態であったのかを考察することとしたい。

　これまで述べたように、表層条里と古代の水田跡とは坪境畦畔を中心に一致する点が多くあり、基本的に古代以来の水田区画が現代まで踏襲されていたことを示した。このよう

Ⅳ 地域の条里

写真2　昭和22年当時の市原条里（1947年2月20日米軍撮影、国土地理院所蔵空中写真）

な結果を基に、逆に表層条里の分布範囲から古代の条里型水田の範囲を推定することができる。写真2は1947年に極東米軍によって撮影された航空写真で、ほ場整備以前の水田景観をよく留めている。この写真から判断すると、北は茂原街道、東は海蝕崖、南は大字加茂付近、西は海岸砂丘帯周辺の範囲で表層条里の存在が認められる。なお、市原条里の南、養老川右岸に相当する大字惣社周辺には東に9度振れた水田区画が存在し、市原条里の水田区画が惣社付近まで広がらない状況を示している。

ここでは、そのうち市原条里の北限を画する茂原街道について若干述べることとしたい。茂原街道は、千葉市浜野町から茂原市へと通じる道路で、千葉市浜野町から中西町までの沖積低地部分約3kmが直線的な道路となっている。この直線部分の主軸方向は市原条里と同じく西に約48°振れている。道路の南に隣接する市原市古市場周辺には、市原条里と同じ規格をもった水田区画が認められる。これに対して北側（千葉市側）には市原条里と同じ方向性をもつ水田は認められず、千葉市椎名崎町周辺では、東に2°振れた水田区画が存在している。

茂原街道の北側に隣接する古市場（1）遺跡の調査では、古墳時代前期の流路跡と近世以降の溝2条が検出された。このうち溝2条の主軸方向は西に約38°振れており、市原条里の方向性とは合わない。また、同遺跡からは奈良・平安時代の遺物も出土していない。

茂原街道南側の古市場（2）遺跡の調査では、畦畔補強のために埋め込まれた古代の木製品集中地点が検出されている。また、土器類でも8世紀末から9世紀初頭の須恵器杯や9世紀後半代の土師器杯などが出土している。

このほか茂原街道そのものについても部分的な調査が実施されている（写真3）。調査は現道を挟んで両側にトレンチを設定して行われた。この結果、現道側面に沿って溝2条が検出された。北側の溝は長さ20mにわたって検出されたもので、新旧2時期からなる。いずれの溝も現道下に遺構が入り込んでいるため完掘はできなかったが、新しい溝で幅1.7m、深さ70cm、古い溝で幅0.7m、深さ30cmを測った。また、南側の溝は現在も使用している農業用水に沿って検出されたもの

写真3　茂原街道に沿った溝

IV 地域の条里

で、溝の肩部分のみ確認された。これら2本の溝はそれぞれ茂原街道に並行して検出されている状況から、両遺構は古い段階の茂原街道の側溝であった可能性が高いと考えられる。また、両溝の心々間距離が約6mになることや現道が約3kmにわたって直線的な道路になっていることなど、古代官道の特徴と一致する点が多い。なお、北側の溝から土師器細片と円形曲物の底板が出土している。

このように、茂原街道を挟んで北側では市原条里と方向を同じくするような表層条里や遺構が確認されないこと、南側では市原条里と同方向の水田区画や古代に遡る木製品集中地点が検出されていること、茂原街道は市原条里と方向性が一致し、古代に遡る道路跡であることなどを考え合わせると、市原条里の北限はまさに茂原街道であったといえる。また、市原地区周辺の数詞名付き小字名は、東北部に位置する区画を起点として番号が付けられており、そのような意味からも条里の北限を示す茂原街道が市原条里施工上の基準線として存在していたことが窺える。

さて、この茂原街道は現在の千葉市と市原市との行政境をなしている道路で、近世以前の上総国と下総国の国堺となっていた道路でもある。これまでの検討により、市原条里の開田時期が9世紀中頃から後半となると、この茂原街道の成立、すなわち上総国と下総国との国堺ラインの成立も9世紀中頃から後半以前とすることができよう。なお、この道路跡は先述のとおり古代官道と共通する点が多い。古代東海道の千葉県内における通過ルートは未だ確定していないが、そのルートは駅伝制の性格から都への最短距離が選択された可能性が高く、当地域では海岸砂丘帯上が有力視されている。茂原街道はこの海岸砂丘帯からほぼ垂直方向に内陸部へと通じる道であり、駅路から派生した伝路的な性格の道であった可能性も考えられる。

次に市原条里の規模と構造について若干述べることとしたい。これまで述べてきたように、市原条里は海蝕崖と海岸砂丘帯に制約された沖積平野に開田したため、それら自然地形の規制から西に48°振れた水田区画が採用

された。また、表層条里と古代条里とでは坪境畦畔を中心に一致する点が多く、古代に開田された条里型水田が現在にまで継承されていたことが分かる。しかしながら、細部になると若干の違いも認められる。それは古代の水田区画においては、台地縁辺部から海岸へと向かう南東—北西方向の坪境畦畔は明瞭で規格性が高いのに対して、これに直交する坪境畦畔や坪内地割りはそれほど規則的な形態はとっていないことである。このことは開田当初においては台地縁辺部から海岸部へと向かう傾斜面を規格的、画一的に造成することが土木工法上困難であったことに起因するものと思われる。また、検出された坪境畦畔はほぼ109m程のスパンをもつものであるが、市原条里全体の表層条里を検討すると109m方眼でも多少のズレが生じる可能性が考えられる。このズレが地殻の変動によって生じるものか、規格そのものの違いなのかは現段階では不明である。なお、条里余剰帯のようなものは認められない。

このような条里水田の施工上の基準を示すものと思われる杭が、市原地区2区から出土している（図3）。この杭は2区の坪境畦畔に伴う溝肩部分から直立した状態で出土したものである。2区の坪境畦畔は、表層条里ではすでに坪内地割りと同規模の小型の畦畔となっていたが、古代面においては幅3m、深さ20cmの大型の溝を伴うものであったことが明らかとなっている。この杭は長さ125cm、最大径が25cmのアサダ製で、表面は先端に向けて手斧によって細く削り込まれている。また、側面は面取りされ、このうち一側面には縦方向に幅5cm、長さ60cmの溝が彫られている。用材の規模から大型建物の建築材を再利用したものであることが理解できる。なお、出土土層断面を観察したが、柱穴等の掘り込みは確認できなかった。杭の大きさから判断して埋設にあたっては、ヤグラなどの大掛かりな施設が必要であったと考えられる。また、周囲を広い範囲で掘り下げたが同様な杭や痕跡は検出されなかったことから、構造物の一部でないことも証明された。出土地点が想定される坪境畦畔の交点付近に

相当することから、この杭が条里施工に伴う基準杭の役割をもっていた可能性が高いものと考えられる。

　次に条里開田当時の水田状況についてであるが、水田耕作土層下にはほぼ全域にわたって泥炭質シルトが堆積している。この湿地帯において水田を開いたため当初は強湿田であったと考えられる。坪境畦畔の直下から木製品が多量に出土するのも、軟弱な畦畔を補強する目的から埋め込まれたことによるといえよう。このような湿田の状況は徐々に乾田へと改良されていった。12世紀から14世紀頃の水田耕作土と考えられるⅡ2層には多量のロームブロックが含まれるようになり、乾田化を目指して台地上から土砂を搬入した様子が窺える。なお、Ⅱ2層段階の水田になると台地に並行する畦畔や坪内地割りも含めて、表層条里と共通する水田区画が出現するようになる。この中世前半段階の水田再整備によって、現代まで続く表層条里の原形が完成したものといえよう。

6　おわりに

　これまでの成果をまとめると次のようになる。①条里開田以前には市原郡を網羅するような統一的は水田区画は存在しなかった。②条里開田以前は小規模な水田はあったものの、全体的には低湿地帯が散在していた様子が窺える。③条里開田時期は9世紀中頃から後半と考えられる。④条里範囲は北→茂原街道、東→海蝕崖、南→加茂周辺、西→海岸砂丘帯の範囲で、旧市原郡の沖積低地をほぼ網羅している。⑤条里北限の茂原街道は上総、下総の国堺で、条里の年代観から9世紀中頃から後半には国堺ラインが確定していたと考えられる。⑥数詞を伴う坪付名称から、茂原街道が条里施工上の基準線となっていた。⑦発掘された古代条里水田は、南東‐北西方向の坪境畦畔が直線的・規格的に造られている。⑧条里施工にあたって、坪境を表示する大型の基準杭が打ち込まれた可能性がある。⑨開田間もない頃の水田は湿田であった。⑩古代の東南‐北西方向の坪境畦畔はほぼ表層条里と一致するが、全体の区画が表層条里と同一形態となるのは中世前半である。

　県内各地で検出された条里水田については、外箕輪遺跡と小櫃川中流域の事例が8世紀代の開田を想定している以外、9世紀以降の開田とするものが多い。しかしながら、近年の関東各県の発掘調査例では8世紀以前に開田時期を求める事例が認められるようになり、市原条里や他の県内条里調査の結果とも開きが生じてきている。このような状況は水田遺構に対する年代決定の方法論的な問題があるとしても、各地域における条里水田の段階的な施工を念頭に置く必要があるものと考えられる。

【註】

（1）県立スタジアム地区の調査において検出された小区画水田を、弥生時代中期のものと考える意見も出されている。同地区で検出された古代水田と重ね合わせると、古代水田の畦畔内に小区画水田がきれいに収まり、畦畔の範囲や方向性も一致する。このため、この小区画水田は古代条里水田に伴うものと考えるのが妥当であろう。いずれにしても、正式報告書の刊行が待たれる。

・佐藤隆・新田浩三 1997「市原条里制遺跡（県立スタジアム）の調査成果―大規模低湿地遺跡の調査方法の検討―」『研究連絡誌』第49号　千葉県文化財センター

（2）『万葉集』巻20「庭中の阿須波の神に小柴さし吾は斎はむ帰り来までに」

【参考文献】

平野元三郎 1956「上総国分寺附近の條理制遺構について」『國學院雑誌』第56巻第5号　國學院大學

小久貫隆史ほか 1999『市原市市原条里制遺跡』千葉県文化財センター

大谷弘幸 2005「市原条里に関する基礎的研究」『千葉県文化財センター研究紀要』24　千葉県文化財センター

阡陌と方格地割
―群馬県下の事例から―

関口　功一

1　はじめに

　『日本書紀』（以下『紀』と略す）成務天皇五年九月条に「令諸国以国郡立造長、（中略）随<u>阡陌</u>以定邑里、因以東西為<u>日縦</u>、南北為<u>日横</u>、山陽日影面、山陰日背面、是以百姓安居、天下無事焉」（下線は筆者。以下同じ）とある。この記事の配当されている時期や、主導したと想定される政治主体の問題はある。しかし、後の山陽道・山陰道「駅路」に連なるような路線設定に影響を及ぼす計画的道路が、広範囲な地域の行政区分の設定とともに、全国に先駆けて強い政治的意志によって、ある段階で設定されたと見なすことは許されるだろう。この史料による限り計画道路は、行政区分の基準線でもあったわけである。
　ここに見える「阡・陌」については、『倭名類聚抄』（以下『倭名抄』と略す）に「大路」の説明として「唐韻云、道路南北曰阡、東西曰陌（割注省略）」とある通りである。「大路」という以上は、それなりの幅員・付帯施設を伴う大規模な道路になるだろう。東を上にして「阡」がヨコツオオミチ・「陌」がタテツオオミチと使い分けられ、地域編成の前提として設定されるような直線的計画道路がイメージされる。これに駅家などが附属すれば、近年各地で調査が進んでいる山陽道駅路のような景観が形成されることになる。こうした景観は、古代日本にあっては普遍的といえるものだったのだろうか。
　近年関東地方北部を中心に検出され、場所によっては七世紀に遡及するかもしれないという大規模な古代の道路状遺構のうち、平坦地を直線的に通過するものは、これまで一般的に考えられているような「東山道という道路」であったり、平安時代の史料である『延喜式』に見える「東山道駅路」[1]なのではなく、ほぼ南北方向のものは「阡」・ほぼ東西方向のものは「陌」として構築され、地域開発の基準線を企図した国家的な施設である可能性があるのではないか[2]。
　畿内諸国では、七世紀以降「都城」建設をはじめとして、計画的地割の造成に伴う大規模な土木工事が、広範囲に亘って継続的に実施されたことは、周知の事実としてよいだろう。その際の基準となったものは、「点」としてのランドマーク（山・川）といった自然条件のほかに、人為的な「線」としての「阡・陌」であった。結果として、各地に大小の方格地割がうみだされ、その内部に各種の公的施設が建造された。東国地域でも、多少の時期差はあったかもしれないが、類似した発想と技術で「阡・陌」が導入された場合もあったのではないか。以下、こうした見通しが成り立つかどうかについて検証してみたい。

2　七世紀の地域支配と「阡・陌」

　『紀』の全般的な記述のなかでは、政治的な意図で「東国」を訪れて、何らかの支配にかかる行動を起こした中央派遣の人物として、「大彦・武内宿祢・日本武尊・御諸別」などが知られている。但しそれらの人物たちは、そのまま地域に定着したとされる「御諸別（上毛野・下毛野両氏祖）」を除けば、いずれも一過的な示威的行動で、継続的な地域支配が可能であったとは思われない。中央官人の地理的認識の不備のなかで、先ず畿内から

それぞれどの程度の実効距離を稼げた行動であったかが疑わしい。

しかも、いずれの記事にも何らかのモデルが実在したという前提においてであって、現実にはそれらの行動が政策として実施されたかどうかさえ怪しいのが実情である。対外関係との関わりの中で、早くから中央によって把握されていた西国（山陽・山陰）地域に比較すると、東国地域への関心は重要案件であるという認識の割には概して低調であった。

こうした状況が、俄かに変化を生ずるのが七世紀代である。大化元（645）年八月から二年三月にかけて約八ヶ月間派遣された東国等「国司」の主な職務は

①戸籍の作成及び校田
②蝦夷に接した辺要国以外の武器の収公

であるとされる。具体的な派遣地域名は、現状では情報不足により詳細不詳である。対象地域が「八道」ということなので、概ね関東地方周辺ではないかと思われるが、類推できるような要素の記述さえない。それでも一応、東国等「国司」の派遣によって、それまで地方豪族を介して漠然と把握していた人員や武力及び経済力の内容を、より具体的に掌握し強力に武装した政権としての律令国家が構想され動き始めた。朝集使による追跡調査によって、派遣された諸「国司」の成績審査で、多くの処罰者が出るというのも異例である(3)。

その後、特に白村江での敗戦(4)を直接・間接の契機として、陪都制にことよせて「宮都」の科野への移転が問題になるような緊急事態の下で、軍事的に疲弊した西国地域に替わって、東国の「防人」を最前線と認識された筑紫地域等に配備することになったのは、如上の幾つかの事前作業の結果による。この段階で「阡・陌」に関する具体的な動きがあったとすれば、東国地域では既に相当な社会的混乱を惹起していると思われるので、大規模な土木工事の実施は刺激が強すぎるため、各地の有力者に対して工事着工に関する根回しを行った程度のものであったろう。関東平野の中では、せいぜい常陸国・下野国境界付近を中心に大規模な拠点が設定された程度であった。

その後派遣された「惣領」または「大宰」に関しては、「常陸・播磨・吉備・周防・伊豫・筑紫」などへの具体的派遣が知られているが、史料上十分残されていないだけで、恐らく全国を網羅するような派遣が実施されたであろう。特に「筑紫大宰」などは、大宰府へと発展的継承がなされる。知られている地域名自体も、それぞれ令制の国より広範囲なものであった可能性が強い。『常陸国風土記』などの記述によって知られるように、各地で立評が行われるに当たって、旧来の「国造」の勢力圏にも積極的に介入して、分割・併合を行うことがあった(5)。

結果として、令制国の領域が一部を除いてほぼ確定し、最有力の評家を中心に「国府」が建造され始めた。命令伝達の経路としての「駅路」は、その国府を繋ぐ形が基本だろうから、畿内近国はともかく周辺諸国では未着手である可能性が高い。何よりも、「五畿七道」制の完成形そのものが八世紀後半の所産であるから、特に東国地域では中央と直結した形の、情報伝達手段としての「駅路」は未成立と見るべきである。

また、『播磨国風土記』の記述によって知られるように、対外関係の激変に伴って日本に亡命し、大和国今来（武市）郡地域に集住させられ、ヤマト勢力の政策意図に通じていた多様な渡来人を、各地に繰り返し移住させることによって、政策意図の徹底を図った。それは、仏教の浸透（寺院の造営）であったり、租税徴収の前提となる各種技術（窯業・紡織など）の伝習であったり、既存の耕地の再編成の前提となる河川統御や道路（「阡・陌」）・水路の付設であったりした(6)。

これも史料上明記されてはいないが、七世紀後半を中心とする各地域への働きかけは、八世紀前半までを中心とする「廃置国郡」の頻発に示されるように、最終的には藤原朝臣不比等ないし長屋王といった、地域支配やその再編成に熱心な政治首班が死没するまで、徐々に変質しながらも継続されたのである(7)。初期の按察使の計画は、この両者のいずれかが立案した可能性が高い。非常に理念

Ⅳ　地域の条里

的であって現実離れしていること、藤原朝臣武智麻呂以後の政権には継承されなかった点などを重視すれば、長屋王周辺で構想された可能性が高い。

当初の編戸の関係で固定されていなかった里（郷）は、積極的には道路の付設や耕地の再編成の中でその範囲が明らかになり、徐々に地点として固定されるようになった。消極的には「浮浪・逃亡」といった徴税忌避に対処するため、公民の耕地への貼り付けと並行する形で、地域名称との一致が図られた。但し、端的には「村」表記の存在(8)に示されるように、各地域独自の通称地名が広範囲に存在した可能性は否定できない。各郡の内部ではこうした二重構造が継続し、特に東国地域で条里呼称などが全く消滅してしまっている場合の背景には、恐らく行政地名と通称地名の比重の違いや各地域での行政の浸透度に関係している。

そのことは、「鹿ノ子遺跡」の漆紙文書の条里呼称などによって知られるように、数列的「坪並」は実施されているものの、早い時期からその定着に揺れを見せているような事例(9)などが多くあった可能性がある。単純に消滅したのではなく、当初から貫徹していなかったのである。

七世紀後半段階の東国地域は、律令国家の地域編成がようやく及び始めた段階であり、政策上の前線地帯に対する比重が対外関係の挫折によって、西日本から東北地方へと移ったことによって改めて注目されるようになった。こうした状態は八世紀の初頭にも継続しており、律令に規定されたような様々な政策が具体的な形となって顕現するのは初期の按察使が任命されるような段階になってからであった。

そのような段階では後に「東山道」と呼ばれるような広域行政圏は未成立であった。各国府も整備途上(10)であり、各種の公的施設を接続する「駅路」や「伝路」は、広域行政区分内の中核地点周辺のみの設置で切れ切れの状態の道路であった。特に後者に至っては、古代を通じて「交通路」として十分整備出来たかどうかも怪しいのである(11)。

3　初期の按察使の意義について

大宝律令の制定を画期として、中央と地方との双方向的な結びつきは、急激に緊密度を増してくる。各地域の国造氏から「郡領」に任命されるに当たって、政策的な意図の下で新たな選別がなされ、律令制度の浸透に便宜のある地方豪族のみが厚遇されるようになった可能性がある。その結果、東北地方北部と九州地方南部とは、日本とは異なる領域として区別されるような矛盾も生じることとなった。

八世紀前半には、国司をはじめとして各種の使が頻繁に日本の領域内の各地方に派遣され、律令制の浸透度が常に留意される状況が続いた。養老三年（719）七月に初めて任命された初期の按察使(12)は、畿内及び九州地方を除く七道以前の広域行政権を掌握したことが知られている（図1）が、按察使の設置地域に関しては、前代の惣領との類似がみられ、職務内容に関しても示唆するものがある。各按察使のなかでも特に注目されるのは、

　①美濃按察使（笠朝臣麻呂―〇―〇）
　②武蔵按察使（多治比真人県守―〇―〇）
　③播磨按察使（鴨朝臣吉備麻呂―多治比真人県守―百済王南典）
　④長門按察使（？―〇―〇）

である。これらは、知られる「五畿七道」の地域的枠組みをまたいでおり、とりわけ東山道地域（①・②）及び山陽道・山陰道地域（③・④）に集中しているのが注意される。

①美濃按察使（尾張・三河・信濃・諏方・飛騨を管轄）については、管轄範囲が全国最大級であり、所管国数も多い。既に按察使以前に、笠朝臣麻呂が美濃国司として在任して実績を挙げていた。彼は、通常の国司に比べて、在任期間が異例に長期にわたることもあって、多くの独自の政策を実施出来たと想定されている。笠朝臣麻呂の成功を承けて、同様の政策的効果が期待された上で、各地に辣腕の按察使が派遣された節がある。

笠朝臣麻呂の功績のうち最大のものは、和銅六年（713）に「吉蘇道」を開通させたこ

図1　初期の按察使の設置状況（719〜726）

とであるという。このことは、初期の按察使の職務内容に関して示唆するものがある。その功績は、百六十年以上も経過した元慶三年（八七九）に美濃国（恵那郡）と信濃国（筑摩郡）の境界線が問題になった時引き合いに出され、同時代の法律家の「殊功」に関する法解釈の典型的な事例とされるものだった(13)。全てが陸路で構成され、高々度の地点を通過する東山道「駅路」は、海上交通も併用できた他の六道の各路線よりも工事が困難で、維持管理も困難であったことは想像に難くない。

②武蔵按察使（相模・上野・下野を管轄）については、その後播磨按察使へ転任した多治比真人県守の個性もさることながら、「相模―武蔵―上野―下野」という所管各国の組み合わせが注意される。この後暫くの間の政策遂行に当たっても、この枠組みは維持されることになる。その前提には、これらの地域を結ぶ交通路の存在が前提となるが、それは必ずしも『延喜式』に記載された「駅路」になるとは限らないであろう。「相模―武蔵―上野―下野」という各国の組み合わせは、実態としての交通路を反映している可能性がある(14)。

先進地域での行政区分と「駅路」の再編・整備という観点から見ると、③播磨按察使（備前・美作・淡路を管轄）及び④長門按察使（周防・石見を管轄）については、

A）山陽道と山陰道の行政区分の明確化
B）山陽道と山陰道の具体的な交通路の連結

についてそれぞれ関係している可能性がある。播磨按察使は、全体の中で唯一三名連任が確認出来る事例であり、二人目の多治比真人県守は前任の按察使で何らかの成功を収めた経験者であろうと言う点も重要である。これらのことは、この方面が特に重視されていた可能性を示している。主に外交上の必要から、他の六道に比較して山陽道は規模も大きく（大路）、対外的な面子もあって念入りに整備されていた様子が、各種の史料上からも窺われる。

播磨按察使と長門按察使の監察領域は中国地方の東西両端部分であり、同時期に実施された中間地点の美作国の設置が、瀬戸内海側と日本海側の連絡に大きな意味があったと見られるのと有機的な関連を持っていた。ここでも、地域再編成と「駅路」の具体的整備が密接に関係していた。

初期の按察使は、多大な期待を以て各地に派遣されたにも拘わらず、全体に対する具体的な指示命令としては史料上

（Ⅰ）地方寺院の併合（養老五年五月）、
　（Ⅱ）按察使所置国以外の国博士・国医師の停止（養老七年十月）
の二点しか知られておらず、政策としてはあまりに竜頭蛇尾の印象がある。各地域毎の個別的な業務の他に、これらの政策集団の全国的な配置の前提には、（Ⅲ―１）広域な地域開発の基準線となる「阡・陌」（交通路）の設定及び、その延長上に位置づけできる（Ⅲ―２）「駅路」の整備があったのではないか。Ⅲ―１・２は、基本的には２が中心で、畿内から遠ざかって既存の「駅路」がない場合ほど１の比重が高まったと見られる。両者を全く区別して二段階に分けたとみるよりも、長期間に及ぶ１→２という傾斜的設定が合理的である。特に東日本にあっては、郡・里レベルの行政区分の設置が、「阡・陌」の設定によって面的に拡大されていったと考える。

　先述のように、これ以前にも西日本を中心に「阡・陌」は設定された場合があった可能性もあるが、具体的な時期としては七世紀段階の都城制の整備と並行しているだろう。按察使は本務が国司であるから、それ以外の各使と異なってある程度長期間の在任期間があり、国郡の枠を越えた設計・施工も可能であった。従って地理的に畿内から遠ざかるほどに、特に東日本では「阡・陌」の具体的な施工（竣工）時期は、初期の按察使段階以外には考えにくいのではないか。「駅路」整備の進捗度にも地域差があり、東山道地域では、八世紀前半段階でも路線決定にまだ試行錯誤が重ねられている状態であった。東海道経由の東山道国司着任の事例などによって知られるように、事実上の公的交通路は海路を相模国に上陸し、武蔵国を経て上野国へ至る『続紀』宝亀二年十月己卯条の記事 (15) に知られるルートであって、碓氷峠越えの『延喜式』駅路のそれではなかった。

　無論このことは、各地域間交通の存在を否定するものではない。信濃国と上野国との間でも、駅路の通過する碓氷川流域の谷筋の他に、少なくとも吾妻川流域と鏑川流域の二つの谷筋は、西方からの重要な交通路が通過しており、時期によって比重を変えて多くの人や物が出入りしていた (16)。しかし、それらはあくまで中央からの命令系統に組み込まれ、幾つもの規格を満たした「駅路」というべきものではなかった。

　また、各地では中央の政策に基づいて様々な土木・建設工事を実施しなければならなかったが、徐々に拡充される国府その他の行政施設に加えて、天平十三（741）年以降には国分寺の造営も行わなければならなくなった。徭役を集約して行う労働力は極めて限られていて、当然後付けの案件は後回しになり、多くの国では特に国分寺造営事業の進捗がはかばかしいものではなく、しばしば中央から建設督促の命令が出されることになった。

　この時点で優先されたのは、地域による諸政策の浸透度の違いを配慮する必要があるが、少なくとも東国地域に関しては、開発計画の基準線「阡・陌」の設定であり、その延長上にある①駅路の新規設定、それが不要の場合には②水路・畦畔の造成に始まる広範囲な条里制方格地割の設定に進んでいったであったろう。帳簿上の地番の設定については、既存の地名を活かす形で既に終了していたとみられる (17)。

4　鏑川流域の条里型土地区画再論

　微視的に見れば「阡・陌」の設定は、各地の政治的中心地付近や開発条件の整った小地域から着手され、徐々に拡大されていったとみられる。本来郡単位や数郡単位の各地域内で完結する性格のものであり、帳簿に対応はしても基本的には相互に連絡してはいなかったとみられる。「阡・陌」の設定後、官衙が集中的に設置されれば「国府」「郡家」などになり、「駅家」が設定されれば道路自体が再整備されて「駅路」に位置づけられる場合もあった。それらはいずれも方位や区画などに「阡・陌」の規制を受ける形になる。条里坪並なども「阡・陌」に基づいて形成された方格地割の工事の順番に関係していた。その際の「阡・陌」で不都合なものは廃棄される場合もあり、遺構として複数の道路状遺構や地割の不整合などを残すことになった。

地域によって「阡・陌」の方位は必ずしも厳密なものではなく、畿内近国で河川の流域単位や郡単位で条里地割の方位が異なるのも、地域の実状が優先されていたからである。そうしたなかでも、当時の技術水準から比高差の少ない東西方向・南北方向の幅広の谷筋などは特に好まれて地割が造成された。

　上野国の場合、那波郡・佐位郡・新田郡・山田郡などに条里型方格地割が設定されているのも、「阡・陌」の設定に関係していると考える。佐位郡になるとみられる牛堀・矢ノ原遺跡（側溝部分）がその後水路に改修されてゆくのも、遺構の本来の属性が開発関連の施設であった可能性を示唆している。これらの郡は後の「駅路」通過郡でもあり、その設定・維持にも関係しているとみられるが、その前提として駅路の造成及び維持管理が可能であるような、開発の充足度・経営の安定性による地域の潜在的な経済力にも関係していただろう(18)。

　「阡・陌」の設定が遅れたか、地形条件などによって困難であった地域にあっては、条里型地割もあまり展開していなかった。上野国では、利根郡・吾妻郡などの山間地や、大間々扇状地西端の乏水地域を含む勢多郡などがこれに相当する。無論そのことは、地番の設定も未実施であったということを意味するわけではない。一方で、洪水の頻発などによって地表面では維持されていないものの、赤城山南麓に樹枝状に展開する狭小な谷戸田などでも、丹念に地割が設定されていた可能性も指摘されている(19)。

　こうした条件を最もよく満たしていたのは、信濃国に接する西部地域のなかでも鏑川流域（甘楽郡・多胡郡）であった。都合三面の河岸段丘が発達しているが、地割が認められるのは比較的幅広い下位段丘面である。技術的に開発可能であれば小規模な平坦地をも網羅して、条里型の方格地割が集中的に設定されていた(20)。それらのなかには、工区を示すと見られる地割の不整合の事例がいくつかあって、なかでも比較的長い基準線的な地割は「阡・陌」に相当する可能性がある。

　条里型の方格地割は下位段丘面に広がる水田に見られるが、北端の微高地と南側の中位段丘面に集落遺跡が展開している。八田郷に属すると見られる吉井町の市街地東北部の水田は、南北方向への広がりが流域最大になる（図2）が、その北端近くに多胡碑が所在する。周辺の耕地図上では、南北方向の最長の畦畔と、東西方向の最長の畦畔（道路に一致）の交点の北東の位置（現在、吉井郵便局）に官衙的な遺構が存在する(21)。その西南方の多胡の谷戸の入口付近には、国衙領に連なるとみられる「口伝（＝公田）」の小字名が残っている。

　北側に流下する平沢川を越えると、その西側には多胡郡域最大の水田域がある（通称、長根田圃―図3）が、卵型の水田部分を不均等に四分割する畦畔がある。南北方向の畦畔を境に、西が織裳郷・東が韓級郷の所属に分かれる可能性がある。主要な集落は中位段丘面に展開するのは以東の場合と同様である。その中に含まれ多胡郡を代表する辛科神社は、石製模造品の馬などを伴う祭祀遺跡（長根羽田倉遺跡）と近接しており、起源の古さを暗示する。

　また、天引川から西は甘楽郡域になるが、

図2　多胡郡域の方格地割①

Ⅳ 地域の条里

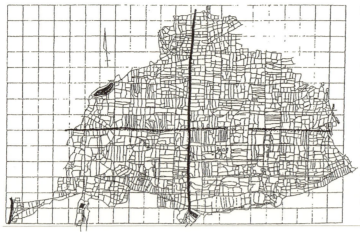

図3　多胡郡域の方格地割②

甘楽町福島を中心に所在する甘楽条里遺跡(22)は、鏑川流域に現存する最大面積の条里型の水田地域である。方格地割の遺存の割に、坪並に由来するような地名の残存が極めて少ないのは、鏑川流域全体に通有の特徴である。甘楽条里遺跡の方格地割については、微妙な方位の違いによって単位に分かれるという。施工時期の差によるとみられる四つのブロックがある（図4）が、「陌」によるとみられる東西に長い事例（1・2）が先行し、それらを補完する形で周辺地域（3・4）が付加される(23)。こうした工事の実態は、当初のものと同じかどうか問題があるが、広域の地割設定に関して参考になる部分がある。

　この部分を見る限り、水面まで比高差のある鏑川から、大がかりな水路を掘削して取水するのではなく、段丘崖を開析して北流する小河川の水を掛け流すような形で利用する水利形態が看取できる。東西に展開している類似の地形条件の地点も、ほぼ同様に理解できるだろう。

　造成工事中にも年々の租税を確保するために、工区の設定は基本的には水路の流下を妨げない下流から為されたとみられる。和銅四（711）年に設定された多胡郡は、カムラ郡（鏑川）とクルマ郡（烏川）の両郡にとって河川の最も下流に位置し、両方向に対する工事の起点として好都合な場所を占めていた。和銅四年の多胡郡設置の意味を、耕地の再編成を伴うような再開発の出発点と見ることができるかもしれない。尤もその条件は、「阡・陌」や条里制設定以前の水田再開発の段階から既に具備していた条件である。榛名山の火山災害に対する耕地の復興を担った可能性のあるミヤケも、この周辺に集中していたことは、単なる偶然ではないだろう(24)。

　クルマ（群馬）郡を中心とした国府周辺の条里型方格地割は、関東平野全般でも最大級の連続性がある。榛名山を頂点とする北西に高く、南東方向に向けて緩やかに傾斜する地形的な条件も大きいが、前橋市西部に想定されている国府周辺よりも南側に良く遺されており、以北にはほとんど連続的な地割の広がりが見られない。近年、那波郡域になる前橋市南東部～玉村町方面での調査・分析も進んでおり(25)、郡内でも烏川に近い南側から統一的な造成工事が徐々に進行していったと見られるが、造成工事は南端から開始されたのではなく①「陌」の両側から北に向かう工事、②同じく南端から北に向かう工事とがあったと考える。このことは、広大な工事対象地の全体への工事に要する時間の短縮に関係している。国府南面に取り付くと想定されている条里剰余帯（「日高道」）が本当に存在するのであるとすれば、それが工事区を分割するような「阡」に相当するであろう。この「阡・陌」の交差点がチマタになると思われるが、現状で大規模な集落遺跡（大類城遺跡）の中を通過するらしい(26)。

　「牛堀・矢ノ原ルート」とされる遺構及びその延長線上の遺構は、いずれも「陌」に相当するのではないか。その交点が直交せず、かつその後の正方位への調整がなされなかった場合に、群馬県内では鏑川流域の富岡市高瀬地区に典型的に見られるような菱形の地割が発生することになる。

阡陌と方格地割―群馬県下の事例から―

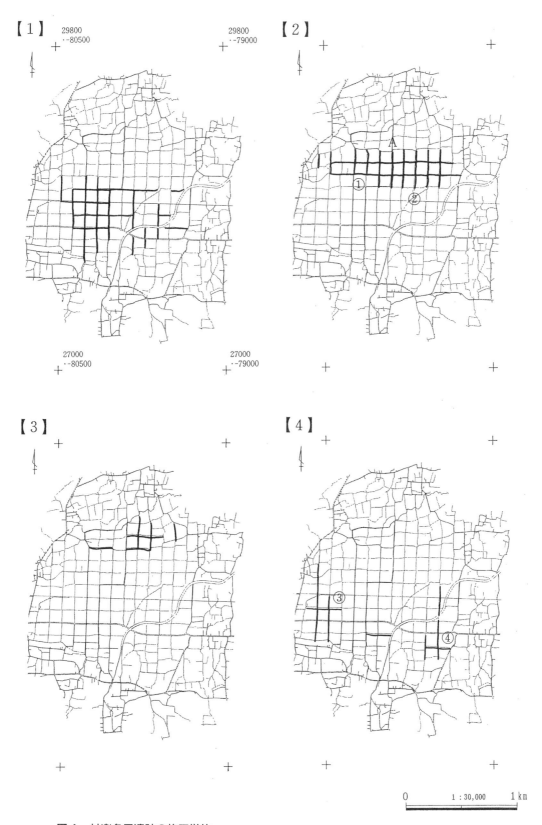

図4　甘楽条里遺跡の施工単位
　　　（註23より転載）

5 近年の調査事例から

　最近、伊勢崎市三軒家遺跡で「上野国交替実録帳」の記載と合致する建物遺構「八面甲倉」跡が発見され、佐位郡の郡衙正倉であると考えられるようになってきた。具体的な内容の公表が俟たれる。これに先だって「佐位郡衙」であるとされ、国指定史跡となったのが十三宝塚遺跡(27)である。指定範囲の遺構は明らかに寺院跡であるが、問題なのは「牛堀・矢ノ原ルート」と呼ばれる道路状遺構に北端を規制される形で、寺院の北側に展開している区画及び掘立柱建物群の存在である（図5）。

　寺院の規模からすると、運営施設（大衆院）としては大がかりすぎるようである。道路状遺構が「駅路」と関係するなら「佐位駅家」の可能性もあるが、そうした要件は必ずしも満たされているわけではない。道路状遺構の北側の遺構の分布の広がりにも注意が必要だが、現在確認されている個別遺構の方位の揃い方などからすれば、郡衙の構成要素（「館」など）として相互に関係する施設である可能性は高いだろう。

　また、その近隣地域で特に注意されるのが上植木廃寺の存在である（図6）。調査対象面積の問題もあり、現在確認されている寺域は「東西115メートル・南北238メートル」とされている(28)。しかし、現状では東辺は明確に閉じておらず、中軸線上にある南門から114メートル西の位置にあるという南北方向の直線の「道路」状遺構が西面を区画すると推定されている。

　この種の寺院が一般的に「大衆院」を附属させることからすれば、現状で未調査の中心伽藍西側や北側の空間に、それらがあったとする想定自体は妥当なものであろう。特に西側に関連瓦窯があることは、隣接して「修理院」的な施設があった可能性の高いことを示す。但し、東面の機能的な問題は依然残されている。

　想定寺域西辺の「道路」状遺構が、調査段階でのどのような要件によって「道路」的であると考えられたか不明だし、「阡」そのも

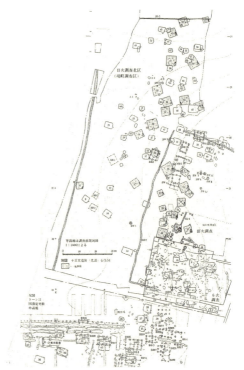

図5　十三宝塚遺跡北方の遺構
（註27より転載）

のに相当するような大規模なものではないようであるが、南門前に至る溝の存在と共に、「陌」（「牛堀矢ノ原ルート」）から北に派生させた補助線的な意味を感じさせる。上植木廃寺の創建は白鳳期とされるので、恐らく地域では稀少の「定額寺」に位置づけられたであろうし、想定される「阡・陌」の設置時期と近接するか、ほぼ同時期に設計・施工された可能性がある。かなり広範囲な地域開発計画のなかでも、上植木廃寺の寺域の設計は西寄りから行われた可能性がある。

　なお、南門門前に至る直線的な溝の類例としては、染谷川に隔てられるという地形的制約はあるものの、群馬郡の上野国分寺跡でも見られる(29)。武蔵国分寺跡で確認されたような参道的な施設の可能性もなくはないが、道路の要件を欠く現状では設計・施工に関する補助線または区画的な位置づけが想定されるのみである。なお、上野国分寺跡に関しては、運営施設である大衆院の構成要素であると見られる「東院」が、寺院地の東側に位置し、素掘り溝によって囲繞されていた施設で

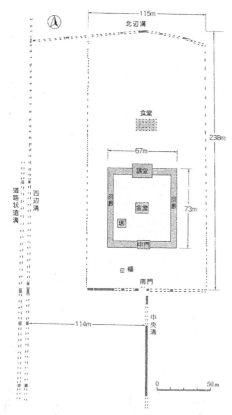

図6　上植木廃寺の遺構配置
　　　（註28より転載）

ある可能性がある。その施設には数次の建て替え（掘り直し）が認められる(30)。

　官衙・寺院遺跡に関する中心施設以外の囲繞施設（溝・柵列）等の、今後の調査事例の蓄積が期待されるが、「阡・陌」と主要な地域の各種公的施設の設定位置は、各豪族の主体性に依存しながらも、特に「定額寺」になっていくような水準の寺院などでは、ある程度一体のものとして各国段階で企画され、それ以外の耕地部分などについても「阡・陌」から派生させた補助線（道路・畦畔・溝等）を基準に、徐々に条里地割の設定が拡大していったと考える。但し、それらは当初から完璧な計画に基づいて配置されているわけではなく、政策の変更などに伴って随時改変を加えられ、結果として複雑な構成になった場合が多かったと考える。各地域毎の偏差について充分検討する必要がある。

　いずれにしても、古代東国地域にあっては、都市計画的な政治拠点の整備と、既存耕地の再編成とが、いずれも七世紀後半～八世紀前半までの「阡・陌」の設定を前提として推進されていった可能性に留意したい。それは、文字通り「随阡陌以定邑里」という状況であった。

6　むすびにかえて

　従来の条里制研究が、現地表面の観察と史料の解読を中心としていた頃、考古学的調査により現地表の地割が、同時代性という点で問題を含んでいることが明らかにされたことは、条里制の本質理解に関する重要な変換点であった(31)。現地表に連なってくるような整備された地割の起源に関する認識は、仮に古代のなかで実施されていたとしても、年代的に相当下降してきているといえるだろう。

　そうであれば逆に、中世以降最近の圃場整備に至るまで持続されてきた地表面に残る条里型の方格地割とは何であったかが問題になる。当然、時代や地域によって土地利用に関する解釈や運用に差異や変遷があったと見られるが、それらは場所によっては洪水や火山噴火などの大災害に見舞われてさえ復元されて今日に至っていた訳である。

　個々の工事は、季節的な徭役労働によって賄われたろうし、租税の目減りを最小限度に抑えるためには、工事区の設定順序を工夫しなければならない。工事の基準になるものは、単純に目立つ山や川ではなさそうだという印象はあった。条里制施行も視野に入れた地域開発基準線（「以定邑里」）としての「阡・陌」が、関東平野北部にも縦横に設定されていたのではなかろうか。

　本稿を草するに当たり、特に田中禎昭氏・能登健氏のご高配を得た。文末ながら記して謝意を表したい。

【註】
（1）この点に関する群馬県下における研究の現段階は、高島英之2004「上野国」古代交通研究会編『日本古代交通大辞典』小宮山書店が簡潔に整理される通りである。また、

Ⅳ　地域の条里

同2005「上野国内東山道駅路の変遷とその背景」新しい古代史の会編『王権と信仰の古代史』吉川弘文館でも同様の趣旨で警鐘が鳴らされている。
（2）拙稿2005「東山道『駅路』の成立」地方史研究協議会『交流の地方史』雄山閣、同2008「下野国薬師寺の改編と古代東国の仏教」（『地域のなかの古代史』岩田書院）では、「阡・陌」の交通路としての機能を中心に論じた。
（3）門脇禎二1991「いわゆる、大化東国『国司』について」『「大化改新」史論』下、思文閣出版参照。
（4）例えば森公章2000「朝鮮半島をめぐる唐と倭」『古代日本の対外認識と通交』吉川弘文館参照。
（5）例えば、鎌田元一1977「評の成立と国造」『日本史研究』176号。
（6）拙稿1988「日本古代の『移動』と『定住』」『歴史学研究』581号。
（7）拙稿1986「長田郡と足柄郡」『史苑』45巻1号、同1986「大宝令制定前後の地域編成政策」『地方史研究』201号。
（8）例えば、小林昌二2000「『村』と村首・村長」『日本古代の村落と農民支配』塙書房。
（9）「鹿の子遺跡」出土の田積文書を検討した平川南1989「検田関係文書」『漆紙文書の研究』吉川弘文館によれば、同一地点の条里呼称の微妙な経年変化が認められるという。このことは、ひとり常陸国の問題に留まらないだろう。
（10）金田章裕1995「国府の形態と構造について」国立歴史民俗博物館『研究報告』63号。また、拙稿2002「古代の教育施設」『群馬歴史民俗』21号に示すように、上野『国府』内部にあってさえ各種施設の改廃が繰り返されて、施設として固定化していたわけではなかった。
（11）例えば、森田悌2000「駅伝制」『日本古代の駅伝と交通』岩田書院。
（12）拙稿2001「初期の按察使について」『群馬文化』268号。
（13）佐藤宗諄1977「承和期の政治的特質」『平安前期政治史序説』東大出版会。
（14）使用と補修の痕跡の明瞭な南北方向の計画的道路遺構について「東山道武蔵路」などという便宜的呼称が用いられているが、この点に関しては前掲註（12）拙稿参照。
（15）前掲註（12）拙稿参照。なお、この記事に関しては坂本太郎1964「乗猪駅の所在について」『日本古代史の基礎的研究』下、東大出版会、森田悌「武蔵・下総間の駅路」前掲註（11）書所収等参照。
（16）古墳時代以前の状況に関しては、例えば若狭徹2004「北関東西部における弥生時代後期の地域間交流とその歴史的意味」地方史研究協議会第五十五回大会時の口頭報告資料。
（17）金田章裕1985「条里プランの形成と展開」『条里と村落の歴史地理学的研究』大明堂、同1993「条里プランの機能変遷と条里地割」『古代日本の景観』吉川弘文館等参照。
（18）拙稿1987「平安中期上野国の一様相」『群馬県史研究』25号。
（19）群馬県埋蔵文化財調査事業団1992『二之宮千足遺跡』等参照。
（20）拙稿1984「群馬県下の条里的方格地割に関する予察」『古代史研究』創刊号、同1986「鏑川流域の条里的地割」『条里制研究』2。
（21）吉井町教育委員会茂木由行氏のご教示。
（22）甘楽町教育委員会1984・1985・1987・1989『甘楽条里遺跡』、群馬県埋蔵文化財調査事業団2000『甘楽条里遺跡（大山前地区）・福島椿森遺跡』等参照。
（23）能登健・田中雄2000「考古学的に見た甘楽条里遺跡（大山前地区）の耕地変遷」群馬県埋蔵文化財調査事業団『甘楽条里遺跡（大山前地区）・福島椿森遺跡』で、現在考えられる限りの分析がなされているが、文字資料等の検出もなく成立時期などの決定的な内容は留保されている。
（24）拙稿1986「大宝令制定前後の地域編成政策」『地方史研究』201号、同2002「山上碑・金井沢碑と地域の仏教」『地方史研究』298号。
（25）中島直樹・吉澤学2004「群馬県玉村町における条里地割の復元」『東国史論』19号。
（26）チマタについては、前田晴人1996「古代王

権と衢」『日本古代の道と衢』、吉川弘文館参照。なお、上野国府南方のチマタ周辺の調査状況などについては、高崎市教育委員会鹿沼栄輔氏（当時）のご教示による。
(27) 群馬県埋蔵文化財調査事業団1992『十三宝塚遺跡』参照。こうした形状は、勢多郡衙の一部と推定される前橋市上西原遺跡でも類例がある。この点に関しては松田猛氏のご教示による。
(28) 伊勢崎市教育委員会1987『上植木廃寺―昭和62年度発掘調査概要―』。
(29) 群馬県埋蔵文化財調査事業団2000『元総社川西遺跡』参照。
(30) 桜岡政信・関口2001「古代寺院の付属施設に関する一考察」『群馬考古学手帳』11号、同2003「上野国分寺『東院』について」『群馬考古学手帳』13で既知の資・史料の再構成を試みた。
(31) 長野県教育委員会編1968『地下に発見された更埴条里遺構の研究』。

【追記】
　本稿作成後、10年近くの年月が経過し、遺跡調査の進捗などによって地域の研究状況も大きく変化した部分がある。本来全面的に改稿すべきであるが、今回はそのような時間的余裕もないようなので、研究の現段階とのズレを最低限補填するために、直接関連する幾つかについて追補しておきたい。
　①近年群馬県下でも、太田市天良七堂遺跡（新田郡衙）・伊勢崎市三軒屋遺跡（佐位郡衙）等の調査が進み、郡衙に関する詳細な情報が得られるようになってきた。そこで確認されているのは、周知の史料である「上野国交替実録帳」の記載と密接に関わる遺構である。それらの遺跡の成立には、広域の地域計画や具体的な地割の設定が関係していると思われる。年次報告や個別論文は相当数に上るが、上記遺跡の調査事例を含む単独の書物としては、管見の限りでは次のようなものが挙げられる。
・条里制・古代都市研究会編2009『古代の郡衙遺跡』雄山閣。
・須田勉・阿久津久編2013『東国の古代官衙』高志書院。
・江口桂編2014『官衙遺跡』ニューサイエンス社。
　②本稿作成後、改めて群馬県下の空中写真の点検を行っていたが、これまで条里型土地区画の所在が指摘されている地点以外に、碓氷郡・勢多郡・佐位郡・利根郡・邑楽郡等の事例を新たに確認することができた（14郡中吾妻郡のみ未確認）。また、前橋台地上等の従来「広域条里」とされていたような事例にも、水利や地形変化などに伴う微細な「施行単位」が存在するようである。それらの実態及び意味について、あくまでも表面観察に基づく可能性の考察ではあるが、拙著2012『上毛野の古代農業景観』岩田書院にまとめたので参照されたい。
　③北関東自動車道建設に先立つ遺跡調査等の結果、少なくとも上野国域に関しては、現地表に直接つながるような地割の設定は、九世紀前半頃の問題であることが改めて明らかになってきた。広域な大区画としての「阡・陌」の内部が、条里型耕地として充足されてゆくのに十分な時期差であるといえるだろう。なお、当該期の上野国では、全国的にも例外的な「国」の等級変更が実施され、「親王任国」に措定されるようになっていた。その前提として、連続的な「良吏」の投入による災害復旧の完遂があり、それが「国」の等級変更につながり、「親王任国」の前提となっていた可能性が高い。それらの相関関係については、拙著2013『古代上毛野をめぐる人びと』岩田書院で言及しているので、併せて参照して頂ければ幸いである。

日高圃場整備関連水田遺跡と群馬郡条里の復元

横倉　興一

1　はじめに

　日高圃場整備関連水田遺跡の特色は、昭和53年度頃より開始された東西4キロ、南北6キロに及ぶ大型農地整備事業に関わる発掘調査において、古代条里制度に従うと推定できる畦や水路によって区画された碁盤の目状地割（坪並）が、現地表の地割と一致しながら検出できたことである。

　特色の2は、昭和61年条里研究会において、筆者が「上野国府周辺における条里遺構の問題点」として発表したように、上野国府の真南、1キロ圏内であり、当遺跡付近より水田地帯が広がる点の重要性を指摘した(1)。一方、『群馬県史　通史2』（平成3年）では、岡田により「上野国の条里制」の一部として国府南面の遺跡分析として紹介された。

　また、平成12年度高崎市史―資料編2及び同15年度通史編1においては横倉が水田遺跡を班田制遺構と条里制遺構に分類し、文献資料を合わせ論じた。(2)

　日高圃場整備関連遺跡調査の成果は、市内大八木跡で開始した、国土座標Ⅸ系図に位置付ける基本作業を踏襲しつつ、国府南面と云う律令群馬郡の中央部での条里制地割の状況を確定できたこと、その後連続した矢中遺跡等4遺跡における条里制水田区画との連続性の検討は、群馬郡内条里制度の復元へとつながって行った。

　この事を踏まえて、今回は、日高圃場整備関連水田と、南8キロにある矢中圃場整備関連水田遺跡の関連性を検討することを中心として、

　① 群馬郡条里方眼遺構の検証
　② 地割施工時期の推定
　③ 群馬郡条里制度の呼称法の復元等条里と古代遺跡との関連性等の検証をしたい。

2　日高圃場整備関連水田遺構（以下日高条里）と矢中圃場整備関連水田遺構（以下矢中条里）について

(1) 日高条里遺構(3)

　水田遺構の内図2に示す坪の隅を明らかに示す遺構がほぼ等間隔で正方形に出現する。地上で109m間隔に調査地点を定めれば該当の遺構が見いだせる。その結果の図が図3である。

　方眼の傾向は、①109mピッチである。南北軸は国土座標Ⅸ系の北にほぼ一致することが判明。各坪（1町）の隅は、図2のごとく、東西方向に延びる現状5～6cmの段差（→　図　←）のある太い畦畔や、南北は図2のように両脇または片側に太い畦を付けた水路となっていて、判別しやすい。

　水田の利水は、基本オーバーフロを基本としている。

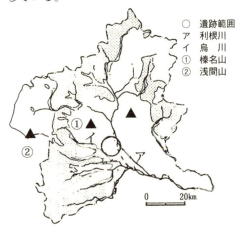

図1　日高圃場整備関連遺跡位置図

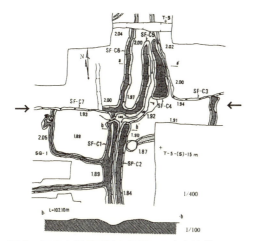

図2 日高条里C区検出坪隅3-G交点遺構

図3 日高条里区域の便宜的な条里区画図

交点は、集水と配水の役目を持ち水溜状遺構となる例も多い。日高条里では地形の制約もあり1～2町程度である。規模の大きなものは、関越道内B-7⑬例がある。

日高条里では、坪交点と称した明確な遺構は、15地点ほど確認できた。1町（坪）の四辺を示す畦畔は上幅が70～100cmもある規模があって確認しやすい。

これ等の坪交点、坪境の畦畔を連続させ、夫々が齟齬なく収まる方眼を設定して、現況図に乗せて図化することが、口分田を配給する基本条里割の復元の原図となるのである。（図3）

一方、B軽石除去段階の発掘調査結果は図4のごとくである。条里区画図と発掘結果で作成した図4を照合すると③は、1-Dに、④は、2-Dの地点となる。

④と⑤の坪交点が確認された後は、地表で畦の走行を参考にして、109mの間隔で南北、東西に測地すれば坪交点が確実につかめることが確認できた。

坪交点が検出できた調査区はa～h日高条里の地割方眼を確実なものにするには、基準尺を割り出す必要がある。

X座標　③～④、⑤～⑥、⑦～⑧107.75m
Y座標　④～⑤、⑥～⑦、⑧～⑨110.64m
　　　　　　　　　（幅4mの道路状地を含む）

平均値109.195mが得られるのである。このような作業を繰り返して平均的な数値を探し

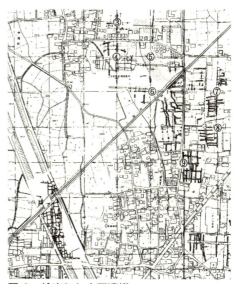

図4　検出した水田遺構
　南北軸は真北─0°25～29分西偏
　A調査区③～⑥交点　C調査区⑦～⑨
　E調査区関越道内⑬に連続する西側地区

た結果として、109mを基準単位とすることが、坪交点や坪境畦畔を齟齬なく収めることのできる条里方眼が作成できることによって、口分田を配給する基本条里地割の復元が可能となるのである。（図4）

日高条里の条里地割は、現況の水田の境界や、小径、水路との多くが重複していることに気付く。条里研究会を立てた服部氏の古からの提示〝現況地面の構造と、地下の条里水

Ⅳ　地域の条里

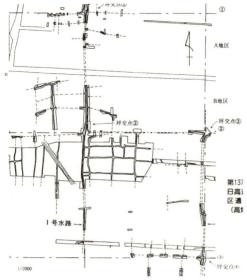

図5　A、B調査区

田の重層性"を裏付けるものであった。

（2）矢中条里遺構(4)

　本遺跡は、指定文化財「物部私印」と鋳られた銅製印の出土と共に、条里方眼を斜行する幹線水路が検出された条里遺構群である特殊な遺跡地である。

　地形的には、烏川旧流路が形成した低地（現在の長野堰利水地域）の右岸（南側）の極めて古い段丘の最上部に位置している。直下の段丘面は柴崎圃場整備関連水田遺構となり、更に下位面は大類圃場整備関連水田遺構となっていて、左段丘直下に榛名扇状地帯との境を示す井野川に至る。おおよそ、矢中集落から北東方向へ緩く下降する地形である。

　水田遺構は、県道倉賀野島野線の西（天王前、柴崎前）と東（村東）に分けられる。西は柴崎段丘崖微高地と矢中微高地に挟まれた低地、東は栗崎段丘崖と東栗崎微高地に挟まれた低地である。此の遺跡において、条里地割を示す遺構は、東西南北に企画的に設置された規格の大きい畦畔と条里方眼を斜めに設置された大型の水路と所々に作られた巨大な水溜遺構である。

　2-B交点大型水溜遺構の周辺を拡大して示す。（図8）

　矢中条里方眼のあり方は、日高条里と同様

図6　矢中圃場整備関連水田遺構

① 柴崎圃場整備水田遺跡群
② 大類圃場整備水田遺跡群
ア　長野堰
イ　井野川
▨　矢中遺跡
●　大型水溜遺構

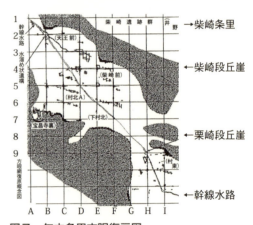

図7　矢中条里方眼復元図

にⅨ系座標北をほぼ示している。図8の発掘調査図から方眼の割り付け基準尺を計測すると次のようになる。

　確認できる坪交点は、2-B（①）、2-C（②）3-D（③）、4-D（④）4-E（⑤）4-F（⑥）5-B（⑦）6-B（⑧）5-E（⑨）6-C（⑩）6-E（⑪）
村東地区では、9-H（水溜遺構、銅印⑫）10-H（⑬）10-I（⑭）が確認ができた。

　此の条里方眼の間隔は、坪交点の計測値の

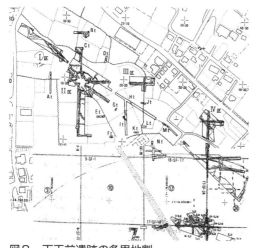

図8　天王前遺跡の条里地割

平均値を割り出してみよう。
　X座標系　2-B（水溜）～3-D。3-D～
　　　　　4-D。3-D～4-E。5-C～6
　　　　　-C。4-E～5-E。平均値
　　　　　111.68m
　Y座標系　2-B～2-C。4-D～4-E。5-B
　　　　　～5-C。平均値109.5m
全体平均値　110.59mが計測できた。

　以上のように、矢中条里地割においては109mの計測値も伺えるものの、同遺跡の報告書が採っている110mのピッチで方眼を引いても問題は無いと考えられる。
　また、水路が条里地割を斜めに横断し、方向転換を坪交点で行っている（2坪×3坪、2坪×2坪）条里地割を斜行する施設は対角線を用いるという日高条里周辺同様の共通性をもっている。銅印も9-Hの水溜めに関連して出土をしているところに留意しなければならない。

3　日高圃場整備関連水田と高崎市矢中遺跡の条里制地割の比較検証

（1）企画手法

　日高条里から矢中条里まで直線で12kmの間隔があるが、中間に大類水田遺跡と柴崎水田遺跡があって、ほぼ連続する遺構群とな

る。然らば、夫々の条里地割が同一企画に従って設定されたものか確認しておく必要がある。
日高条里地割と矢中条里地割
（日高圃場整備関連）　　図4の地点番号
交点位置　　交点間計測値　　単位m
　③　　　　X41218.3　　　　Y—71497.7
　④　　　　X41113.5　　　　Y—71496.5
　⑤　　　　X41113.5　　　　Y—71388.3
　⑥　　　　X41006.3　　　　Y—71391.0
（矢中圃場整備関連）・・・図5
交点位置　　交点間計測値　　単位m
　2-B　　　X34985.0　　　　Y—70149.0
　2-C　　　X34985.0　　　　Y—70041.0
　3-D　　　X34874.0　　　　Y—69993.0
　4-D　　　X34760.6　　　　Y—69932.0

1町109mと110m計算での二遺跡の平均的間隔
X座標系 109m×57.243町
　　　　110m×56.72町　・・・56.98町
Y座標系 109m×12.85町
　　　　110m×12.73町・・・12.79町
以上の計算から両遺跡の条里地割間隔を判断するならば、
　—Y座標系列では約13町の隔たりがある、X座標系列では、平均56.98町の隔たりを示すので約57町の隔たりと理解できる。このように日高矢中両地割計画は、同一企画による設計と判断可能である。

（2）隣接条里地割との関係 (5)

　各遺跡の坪交点の相関は、109mピッチで理解可能な倍数で示せる。上野国府南面の群馬郡条里方眼は、日高遺跡から南限の矢中遺跡群に至るまで、共通地割であると考えることができるのであり、表1中で、大類遺跡群と大八木条里遺跡における誤差は、Bテフラ降下前頃の条里方眼の改変、例えば日高遺跡DE地区における「再開発水田—H型水田」（図4）等に関わる坪界畦の移動事例と同様と理解でき、坪交点の計測は、初期A型B型区画時期の109m坪ピッチで復元して計測しなければならない。

IV 地域の条里

表1 遺跡内坪隅交点間ピッチ及び遺跡間距離

遺跡名 坪隅No.	上X軸、下Y軸の平均値	坪隅間の距離÷109m値
日高 ④番	108.70 109.01	*国分寺域関係は図11
西島 ⑩番	109.00 -----	④－⑩22.20 9.99
宿大類 ⑭番	105.00 110.65	⑩－⑭14.13 4.79
柴崎 ㊸番	109.73 109.32	⑭－㊸15.9 8.09
矢中 ㉒番	110.68 109.58	43－㉒6.00 1.03
大八木 ㉞番	109.13 110.00	④－㉞18.46 26.04

(詳細は、1990年条里性都城研究会紀要で示してあるので参照されたい)

日高条里④交点からの計測値を見ると、Y軸間隔では、(10,5、8、1、26)×109mの関係が、X軸では、(22、14、16、6、18.)×109mの間隔が想定できる。このことは、日高に始まり大八木水田遺構まで東西6km南北8km程の範囲が少なからず同一企画で条里地割が設定されたことを窺わせるのである。

従って、この条里方眼は、周辺部特に日高遺跡より北の畑作地帯、扇状地帯内へ延ばして古代地割線を復元できる可能性を示すものである。(6)

4 日高水田遺構、矢中水田遺構から見た条里地割実施の時期の検証

日高遺跡から矢中遺跡群に至る条里方眼が引かれ、大畦や水路が整備された時期については、遺構から出土する遺物及び遺構断ち割りで得られ下層遺構等の情報を総合して判断することになる。

ここでは、国府域に近く、B軽石堆積層下部に下層水田遺構が存在する日高補助整備関連遺跡と洪積台地における上位段丘面で、利水条件の悪い、後発的開発条件の矢中遺跡群条里遺構を取り上げて、地割の設定時期の推定を試みたい。(7)

(1) 日高遺跡—水路遺構の分析—

関越道西側のE調査地区(図4⑬西側付近)で、検出した南北流の大型溝(10号溝 銅製帯金具出土)は、関越道内の国特別史跡日高遺跡内で確認できた条里制地割の154号溝に続いていて、多量の遺物を出している。坪境線7—B交点⑬番の水溜遺構に続く水路であることが分かっている。(図7参照)

1 E調査区水田面の変遷と10号溝の関係

図7で示せる水田遺構面の変遷は大体次のようであった。

Bテフラ堆積直前のH分類型(図4図の小区画溝は、数次に渡り掘りなおされてれている。禾本科植物か堆積時期以降降には改修修されることはなかった。

参考に、関越道内154号水路出土の遺物を示しておきたい。(図11)

2 開鑿の時期

土師器坏(図10-1、図11-1)は7世紀末から8世紀前半に属し、ヘラ削り底須恵器坏図11-3、(「名」字を□囲み)や脚付土師器甕(図11-2、椀蓋(図11-4)の時期は、9～10世紀相当である。ヤマ茶碗(「吉」字墨書)と図11-5須恵器、爪型付け口台の須恵器坏図(11-6)が10～11世紀ころに比定できる。また、Bテフラ直下①の爪型高台の灰釉陶器(「九九」字の墨書(図10-1)や図11-7の灰釉陶器はB軽石(1030年)前後にと比定可能である。

すると、日高条里遺構は、8世紀代に条里溝を掘り、7世紀代(飛鳥寺、島根県岡田山古墳出土銅鈴酷似品出土)の水田を整備し拡張した。9～10世紀に何回かの改修を経てきた。大型水路が埋没して再開発(耕土ア層～ウ層の耕作時間)を経過して、ア層の上に浅間山Bテフラ堆積(1030年推定)が堆積するのである。

一方、A調査区における坪境畦畔断面によると(図12)、条里1号水路下の旧水路(3層)は、灰色土石流(2層)を掘りこんでいて、覆土にはF-Pの混在が認められた(9)。

また、6層7層は基盤の黒色土を掘り込んで大きな南北畦畔を作っている様子がうかがえる。このレベルでのF-Aの純粋堆積層が確認できないことは、F-A堆積層を掘りぬいてF-P降下前に耕地化され始めたことが想定可

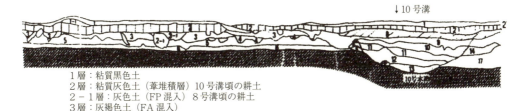

1層：粘質黒色土
2層：粘質灰色土（葦堆積層）10号溝頃の耕土
2-1層：灰色土（FP混入）8号溝頃の耕土
3層：灰褐色土（FA混入）

図9 日高条里E調査区10号水路断面図

梯子状田面―H型タイプ（ア層）は、大八木条里遺構と類似（註8）②H型タイプで潰された水田（イ層）③南北の坪境畦畔を再開発によって30m西へ移した最終の（ウ層）④禾本科植物堆積層時期（エ層）⑤エ層との平行期又は先行期（図4の西拡張区のA型区画、半折型）と、順番に下に向かって4面の耕作面を確認できる。10号溝はエ層平行期。

なお、禾本科植物堆積層（エ層）下部のFp撹乱灰色粘質土層から銅製鈴（図10-0）が出土した。

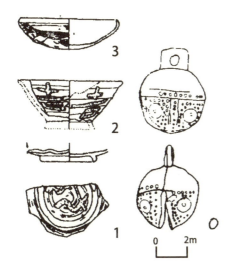

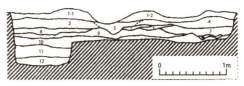

図12 日高A調査区1号水路断面図
1層―Bテフラ堆積層直下黒色粘質土層
2層4層―榛名山降灰堆積層（灰色粘質土）
3層―灰褐色土、F-P粒子が混在する。
6層7層―黒褐色土（F-Aの赤色降灰を絡んでいる）
8層――黒色土層（自然堆積）

図10 10号溝出土遺物
0―10号溝の西、FP混灰色粘質土
3-土師器埦、溝外8号溝内
2-ヤマ茶碗、10号溝中層
1-灰釉磁器、10号溝最上部（*溝底から銅製巡方が出土）

能である。

　以上により、この地は7世紀後半代から条里制地割へ引き継がれる耕地が存在していたと考えるのである。史跡日高遺跡内では確認できていない。

（2）矢中条里の施工時期の検証

　まず、挙げねばならないのは村東遺跡、現在の市立矢中中学校体育館下に位置する坪交点（大型水溜状遺構）へ流れ込む小規模な水路底から出土した、ヤスリ目痕跡のはっきり残る新造の銅印（物部私印）である。（図13）印面を上にした状態で出土し、箱に収められたようだと担当者の所見であった。
印面サイズが公印に準じ、鈕頭を宝珠型に削り出す手法からも、9世紀と見る。(10)

大溝及び水溜遺構出土の遺物

　本遺跡で水田址に関わる遺物の多くは、図8にある斜行大溝の下層出土と、水田域南限

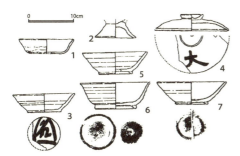

図11 154号水路出土

Ⅳ　地域の条里

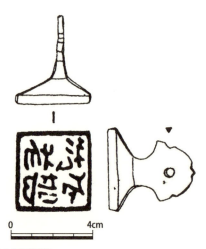

図13　銅製印
　非破壊検査では、純銅に属す。印面文字も削り痕跡が残り、朱も認められなく新造である。

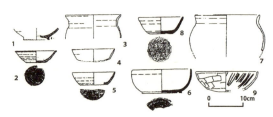

図15　水路並びに湧水状窪出土遺物

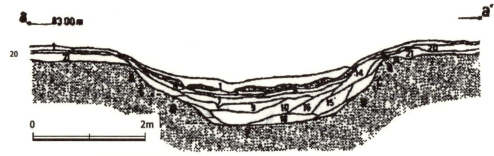

図14　斜行大溝、B堆積層下部断面図
　溝覆土B下を1層として、以下順次2層3層とした。
（一次堆積溝）1層（黒褐色粘質土）2層（基盤上壌を絡む洪水堆積層）3層～6層（黒褐色ないし灰褐色粘質土の互層）
（先行堆積溝）7層（灰褐色強粘質土）
（古溝堆積）8層（灰色粘質土）～10層（砂粒含み灰黒色弱粘質土）

（宝生寺裏遺跡 図7）にあった湧水溜りの出土の資料である（図15）。
・水路出土の遺物は、最終溝底6層及び4～5層の古い堆積層に属する。図15（1～5）は、8世紀後半の要素を持つ土師器と、箆起しの須恵器坏・土師器等の遺物で8世紀末～9世紀ごろに上限が認められる遺物を含んでいた。他は、糸切底椀、高台付坏等が多数で10～11世紀。墨書土器も多い。
・湧水状遺構内遺物　（図15の6～9）
　条里区画南限の水田面の浅い窪みとして発見した遺構で、覆土に多量の土器破片があった。この4例は何れも下層の遺物である。鉢型坏6、9と、暗文付埦、糸きり底須恵器埦等の時期差のある遺物を含むが、
　この窪みを水源の一つとして掘削したのは、8世紀中～後期に位置づけられるが、条里制度の水田に編成されるのは、台付甕と糸切底杯の9世紀初頭ころと判断できよう。

（3）小　結
　以上ように、二つの条里水田の比較を行った結果は、群馬郡の条里制度における地割の具体的な姿が推定可能となるのであり、地割の施工時期も大まかながら把握できるようになった。発掘当時には、足元で、B軽石堆積

日高圃場整備関連水田遺跡と群馬郡条里の復元

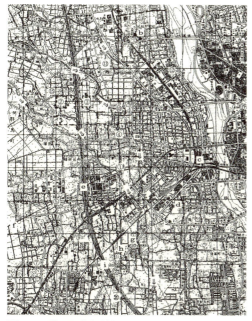

図16 群馬郡北部地域の条里地割想定図
①想定条里原点②国分寺③尼寺④国府域（中世長尾氏蒼海城跡）⑤斜路⑥朱鳥神社⑦小八木鏡神社⑧村主神社（旧地はhとi交点）⑩旧惣社神社⑬山王廃寺（日枝神社社）⑮神明宮常安寺⑯妙見社（息災持災寺小祝明神）
a-昌楽寺巡（東門?）b-惣社区画画で10°程度西傾する区画　c-石倉　d-古市　e-鳥羽遺跡

層を基準として、これら水田遺構・条里遺構が一括して11世紀の所産と主張したり、条里制度の所産ではなく地域的な方格区画であると異論が出た時期もあったり、群馬県史での紹介が適切でなかった等の紆余曲折があったものの、群馬郡条里地割復元の評価は一定の水準を維持し推移して来ているものと思っている。

5　群馬郡条里の復元

さて以上のように発掘調査で確認できた条里地割の線引きの概要が把握できる段階に至った1986年ころから、この地割を扇状地の畑作地帯へ広げて条里方眼の復元を試みてきた。（図16）

それは、全国の条里制度の地割が官衙、寺院、官道等の造営に深く関わっている状況を考慮すれば、上野国においても同様な状況にあったことを推測するのに問題は無いであろうとするからである。

また、上野国においては、長元3年と推定できる上野国守の交代文書（九条家具注暦裏文書）中に、田令や租税令や租税関連、官衙関連の記述に、条里制度に関わると推定できる記述が存在するという有利性のある特質があることである。

この項では、考古学上での成果と、文献資料を照合して群馬郡条里呼称の復元と、それに関わる諸問題を整理してみたい。(11)

（1）群馬郡条里の呼称方法について

詳細については、「群馬郡の条里の諸問題」を参照していただきたいが、まず条里呼称は、郡を一単位として付けることは周知のことである。しかし、群馬郡条里呼称は、越前国足羽郡条里がそうであるように、郡を分割して夫々の呼称を付けていたことが分かっている。前出の報告等で横倉が上野国交代実録帳（1030年長元三年）中の群馬郡に関わる府院幷諸郡准頴の項目における郡相当記述中に東郡上条、東上条、東下條、西上条（以下欠文　県史P1139〜1146）。また、諸郡官舎の項（P1181〜1195）群馬郡に正倉、東院,雑舎、郡庁、小野院、八木院の施設は、「府院納」の租税の正規納税施設として設置したことを示す用語であること等を勘案して提示したものであった。

1　四證図16巻の謎

四證図は、上野国条里図81巻を郡単位に整理した図である。この図の官衙は、通常の郡での記載は、郡庁、郡正倉、館の3項目である。しかし、群群馬郡と吾妻郡において他郡と大きく異なる記述があり、群馬郡では、正倉、郡庁、雑舎に加えて東院、小野院、八木院が加わっている。吾妻郡では、長田院と伊参院と大衆院が加わっている。延喜式にしろ、和名抄にしろ群馬郡は1郡の記載であるにも関わらず官舎数が多い。

また、四證図が郡の数14図に比べて16図と

IV 地域の条里

図17　西南群馬域を走る斜行大型道路
　　　（筆者が加筆した）

2図多い。四證図は、一定地域の地勢図に他ならないので、条里地割を示した郡を一円とする地図に違いないので不思議である。

即ち、14郡を16図表示にするには、13郡図＋3図なのである。どこか1つの大群を3地区に分割して四證図を作成すれば16図になるのである。

この点については、明治時代を含めて群馬郡が、北群馬郡、西群馬郡、東群馬郡であったことと符合するのであり、3郡に分裂した遠因がこの3巻の四證図にあったと考えられるのである。

・北群馬郡（榛東村、吉岡町、渋川市地域）
・西群馬郡（榛名山麓、久留間、上郊、井出、国府、大八木小八木、小鳥、並榎等）
・東群馬郡は現在の利根川の両岸（左岸―厩橋、公田、右岸―古市、島野、大類、矢中、綿貫等）

となっていた。

即ち、四證図16図―碓氷、片岡、甘楽、多胡、緑埜、那波、群馬（北、東、西）、吾妻、利根、勢多、佐位、新田、山田、邑楽郡の地勢図であったと考えられる。

2　群馬郡東西分割線

北群馬郡を除く群馬郡は、東西に分離する基準線はどこにあったのだろうか。中世の上野国神明帳も東西群馬郡に分けているが、境界線は定かではない。唯一参考となるのは、延喜式国郡名上野国群馬郡の割注に「群馬久留間国分爲東西二郡府中国府」の一文は、国府で東西に分けていたことを示している資料である。

で、国府のどの部分をもって分割したかを検討するために、高崎市正観寺遺跡で検出した水路付の蒲鉾状道路遺構と条里方眼の関係を注視してきた。

迅速図（図17）のように斜路（・・・・）の存在が示されていて、斜路は条里地割を東西2里×南北1里の矩形を対角線として走っている（図16のe鳥羽遺跡、⑤正観寺遺跡つなぐ）。このラインは迅速図（図17）にも良く残っている。重要な点は、上野国府の南正面部分に取り付いていること、この地点に日高条里の道路状遺構を伴うFライン（地元で鳥羽道と称する）が接続していることである。また図17でもわかるよう、図3のFラインで南に下がり、新高尾小学校裏（村主神社旧地）を西に直角に折れてX軸ラインを西に進むと、八木院の地小八木（鏡神社）大八木町を通過して浜川町御布呂遺跡で斜路と交差する。

即ち、斜路が国府南正面で交差する南北線（図3Fライン、図11①）が条里4区分の原点と想定できるのであり、Fラインが群馬郡を東西に分ける基準線である可能性が高いのである。

斜路の規模は、正観寺遺跡、鳥羽遺跡における道路状遺構を参照していただきたい。両脇に水路を持つ6m幅蒲鉾状の道遺構である。[(12)]

3　群馬郡条里4区分の呼称

上記の結果をしてみれば、後世の西群馬郡が西上条と西下條区域であり、東群馬郡が東上条、東下条区域となるのである。原点が国府南正面であれば、図16①を通る東西軸をもって南北に区分されていたことになるが、上条下条が地図上の南北どちら決める確証は今のところない。参考とすれば、現在高崎市下之城町が下条に相当するか留意しなければならない程度である。

蛇足的であるが、この国府を中心とした四区分方法は、上野国府の地をどのように選択したのかを暗示していることを付け加えておきたい。

① 西群馬郡域における南と北
・西北は群馬郡名の起こり久留間地域で飾履出土谷津古墳がある。国指定の保渡田3古墳が存在し、方形郭（館）である三ツ寺遺

跡が存在する。上郊郷、井出郷地区は金光明寺（また法華寺）田が存在することが実録帳で明らかであり、古代の石（巌）上寺があったりする。

・西南は、実録帳の八木院、八木郷（金光明寺田）から並榎（天竜護国寺）で長野郷の水田地帯である。南限は佐野地区で佐野三宅氏の居住区になる。佐野舟橋で著名である。

② 東群馬郡域における南と北

・東北地区は、現惣社地区で、蛇穴山古墳宝塔山古墳を南限とした矩形地割で、南北軸は真北→10°西偏となっている（図16b）。前方後円墳の二子山、見張り山古墳がある。また南限を西に延ばすと山王廃寺（日枝神社）に至る（図16、③）。山王廃寺軸はほぼ真北を示していて、先行する官衙的配列のある掘立柱建物群があり、30°西編する遺構も認められる。また寺南限は条里地割に合っている。また、塔礎石と蛇穴山石室の手法が酷似している指摘は傾聴に値しよう(13)。また、大渡町には初期横穴式王山古墳がある。大伴町には東門と推定できる昌楽寺巡りで、逆「字型遺構がある。南に接し現惣社神社となっている。

　利根川左岸（県庁周辺）は中世の厩橋であり、南に下がれば六供町、公田村に至る。

・東南は、国府周辺に古市（朱烏神社あり）、これから南は広大な水田地帯となっている。島名町（島名郷）から綿貫町、上滝町、下滝町に至る。井野川と烏川が合流する地帯は、国指定観音塚古墳に代表される4〜7世紀に至る大古墳群地帯となっていて、小野郷と推定可能であり、綿貫廃寺(14)は、小野院（金光明寺田）の可能性がある。

以上のよう4区分と、上野国府の選地が偶然の代物とは考えられない。西南条に八木院、東南条に小野院が存在すれば、西北条に郡庁,正倉を想定し、東北条の惣社地区に東院を想定できるかもしれない。国府を支える古墳時代の勢力と関連付けて考えざるを得な

図18　国分寺周辺条里地割想定図

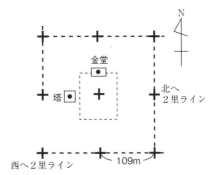

図19　国分寺域条里地割と照合

西築地塀は、群馬西条の①Y軸から2里、12町隔たった南北ラインである。また、北築地塀は、西条の①X軸を北に2里13町隔たった東西ライン。塔は、109mの二分の一、金堂は109mの三分の1程度が計測され、北に講堂や食堂のスペースを残しているようだ。

蝦夷平定の祈願を行った妙見寺（息災寺小祝明神）は、西南隅外に位置している。(15)

い。

4　国分寺地域との関連（図19）

上野国分寺は、日高条里地割方眼で見ると、①条里原点より、北へ2里、西へ2里内にあり、西塀が2里の境界ラインであり、東塀は東へ2町のラインとなる。北と南の壁は、2条のラインから南北へ各1町ずつ拡張した方2町の寺域となる。周辺の条里地割線

と寺域や金堂塔の配置を照合すると、配置が条里地割ラインに左右されて設定されていることが分かる。が、金堂と塔の位置関係はチグハグサさが認められる。(図19)

金堂と塔の位置の関係を整理しておきたい。少し遠距離ではあるが日高④番坪交点の座標から金堂と塔へ図上計測してみた。
○金堂　X軸方向では109m×24.353が計測される
　　　　Y軸方向は、109m×8.988で計測できる。
○塔　　X軸方向　109m×24.044
　　　　Y軸方向　109m×9.564
＊日高条里④番交点は、X軸で条里原点より2条即ち12町南に位置している。Y軸は、原点より2町西の位置にある。

X軸で条里方眼に従うと思われるのは、塔中心で日高④番から24町北（原点から12町）。一方Y軸では、金堂中心が日高④から9町（原点から11町西）を示している。

図19見取り図のように、金堂も塔も条里線を利用しつつ位置づけされたことが分かる。即ち、東門か中を覗くと金堂域を区画する築地越しに塔の甍が望める。南大門から覗くと、正面に中門があり、左手に塔が望める。計測値ではあるが、堂の中心は、寺域忠心から北へ38.5m、塔の中心は、西へ61.5mが得られる。

東門に該当する構造の中心は、東へ延ばすと尼寺（イ）の西門に至るラインである。

これ等のことは、国分僧寺が条里地割に沿って設計されていたことをよく示すものであるし、金堂と塔が同等の価値あるものとして理解されていたことをも示しているのではないだろうか。条里地割は、古代の都市計画であって、都城制度と基本とする思想は同一であったと思われ、国の重要施設である寺社や官衙や国司たちの館の配置等を左右していたことに留意しなければならない。注意をして調査研究すべきであろう。

条里制度の具体像は、令のような文字化して残されていないこともあって、地域研究の場面で誤解や価値を矮小化されてきた。現在でも軽視される傾向にあることは誠に残念な

ことである。

6　まとめ

我々は、長年にわたりB軽石に埋没した水田遺跡の発掘調査を続けてきた。その中で、口分田の実態を随分と明らかにすることができた一方、複数の水田遺構をつなぐ条里地割の復元と設置時期の分析は、上野国における律令制度の実施が7世紀後半より絶え間なく行われてきたことを証明するものでもあった。

また、条里地割は水田に限ったことではなく、四證図に示してあったであろう広範囲（郡単位）の条里地割地図に、国郡に関わる役所や国分僧寺、尼寺や社寺、道路、駅等が書き込まれた絵図として存在していたであろうと思われる。四證図と同じ性格を持つ条里地割は、古代景観の復元の基礎資料と位置づける必要があるのである。

また、条里地割は、現在社会へ古代から直接続く貴重な文化財であったが、その多くが消滅してしまった。しかし、今回筆者が紹介した発掘調査を通して整理することによって、再生が可能であることを強調して終わりにしたい。

【註】
（1）上野国府周辺域であること、国府南限は扇状地先端となり、扇状地の解析谷の水利を利用した水田地帯へと変化す。
（2）群馬郡条里の一部に限定した論考であり、総合的な観点を欠いた部分が指摘される。『高崎市史 資料編2』、『同　通史1』
（3）日高遺跡Ⅱ、Ⅲ、Ⅳ（高崎市教育委員会）
（4）矢中遺跡群ⅠからⅩ報告書（高崎市教育委員会）
（5）西島遺跡、大類遺跡群、柴崎遺跡群等（同上）
（6）奈良時代等の社寺が条里地割に左右される予測
（7）浅間山起因の降下軽石の堆積層を云う。1108年に比定されている。高崎市史等参照
（8）H型で梯子状少区画の口分田の分類。「律

令制度崩壊期における班田の研究」(『高崎市史研究』1号)。
(9) 榛名山二ツ岳 (F) 起因の軽石 (F-p) 降下時期は、綿貫観音山古墳構築時期に近いと考えられる。
(10) 矢中遺跡群Ⅸ集。郡印の規定はない、軍団の印は、方4cm程、高さ5cmほどである。延暦15年2月25日太政官符「定百姓私馬牛印事 上野国部内百姓等私馬牛印過官印大奸盗之徒盗取官馬 焼乱其印」。貞観十年太政官符には、権門勢家の私鋳をとどめて「1寸5分」を越えない範囲と規制した。(荻野彦七著『印章』参照)
(11) 交代実録帳全文は群馬県史資料編4原始古代4に収録されている。前沢の研究がある。
(12) 正観寺遺跡群Ⅳ、群馬町との境界の斜路遺構。図12 O調査区表面にBテフラが堆積
(13) 山王廃寺、東塔と西金堂の東西並列型配置の寺。上野国寺院建築の初期遺構である。寺域軸線がⅨ系座標を採っているので注意しなければならない。
(14) 綿貫廃寺、基壇は観音山古墳南北軸と同一。軒平瓦は三日月状で内区は斜格子文を付けた平安時代瓦が多く出土した(綿貫遺跡 高崎市教育委員会)
(15) 妙見寺は、国分寺内に祀られていた妙見菩薩を移動して一寺を建てたとする。蝦夷地の反乱期に創建されたのであろう。

Ⅳ　地域の条里

栃木県足利市の条里

大澤　伸啓

1　はじめに

　栃木県足利市における条里の研究は、古地図や現況の地形を観察して条里遺構を認識することから始まった。その後、地籍図や地名などを検討して条里遺構を認識する歴史地理学的な方法、さらに水田遺構を発掘調査することによる考古学的な方法へと進展してき

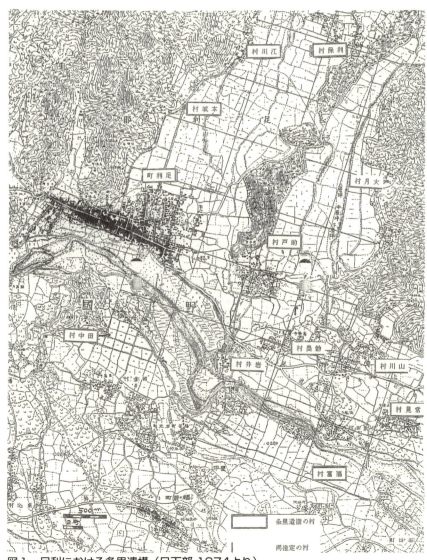

図1　足利における条里遺構（日下部 1974より）

た。その一方で、古代足利郡の郡衙跡と考えられる国府野遺跡の発掘調査が進展し、遺構の軸方向が築造された年代によって変化することが明らかになってきており、条里の方向性との関係が注目される。さらに西隣の群馬県太田市北部において東山道駅路等の道路遺構が確認され、条里の東西方向の軸線としての東山道駅路の役割も注目されてきている。

本稿では、これら足利における条里に関係する研究の進展を検証しながら、現状と今後の課題を確認したい。

2　歴史地理学的な検討

足利における条里の研究は、1960年に前澤輝政が、朝倉、中里、大月、大沼田などに存在することを指摘されたことがはじめである（前澤1960）。

その後、1974年には、日下部高明が、地名、地籍図、検地帳等の資料を駆使した歴史地理学的な方法によって田中町などに残された条里遺構の存在を明らかにした（日下部1974）。それによると（図1）、条里遺構が認

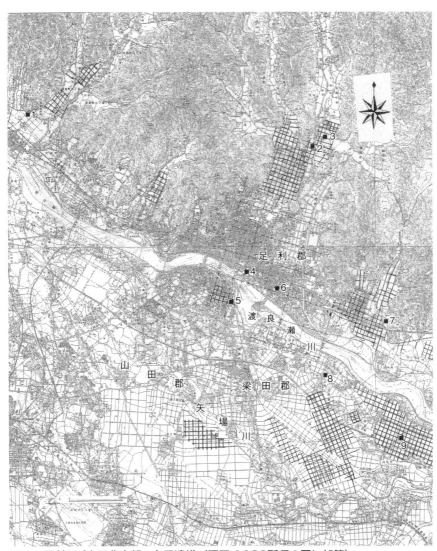

図2　足利及び太田北東部の条里遺構（岡田 1980所収の図に加筆）
1．熊野遺跡　2．菅田西根遺跡　3．神畑遺跡　4．国府野遺跡　5．田中条里跡
6．助戸・勧農遺跡　7．毛野中南遺跡　8．中沖遺跡　9．神取町遺跡

IV 地域の条里

められる地域は、市域中心部の足利町、北部の江川村、利保村、東部の助戸村（北半部）、南部の田中村（南部）、福富村があげられ、条里遺構の存在が推定される地域としては、それら地域の外縁部にあたる大月村、勧農村、岩井村、常見村、山川村、八椚村、鵤木村、大沼田村、五十部村、山下村、葉鹿村、板倉村をあげている。特に、渡良瀬川南の田中村では、一町四方の格子状土地区画が12区画あり、各坪は11枚から7枚に区切られた長地型地割が残され、典型的な条里遺構とすることができる。この条里遺構は北18度東偏する軸方向をもち、同じ条里遺構が渡良瀬川以北にある名草川沿いの利保村まで一続きのものとして把握することができる。さらにこの方向性は、現在の足利の街割にも継承されているとしている。また、史跡足利氏宅跡（鑁阿寺）及び史跡足利学校跡の周辺は、これとは別なほぼ東西南北に正方位の区画があり、特に史跡足利氏宅跡は、この軸方向にのっている。その理由としては、北18度東偏の条里施行以前がこの区画であった、あるいは足利義兼が居館をつくる際に新しい区画をつくったため、との二つの理由が考えられ、その検討は今後の課題であるとしている。一方で市域東部の旧富田村や南東部の旧久野村については、条里遺構の存在を全く検討していないとする。さらに、これらの条里遺構を最終的に確認するためには、考古学的な発掘調査が必要であることを指摘している。日下部は、この成果を翌1975年には『地理学評論』にて報告した（日下部1975）。また、これらの成果は峰岸純夫によって足利市史の中でも活用されている（峰岸1977）。

1980年になると、『栃木県史』の中で条里を執筆した岡田隆夫は、前述の日下部によって考察された足利郡における条里遺構を紹介するとともに、さらに地籍図や航空写真等の検討を行い足利全域について新たな条里遺構の存在を提示している（岡田1980）。新たに示された内容としては（図2）、足利市東部、渡良瀬川南岸の野田町南付近では、北20度東偏する条里遺構が確認できるとする。この条里遺構は、日下部によって指摘された田中条里跡とその北へ伸ぶる条里遺構とも方向性が近く、両者を結ぶ約8kmにわたって同じ方向性をもつ条里遺構が続いていたものとされている。一方、梁田郡における条里遺構は、東武伊勢崎線県駅を中心として、北20度西偏する条里遺構が南北4里、東西3里ほどの広がりをもって存在すること、矢場川を挟んだ南岸の群馬県太田市（旧山田郡）沖ノ郷、邑楽郡秋妻一帯には、ほぼ南北に正方位の条里遺構が存在することも指摘している。

1986年には、日下部が北関東における条里研究の動向を報告し、その中で足利における条里研究の課題を提示している（日下部1986）。

3 発掘調査事例から見た水田遺構の検討

1980年代後半になると、足利市域でも水田遺構の発掘調査が行われるようになり、その様相が次第に明らかになってきた。足利市内における発掘調査によって確認された水田遺構については、平成2年度までの事例をまとめたことがある（大澤1992）。そこでは、6遺跡11調査事例を集成し、その時点における状況と今後の課題を提示した。以下それ以降の調査事例を含め、条里と関連する水田遺構の調査事例、又はその近接地で行なわれた発掘調査事例をまとめて紹介したい。

(1) 1990年代前半までの調査事例

市域北部、名草川が谷地から平野部へと移行する場所に位置する菅田西根遺跡では、古墳時代後期と推定される小区画水田が確認されている（前澤ほか1987）[1]。この遺跡は、地形観察によって条里遺構が存在したとされる区域の中にあり、断面の観察では5面の水田遺構が確認された（日下部1986）。古墳時代後期の水田跡は（図3）、その最も下層で、南に向かって緩やかに下がる地形に造られ、上面は河川の氾濫によって形成されたと思われる緑色砂層によって覆われていた。その方向性は、磁北から約14度西にふれており、古代の条里遺構の方向性とは全く一致しないことが判明した。その理由としては、上面に厚

図3　菅田西根遺跡出土の水田遺構
（前澤ほか1987より）

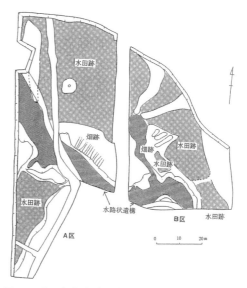

図5　毛野中南遺跡出土水田遺構
（市橋ほか1991より）

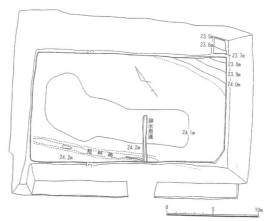

図6　中沖遺跡出土水田遺構
（市橋・齋藤1995ひょり）

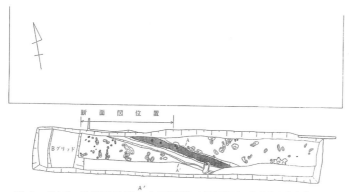

図4　助戸・勧農遺跡出土水田遺構（前澤ほか1988より）

く洪水砂が堆積していたことから、この水田の埋没以降、名草川の流路が変わったことによって水の取り入れ口も変わり、さらに水田の軸方向も変更されたものと考えられる。

市街地の東方、渡良瀬川左岸の平坦地に位置する助戸・勧農遺跡では、約40m²と小規模な調査ながら浅間B軽石に覆われた平安時代後期の水田跡とそれに伴う水路及び畦畔が確認された（前澤ほか1988）（図4）。その方向性は、北から約30度東へふれるものであり、小範囲の水田のためか、条里遺構の方向性とは合っていない。

市域東部の毛野中南遺跡は、西向きに広がる浅い谷あいにあり、大沼田条里跡とされる区域のちょうど東側に位置する。1990年に発掘調査が行われ、浅間B軽石に覆われた水田跡や畑跡、水路状遺構等が確認されている（図5）。水田跡は、一部方形に近い区画をなすものがあるが、ほとんどは不整形で、谷地という自然地形の制約の中で、もとの地形を若干改変することによって水田耕作を行っていたものと考えられる（市橋ほか1991）。

このように浅間B軽石によって覆われた平安時代後期の水田跡は多く確認されていたが、条里遺構と関連する発掘調査事例はなかった。

1991年には市内南東部、渡良瀬川南の平野部に位置する神取町遺跡で水田遺構の発掘調査が行われた。この場所は、久野小学校の敷地内で、渡良瀬川南岸の自然堤防上にある野田町から高松・西久保田・馬場・加子へと連なる集落が作られた微高地とにはさまれた後背湿地の真ん中で、岡田によって北20度東偏の条里遺構が見られるとされた区域内である。発掘調査の結果、地表下約60cmで浅間B軽石を混入する褐色土が調査区の北約3分の2を覆っていることが確認された。この土を除去すると、下のFA（榛名山二ツ岳噴火軽石・6世紀初頭降下）を含む灰色土は、北下がりに広がり、その上面には径5～10cm程度の穴が多くあり、この灰色土の上面が平安時代後期頃の水田遺構と考えられた。しかしながら畦畔や溝等の区画は確認できず、水田遺構の方向性はわからなかった。そこで、さらに

この灰色土を除去したところ、下層の黄色砂質土の上面に長さ3～5m、幅約1.5m程度の小区画をなした格子状の溝状遺構が確認された（図8）。溝の埋土である灰色土内にはFA粒や古墳時代後期の土師器片が含まれ、古墳時代～平安時代に形成された水田耕作土と考えられる。この小区画を水田遺構とすれば、条里制水田以前の水田遺構の可能性が高い。この南北には各々近接して幅約60cm、深さ約10cm、東西方向で水田遺構と方向性を同じくする小さな溝が掘られていた。さらに南側では、やはり同じ方向性をもつ幅約2m、深さ約80cm～1mの溝が3本併行して掘られていた。注目されるのは、これらの水田跡、溝の方向性である。北約15度東偏で、日下部によって指摘された足利郡の条里の方向性に近く、岡田の指摘した方向性とは、若干の相違はあるが、大枠では、ほぼ同じ方向性をもつ水田遺構である。条里制水田以前の小区画水田の段階から同じ方向性をもつ水田が造られていたことは、興味深い。

（2）田中条里跡の調査事例

1993年には、日下部によって田中条里跡として報告されていた田中町字下ノ田の区域内を発掘調査する機会に恵まれた（市橋ほか1995）。そこでは、現地表下1～1.2mで浅間B軽石（天仁元年・1108年降下）が確認され、その直下から平安時代の水田区画と思われる小畦畔をもった水田跡が出土した（図10・11）。小畦畔は、土厚によってかなり低くなっているが、幅約40cm、高さ約5cmを測る。水田面には径5～10cmの数多くの穴が開いていた。浅間B軽石下の8層（オリーブ黒色粘土）、浅間C軽石やFAが混在する9層（灰色粘土）では、稲のプラント・オパールが多量に含まれ、浅間B軽石の下に2層の水田跡があることが明らかになった。水田面のレベルは、東から西へ、北から南へ緩やかに上がっている。発掘調査された水田跡は、小畦畔による区画の方向性が田中条里跡の区画と一致することが確認されたことから、近年まで残されていた田中条里跡の条里遺構が平安時代後期までさかのぼることが明らかと

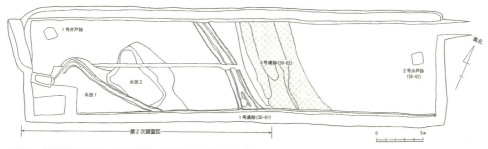

図7 熊野遺跡出土水田遺構（齋藤 1998より）

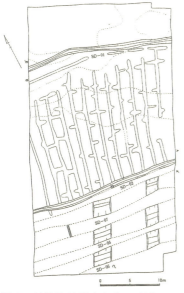

図8 神取町遺跡出土水田遺構
（市橋ほか 1993より）

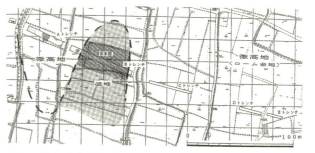

図9 神畑遺跡出土水田遺構（足利市教育委員会 2002より）

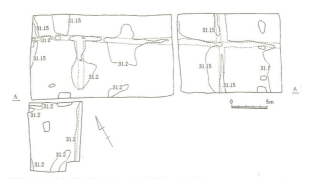

図10 田中条里跡出土水田遺構（市橋ほか 1995より）

図11 田中条里跡発掘調査地（市橋ほか 1995より）

IV 地域の条里

(3) 1990年後半以降の調査事例

1994年には、市域南東部、渡良瀬川と姥川とにはさまれた平坦地にある中沖遺跡の発掘調査で水田遺構が確認された（市橋ほか1995）。現地表下約1.9m、浅間B軽石によって覆われた平安時代後期の水田遺構である（図6）。調査区の南端に東西方向の畦畔が確認され、その方向性は、北から約45度東偏する。科学分析の結果では、B軽石直下の層では稲のプラントオパールは確認できず、その下層で確認されている。耕作等によってプラントオパールが沈んでいたものと考えられる。岡田によって指摘された条里遺構の方向性とは異なり、渡良瀬川南の小河川である姥川沿岸に形成された現地形からは確認できない谷地に作られた水田遺構が確認されたものと考えられる。

1995・96年には、市域西部の熊野遺跡で水田遺構が確認された（齋藤1998）。遺跡は、北側に山が迫った平坦地で、2面の水田遺構が確認されている（図7）。水田1は、北辺と西辺の一部が出土したが、耕作土中に浅間B軽石を多く含み、平安時代の終わり頃から中世にかけての水田遺構と推定される。方向性は、ほぼ東西・南北の正方位である。水田2は、水田1の北側に確認された東西約6m、南北約2mの小水田で、浅間B軽石によって覆われた平安時代後期の水田遺構である。規模が小さいため定かではないが、方向性は北から約15度程度東偏するようである。これらの水田遺構は、北側には広がりをもたず、平地から山麓へ向かう地形の最奥の水田遺構で規模も小さく、条里遺構とは、言えないが、北約15度東偏する平安時代後期の水田遺構を切って真北方向を志向する水田遺構へと変遷することが確認できたことは、注目される。

2000年には、市域北部の神畑遺跡で水田遺構が確認された（足利市教育委員会2002）。名草川左岸の微高地にあたるが、微高地の中に南から谷が入り込む地形で、確認された（図9）。浅間B軽石によって覆われた平安時代後期の水田遺構で、畦畔と思われる高まりも確認されているが、小支谷内の水田であり、条里遺構は見られない。

4 国府野遺跡の変遷と条里遺構の成立年代との関わり

日下部及び岡田によって報告され、足利の北部から東部にかけて広く分布するとされた北から約18度東偏する条里遺構が、造られた年代はいつ頃であろうか。田中条里跡の発掘調査では、浅間B軽石で覆われた水田遺構から小畦畔が確認され、その方向性が現在まで残されてきた条里遺構と方向性を同じくすることが確認されたことから、少なくとも平安時代後期までさかのぼることは明らかである。それでは、始まりは、いつなのか、現在までこの条里遺構を含む水田の発掘調査では、遺構としての変遷は確認できていない。そこで、古代足利郡衙の跡と推定される国府野遺跡の発掘調査で確認されている遺構の主軸方向の変遷と比較し、その年代を推定したい（大澤2005a）。

国府野遺跡は、田中条里跡の北方、渡良瀬川の北側にある。さらに北の方向には日下部が指摘した利保条里跡があり、国府野遺跡付近も北約18度東偏する条里遺構の範囲の中に入るものとされている。

(1) 国府野遺跡出土遺構の変遷

国府野遺跡では、7世紀後半から中世にかけて5期に及ぶ遺構の主軸方向の変遷が確認されている（図12）。

第1期 官衙としての国府野遺跡の草創期である。遺構としては、西側の外郭を画する南北方向の大溝（SD-15）及び20次4号掘立柱建物跡が確認されており、これらの主軸方向は、真北の方向に合致する。これらの遺構群の年代は、出土遺物より7世紀後半に比定される。

第2期 真北より約5度〜7度東に傾いた軸線を持つ遺構群である。遺跡のほぼ中央部分で、11次SB-04、11次SB-05などの基壇建物が、やや東側に並行して20次3号基壇建物跡が建てられる。2棟の基壇建物跡の北側

には並行して内郭を区画する施設である東西方向の溝（SD-16）がある。これらの年代は、7世紀末〜8世紀初頭頃と考えられる。西側外郭を区画する大溝は、継続して使用されている。

第3期　この遺跡が最も発展した時期で、真北から約13度〜17度東に傾いた軸線をとる建物群が多数造られる段階である。今までの調査で基壇建物跡3棟（4次SB-01、4次SB-02、5次SB-03）、掘立柱建物跡7棟（9次1号掘立、9次2号掘立、9次3号掘立、9次4号掘立、20次1号掘立、20次2号掘立、20次3号掘立）が確認されており、適当な間隔をおいて建物群が整然と並んでいたものと考えられる。第3期の年代は、瓦の年代観から8世紀前半〜9世紀初頭頃と考えられる。

これら第3期の建物跡の主軸方向が、日下部らによって指摘された条里遺構の方向性とほぼ合致する (2)。したがって、国府野遺跡第3期に形成された方向性が条里遺構の方向性に影響を与えたものと判断される。

第4期　真北から20度以上ふれる軸線をとる建物群が造られた段階である。現在まで掘立柱建物跡（9次5号掘立、9次6号掘立、12次1号掘立、18次SB-02、19次掘立）の5棟が確認されている。この段階になると総柱の建物群は、企画性をもって全体に造り替えられるものではなく、一部だけ建て替えられていくようで、建物の数も第3期ほど多くはない。年代は、9世紀前半〜10世紀中頃とされている。

第5期　再び真北に近い主軸方向をもつ建物群が造られた段階である。基壇建物跡（14次SB-06、20次1号基壇、20次2号基壇）の主軸方向は、中世の遺構でも見られることから、10世紀後半以降中世に近い年代と推定さ

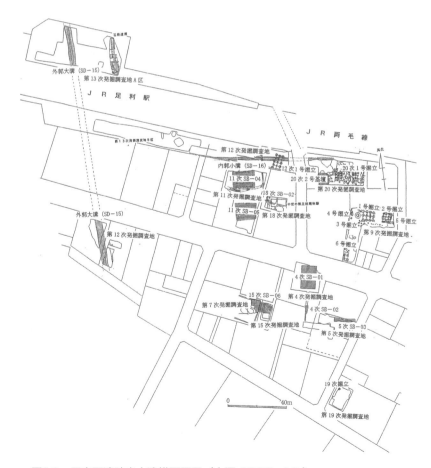

図12　国府野遺跡出土遺構配置図（大澤2005aより）

Ⅳ 地域の条里

れる。

（2）条里遺構の成立年代との関わり

　以上国府野遺跡で確認されている古代足利郡衙に関係する遺構群は、主軸方向で5期の変遷があり、日下部らによって指摘されている条里遺構と同じ軸方向をもつものは、第3期とされる8世紀前半〜9世紀初頭頃のものであることが確認された。この後、国府野遺跡の遺構群は、違った方向性をもつことから、この段階の遺構群の方向性が条里遺構へ影響を及ぼしたものと考えられる。しかしながら、同時期の水田遺構が発掘調査によって確認されているわけではなく、今後の検証が必要である。

　この8世紀前半〜9世紀初頭にかけては、国府野遺跡において新たに瓦葺の基壇建物が数棟建てられるなど同遺跡が最も発展した段階である。また、下野国中央部の都賀郡では下野国府が、やや遅れてその東方に国分寺、国分尼寺ができるなど下野国全体における官衙の整備が急速に進んだ時期でもある。これら律令国家の発展に伴う一連の官衙整備に合わせて、条里制が施行されたものと推定されるが、さらなる検証が必要である。

5　東山道駅路のルートと条里

　日下部によれば、田中条里の境界は、西及び南が村境であるのみならず、足利郡と梁田郡との郡境でもあった。特に南の郡境は、田中条里南端の小字に大道下の地名があることから、古代の官道である東山道が通っていた可能性が高く（図11）、それは足利郡における条里の東西方向の基準となり、南北の基準は、この東山道から直角に谷の向き（北から18度東偏）としたとし（日下部2006）、東山道駅路の方向性と条里の方向性には関連があったことを示している。

　近年、北関東自動車道建設に伴う群馬県埋蔵文化財調査事業団の太田市北部での発掘調査において、東山道駅路と推定される古代道路遺構が次々と確認されている。確認されている道路遺構の方向を東に延長すると足利市南部の八幡八幡宮裏の浅間山丘陵付近に至ることから、そこを通過し、さらに岩井山の北側を東に向かって進むという足利市域における東山道駅路のルートを想定したことがある。さらに、この道の方向性は、前述した国府野遺跡第1ないし2期すなわち7世紀後半〜8世紀初頭頃の真北から7度程度東へふれ

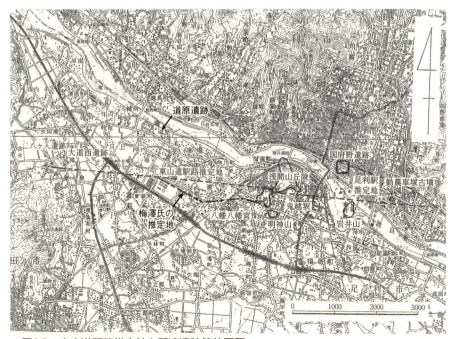

図13　東山道駅路推定地と関連遺跡等位置図

る遺構の主軸方向に合致することから、足利に日下部らが提示した北から約18度東にふれる条里制が施行される以前のものであることを推定した（大澤2005a）。

梅澤重昭は、この東山道駅路のルートをもう少し南方向である足利市南大町付近を通過したとの説を出されている。それによると、足利市南大町新屋敷集落の北側には、その集落をかすめるように「槐道」の小字があり、またその南側に併行して「海道上」の小字が残り、共に「街道」に通じる小字地名と推定できる。太田市東今泉町大道東遺跡等で明らかにされた東山道駅路のルートが、太田市植木野の「杉の下」地内でやや南に屈曲し、東南東するルートをとればこの小字名の地に合致する。そして足利市南大町大字和泉地先で渡良瀬川を渡河し、借宿方面に向かい、八幡町にある八幡宮付近を通過したものとしている（梅澤2006）。

さらに、これら推定されている東山道駅路の北方に位置する太田市道原遺跡の発掘調査では、古代後半の東山道駅路と考えられる幅約5mの道路遺構が確認されている（大澤2005b）。このように東山道駅路のルートは、たびたび変更されていることが考えられるので、どのルートが東山道駅路なのか、簡単には判断できない。条里の方向性は、東山道の方向性と密接な関連をもつと考えられるものであり、東山道駅路も併行して解明していく必要があろう。

6　太田市北東部の条里遺構

足利における条里遺構を考察する上で、比較資料として重要な、足利南部の隣接地である群馬県太田市北東部における条里遺構を確認したい。梅澤（梅澤1996及び2006）によって提示された古い地籍図によれば、かつて上毛野国と下毛野国との境とされていた矢場川南部の地域では、足利市藤本町の南東方、同荒金町の西方、太田市沖ノ郷の東方に広がる水田地帯で、大規模な条里遺構が確認される。ここでは、小字に二ノ坪などの条里に由来すると考えられる地名が残されていた他、小字砂田では、長地型地割と考えられる地籍が残されていたなど、一町四方の格子状土地区画を30区画以上にわたって見ることができる（図13）。すでに岡田によって指摘されているが（岡田1980）、注目されるのは、その軸方向で、東西南北の正方位に近い。この真北方向を軸方向とする条里遺構は、太田市南部の地域にもおいても分布することが指摘されており、金山の東から南にかけての地域に大きく広がっていたことがわかる。

その一方で、矢場川をはさんで隣接する足利市南部の梁田郡における条里遺構は、東武伊勢崎線県駅周辺、渡良瀬川扇状地末端の湧水を水源とする姥川の南に北約20度西偏する条里遺構があることが指摘されている（岡田1970）。この矢場川に近い梁田郡南部の地域での条里遺構は、どのような方向性をもっていたのか、注目されよう。

7　足利市域における条里研究の課題

足利市域に於ける条里研究の今後の課題を提示してまとめとしたい。

一つ目は、古代足利郡域に広く施工されたという北約18度東偏する条里が、施工された年代を考古学的に解明することである。今回述べたように、国府野遺跡での発掘調査によって、条里遺構と同じ方向性をもつ第3期の遺構群は、8世紀前半～9世紀初頭頃に造られたものであることが確認されている。これらの一連の整備において条里も施工された可能性が高いが、今後さらなる発掘調査によって検証していく必要があろう。

そのための課題としてあげられる第二の課題は、水田遺構のより広い面積での発掘調査である。条里水田をとらえた唯一の事例である田中条里跡の発掘調査でも、小畦畔は確認できたが大畦畔を調査するまでの範囲は掘ることができなかった。条里水田を面的に確認するためには、より広い範囲での発掘調査が必要となろう。

今まで述べたように、足利における条里遺構は、足利郡域には北約18度東偏の条里遺構が、梁田郡域では北約20度西偏する条里遺構

Ⅳ　地域の条里

図14　太田市北東部の条里遺構

が、そして南部の山田郡周辺の地域では東西南北に正方位の条里遺構が確認されている。エリアを異にして三種類の方向性をもつ条里遺構が遺されているのである。これらが年代差なのか、それともそれぞれの地域の地形や水源による制約のためなのか、検討することが三つ目の課題である。国府野遺跡における遺構の主軸方向の変遷を大まかにとらえれば、東西南北に正方位を志向したものから北約18度東偏するものへ、そして古代末から中世にはまた正方位を志向するものへという変化がある。私は、この変化を古代後半になると、東西南北正方位の土地区画と、北約18度東偏する土地区画との両方が近接して併存

し、それぞれのせめぎ合いで土地区画の方向性が決められたものと考えている。そのように考えれば、日下部によって今後の課題とされた足利氏宅跡（鑁阿寺）がなぜ正方位に近い方向性を持つかという問いに対する答は、北18度東偏の区画施行以前にも東西南北正方位の区画があり、両方の区画が並存していたために足利義兼が居館をつくった際、この部分は正方位に近い区画を採用したとすることができよう。

四つ目の課題としては、東山道駅路の方向性と条里の方向性との間にどのような関連があるか解明することである。これは、日下部によって指摘されているもので、たいへん重

要な課題であるが、残念ながら本市域においては、東山道駅路が未確認であり、東山道武蔵道の解明とも合わせ、今後の課題である。

8　おわりに

　以上足利における条里遺構研究の現状と課題を提示した。発掘調査事例としては、良好なものがなく、不十分な報告となってしまったが、他地域での条里研究に少しでも寄与することがあれば幸いである。本稿を草するにあたっては、特に前足利市文化財専門委員長の日下部高明氏にご教示いただいた。また、梅澤重昭、齋藤和行、宮田毅氏にもご教示いただいている。記して感謝の意を表したい。

【註】
（1）本水田遺構については、日下部1986で報告されているように調査中は、弥生時代の水田遺構とされていたが、土層堆積状況や出土遺物を精査した上で報告書では古墳時代後期頃まで耕作していた水田遺構としており、そちらを採用した。
（2）足利郡域の条里遺構の方向性は、日下部は北18度東偏とし、大澤2005aでは北13度東偏としたが、真北と磁北のどちらをとるかという北の捉え方に混乱が生じているため、意図している方向性は変わりがない。そこで、本稿では、日下部が従来より報告している北18度東偏を使用している。

【参考文献】
足利市教育委員会2002「神畑遺跡第5次発掘調査『平成12年度文化財保護年報』
市橋一郎・大澤伸啓・柏瀬順一・足立佳代1991「毛野中南遺跡第2次発掘調査」『平成2年度埋蔵文化財発掘調査年報』足利市教育委員会
市橋一郎・柏瀬順一1993「神取町遺跡第2次発掘調査」『平成3年度埋蔵文化財発掘調査年報』足利市教育委員会
市橋一郎・大澤伸啓・足立佳代1995「田中・朝倉条里跡立会調査」『平成5年度埋蔵文化財発掘調査年報』足利市教育委員会
市橋一郎・齋藤和行1995「中沖遺跡第2次発掘調査」『平成6年度埋蔵文化財発掘調査年報』足利市教育委員会
梅澤重昭1996「条里水田の遺構と集落」『太田市史』通史編　原始古代　太田市
梅澤重昭2006「矢場、植木野の歴史」『矢場川村植木野区誌抄』梅澤瞭一郎
大澤伸啓1992「足利市域における耕作遺構調査の現状と課題」『栃木県考古学会誌』第14号　栃木県考古学会
大澤伸啓2005a「国府野遺跡と東山道」『古代東国の考古学』大金宣亮氏追悼論文集刊行会
大澤伸啓2005b「下野国南西部における道と宿」『中世の道と宿―奥大道と下古館遺跡―』東国中世考古学研究会
岡田隆夫1980「条里と交通　一条里」『栃木県史』通史編2　古代二　栃木県
日下部高明1974「足利における条里遺構について」『足利市史研究』3　足利市史編さん委員会
日下部高明1975「足利における条里遺構について」『地理学評論』Vol.48－2
日下部高明1986「北関東における条里研究の動向―栃木県を中心に―」『条里制研究』第2号　条里制研究会
日下部高明2006「田中の条里制水田」『新訂　足利浪漫紀行』随想社
齋藤和行1998「熊野遺跡第2次発掘調査」『平成8年度文化財保護年報』足利市教育委員会
前澤輝政1960『足利の歴史』国書刊行会
前澤輝政・市橋一郎・山崎博章1987「菅田西根遺跡第2次発掘調査」『昭和61年度埋蔵文化財発掘調査年報』足利市遺跡調査団・足利市教育委員会
前澤輝政・田村允彦・大澤伸啓1988「助戸・勧農遺跡第5次発掘調査」『昭和62年度埋蔵文化財発掘調査年報』足利市遺跡調査団・足利市教育委員会
峰岸純夫1977「足利における条里制遺構」『近代足利市史』第1巻　通史編　足利市

埼玉県の個別条里4例

吉川　國男

1　太田条里（秩父市）

　この条里は、秩父盆地の北部、赤平川沿いの広い段丘面に立地し、基層にはグライ層がある。1972年に存在が認識され、1980年に発掘調査が行われた。

　地割は約40haにわたって認められ、区画は正方位、坪の大きさは南北平均が110.06m、東西が109.37m。周囲には富田・伊古田・磯端の集落が、条里水田と隔在している（図1）。

　発掘調査により、条里関連の水路や道路、畦畔、水田面、石込め遺構、住居らしき遺構などを検出した。また南側丘陵からの谷の出口にあたる「堤平」地内では市子伝説のある地膨れ部から、石張りの堰堤（3回以上修築、図2）・杭らしき材および溜池を確認した。

　遺構群は、現行のものとあまり変わらず、施行時期は7世紀後半から8世紀初頭と推定される。山間地にありながらも条里が徹底して行われ、1条里の施行システムがセットで見られることが特筆される。

2　別府条里（熊谷市）

　この条里は現・熊谷市の北部に位し、荒川扇状地の扇端部と妻沼低地に営まれた。地割は、明治17年の迅速図や昭和22年の米軍撮影空中写真でも鮮明に見え、昭和6年版『埼玉縣史』第2巻にも主要部が2色刷りで掲載されているが、1975年以降の区画整理や土地改良事業で湮滅した。

　用水は、伏流水と河川水を利用していたと考えられる。周辺には5つの古墳群や水神の祭祀遺跡があり、また台地上には幡羅郡衙跡が、最近の発掘調査で明らかになりつつある。

　多賀城の木簡に、幡羅郡から米を送ったことが書かれているのは興味深く、また1967年の発掘調査は、条里の初期の発掘例として学史的にも貴重である（図5）。

3　熊谷・行田条里（熊谷市・行田市）

　この条里は、荒川流域では最大規模であり、立地は熊谷扇状地から忍川・星川流域にかけて東西7km、南北5.5kmの範囲に展開している（図4）。発掘調査は埼玉県、熊谷市・行田市の各教委などにより10回以上も実施され、木製品、墨書土器、木簡を含む多量の遺物を検出している。

　墨書土器に中・西・前など、条里・役所を表すとみられるものもある。小敷田遺跡の木簡には、稲の出挙や絞薦・立薦の特産物、それに大徳若子なる人物名も書かれており（図3右）、この地域が律令制にしっかりと組み込まれた様子が窺える。「武蔵国大里郡坪付」文書に表記された里名の一部も、この条里にかかるものと考えられる。

　学史的には、籠瀬良明の『低湿地－その開発と変容―』や柴田孝夫の『地割の歴史地理学的研究』に取り上げられ、踏査の記録と研究が盛り込まれている。昭和前半期まで良好に保存されていた地割は、その後の圃場整備事業や道路建設などで地表遺構はほとんど破壊されたが、耕地と集落の立地景観は現在でも良好に保持されているので、保存措置が望まれる。

4 入西条里（坂戸市）

　入西とは、入間郡の西部をさす古代末〜中世の古名。入西条里は坂戸市の中心から西北方にかけて展開し、地形的には荒川の支流越辺川の右岸側の低地で、東西3.1km、南北1km余に営まれた（図3左）。用水は越辺川と台脚からの伏流水を利用し、この水路網が東西の区画線になっている。集落は川寄りの自然堤防上に、西から北浅羽、今西、金田、沢木、東和田と塊村状に並び、水田はその南側に展開する。

　万葉集に、この地を詠んだ歌が2首（浅羽野、大家が原）あり、8世紀には条里が存在していたと推察される。

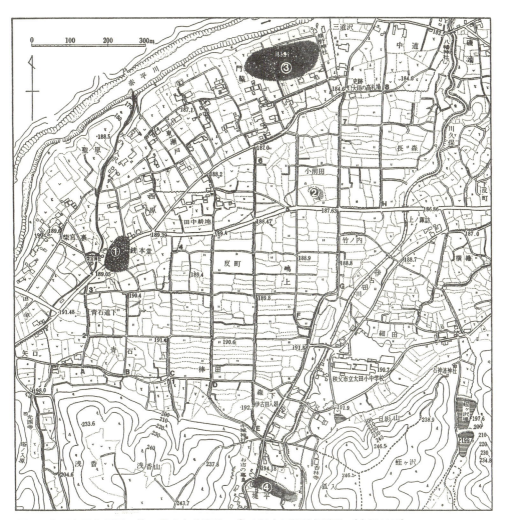

図1　太田条里復原図　①〜③は古代遺跡、④は伊古田溜池堰遺跡（吉川1980）

Ⅳ 地域の条里

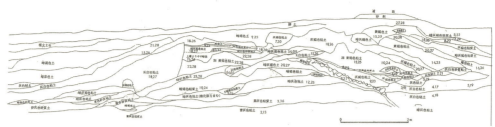

図2 太田条里伊古田溜池堰堤土層断面図（数字は硬度を示す） （吉川1980）

入西条里現況図（吉川1987）

入西条里東部の状況　原図：村本達郎

明用条里付近図（吉川1987）

小敷田遺跡出土木簡
（熊谷・行田条里内）7C末〜8C初
（吉田1997）

図3　入西条里　明用条里　熊谷・行田市内小敷田木簡

埼玉県の個別条里4例

図4　熊谷・行田条里航空写真（昭和22年11月3日 米軍撮影、国土地理院所蔵空中写真）

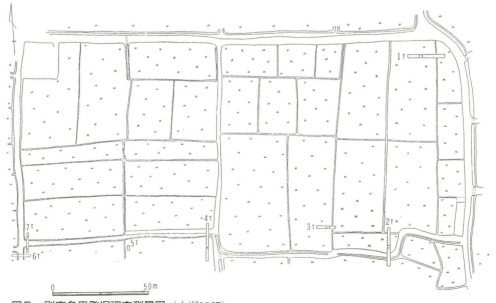

図5　別府条里発掘調査測量図（小沢1967）

233

榛澤郡家と岡部条里

鳥羽　政之

　榛澤郡域では、平成3年度の中宿遺跡の調査を契機として郡家関連遺跡の調査が集中した。また、これとともに、郡家の立地する台地直下の低地帯から条里地割が検出された。この条里地割は、既に陸軍迅速図や米軍撮影の航空写真でも確認できており、昭和30年頃までは残存していた。この条里地割が発掘調査等で、ある程度復原可能となり、深谷市では「岡部条里遺跡」と呼称している。

　榛澤郡西北部の遺跡と条里の関係を第1図に示した。網掛け部分は、水田以外の畑地、山林、荒地等であり、白抜き部分（A～I地域）が水田地帯である。このうち条里地割が明確なものは、図示した。

　この図から榛澤郡北西部域で、最も条里施工に適した地域は、榛澤郡家に近接するI地域であり、台地末端の湧水と利根川及びその支流により形成された自然堤防の後背湿地を利用した条里水田であることが明確である。この低地帯は、榛澤郡域では最大のものであり、評家の設置は、後の水田開発を前提としたものと推定する（図2～3）。

　岡部条里の施行時期であるが、第1次調査で検出された斜行溝の時期が参考となる（図

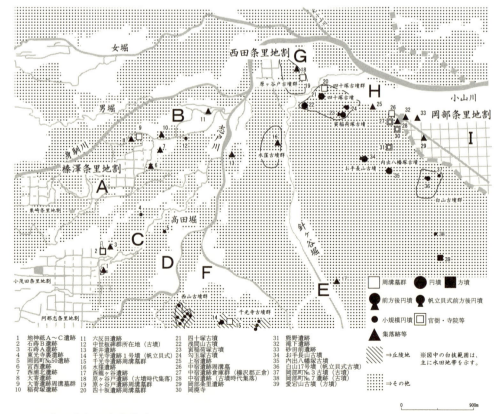

図1　岡部町北部の遺跡群（1/18,000）

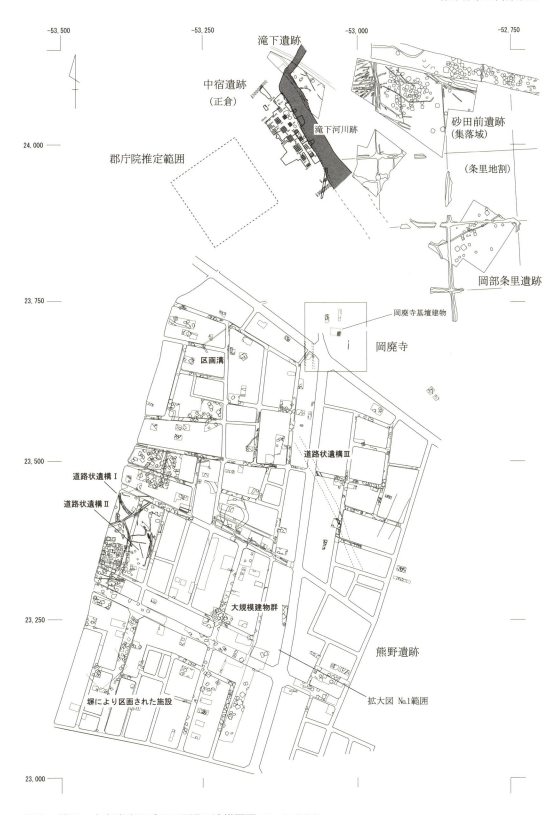

図2　熊野・中宿遺跡及びその周辺の遺構配置（1：5,000）

IV 地域の条里

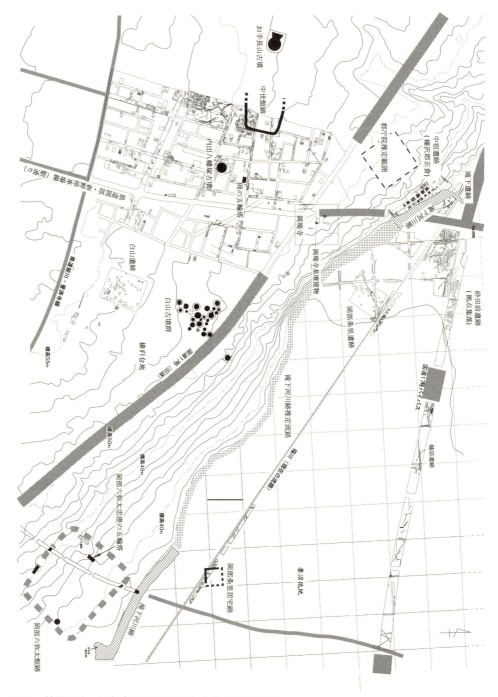

図3 榛澤郡家・岡部条里と周辺の遺跡群(1/8,000)

4)。この斜行溝は、7世紀末頃のものであり、正方位の条里地割形成以前と考えられる。

第2次調査では、用水路とともに、幡羅郡への運河的機能を有する滝下大溝からの取水口が検出されている（図5）。また、埼玉県埋蔵文化財調査事業団の調査では、条里地割の北限において地割内部に居宅跡が検出されている（図6）。

隣接する郡との関係では、那珂郡の条里の限界が、榛澤郡との郡境となる点が興味深い。

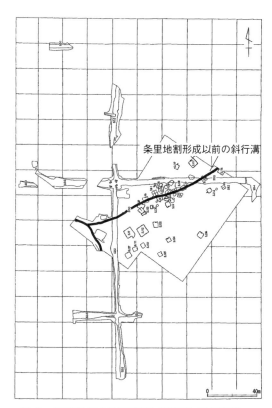

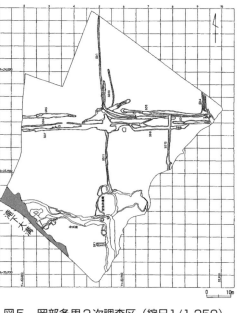

図5　岡部条里2次調査区（縮尺1/1,250）

図4　岡部条里1次調査区（縮尺1/2,500）

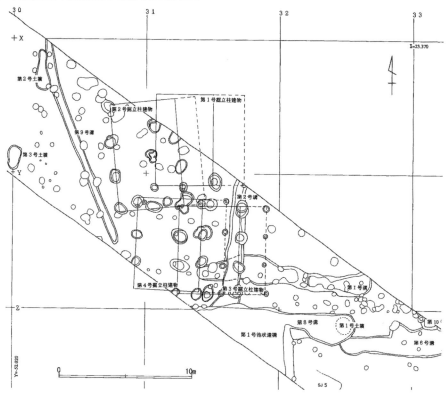

図6　岡部条里B区（埼埋文調査）で発見された居宅跡

大里郡条里の史料と現地

宮瀧 交二

1 はじめに

　東京国立博物館が所蔵する国宝・九条家旧蔵『延喜式』巻22の紙背文書（裏文書）の中に、「武蔵国大里郡条里坪付」の名で広く知られている史料が存在する（『平安遺文』4610号）(1)。全面に「大里郡印」が押印されており、武蔵国大里郡家で作成され、武蔵国衙を経由して中央に納められた帳簿であることが判明する。各条里の一町（約109m）四方の坪ごとの田積を記し、里および条ごとに田積の集計が行われており、班田に際して作成された校田帳とみられている。現存部が冒頭と末尾を失っているため年紀を欠き、帳簿の作成年は不明であるが、諸国で班田が行われていた9～10世紀頃の所産と推定されている（森田1988）。

　武蔵国大里郡の郡域は、概ね現在の埼玉県熊谷市南東部（含・旧大里町）地域及び行田市南西部にあたるとみられているが、当該地域は歴史地理学の立場から古代の方格（条里）地割、すなわち大里郡条里が遺存していると逸早く注目された地域であった（三友1959）。図1は、前近代以来の旧地形を比較的よく留めている明治17（1884）年の参謀本部陸軍部測量局作成の20,000分の1地形図から「大里郡条里」の中心部とみられる箇所を掲出したものであるが、方格（条里）地割りの残存を確認することが出来る。そのような中、この「武蔵国大里郡条里坪付」は、当該地域に古代の条里制が実際に施行されていたことを確実に示す貴重な文献史料であり、同時にまた古代東国の地域社会を解明するための第一級の史料でもあり、広く知られているものである。

2 研究略史

　「武蔵国大里郡条里坪付」と現存する方格（条里）地割りとの有機的関係を逸早く指摘したのは埼玉大学にあって歴史地理学の教鞭を執っていた三友国五郎であった（三友1959）。

　これを継承して、文献史学の立場から「武蔵国大里郡条里坪付」に本格的な検討を加えたのは、やはり埼玉大学で教鞭を執った原島礼二であった。その成果は、東松山市史編纂事業にかかる調査報告書として刊行され、初めて地図上に大里郡条里の復原プランが記された点において画期的なものであった（原島1978）。

　こうした研究を発展的に継承したのが森田悌である。森田は原島の研究成果を批判的に継承したが、最も異なるのは、原島礼二が西から東へ条を、また北から南に里を設定していたのに対して、森田悌は条が北から南へ9条以上、里は西から東へ10里以上にわたって展開していたことを指摘した点である（森田1988）。その後、森田は「武蔵国大里郡条里坪付」の記載内容と現地の復原地形との整合性を後掲のように更に追求し、自説を発展的に修正した復原案を再提出し今日に至っている（森田2011）。

3 史料内容の文献史学的検討

　紙幅の関係上、ここに「武蔵国大里郡条里坪付」の総てを掲げることは出来ないが、五条一里「富久良里」の記載内容を抽出して掲げれば以下の通りである。
五条領壱町肆段伍拾伍歩

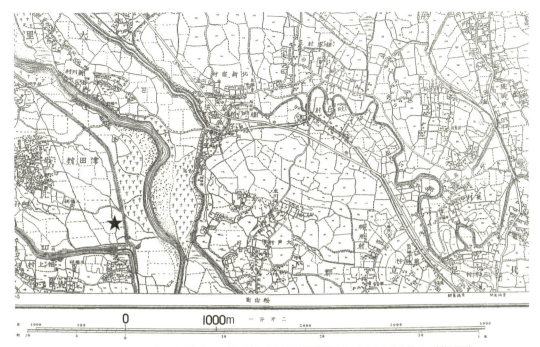

図1　明治17年の「大里郡条里」推定図（参謀本部陸軍部測量局作成20000分の1地形図）
　　★印は下田町遺跡

一富久良里拾肆町柒膝段　　「迯去」
四坪四段菱　　　　　五坪参段菱　「菱」
七坪一段二百歩□　　八坪一段五歩菱
十坪一段二百卌卜公　十五坪百六十卜公
十六坪百五十四歩公　十七坪八段百歩菱二段公
十八坪一町菱八段　　十九坪九段百歩
廿坪七段菱　　　　　廿一坪八段菱五段百卌卜公
廿二坪八段菱六段　　廿三坪三段卌卜菱
廿四坪一段百廿歩公　廿五坪九段公
廿六坪九段十六歩菱一段卌卜公　廿七坪九段菱
四段三百五十卜公
　　　　　　　（ママ）
廿八坪一段百廿歩菱　卅九坪卅歩菱
卅坪六段五十四歩菱　卅一坪一町菱五段百廿歩
公
卅二坪八段九十卜菱八段公　卅三坪八段菱七段
卅四坪八段二百卌卜菱八菱卌卜公　卅五坪四段
菱一段公
卅六坪五段二百六十卜菱五菱卌卜公

このように、史料には各坪ごとの田積が列記され、更に各坪には「菱」、「公」といった注記があって、それぞれが菱田（「菱子」すなわち菱の実を収穫する田か）、公田を指すと思わ

れる。「菱」に関しては、平城京左京三条二坊にあたる長屋王邸宅跡から、霊亀3（717）年に武蔵国埼玉郡から献上された菱子（菱の実）に伴う付札木簡が出土しており、当該地域にあって菱田は一般的な存在であったとみてよいであろう(2)。また、他里の坪には「庄」、「乗」の注記もあり、とりわけ庄田に関しては、原島礼二が、八条七里「柱田里」に見える「二坪様田庄田」の表記に注目し、以下、続く八条八里「幡田里」の「卅一坪一町庄」までの66坪に「庄」すなわち庄田の記載があることに注目し、熊谷市大里の箕輪字船木の地が、建長2（1250）年「九条道家惣処分状」が載せる九条家領荘園・武蔵国船木田本庄であるとするならば、この「様田庄」は、船木田本庄の前身である可能性を指摘している（原島1978）。

いずれにしても、「武蔵国大里郡条里坪付」において注目されるのは、それぞれの里に固有名が付されている点であり（図2）、原島は、四条二里「粟生里」が粟の栽培に向いた微高地である可能性、四条三里「田作所里」は国衙の職務を分掌し、郡家の近くに置かれ

Ⅳ 地域の条里

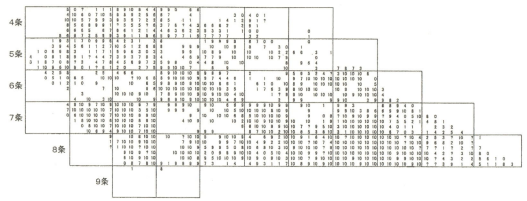

図2（上） 森田悌による「大里郡条里」復原案（森田2011）
図3（下） 「武蔵国大里郡条里坪付」に記載された各坪ごとの開田状況。数字の単位は段（森田2011）

て荘領の坪付や作付の調査にあたった田作所（田所）に因む里名、四条四里「速津里」は津の存在に因む里名、四条五里「箭田里」は矢田部に由来し、四条六里「牧川里」は牧の存在に因む里名、五条一里「富久良里」の「富久良」はホクラひいては秀倉であり転じて神社を指す里名、五条二里「郡家里」は文字通り大里郡家に因む里名、六条二里「楊井里」は、承平年間（931年〜938年）に成立した日本初の分類体辞書である『和名類聚抄』が載せる武蔵国大里郡の郷名「楊井郷」に里名が一致すること(3)、七条一里「牧津里」は文字通り牧と津の存在に因む里名であること等を逸早く指摘し、「武蔵国大里郡条里坪付」が当該地域の古代史研究にとって必要不可欠な貴重な史料であることを具体的に明らかにした（原島1978）。なお、「郡家里」や「田作所里」といった里名を直ちに当該施設の所在地とみることは出来ず、当該施設との何らかの関係、例えば森田 悌が述べるように当該施設への供給田などの可能性にも留意

しなければならないであろう（森田2011）。

4 現地比定

ここでは、先の研究略史でも触れた森田悌の積年にわたる研究の成果を紹介したい（森田1988・2011）。

森田は、大里郡の郡堺を、北は熊谷市内を東流する星川（幡羅郡との郡堺）、東は忍川（埼玉郡・足立郡との郡堺）、南は和田吉野川（横見郡との郡堺）、西は江南台地・比企丘陵北部（男衾郡との郡堺）に設定した上で、大里郡条里の現地を熊谷市街地と行田市街地との間から南に展開し、旧・吹上町域（現・鴻巣市）から旧・大里町域（現・熊谷市）に至る低平地域に比定している。今回、森田が旧稿で示した条里復原案を再検討し作成した最新の条里復原案が前掲の図2であるが、この修正作業に際しては、「武蔵国大里郡条里坪付」に記載された各坪ごとの開田状況を図3のとおり数字化し、隣接する坪、ひいては隣

大里郡条里の史料と現地

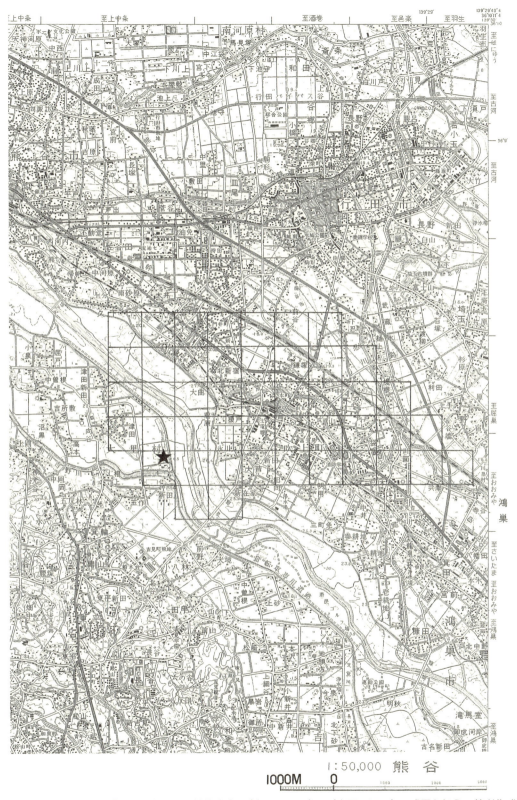

図4　森田悌による「大里郡条里」現地比定案。(森田1988)に(森田2011)の成果を加えて筆者作成。
　　★印は下田町遺跡

Ⅳ　地域の条里

接する里との連続性を重視した微調整が加えられている。この森田の最新の条里復原案を、旧稿で呈示された現地比定案に照らして筆者が修正し、国土地理院発行の50,000分の1地形図に落とし込んだものが、図4である。今後の「大里郡条里」の検討作業は、この条里復原案及び現地比定案を基軸として進めて行くことになるであろう。

5　発掘調査成果の考古学的検討

　発掘調査によって、実際に条里坪付と整合する規則性のある畦畔が検出されたり、条里制と関連する木簡・墨書土器等の文字資料が出土することにより、条里制の実態は確実に明確となる。そのような中、近年ようやく「大里郡条里」に関わる貴重な発掘調査成果が得られたので紹介したい。

　平成13（2001）年度から、国土交通省による大里地区高規格堤防（いわゆる「スーパー堤防」）整備事業に伴って、埼玉県大里郡大里町（現・熊谷市）に所在する下田町遺跡（図4中の★印）の発掘調査が実施された。発掘区からは、平安時代の東西南北方向に走る溝状遺構が検出され、併せてこれらの溝によって区分された区画から大型の掘立柱建物群が検出された（図5）。特に四面庇を有する大型建物跡が検出された区画からは、香炉・唾壺・耳皿をはじめとする大量の灰釉・緑釉陶器も出土している。これらの遺構は、明らかに当該期の一般集落とは一線を画するものであり、前掲の「武蔵国大里郡条里坪付」に登場する「様田庄」との関係が注目されている（4）。

　この下田町遺跡の所在地は、図4からも明らかなように、森田　悌による「武蔵国大里郡条里坪付」の現地比定案に照らしてみると八条一里「勾田里」にあたるが、図3からも明らかなとおり、「勾田里」には北東部の三坪を除いて田積の記載はなく、この空白地が集落であった可能性も十分に考えられる。

6　今後の課題

　「大里郡条里」の実態解明につながる「武蔵国大里郡条里坪付」のような文献史料が今後新たに世に出る可能性は極めて少ないと言わざるを得ない。また、急速な展開ではないが当該地域にあっても各種の開発が進んでおり、歴史地理学的な調査・研究の進展にも限

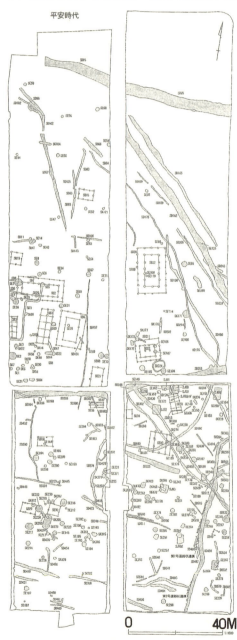

図5　下田町遺跡検出遺構全体図～平安時代～
　　（赤熊ほか2005）

界があるであろう。そのような中、前掲のような考古学的調査の進展は、前掲の下田町遺跡の事例のように、今後も大きな成果を上げる可能性があり、大方の期待が寄せられているところである。

　しかしながら、「大里郡条里」に関しては、当該地域は「武蔵国大里郡条里坪付」の記載を見ても「菱」すなわち菱田の存在が圧倒的であるように、低地に所在する自然の沼沢や湿地を利用しての菱の栽培が行われていた地域であったとみられ、もともと安定した畦畔が全面展開するような条里地帯ではなかったことが推測される。実際に、「大里郡条里」にほど近い吉見町の西吉見条里遺跡からは、平成13年度末の2002年に発掘調査が実施され、上野国府と武蔵国府を連絡する東山道武蔵路（筆者はこの官道の名称は、『万葉集』に見える「入間道」であったと考えている）とされる道路状遺構が検出されているが、ここでも低湿地に道路を敷設するために、バラストや木材を敷いて整地するといった大規模地業が実施されていたことが明らかになった（弓2002）。おそらく「大里郡条里」の故地もまた同様の状況であったものと思われ、加えて、古代以降も元荒川水系を中心とした諸河川が氾濫を繰り返した低地帯であり、こうした立地条件が、他地域に比して発掘調査による明確な畦畔の検出を困難にしていることもまた事実である。しかしながら、「大里郡条里」の実体解明に向けては、他に有力なアプローチ手法もないところから、考古学的調査の更なる進展が俟たれるところである。

【註】

（1）「武蔵国大里郡条里坪付」の原色写真は、『熊谷市史　資料編２　古代・中世写真集』熊谷市、2013年、に収められている。
（2）奈良文化財研究所『平城京木簡』一、68号木簡。
（3）「楊井郷」については、系譜の異なる『和名類聚抄』の諸写本（大東急記念文庫本、高山寺本、名古屋市博本）のいずれも表記は一致している。
（4）（公財）埼玉県埋蔵文化財調査事業団・田中広明氏の御教示による。

【参考文献】

三友国五郎1959「関東地方の条里」『埼玉大学研究紀要　社会科学篇』8巻
原島礼二1978「四　旧大里郡の条里」『東松山市編さん調査報告第13集　東松山市と周辺の古代―条里遺構調査を基にして―』
森田悌1988「Ⅲ　開発の諸相一　大里郡条里」『古代の武蔵　稲荷山古墳の時代とその後』吉川弘文館
弓明義2002『西吉見古代道路跡西吉見条里２遺跡発掘調査概報』
赤熊浩一ほか2005『埼玉県埋蔵文化財調査事業団報告書　第301集　大里郡大里町　下田町遺跡Ⅱ　大里地区高規格堤防整備事業関係埋蔵文化財発掘調査報告―Ⅱ―』国土交通省関東地方整備局・（財）埼玉県埋蔵文化財調査事業団
森田悌2011「大里郡と大里条里」『埼玉地方史』64

V 総 括

土地領有をめぐる条里と四至
―中世成立期を中心に―

木村　茂光

1　はじめに

　古代律令制国家の土地制度が班田制であったことはいうまでもない。その班田の結果を記録するために作成されたのが田籍と田図であった。田籍は、班給された田地を田主ごとに書き上げた帳簿であり、田図は地図形式で田地を書き上げた図で、班田図ともいわれた。すなわち、律令国家の人身支配が戸籍と計帳を通じて行われたように、土地（班田）支配は田籍と田図に基づいて実施されたのであった。

　田籍は次第にその役割を失い、弘仁11年（820）以後は進上されなくなったのに対して、田図はその後も田地把握の基礎台帳として利用され続けた。

　班田図は、現存の班田図や古代荘園絵図などを参考にその形式を復元すると、条里の里を順次配列し、条ごとに一巻の巻子に作成されたと考えられている。しかし、このような全国統一的な様式が作成されたのは天平14年（742）の班田の時で、以後、天平勝宝7年（755）、宝亀4年（773）、延暦5年（786）の班田図と合わせて「四証図」と呼ばれ、その後の班田の基本田図となった。さらに、律令制支配が崩壊した10世紀以後も、王朝国家期の「国図」や荘園の土地領有の基本台帳として利用された（宮本1973、金田1985・1993など）。

　このように、班田図は律令国家の土地支配の基本台帳であるだけでなく、それが条と里を基準に作成されたこともあって、現在も日本の各地で確認されるいわゆる条里制と密接に関係するものと評価されてきた。すなわち、条里制は以下の三要素を兼ね備えていると考えられてきたのである（金田1985）。
　A：一町方格（略）の径溝網とその内部の半折型・長地型といった規則的な地割形態――〔条里地割〕
　B：「三条五里十八坪」といったような、六町四方の「里」の区画と一町四方の「坪」の区画を単位とする土地表示のための呼称――〔条里呼称法〕
　C：律令国家の基本政策であった班田収授法との密接な関連――〔班田収授との関連〕

　しかし、金田章裕は、Bの条里呼称法による土地表示の初見が天平15年（743）の山背（城）国久世郡であり、その後、天平20年ころ伊賀国、天平勝宝7年（755）に越前国、天平宝字6年（762）に讃岐国・阿波国で確認されることなどから、条里呼称法による土地表示システムが完成するのは8世紀中ごろのことであり、したがって、それ以前から施行されている班田収授と関連づけることはできない、と評価した。そして、A・Bを特徴とする土地表示を「条里プラン」と命名し、その特徴とその後の影響などについて精力的に解明してきている。

　ここで注目しておきたいことは、A・Bと条里遺構との関係である。金田が条里のイメージの混乱と位置づけの困難さとして、条里呼称法の多様さとそれらが必ずしも条里地割の存在と対応するとは限らないこと、そして地下に発見された条里地割が必ずしも律令期に施工されたとは限らず、12世紀前後の時期を示唆して報告されている例が多いことなどを指摘しているように、A・Bと現在景観としての条里遺構、地下の条里遺構とは直接関係しないのである。氏が「条里プラン」と

呼ぶ所以である。
　したがって、現在我々が確認できる景観としての条里遺構は、すべてとはいえないにしても、少なくとも12世紀以降の産物であるということになる。この点は、景観としての条里制を議論する時しっかりと留意しておかなければならない。
　金田は、以上のように「条里プラン」を確定したうえで、律令期の条里プランから10世紀以降の「国図の条里プラン」さらに「荘園の条里プラン」へと展開する様相を的確に叙述しているが、本稿ではこれ以上立ち入ることはしない。関心のある方はぜひ参照をお願いしたい。
　さて、長々と金田の条里プランについて説明してきたが、本稿はこの理解を前提に、氏がその後の展開形態として指摘した10世紀以降の「国図の条里プラン」以後の条里と四至との関係を検討することを通じて、条里プランのもつ有効性と限界性について考えてみようとするものである。

2　国図の条里プランと四至

　10世紀の政治変革によって生じた国家体制を王朝国家と呼んだのは坂本賞三であった（坂本1972）。氏が、王朝国家の荘園支配の重要な特徴として指摘したのが「免除領田制」である。
　免除領田制とは以下のような手続きによって成り立っていた。
①官省符を得ている荘園の領主は国司に対して荘田の免除（免田）を申請する際、条里プランに基づいて免田の所在と面積を表示した帳簿を提出する。
②それを受けた国司は田所に国衙所管の田図ないしその系譜を引く図（「図」・「図帳」など）との照合を荘田一筆ごとにさせ、その結果（田所丹勘という）を報告させる。
③国司はその田所丹勘に基づき、免除の国判を与える（免田として認可する）。
　以上の手続きからも明確なように、一筆の荘田が免田であるか否かを判断する基準は国衙に所管されていた図・図帳であった。この基準となる図・図帳は「国図」といわれ、同じく坂本によれば、①過去の班田図を基準に作成され、その後作り替えられず代々国司に伝えられるものであり、②そこには官省符で認められた荘田が記入されていた、という。
　例えば、①については、寛弘3年（1006）の大和国弘福寺領の免除領田関係史料が参考になる（『平安遺文』444号、以下、「平」444号などと表記する）。田所の丹勘を受けた国司の「国判」には次のような記載があった。
　　件寺愁田畠国図朽損、依難勘糺、令下勘
　　民部省図、悉以相違、然而寺家所愁、領
　　掌年久者、依事功徳、令隨捜勘之処、後
　　施入省符并代々国判已以明白也、依処愁
　　田畠、不論作否、悉可為寺領、
　まず、「国図が朽損」していたため、それを補うため「民部省図」と較べてみたが、現在の荘田とはことごとく相違していた、とあることから、なによりも免田認可の基準になっていたのが「国図」であったこと、さらに11世紀初頭にもなるとそれが朽損していたのであるから、国図は作り替えられるものでなかったことがわかる。そのため、民部省図とも較べてみたが、現在の状況とはまったく違っており役に立たなかったというのであるから、民部省図もまたいかに古いものであったかが知れよう。
　また、実際の免除領田史料を見ると、田地一筆ごとに「付図」とか「図五反」さらには「無（旡）図」などという注記が散見していることから判断して、上記の坂本の説明は納得できるものといえよう。このような性格をもった国図を坂本は「基準国図」と命名した。
　やや説明が繁雑になったが、王朝国家期の免除領田制が、律令国家時代の田図（班田図）を基礎に作成された基準国図をもとに成り立っていたことは明らかであろう。金田がいうように、性格はやや異なっているが条里プランは王朝国家期の土地支配、土地表示の面で生きていたということができる。
　しかし、10世紀後半になると違った様相も現れる。それは所領目録や免除領田関係史料のなかに「条里外」（「平」302号）や「同坪南辺」などという記載が見え始めることであ

る。寛弘6年（1009）の大和国栄山寺牒には「同条(河南三)「同条里々外北辺一坪五段」という表記が見られる（「平」451号）。また寛弘7年の同寺牒には「同陸里弐拾陸坪西辺垣内二段」という表記もあった。同時期の丹波国大山荘では「図外治田」も確認できる（「平」472号）。

このように、王朝国家が国図を基準に田地支配を遂行しようとしていた背景では、国図から逸脱した耕地開発が進展しており、それを掌握するために「図外」「里外」などという新たな条里を設定せざるを得なくなっていたのである。

それを端的に示しているのが紀伊国高野山領の場合である。寛弘1年（1004）、高野山金剛峰寺は寺田の収公と三綱・小綱らの臨時雑役の免除を求めた奏状のなかで、次のように主張している（「平」436号）

　　二・三代国司、号不寄四至可寄条里、元来無条里深山之中、水湿之便開作山里、俄出条里、号益乗里田、以百歩勘益一二段、付租税所執之地、

高野山の主張によれば、本来条里がない深山を水の便にしたがって山里を開発したのにも拘わらず、近来の国司が「四至に寄らず条里に寄るべし」と号してにわかに条里を付け加え、さらに実際面積以上に計量し租税を賦課してきていることが指摘されている。

後段の評価は置くとしても、前半の国司の論理は興味深い。四至＝東西南北の地点に基づく領域的な領有ではなく、条里に基づいた耕地の領有と表示を行おうとしているのである。そのために突如新たな条里を作り出す（「条里を出し」）ということまで行っているのである。先に引用した「図外」「同坪南辺」などという表記はこのような行為・論理によって生み出されたものであった。

しかし、このような国司の努力も平安時代中期から活発化する開発の進行のなかで後退せざるを得なくなる。永承4年（1049）、紀伊国伊都郡の政所周辺に一円的な荘園の立券を目指していた高野山は、紀伊国3郡に散在していた寺田を返却して「寺家政所前田并荒野」と相博（交換）することを申請し、それを認可する太政官符を得ている（「平」675号）。それにはまず返却する田地が書き上げられた後、

　　今申請伊都郡荒野見作
　　　四至（略）
　　長杜村見作田拾陸町壱段弐佰捌拾歩
　　拾参図参里参拾坪伍段
　　同図肆里陸坪弐段
　　　　　（以下、坪付略）

と見作田のみが坪付＝条里で記載され、荒野についてはなんら触れられていない。返却する田地が41町余であったのに対して、「今申請」する見作田は長杜村と大野村とを併せても26町弱しかならないから、この申請の真の目的が荒野の開発にあったことは間違いない。しかし、その主対象の荒野についてはなんら記されておらず、ただ四至で表現されていただけである。

このような表記は以後の開発所領の記載のなかで確認できる。例えば、丈部為延の開発で有名な伊賀国名張郡簗瀬保の開発では「田代荒野」の開発が命じられているが、そこに開発対象の簗瀬郷の四至とともに記されていたのは、

　　在見作田拾柒町弐段余歩、残无数荒野也、

とあった（「平」1002号）。ここでも荒野についてはなんら記されていない。荒野を規定するのは四至しかないのである。

このように、11世紀中葉になると、土地表記における条里の論理は大きく後退し、荒野を含めた四至の論理が優先するようになるのである。もちろん、これで土地・耕地の条里呼称がなくなったわけではない。これ以後も所領・荘園内部の土地表記には条里呼称が用いられていることは改めて確認するまでもない。

3　不入権獲得における条里プランと四至

本節ではやや視点を変えて、不入権獲得の論理のなかの条里と四至の関係について考えてみたい。

不入制については以前検討したことがある（木村2006）。そこでは不入権の認可は正暦3

年(992)の筑前国秋月荘であるが、その申請をした例はやや早くなり永延元年(987)の筑前国鱸野荘であること、そしてその不入権申請の根拠は「公田不交」＝本荘園のなかには公田がない、という論理であったことなどを明らかにした（「平」328号）。この時期の不入権は直接的には検田使の入部拒否を実現することであったが、その際「公田不交」という論理が用いられたのは、当該期ころから臨時雑役の賦課方式に変化があり、荘園内でも公田があれば賦課対象になるようになったからであった。すなわち、本荘園内には公田がない（「公田不交」）ので、荘園に臨時雑役を賦課するのは不当である、ということを主張するためであったのである。

これを本稿の課題である「条里と四至」という点から評価し直すならば、公田の有無が重要な基準になっているということは、国図の記載内容がその前提にあると評価することが可能であろう。すなわち、不入権という新しい権利を要求してはいるが、その前提には王朝国家期の土地把握の基本台帳である基準国図があったのである。公田把握の基本台帳であった基準国図を逆手にとって（公田は存在しない）不入権の要求がされているのである。

あまり多くはないが、次のような事例がこのことを良く示していると考える。前述の鱸野荘の事例では、次のように主張されている。
　　国使・検田使・郡司・古老等、相共相糺
　　之間、阡陌不誤、公田不交、
「阡陌」とは「田のあぜ道＝畦畔」を意味することばであるから、ここの主張は「国使・検田使らが一緒に検討したところ畦畔を誤ることなく公田は交わっていない」ということになろう。畦畔、まさに条里プランを基準とした主張といえよう。

また、長和3年(1014)検田使の入勘停止を獲得した筑前国碓井封の場合には、「遣使者令加覆勘之処、四至之内相当件図里」と記されていた。「図里に相当する」という文言は、鱸野荘と同じように国図＝条里プランに基づいた覆勘であったことを示していよう。

ところが、これも前稿で指摘したが、不入権を要求する論理は11世紀中ごろから変化する。それまでの「公田不交」に代わって「四至」が前面に出てくるのである。初期の例を紹介すると以下のようである（「平」789号）。
　　左弁官下　　　　伊賀国
　　①応令下遣官使、如旧打牓示堺四至、永止牢籠兼不入国使、免除雑役、偏採進寺家材木、勤仕修理夫役、東大寺所領板蝿・玉瀧杣・黒田荘等事、
　　右（略）、②望請官裁、早下遣官使寺家所領杣并荘々等、堺四至打牓示、永停止入国使并宛国役者、（略）
　　　　　　　天喜四年閏三月廿六日
　　　　　　　　　　大史小槻宿禰在判
　　中弁平朝臣在判

傍線②が東大寺の不入権認可の要請文であり、①はそれに対する太政官の認可文である。この両者に共通しているのは、中央から「官使を下し遣わし」て「牓示を打ち四至を堺する」（②では逆になっているが）点である。ということは、不入権を申請した東大寺もそれを認可した太政官も、官使を派遣して「牓示を打ち四至を堺する」ことが不入権の成立にとって必須の要件であったと認識していたことを示している。

本文をまったく略してしまったので確認できないが、本文中には「公田不交」という文言もないし、「図里」などという国図との比合を想定させることばもない。さらに、この官宣旨が発せられた日と同じ日に、黒田荘の牓示を打つために朝廷から官使が派遣されていることが確認できるから（「平」788号）、この場合は、実際に荘園の境に牓示が打たれ、四至が確定されることが不入権を獲得＝認可することの保障であったことは間違いない。

同様な事例は、同年の東大寺領美濃国大井・茜部荘、長久3年(1042)の丹波国大山荘でも確認できるし、先に紹介した永承4年(1049)の紀伊国官省符荘の場合もこの事例に相当する。引用した史料には不入権に関わる文言を確認できないが、高野山金剛峰寺の申請文の最後には次のように記されていたことによって明らかである。

　　寺家政所前荒野并見作田、限四至為寺領不

Ⅴ 総 括

輸祖田(租)、不入国使、免除臨時雑役、兼又寺家山内政所領里等不入国使、如古被停止雑役者、

ここでは「寺家政所前并見作田」＝官省符荘の領域と「寺家山内政所領里等」＝高野山山内所在の政所地域の2箇所の不入権が要求されているが、これらを受けて「応以金剛峰寺領田、相博寺家政所前田并荒野、永免除租税官物雑役事」という太政官符が下されているのであるから、このとき、不輸権と同時に不入権もまた認可されたことは間違いないであろう。

このように、11世紀中葉に至って、不入権の獲得＝認可の論理が「四至」の論理に大きく転換したことは明らかである。このような変化を生み出した要因が「不論不輸」・「不論荘公」という原則に基づく臨時雑役の国役化＝一国平均役化にあることは前稿で指摘したのでこれ以上触れないが、「公田不交」というような国図に基づいた不入権申請＝獲得の論理が11世紀前半を通じて徐々に消滅し、「四至」の論理へと転換していったことは明らかであろう。不入権をめぐっても、11世紀前半を境に国図の条里プランの有効性が大きく後退したことは間違いない。

4 荒野概念の変化

次に、やや視点は異なるが、地目としての「荒野」に注目しながら、条里プランとの関係を考えてみたい。地目としての荒野の初見は、天暦5年（951）の越前国足羽郡庁牒である（「平」263号）。そこには、

　　検案内、道守・鎧荘田、雖在条里、本自或荒野、或原沢、更無□寄作人、

と記されていた。ここで注目されるのは条里があるにもかかわらずそこが「荒野」であるといわれていることである。そしてその荒野であることが「寄作人がいない」という事実と関連させて主張されている点である。このような事実は他の史料によっても確認できる。

例えば、伊賀国の猛者といわれた藤原実遠の相伝の所領は、

　　而彼郡往昔住人死去逃亡之後、無一人住人、及数十年也、随則成荒蕪薮沢荊棘之荒野、為猪鹿之立庭也、

といわれていた（「平」588号）。ここでも「住人がいない」ことと「荒野」であることが関連づけられている。さらに、引用を略したが、この史料の後段には「件所荒野之地者、条里坪付慥不注進」とも記されているように、荒野でありながら「条里坪付」を注進するかどうかが問題になっている。

また、筑前国観世音寺では、「左郭四条七防西角・八防北西角」という条里プランで表記された地1町3段が「件地相交寺地与郭地之中、荒廃地也、而無住人、徒為荒野也」といわれていた（「平」366号）。

両者とも、条里プランで表示されていながら「住人がいない」ので荒野になってしまった、といわれており、先の道守・鎧荘と同じ事例といえよう。

上記のように、荒野であることと住人の有無と条里との関係が一緒に確認できる史料は多くないが、別々だとその例は多い。例えば、「件処已為荒野年久、無人寄作者」（「平」653号）とみえるし、康保2年（965）藤原朝成の所領を言上した「伊賀国夏見郷刀禰解案」には「件八坪内、無国図数、即荒野也」と記されていた。とくに後者は「八坪」という条里プランに基づいて表記されながら、国図には「数」（見作の田数）が記されていないので「荒野」である、といわれているのは注目される。荒野が国図と密接な関係があったことを示しているからである。

以上、荒野に関するいくつかの史料を紹介したが、ほとんどが国図支配＝条里プランの枠内で「荒野」概念が表記されていたことがわかろう。すなわち、10・11世紀段階の荒野は条里プラン＝国図によって掌握されていた耕地のことであり、その耕地としての状態が「荒野」であったのである。いい方を変えれば、実際は条里プラン＝国図の外側に広く存在したはずのいわゆる荒野は当該期の「荒野」概念では把握されなかったのである。当該期の「荒野」はあくまでも国図内の耕地の地目であったのであった。

このように理解することが可能であれば、

有名な寛弘9年（1012）の和泉国符案で奨励されていた荒田の開発もこの範囲で理解することができる（「平」462号）。国符の事書には、

　　可普仰大小田堵古作外令発作荒田事

とあるが、具体的に開発の対象になったのは「寛弘五年以往荒廃公田」であった。この規定が「三年不耕」の原則に関していることはさておくとしても、ここで開発の対象になっているのは一般的な荒田ではなく「寛弘五年以往荒廃公田」であったことに注目しなければならない。すなわち、開発の対象になっている荒田はすでに寛弘5年段階で国図に登録された公田であり、そしてその後に荒廃した公田であったのである。この場合も、開発の対象になっている荒田は国図＝条里プランによって把握されていた耕地の一種なのであった。

以上の荒野・荒田の表示のされ方からみても、10・11世紀の耕地支配において国図＝条里プランが強い規制力をもっていたことが理解できよう。荒野といえども、地目としては国図＝条里プランから外れて存在し得なかったのである。

しかし、上記のように表記された荒野も11世紀末期より変化する。それは「無主」であることが「荒野」であることの条件になってくることである。前述のように、10世紀後半に現れた荒野の場合は寄作人や住人、すなわち所領を耕作する者がいないということが荒野であることの条件の1つであったが、11世紀末になると、「主」＝領有主体の有無が荒野であるか否かの条件の1つになってくるのである。

その初見は寛治5年（1091）の肥前国僧円尋解である（「平」1299号）。これは僧円尋が「空閑荒野地壱処」を「別所」として建立することを求めた解状であるが、そこには、

　　件地、本自無領主、偏空荒野也、

と記されていた。そしてその「□□□（空荒野か）を切掃い一宇の草堂を建てんと擬す」というのである。別所の建立であって田地など耕地に関する史料ではないが、「領主がいない地が荒野である」という認識が成立していたことは読みとれよう。

時代は下るが、このような認識は荘園でも見られるようになる。高野山領備後国大田荘が立券される時、荘内の1郷である桑原郷の宇賀村について次のような記載が見られる（「平」3381号）。

　　右件（桑原）郷、院御荘建立之、而於彼（宇賀）村者為無主荒野地也、然者相加御荘、堺四至可令打牓示、

これによるならば、桑原郷が大田荘として立券される時、その中にあった宇賀村は「無主荒野の地」であったため、四至のなかに取り込まれたことになる。また、この大田荘では「其外至于無主荒野山川藪沢者、為大田荘四至内」などという記載も確認できるから（「平」3482号）、12世紀後半には「無主荒野」という考え方が相当定着していたと考えられる。

また、この史料では「無主荒野」と「山川藪沢」がほぼ同意味で使用されているのが興味深い。いうまでもなく、「山川藪沢」とは「律令」雑令によれば「公私共利」の場であって、本来、無主のはずであったからである。大田荘では「無主」ということを根拠に荒野だけでなく山川藪沢まで荘域内に取り込もうとしていたのであった。

一方、久安4年（1148）年ころ、賀茂社禰宜鴨季継は神領の大物浜が「無主荒野と号して」虜掠を企てられたと訴えているが（「平」補75号）、これは「無主荒野」が開発・取り込みだけではなく、他領を侵略する際の論理としても使用されることがあったことを示している。

このような事態を招いた背景には、「無主の地は荒野である」という認識からさらに展開して、次のような認識が成立していたためと考えられる。それは、

　　抑黒山者是伐掃以為主、荒野者又以開発為主也、

という認識である（「平」2809号）。黒山については後述するとして、ここでは「無主の地は荒野である」という認識を前提にしながらも、さらに積極的に「無主の地」である「荒野は開発した者を主となす」と主張されてい

ることに注目したい。さらにそれが「黒山」の開発と一緒に主張されているのも興味深い。

黒山は、黒田日出男が明らかにしたように（黒田1984）、境界という属性をもった山地のことであり、人々の手が容易に及ばない、及ぼしてはいけない地帯のことであった。そのような黒山もまた「伐掃」った者が「主」になることができたのである。いま、「黒山もまた」といったが、先の史料の意味はその逆で、「黒山さえ伐り掃った者が主となるのであるから、（主のいない）荒野は開発した者が主になるのは当然だ」という意味合いを含んでいると考えられよう。

このように、「無主荒野」の論理には、国図も条里もさらに寄作人や住民の存在もまったく含まれていない。開発を梃子とした領有権が直接問題とされているのである。そして、この論理は大田荘の「山川薮沢」や前記の「黒山」のように、国司などの支配からまったく外れた（と観念されていた）地域の開発・領有と一緒に議論されていたことは、前段階のように国図や条里との関係を問題にしなくてもよい段階に進んでいたことを示している。

このような変化が起こった時期を3節の不入権の時のように明確に確定することはできないが、少なくとも11世紀中ころから後半にかけて徐々に進行したということはできよう。

「無主荒野」に基づく開発の論理は、平安時代末期に成立し、鎌倉幕府の法律書である『貞永式目』に大きな影響を与えたといわれる『法曹至要抄』の

　　荒地は開人を以て主となす

という条文の考え方に受け継がれていったのである。

5　石母田正「辺境の長者」の意義

またまた話題は変わるが、戦後歴史学、戦後日本中世史研究を牽引した石母田正の1958年の仕事として「辺境の長者―秋田県横手盆地の歴史地理的一考察」という論文があるのをご存じだろうか（石母田1989）。領主制論でも古代国家論でも平安末期の政治史でもない、石母田の研究にしては非常にユニークな論文である。

では条里制と四至の関係を論じている本稿でそれを紹介する理由はどこにあるかというと、石母田がこの論文で主要な資料として用いたのが条里遺構だからである。

氏は、横手市周辺に残存する3つの資料に注目する。1つ目は横手市の東方にある御嶽山塩湯彦神社を中心に伝わる「長者伝説」であり、2つ目は同市の西から北西にかけて残る「小屋」地名であり、3つ目は、すでに土地整備事業によって破壊され残されていないが、「小屋」地名に重複して存在した「条里制類似の地割」である。「この三者を統一してかんがえ、それの歴史的基盤をあきらかにすることが、この地方の古代、中世の重要な問題である」として、「この盆地の開発の問題」＝「古代のエミシ経営から中世の開墾にいたる歴史的な背景」を考察しようというのが氏の目的である。

この簡単な紹介からだけでも注目すべき点が2点ある。1つは、いわゆる文書史料をほとんど用いないで地域の開発を論じようとしていることであり、2つ目は、条里制類似遺構を取り上げながらも、氏の視点は「古代、中世」、「古代のエミシ経営から中世の開墾」へと、すなわち中世までを射程に置いていることである。1958年段階で、「条里制＝古代」という固定的な理解をしないところに氏の力量の柔軟さを感じる。

この論考のすべてを紹介する場ではないが、後述の紹介を理解していただくために目次を挙げておこう。

　1　長者伝説について
　2　横手市近郊の地割
　3　「百万町歩開墾計画」について
　4　城柵と郡家
　5　開発領主の成立
　6　「四十八小屋」について
　7　中世領主と田在家
　8　散居制村落と「孤立農家」
　9　「四十八小屋」と長者
　10　長者伝説と歴史意識

以下、論の展開を簡単に紹介すると、まず

土地領有をめぐる条里と四至―中世成立期を中心に―

図1　横手盆地の条里類似地割と小屋地名　（石母田1989、145頁より引用）

V　総括

　江戸時代の菅江真澄の『雪の出羽路』などをもとに、この地域に残るいくつかの長者伝説を確認する。とくに「鳥海の湖水」(横手盆地)の水を日本海へ流し落としてこの地を開発した明永・明保両長者の開発伝承に着目する(1)。続いて条里制類似遺構に着目し、これが古代の条里制であるかどうかは確定できないとしながらも、

> この地割がしめしている事実は、この土地がかつて一定の計画に基づいて——一挙にかどうかは疑問があるが——、大量の労働力の使役をもってする土木工事によって開墾されたということである。

と評価する(2)。その上で、その大規模な土木工事が行われた要因をさぐる。

　第1に取り上げているのが養老6年(722)の「百万町歩開墾計画」である。この計画が奥羽を対象にしたものなのかそれとも全国が対象なのかを関連史料を丁寧に分析し、これが全国を対象としたものであると結論する。そして、この計画と条里遺構との関係を否定する(3)。同じように、古代、東北地方に設置された城柵と郡家による条里施行の可能性を検討し、これもまた可能性がないと評価する(4)。その上で、この条里制類似遺構が「古代豪族または中世の封建領主の開墾の所産でないかどうかを検討する」必要があると論を展開する(5)。次に、小屋地名の残存状態を紹介し(6)、この小屋地名と中世の東北地方に特有の「田在家」との関係性を論じ、「長者伝説の重要な一側面をなす「四十八小屋」は、中世におけるこの地方の領主制の構造を基礎にしてはじめて理解されることはたしかであろう」と評価するのである(7)。

　これ以後は略するが、ここまでの紹介からでも石母田の論の展開の特徴は理解できるであろう。長者伝説、条里制類似遺構、小屋地名を巧みに用いて、横手盆地の中世における領主の開発の可能性を描き出すことに成功しているといえよう。

　論文全体の位置づけはこれくらいにして、氏の条里類似遺構の分析手法をもう少し詳しく紹介しておこう(2)。まず、遺構の分布を確認し、周囲の地割とは異なった「条里制的な地割」であることを確認する。続いて、これを条里制と評価するには次のような理由から慎重でなければならない、とする。第1に、1条2里3坪といった条里制に関係した地名が確認できていないこと、第2に、条里制の各坪のなかの特有の地割として半折型地割と長地型地割が指摘されているが、この地域ではまだ調査が実施されておらず確認できないこと。

　また、これらの評価の前提には、当時の研究水準として、東北地方の条里の存在は仙台平野と庄内平野が北限であって、庄内平野のさらに北方の横手盆地にも存在するのかどうか、という疑問、また、記録による限り出羽国では班田制が実施された形跡がない、という事実があった。

　これらの疑問を前提に、氏はこの地割遺構を「厳密には条里制類似地割」であると評価する。しかし、このような広汎に及ぶ地割遺構の存在は「一定の計画にもとづい」た「大量の労働力の使役」による「計画的開墾」を想定しなければならない、という先の引用文に続くのである。石母田のこのような理解は、「はじめに」で指摘した現存の地割遺構が早くとも12世紀以降である、という評価とみごとに符合しているといえよう。

　私は、石母田の条里遺構に関する分析手法から私たちが現存する条里遺構を分析する際に学ぶべき点が多いと考える。条里遺構を「古代」という時代範疇から解き放つ必要性。一挙かどうかはおくとしても、そこには「計画的開発」を想定しなければならないという視点。計画的開発が実施された可能性とその主体を時代を超えて想定し、検証すること。そして、地域の歴史の復元のためには、文書史料に囚われるのではなく、利用できる史資料を総動員して複眼的な視点から検討を加えること。少なくとも以上のことは指摘できるであろう。

6　まとめにかえて
　　—条里制研究の意義と課題—

　以上、これまでの私の研究の一部を「条里

と四至」に則して並べ替えた観がしないでもないが（木村1996、2006、2012）、中世成立期における条里と四至との関係の諸相を紹介してきた。

　すでに金田によって指摘されていることでもあるが、条里プランが土地領有と密接に関係していたのは11世紀前半ころまでであって、その後は四至の論理に基づく領域的な領有が徐々に優先する状況に移行することはまちがいあるまい。しかし、土地表示としての条里プランは荘園制のなかでも生き続けることは、検注帳などに条里呼称が利用されていること、荘園絵図に条里制と思われる形状を描いたものが多く存在すること、なによりも土地売券の土地表示が条里呼称で行われていることからも明らかである。また、現在景観としての条里遺構も12世紀以降に形成されたものであるという評価も重要である。

　これらのことは、条里プランを用いた研究が主に古代史の分析対象であるとしても、条里遺構の研究は実は中世史以降の研究対象であることを意味している。このことを十分意識した研究が行われてきたといえるだろうか。もちろん、平安時代の荘園制研究においても条里の復元や耕地・村落の分布形態などについての研究は行われているが、鎌倉・室町時代の条里制に関する研究はそれほど多いとはいえないであろう。その意味で、石母田の先駆的な研究がその後の研究で十分生かされてこなかったといわざるを得ない。

　このことを確認した上で、条里制・条里遺構研究の課題をいくつか指摘すると以下の点を挙げることができよう。

　第1は、この課題はまさに中世史研究の課題であることである。中世史研究者はまずこの点を自覚しなければならない。今後、条里制・条里遺構を駆使した中世の耕地や村落の存在形態に関する研究の登場が鶴首される。

　第2は条里遺構の分布状況の的確な復元と把握である。この時重要なのは、古代の条里プランとは異なるのであるから、無理に「統一条里」的な把握に陥らないことである。すなおに地域条件に則した復元・把握を心掛ける必要がある。国府周辺に多いのか、荘園の存在したところに多いのか、領主館と想定される周囲に多いのか、まったくそのような関係のないところに存在するのか。

　これは第3の条里遺構構築の主体および時期の確定と密接に関連する。いうまでもなく条里施行の位置や規模によってその主体の性格が変わるからである。地方領主層による開発事業なのか、国衙や荘園領主主導の開発事業を想定しなければならないのか。これらを見極める鍵は条里遺構の正確な復元と把握にかかっているといってよいであろう。さらに、第1との関連で、条里施行の主体もまた中世全体ないし近世前期まで視野を広げて探索する必要があろう。条里遺構がある特定の時期に一挙に形成されたという考え方は改めなければならない。

　最後は、やはり石母田の手法に倣って、条里遺構の研究のためには文書史料だけに頼るのではなく、さまざまな史資料を博捜して多面的な視角から接近することが望まれる。いうほど簡単な作業ではないが、いざとなったら、石母田のように伝説まで駆使するような大胆さが必要とされるのかも知れない。

【参考文献】

石母田正1989「辺境の長者」（『石母田正著作集』第7巻、岩波書店）

金田章裕1985『条里と村落の歴史地理学研究』大明堂

金田章裕1993『古代日本の景観』吉川弘文館

木村茂光1996「開発と条里制耕地―荒野を中心に―」『条里制研究』第12号

木村茂光2006『日本初期中世社会の研究』校倉書房

木村茂光2012「「辺境の長者」を訪ねて」『戦後日本中世史研究と向き合う』青木書店

黒田日出男1984『日本中世開発史の研究』校倉書房

坂本賞三1972『日本王朝国家体制論』東京大学出版会

宮本救1973「律令制的土地制度」（竹内理三編『土地制度史Ⅰ』山川出版社）

おわりに

　約1年間の準備期間を経て、2005年2月12・13日の両日、東京・池袋の東京芸術劇場大会議室において、シンポジウム『関東条里研究の現段階』は開催された（関東条里研究会ほか3団体主催）。その内容は以下のようであった。

2月12日（土）基調報告・記念講演会
　吉川國男「条里遺跡の認識と調査法」
　山中　章「日本古代条里の開始と展開」
2月13日（日）シンポジウム
　渋江芳浩「趣旨説明」
　横倉興一「群馬県の条里」
　武川夏樹「栃木県の条里」
　大谷弘幸「千葉県の条里―市原条里を中心として―」
　田中禎昭「東京都の条里」
　依田亮一「神奈川県の条里」
　鳥羽政之「埼玉県の条里―榛沢郡家との関係を中心に―」
　鈴木徳雄「埼玉県児玉郡の条里」
　岩田明広「条里型地割の具体像を探る―各戦略型農耕地の発掘方法と条里の条件―」
　司会　能登　健・黒尾和久「討論」

　シンポジウム開催の主体となった関東条里研究会は、埼玉県・群馬県の研究者が中心となって組織した団体である。当然ながら、その背景には両県における古代史学や歴史地理学による条里研究先進地としての下地があった。これに加えて両県では、本書所収「文献案内」を一瞥すれば明らかなように、1980～90年代を通じて条里関連遺跡の発掘データを豊富に蓄積してきた。県内にとどまらず他県のデータとの比較・検討やさらなる研究の進展のため、他県との連携を模索するのは自然のなりゆきと言える。
　しかし一方、この両県に比肩しうる調査・研究を残してきたのは、「条里制遺跡」を積極的に認識してきた千葉県だけであった。残る三県でも条里関連遺跡を認知し、発掘調査も実施してきたものの、それは県内の一部地域にとどまっていたし、東京都に至ってはようやく1990年代半ばに条里関連遺構探索の試みがはじまったにすぎない。
　こうした段階で開催したシンポジウムであるから、関東地方各都県が同一歩調・同一レベルで臨めなかったことは言うまでもない。また茨城県については適任者を探しあぐねた結果、県別報告を欠くなど連携のない実状も露呈した。とはいえ、このような「現段階」の情況をみなで確認できたことこそが大きな成果であった。シンポジウム自体は盛況で、討論も活発であったし、各都県の研究者が一堂に会してヨコの連携を意識できた意義は大きかった。
　さて、本書は、当初計画ではシンポジウムの記録集という位置づけであった。しかし、あれから10年が経過している。今さら刊行する意義があるかという議論もあったが、一方にはその後

の関東条里研究がさほど進展していない現実があり、記録集の未刊がその一因との見方もできる。そこで本書では、シンポジウムの成果を基礎にしつつ、この10年の新知見を加味し、あらためて関東条里研究の「現段階」を確認することとした。そのなかでとくに留意したのが都県別条里分布図の提示と基本文献の集成であり、これにより現時点における関東全域の条里関連情報が記録化され共有できることになった。

したがって本書は三友国五郎「関東地方の条里」以来の条里研究の到達点を示すものであるが、既存の条里型表層地割の多くが消滅し現地での確認が困難な現在、今後の研究の前提となる一書でもある。新たな研究にご活用いただければ幸いであるし、これを引き継ぐ次世代研究者の手引きともなれば、さらにうれしい。

なお、本書刊行に至るあいだ、早くから原稿をいただいた方々には多大なご迷惑とご心配をおかけした。とくに「新荒川扇状地・妻沼低地周辺の地形・表層地質および浅層地下水位の実態とその変化」の執筆者のお一人である石田武氏がその後ご逝去され、当該論文が遺稿となってしまったことに対しては申しわけない気持ちでいっぱいである。ここに、石田氏のご冥福をお祈りするとともに衷心よりお詫び申し上げる次第である。

最後になったが、シンポジウム開催の主導者のお一人であり、また今回の刊行再始動のきっかけを作ってくださった能登健氏、ならびに本書刊行にあたり多大なご援助をいただいた（財）宮本記念財団の宮本瑞夫理事長、そして、出版の労をとられた東京堂出版と編集担当林謙介氏にあつく御礼申し上げる。

2015年2月

関東条里研究会
渋江　芳浩
田中　禎昭

● 執筆者一覧

荒井秀規	藤沢市教育委員会
石田　武	2007年・逝去（立正大学オープンリサーチセンター）
井上素子	埼玉県立自然の博物館
岩田明広	埼玉県立さきたま史跡の博物館（埼玉県平和資料館）
大澤伸啓	足利市教育委員会
大谷弘幸	千葉県立中央博物館
木村茂光	帝京大学
黒尾和久	国立ハンセン病資料館（あきる野市前原遺跡調査会）
小島敦子	公益財団法人群馬県埋蔵文化財調査事業団
小玉　浩	国際航業㈱（立正大学）
早乙女尊宣	東京カートグラフィック㈱（立正大学オープンリサーチセンター）
渋江芳浩	あきる野市文化財保護審議会
関口功一	群馬県立前橋工業高校（群馬県立勢多農林高校）
関口慶久	水戸市教育委員会
早田　勉	㈱火山灰考古学研究所
武川夏樹	栃木県教育委員会
立川明子	調布市教育委員会
田中禎昭	すみだ郷土文化資料館
鳥羽政之	深谷市教育委員会（岡部町教育委員会）
深澤靖幸	府中市郷土の森博物館
宮瀧交二	大東文化大学
横倉興一	条里制・古代都市研究会
吉川國男	ＮＰＯ野外調査研究所
依田亮一	国分寺市教育委員会（財団法人かながわ考古学財団）

※（　）内はシンポジウム開催（2005年）当時の所属

関東条里の研究

| 2015年3月20日 | 初版印刷 |
| 2015年3月30日 | 初版発行 |

編　　者	関東条里研究会
発行者	小林悠一
ＤＴＰ	株式会社 明昌堂
印刷製本	日経印刷株式会社

発　行　所　　株式会社　東京堂出版
　　　　　　　〒 101-0051　東京都千代田区神田神保町 1-17
　　　　　　　電話　03-3233-3741　振替　00130-7-270
　　　　　　　http://www.tokyodoshuppan.com/

ISBN978-4-490-20897-9 C3021　　　　　　　　©2015
Printed in Japan